梁斌传

LIANGBIN ZHUAN

天津出版传媒集团

天津教育出版社
TIANJIN EDUCATION PRESS

图书在版编目(CIP)数据

梁斌传 / 王洋,田英宣著. —天津: 天津教育出版社,2014.1
ISBN 978-7-5309-7509-1

Ⅰ.①梁… Ⅱ.①王… ②田… Ⅲ.①梁斌(1914~1996)—传记 Ⅳ.①K825.6

中国版本图书馆 CIP 数据核字(2014)第 023826 号

梁斌传

出 版 人	胡振泰
作　　者	王 洋　田英宣
项目统筹	王轶冰　谢 芳
责任编辑	谢 芳
装帧设计	郭亚非
出版发行	天津出版传媒集团 天津教育出版社 天津市和平区西康路 35 号 邮政编码 300051 http://www.tjeph.com.cn
经　　销	新华书店
印　　刷	天津金彩美术印刷有限公司
版　　次	2014 年 3 月第 1 版
印　　次	2014 年 3 月第 1 次印刷
规　　格	16 开(787×1092 毫米)
字　　数	380 千字
印　　张	31.5
定　　价	68.00 元

◎ 与夫人散帼英在襄樊合影

◎ 1979年在北京与冀中区党委和新世纪剧社部分老同志合影。第二排左起第四人依次为梁斌、林铁、程子华、吕正操等

◎ 1978 年春，摄于家中书房

◎ 1992 年在家中画室作画

◎ 和著名翻译家、文学家李霁野边散步,边谈天说地话文学

◎ 1986 年春节,梁斌与挚友孙犁、路一、杨循合影

◎ 1985 年自河北省离休返津时摄于石家庄

◎ 梁斌时刻不忘哺育他的家乡大地和人民，为村里的孩子们捐赠了上千册图书和电视机，并自己拿出50 万元建起了梁庄小学。一个时刻想着人民的人，人民也想念着他。

前　言

梁斌是当代杰出的人民作家，他一生献身于中国革命事业，是忠诚的共产主义战士、文学巨匠和造诣精深、风格独具的书法家、国画家。

梁斌于1914年4月18日生于河北省蠡县梁家庄一个农民家庭。他从少年起就受到革命文学的熏陶，是革命文学引导他走上了革命的道路。1927年，正值革命处在低潮时期，十三岁的他便加入共产主义青年团，开始了革命生涯。他积极参与组织农民开展反割头税斗争。他和同学们一起，走上街头，张贴标语，飞行集会，誓死抗击日寇，为保定二师“七六”学潮奔走呼号。学潮失败之后，他流亡北京，参加左联，一面博览世界文学名著，一面以杂文为武器，继续坚持斗争。1937年5月，他返回故乡，参与组织第一支抗日游击队，武装保卫家乡。此后，他一手持枪，一手秉笔，担任新世纪剧社社长和冀中游击大队政委，带领剧社，自编自导《爸爸做错了》《五谷丰登》《抗日人家》等多部话剧、歌剧，宣传革命，鼓舞群众，并培训农民文艺骨干，使一千七百多个乡村剧团活跃在抗日炮火中，这创造了世界戏剧史和世界战争史上的奇迹。抗战胜利之后，他自告奋勇，随军南下，领导了新解放区的剿匪反霸和土地改革工作，为建立和巩固新政权做出了贡献。中华人民共和国成立之后，他呕心沥血，创作出史诗性的系列长篇小说《红旗谱》《播火记》《烽烟图》和《翻身记事》《一个小说家的自述》等作品，教育并影响了几代人，在中国现代文学史上占有重要地位。

梁斌既是作家也是战士。他说："我是六十年一贯制，为真理而战，为真善美而战，并用我的作品参与解放全人类的斗争。"他满怀激情地投身中国人民的解放事业，无论是在白色恐怖的铁窗下，还是在抗日的地道里；无论是在新世纪剧社的舞台上，还是在发动土地改革的群众运动中，他始终站在风口浪尖，与反动势力作艰苦卓绝的斗争。即使在"文化大革命"期间，《红旗谱》被宣布为大毒草，他遭到残酷迫害，也没能动摇他的理想和信念。他用要他交代"罪行"的纸笔秘密写作了长篇小说《翻身记事》，显示了他崇高的品格和凛然的气节。

梁斌的《红旗谱》被誉为里程碑式的作品。它是一部中国农民觉醒与奋斗的宽广壮丽的史诗；它强烈的民族风格和昂扬气派标志着五四以来中国新文学回归本土、回归民族文化的重大成就；它慷慨悲歌、燕赵风骨式的悲壮美别开生面，创造了审美新境界，独步文坛，鲜有来者；它所塑造的以朱老忠为代表的中国农民文学典型，不仅丰富了当代文学人物画廊，而且振聋发聩，至今巍然屹立，无可比肩。

梁斌的贡献，还在于他的长篇小说《红旗谱》《播火记》《烽烟图》《翻身记事》，几乎全景式地记录了中国共产党领导的新民主主义革命的全过程，艺术地再现了中华民族崛起的伟大力量，以他笔下人物的命运，展现了马克思列宁主义与中国革命实践相结合的艰难历程，揭示了中国农民只有跟着共产党才能得到翻身解放，共产党也只有动员起最广大的人民群众，投入中国社会的伟大变革，才能实现民族复兴和国家强盛的梦想这一真理。

梁斌的贡献，还在于他的文学精神至今烛照文坛。他是人民的儿子，他的创作是为人民的，他始终将自己的笔根植于群众的土壤之中。为了创作《红旗谱》，他舍弃了个人利益。他不顾个人安危，潜入敌后采访抗日军民；为了“补上”土改那段生活体验，他放弃解放区安全的社会环境，毅然随军南下，率领工作组开辟新区；为了集中精力写作，他三次辞官不做，无欲无求，自甘寂寞，只事耕耘，不计收获，精益求精，死而后已。他将自己七部书的手稿全部无偿捐献给了现代文学馆。他说：“我的文学是为人民的，我的手稿也是属于人民的。”

梁斌的贡献，还在于他创立了红色文人画。他一生创作了八千多幅书画作品。他心怀天下，以人民忧乐为己任，所作每幅书画，几乎都承载着他作为革命者的理想和寄托。他的书画作品继承传统，开拓新境，技艺独造。他的笔墨所获，大气磅礴，明快空阔，滋含丰富，简洁鲜活。如专家所说，梁斌之作愚去智生，俗除清至，思维超常，特立独行，出于红色战士的信念，绘出红色革命情愫，形成了独具魅力的绘画语言和艺术风格。

梁斌精神、梁斌文学、梁斌艺术，已成为中华民族宝贵的精神财富。在纪念梁斌百年诞辰的时候，我们重温他的文学和艺术作品，回顾他所走过的生活与创作的道路，深感研究、学习和发扬梁斌文学精神对于繁荣文学创作的必要。这就是今天我们邀请专家学者，校订编辑《梁斌全集》《红旗谱》纪念版、珍藏本《一个小说家的自述》《梁斌传》和《百年梁斌》的动意。我们希望当代青年，特别是文学青年，更全面、更系统、更深入地了解梁斌，了解梁斌的作品，因为梁斌的作品中大写着我们中华民族的伟大精神。

由于水平所限，我们的工作或有不全面、不完善之处，恳请海内外专家，四方友人，不吝教正。

天津梁斌研究会

2014 年 2 月

梁斌传
LIANGBIN ZHUAN

目录

序

李希凡

梁斌，是我尊重的作家，《红旗谱》更是我爱读的作品。在20世纪五六十年代我还曾写过几篇文章评论《红旗谱》的艺术创作，而且也曾怀着一种特殊的感情和心理去北京西郊农科院后院拜访过梁斌同志。那是1958年，时值盛夏中午，暑气蒸人，而梁斌却正在这后院散步，大汗淋漓。后来知道，他这时正患着严重失眠症。那是两间简陋的居室，我们在堂屋交谈，室内还传出幼儿的哭声，显然梁夫人还在产假期间，这是临时住所。在交谈中间，梁斌同志还给我打开了他随身携带的一个小皮箱，那里存放着《红旗谱》长篇系列的第二部《播火记》和第三部《战寇图》（即后来出版的《烽烟图》）原稿，我不知那已经是第几稿。

从梁斌处回来，总算开了点儿窍，稍微了解了一点儿作家的创作意图和创作过程，就写了那篇《漫谈〈红旗谱〉中朱老忠的形象创造》。意犹未尽，到了20世纪60年代初又写了《朱老忠及其伙伴们》和另外几篇短文，虽然自觉尚不能完全说清楚我的看法，但也有过想看完《播火记》和《烽烟图》的期待。《漫谈〈红旗谱〉中朱老忠的形象创造》一文，我并没有收辑在现代文学评论集里，而是把它辑在《论中国古典小说的艺术形象》一书里，并在“后记”里写了这样一段话：此文“所以放在这本集子里，这正像那篇文章里所分析的，我认为，作为一个文学典型，朱老忠的性格，在革命的气质上是和古代农民革命的英雄人物，有其相通之处的——在他的性格里，融贯着历史和现实的深刻经历。应该说，朱老忠的形象，是对历史上革命农民典型做的一个‘小结’。他们为什么失败，朱老忠又怎样走上新的道路，朱老忠的性格发展，是可以反映出这个历史的”（《论中国古典小说的艺术形象》，第372页）。

这段啰里啰唆的话，本意是想说明《红旗谱》与朱老忠形象的里程碑意义，但由于我对梁斌同志的生平和《红旗谱》的创作过程毕竟没有深入地了解和研究，就没有勇气把观点阐释得更明确。从这一点，我就要感谢王洋她们的这部《梁斌传》，它补足了我的缺憾，给了我极大的满足。

鲁迅曾经说过：“……我总以为倘要论文，最好是顾及全篇，并且顾及作者的全人，以及他所处的社会状态，这才较为确凿。要不然，是很容易近乎说梦的。”（《且介亭杂文二集·题未定草（七）》）

这是很高的要求，也是“论文”的高境界。我看过不少现代人的传记，包括最近看过的《王国维传》、《胡适口述自传》、《老舍评传》等，虽然各有各的特点，却有的还是侧重于人（生平概述），有的侧重于文（学术建树），不大能看出“全文”、“全人”和“社会状态”的融会贯通，总是使我感到有点缺憾。前些天，梁斌文学研究会原会长宋乃谦同志来电话，谈及南开大学有位女老师写了一部《梁斌传》，希望我给看一看，能否写篇序。很快，我就在家里接待了本书作者王洋。在我这八十岁老人眼里，她实在是太年轻。这首先给我留下了好感。当中国革命事业和中国革命文学（即“文革”前十七年文学）被一些人，包括某些“名大学”、“名教授”，“弃如敝屣”的今日文坛，居然还有中青年下大工夫为十七年的“代表作家”写传，这使我深感欣慰。我本是一个因糖尿病而眼底出血的老人，按医生的要求，每天只能两小时看书报，中间还要休息二十分钟，这对我自然是苛求，只要活着就无法做到。何况王洋同志自我介绍，她是搞对外汉语教学的，《梁斌传》是她在学校承担的一个研究课题，如她在本书“后记”中所说：“我从未见过梁斌本人。我是在实地调查、资料搜集和大量采访过程中，确立传主形象和对其产生越来越多的敬仰之情的”。这更加唤起我的好奇心。《梁斌传》，我是一口气读完的，根本顾不上医生规定的时限了。

“从喷泉里出来的都是水，从血管里出来的都是血。”这是鲁迅谈到“革命文学”时的一个比喻——“我以为根本是在作者可是一个‘革命人’”（《且介亭杂文二集·题未定草（七）》）。

《梁斌传》，自然是为写“革命文学”的“革命人”作的传，尽管作家曾经有过自叙，有过阐述《红旗谱》长篇系列创作过程的文章，为写传提供了多方面的线索，但是，读过《梁斌传》的人，确信这本传记“是在实地调查、资料搜集和大量采访过程中确立传主形象”的。它不仅“顾及”了梁斌的全部文学作品——《红旗谱》长篇系列、《翻身记事》与梁斌的书画创作，以及它们的写作背景，也“顾及”了梁斌的“全人”——他的八十二年的人生轨迹。《梁斌传》共分十章，从第一章“家世与童年”到第十章“大地之子”，那就是梁斌的革命的一生、战斗的一生。作者不仅把握了时代的脉搏，写出了时代精神光照下的梁斌的成长，而且通过大量的调查、访问，全面地、生动地反映了梁斌作为共产主义战士的崇高品质和个性化的人格魅力。作者还非常善于将调查采访和作家的艺术思维联系起来，发掘《红旗谱》长篇系列中人物原型的素材来源。《红旗谱》中的那些深刻感人的农民形象，如朱老巩、朱老忠、严志和、朱老星、伍老拔、老驴头、老套子，也包括春兰，可以说，无一不能在梁庄的邻里乡亲以及梁斌所接触的农民兄弟中找到他们的影像和“事迹”。只不过在梁斌的笔下，他们的形象性格更集中，更典型，更富于个性的亮彩。姑且不说朱老忠，譬如春兰，这位在梁斌笔下爱情坚贞、向往美好生活、大胆叛逆的农村美丽少女的形象性格，显然与《梁斌传》第一章“家世与童年”中所描绘的“瓜棚月下儿女情”中那位青梅竹马的蕊珍有关。作者在这段情节中虽然没有说明它和《红旗谱》中的春兰有什么关系，但它的生动的描绘，它的浓浓的童情稚趣，却使读者很自然地联想到小说中运涛和春兰的那节“瓜棚月下儿女情”。特别是梁斌把自己少小书法写出“革命”两字的细节，概括在春兰的火热的性格表现上，更升华了春兰富于浪漫色彩的个性形象。像这样的情节和细节，作者在调查、搜集和访问中把它们发掘和记录下来，可谓多多，实有助于广大读者对梁斌艺术创造的深刻理解。

《梁斌传》叙及梁斌“少小”就萌生过“作家梦”，青年时期曾闯荡北京，在北方“左联”旗帜下拿起笔进行战斗；抗战爆发，梁斌又和他的父老乡亲一起，同日本侵略者进行了艰苦卓绝的抗争——他始终战斗在抗日战争的最前线冀中平原、太行山麓。共产党、八路军，打击日本侵略者可歌可泣的多少英雄业绩，在这里闪烁着历史的光辉。它们都曾是梁斌亲历，但这不只没有改变梁斌少小萌生的“作家梦”，而是更加提升了他的理想和愿望，因为他梦想写的书就是“关于家乡人民的书”。而抗战八年、解放战争三年极端惨烈的战争环境，共同战斗的军民鱼水情，使他对他们有了更多更深的了解。梁斌虽然担负过多种领导工作，甚至当过游击队队长，但时间最长的还是新世纪剧社社长。梁斌并未因此而中断他那个“作家梦”，《梁斌传》的作者在描写这段长长的经历里，敏锐发掘了梁斌在生活中点滴素材的积累，创作的尝试，民族语言的搜集和冶炼……《红旗谱》在酝酿中。

《梁斌传》作者用第七章写了梁斌关于《红旗谱》的创作过程，并将其命名为“生命之歌”，这既是作者对梁斌“全文”、“全人”的由衷的赞美，也是作者对梁斌创作《红旗谱》系列长篇小说的审美评价，诠释了梁斌的“作家梦”不是为文学而文学，而是为了写出他家乡农民的苦难和抗争。当然，梁斌绝不是一般地写农民的生活，正如他在《我怎样创作了〈红旗谱〉》中所说：“我写这部书，一开始就明确主题思想是阶级斗争。”在他脑子里“生活了二三十年的人物”——朱老巩、朱老忠、严志和、朱老星、伍老拔、老驴头、老套子等，尽管各有各的生活思想状态，而且形象丰满，个性鲜明，但他们都生活在锁井镇，生活在大地主冯兰池的阴影下，可这世代血仇并没有使他们屈服。《红旗谱》的“楔子”“平地一声雷”，虽然写的是一场农民斗争的悲剧，但却何等震撼人心、余音缭绕……朱老巩大闹柳树林的故事，仍留在四十八村人民的记忆里。一个短短的“楔子”，正寄寓了千百年来农民抗争史的“刚强之气”，而当朱老忠率大贵、二贵从关外归来、高声吆喝，扬鞭驱马奔过冯老兰家门时，连凶霸多年的冯兰池（冯老兰原名），也知道一场新的斗争开始了。朱老忠归来的名言是“出水才看两腿泥”，“冯老兰就是像一座石头山压在咱们身上，也得翻他两过子”。历史是悲壮的，朱老忠和他的伙伴们，虽然各有其血泪的经历，但他们仍然在续写着斗争的谱系。

南方革命军势如破竹，而蒋介石的叛变、血腥镇压，已使工人阶级、共产党人改变战略，深入到北方农村，唤起了广大农民的觉悟。反割头税、二师学潮、高蠡暴动……在梁斌笔下的《红旗谱》、《播火记》、《烽烟图》，以及活跃在小说里的朱老忠和他的伙伴及其新生代的子女们，虽然有流血牺牲，有苦难，有失败，却充溢着英勇奋战、不甘屈服的革命英雄主义精神。尽管《红旗谱》系列并没有写到最惨烈的抗日烽火的年代，但共产党领导下的农民斗争，正在书写着新的历史，为有关民族存亡抵抗日本侵略者的战争，做了充分的“准备”。《梁斌传》把

《红旗谱》系列长篇创作，誉为“生命之歌”，既可以看做是对梁斌创作审美理想的歌赞，也可以视之为中国革命深入农村获得新生的“预言”。

《梁斌传》对《红旗谱》的终极评价是“当代文学史上的里程碑”，绝非过誉。十七年涌现的革命文学作品虽灿若群星，各有自己的独特的贡献，但确如作者所说，《红旗谱》是屹立“潮头”的杰作，因为它写出了中国农民的革命英雄谱系，写出了中国共产党人在大革命失败后改变战略，深入农村，与农民相结合，领导土地革命，农村包围城市，才取得新民主主义革命的胜利。可贵的是《红旗谱》没有任何说教，它是用朱老忠及其伙伴们的艺术典型的感人力量，形象地证实了毛泽东思想所阐述的这一伟大真理。梁斌说：“我如果写不好这部书，无颜见家乡父老。”这浓浓的乡情，虽然源自家乡人民的自幼哺育，源自与冀中人民在抗日战争中共同战斗的经历，源自他亲历了抗击日本侵略军的平原烈火，亲眼目睹了处于抗战第一线的冀中平原、太行山下，父老乡亲是怎样以简陋武器、血肉之躯抗击武装到牙齿的“鬼子兵”，这是共产党领导下的新的农民英雄，也是有了革命自觉的民族卫士。梁斌写的虽是生根在父老乡亲身上的无畏的抗争与战斗，但他笔下创造的朱老忠及其伙伴们的文学典型，却是具有现实生活和历史深度的“红旗”谱系，这就是它成为“当代文学史上的里程碑”的不可泯灭的伟大意义。

《红旗谱》已出版五十多年，那些历史虚无主义者改写文学史的做法也在进行，但是，《梁斌传》却以激越的热情、流畅的文笔、确凿的资料，为梁斌立传，昭示人们：勿忘革命史、勿忘《红旗谱》，这也正是中国革命与中国革命文学的“生命之歌”！

《红旗谱》和梁斌，必将永远活在现代文学史上，活在人民的心中。

2007年11月29日于北京

第一章 家世与童年

1957年，平地一声雷，中国文坛为之强烈震撼：一部长篇小说带着油墨芬芳甫一问世，即在读者中间不胫而走，人们交口赞叹："新时代的《水浒》!"

这部小说就是梁斌的代表作《红旗谱》，直到今天它依然魅力不减，被认为是新中国文学的一座丰碑。法国著名文艺美学史家丹纳认为，伟大的艺术家及其杰作的产生仿佛佳卉名木，需要有适宜的土壤、水分、气候，才能生根、发芽、茁壮成长。激发梁斌写作《红旗谱》的最初原因就是对燕赵大地那激动人心的农民革命历程的追述。那些沁润着家乡父老血与泪的故事，曾伴随着他长大，像燃烧的烈火在他胸中越烧越旺，焦灼、煎熬着他的心灵，使他不顾一切地要将它告诉世人。为此他付出了几乎毕生的精力。或许可以说：真正的故事就像光阴和流水那样，自流自淌，而又始终如一。让我们循着作家的足迹和心路历程，解绎《红旗谱》诞生的全部奥秘。

一、十子之家的大家族

梁斌的家乡——梁庄，坐落在河北省蠡县境内一片神奇的土地上。

这里是中国北部的一片古老而肥美的土地，它体现着中华民族开垦者的气质，衍生着黄河流域源远流长的灿烂文化。这里有从新石器时代保留至今的百尺台文化遗址，它包含了仰韶文化、龙山文化、商周到汉朝各个时期的文化遗存，它虽还未被发掘，其丰富的内涵也还不被人们了解，但我们已经感到它的博大与精深。古来燕赵多豪杰，这里曾经出现过“风萧萧兮易水寒，壮士一去兮不复还”的荆轲，筑黄金台以招贤纳士的燕昭王，推行胡服骑射的赵武灵王，“将相和”的廉颇和蔺相如……他们的奔腾热血和激昂壮志赋予了这片土地神奇的力量，哺育出后世一代代英雄儿女。急公好义、重信然诺、明事达理，是淳朴乡民辈辈相袭的传统美德。地僻而景常新，世远而人不没，乡土文化也像遗传密码一样编织进了梁庄人的生命之中，这个小村庄在梁斌这一代人中就出了两个赫赫有名的艺术家——著名作家梁斌和著名画家（中国国画大师）梁黄胄。梁庄——地杰人灵。

据县志记载，梁庄是明朝因难民迁徙而由几家人建起来的一个小村庄，从此世世代代的人们在这里生息繁衍。它北起燕山，西接太行，东临渤海，南有一望无际的平川。梁庄就在潴泷河与唐河之间。到 19 世纪末 20 世纪初，这里开垦的可耕种土地已有上千亩之多，尤为神奇的是，这一片土地，从不遭冰雹的侵袭，被附近乡里称为风水宝地。那时全村已有近百户人家。村民们终年勤劳耕作、节俭持家，视养种土地为命根子，他们那种精耕细作的精气神儿，在周围几十里地是出了名的。也许正是这种对土地的虔诚感动了天神与地神，从而得到了上天的恩惠。从那时起直至今日，如果你能有幸到这里来，一定能亲自体验到梁庄与附近村庄的不同景观，感受到村民的勤劳，村风的质朴，村貌的井然有序。也许是天人合力的作用，尽管那个年代战乱不断，可梁庄却变得地主、富农、中农多了起来。梁庄人继承着先辈开垦拓荒的性格，为了扩大生产经营范围不断发展农副业，村子里有兼营花庄的地主，还有人在镇上兼营铁器铺或开小杂货铺……特别是梁庄地处产棉区，当地流传“要发家，种棉花”的说法。收获的棉花用来织布，因此，纺织土布就成为农家的主要副业。这里离高阳县城很近，大约只有四十里路，当时高阳的棉布业在全国很有名。于是，这里遍布乡里的土布纺织技术不断被外界看好，一些棉布商人甚至从天津的外商那里买进洋线，利用附近农村的廉价劳动力，织成棉布（当时叫“洋布”）再外卖。梁庄的大部分人家也都把织洋布作为家庭副业之一，于是一走进梁庄，就会隐隐听到机杼之声。

梁家是一个大家族，梁斌祖父这一支系不算很发达，那时有地八亩，到了父亲梁老旬离开学房当家主事时，已经发展到二三十亩地，并有一头驴了。据说，梁老旬的第一个妻子是西百尺村王财主家的女儿，她与梁老旬结婚后生了五个孩子，她的父亲是有名的骨科医生，不仅能看病，还带了不少学生弟子，包括他的大外孙（梁斌的大哥）。他用自己的教具和人骨模型教学，桃李满门。根据当时的情况推测，王氏给梁

◎ 梁斌老家旧居

家带来了一定的生活转机，让梁老旬积蓄了一些家产。王氏辞世以后，梁斌的母亲嫁到梁家时，梁家家境仍然很好，不愁吃、不愁穿。不过，家族经济发展的鼎盛期似乎已经过去了。梁斌的母亲来到梁家后又生了四个孩子。

1914 年 4 月 18 日，又一个小生命呱呱坠地了，他让这个普通的庄户人家充盈着笑语。那个年代，冬天很寒冷，屋檐有时会结上长长的冰凌。而他恰恰出生在树木新绿、花香蝶飞的仲春时节，也是农家开始忙碌、播种希望的季节。在回春的天气里，暖暖的阳光照在上房的窗前，它的脚步虽然缓慢，却并不停顿，它洒满了整个农家屋院，婴儿清脆的啼哭声更让室内充满了新的生机。因为，梁老旬当时已年近七十，“老来得子”，这在当时的中国人观念里被视为一大喜事。全家上下，人人脸上、心里都平添了一重喜庆。啊！这个男孩面貌清秀，五官端正，滚圆的脸，宽宽的头额，这就是乳名叫“魁”的梁维周，后来成为作家的梁斌。他从混沌中来到人间，此刻他在想什么？他来到这个世界上看到的第一个人是善良、温和、慈祥的母亲。她把他紧紧地搂抱在自己温柔的怀抱里，在这乍暖还寒的时节，人间的母爱却是这样温暖。

是时，魁成了这个已有五儿、四女的大家庭中的“老生子”，也是“第十子”。正如所有传统的贤妻良母那样，魁的母亲自从嫁到梁家后一生为丈夫、儿女操劳，她把自己全部的爱，都倾注在每一个家庭成员的身上。对于梁老旬前妻生的两个男孩、三个女孩，她要亲手把他们养大，还要照顾她自己生的一个女孩、四个男孩。作为旧中国的农村主妇，她得抚养大十个子女，再加上男婚女嫁的种种负担，这一大家子的生活对她来说有多么沉重呀！可是在她看来，这些孩子都是梁家的希望，所以她总是充满信心地干着永无休止的家务活，从来不道一声怨言。对这个家，她倾注了热烈的爱、全部的爱。

对最小的儿子，母亲更是爱逾珍宝，直到三岁还让他躺在自己怀里吃奶、酣睡。她对魁最大的希望，就是大了能当个小学教员，她最大的担心就是怕儿子受穷。母亲的愿望平凡而又实际，她为儿女祈求的，是一份简单快乐的生活。童年的魁，几乎与母亲寸步不离，母亲跟他一块玩儿，或是牵着他的手到大街上去玩儿，或是到谷场边上玩儿捉迷藏。即使他要小性子哭闹起来，母亲也从不责备，而是把香喷喷的油摊鸡蛋送到他嘴边哄劝着。在当时的乡村，这实在是难得的美味。要是一家人去赶庙会，母亲看了半天，左掂量右寻思，也舍不得买什么东西，魁却总能得到一把木刀、一个小鼓或一个小水桶，他往往欣喜万分、如获至宝。可见，母亲是在现实允许的条件下给予魁最多的关爱、最好的照顾，总在想方设法让他高高兴兴地享受生活。魁对母亲也最为依恋，他有时眨着天真的大眼睛，自己问自己：到底是母亲亲，还是父亲亲呢？在他幼稚的心灵里，已经敏感地意识到："爹和娘的爱是不一样的。"可见，温和而循循善诱的母亲在他的感情世界里无比重要，对小儿子来说，母亲是最贴心、最可靠、最能包容自己的人。

魁的父亲读过私塾，劳动、持家，是里里外外的一把好手。他为人勤劳干练，刚健倔犟，又略有几分粗暴。在家里，不管大小事情，想发怒就发怒，他的烟袋一时找不到就会发脾气，一时找不到老鼠夹子了，也骂一顿。但父亲为了这个家尽心尽力，是个厚道、本分的庄稼人。他一年三百六十五天，天天下地劳动，没有休息的日子，有时睡到半夜还起来筛草喂牲口，登梯子上房寻觅一遍，只怕有夜盗。即使过年也歇不安稳，大年初二就起来捻经子、打苇箔。地里、园里、场里，哪里也离不开他。每到了农闲季节，梁家却是地闲人不闲。梁老旬组织全家人浆线络线，织洋布搞副业，不分男女老少，一齐上阵，都干着适合自己的活儿，一派繁忙景象。秋去冬来，他就把布匹、棉花分到各房给孩子大人们做冬衣。在村里，如果看到谁不会过日子，他便嗤之以鼻，在街上走对面也铁着脸不喜欢搭理人家，背后还要骂那人"好吃懒做"。因为这一大家子的生活都是由父亲一人操持着，他的勤俭持家作风令一家老小敬佩，所以对他的倔脾气，母亲和家人也都能隐忍、体谅。有一次，母亲因为父亲对她闹脾气而感到委屈，站在后院台阶上一个人偷偷地落泪，被似懂非懂的魁看在眼里，竟也跟着伤心地哭起来，母亲看到后赶紧把他搂在怀里，自己的委屈已经烟消云散。其实，梁父也是个重情重义的人，他对家人的爱是深沉的。每次赶集他都带着魁一起去，到了集上，总不忘买碗豆腐脑或是一个夹肉的烧饼，给小儿子尝一尝鲜，换换口味。在这样一个兄姊众多的大家庭里，小小的魁依然不时感受着严厉而宽厚的父爱与温暖。

那年开春儿，村北的大苇塘开冻了，长出一棵棵紫根绿苗的苇笋——乡村里叫苇椎椎。刚出土是紫红色的芽芽，白色的根，搁在嘴里一咬，甜甜的，是孩子们最爱吃的。魁与对门的好朋友蕊珍都刚刚五岁，就一块儿商量起来：

“小魁，咱们今天玩儿什么？”

“咱们去掰苇椎椎吧！”

“好！”于是，手拉着手，走出通向村北的小胡同，来到大苇塘上。弯下腰来掰苇椎椎，一边掰一边吃一边说着话，直到掰满了一口袋为止。踩着苇地上的泥，把鞋子都踩湿了，还是舍不得离开。当然，玩耍也不是一帆风顺的。有时，他们低着头正在掰苇椎椎的时候，苇塘主人若是看见了，离老远就伸起脖子大喊：

“你们又在掰我的苇椎椎，那一个苇椎椎就是一个大苇子呀！看我非打你们不行！”

说着，手里拿着铁锨，抬起脚就赶过来。到了这刻上，不管是真是假，他们就连说带笑地仓皇逃跑了。这种时常发生的意外给玩耍增添了情趣与挑战。《红旗谱》中运涛和春兰被拿着铁锨的老驴头追赶一节，或许就由此脱胎吧——作家把对大苇塘的感情，不知不觉地写进了作品里。只不过那时魁和蕊珍他们受到的“追赶”，带着些许诙谐的味道，在孩子的心目中，这样的“壮举”是了不起的，他们的合作多少有些“患难与共”的意味；从成人的角度审视，两人的彼此信任和亲密无间，才更值得珍惜。然而，魁和蕊珍的“冒险”活动，并非就到此为止，毕竟两个人在一起互相激励、互相照应，比独自一人的势单力孤，不知要强大多少倍！

“唔？天黑了，快回家去吧！”蕊珍猛地笑着说。

“不忙！”魁正在兴头上。

傍晚时分静止下来的空气，带有曝晒青草的香气。他们周围是野百灵鸟吹哨一般的声音，食米鸟小铃一般的声音，静寂中传到老远的地方。天空的粉红色晚霞已经褪淡，黄昏的深紫色渐渐没入夜的铅黑中，鸣禽停歇……白天的美不见了，夜晚的美替代了它。从这头到那头，田野里闪耀着忽起忽落、忽明忽灭的光。它们亮了又暗了，给晚归的人照路，却又不想暴露自己的形迹。这些萤火虫的玲珑舞蹈，是夜的一部分。魁受到环境的感染，情不自禁地念起了歌谣：

“太阳没，老狼背着小狼过！”

而蕊珍呢，竟像个小大人儿似的嗔怪起来：“甭那么说吧！说得别人心上寒森森的……”

此情此景，蕊珍那微微歪头、噘嘴说话的神态，一直都让魁念念不忘。回家的路上，突然看到前面五哥来接他俩，五哥说：“快回家吧，爹生气了，正在骂街呢！”魁心里直发抖，撒开腿拼命往家里跑。生气的父亲，见小儿子平安回来，怒容虽有所缓和，却也第一次对小儿子发了脾气。这天晚上的一场“风波”，最后在母亲的一句提醒中化解了：

“天黑了还不回来，叫别人揪心。快来吃饭吧！”

言辞里，哪里有教训和不满，有的只是挂怀、疼惜之意。更何况，魁还有几位嫂子做后盾——第二天，妯娌们高高兴兴地烙了秫面饼，在上面抹上大酱，一家人卷着苦菜吃。因为是不常吃的饭食，大家都觉得可口，前一天的不快也自然而然地消退了，只在魁的心坎里剩下一条“必须按时回家”的戒律。

魁的童年生活同一般农家子弟是截然不同的。在他儿时，哥哥、姐姐们就已经长大成人了，有的已经结婚生子，居住在外乡或城里。他小小年纪，就曾随母亲、兄长去保定探望生病的四哥，同父亲去北京在二姐家小住。

还是这年的初夏，家里突然接到正在保定教会中学读书的四哥的来信，说他得了阑尾炎，住进了医院，马上就要做手术。这下可把全家人吓坏了，以为性命难保。担心得不能入睡的母亲，怀着怎么也要见上一面的想法，由二哥赶大车，大哥陪着母亲一起去保定看四哥。母亲说："带上魁吧。"这可把魁高兴坏了。二哥给牲口喂足了草料，扫干净大车，搭上篷子，挂好了帏帐。嫂子给他们熬好了香喷喷的小米粥，换上新洗的干净衣服，天不亮他们就出发了。这是魁头一次出远门，虽然天还黑着，可初夏的晨风阵阵袭来，凉爽爽的，更增添了魁的兴奋。母亲让他躺在自己的腿上，再睡一会儿，他不肯，睁大眼睛看着天上的星星，听着大柳树上鹁鸪鸟声声叫着。远处麦浪滚滚，随风飘来潮湿的泥土的芳香，随着大车忽忽悠悠前行时有节奏的摇晃，魁舒舒服服地进入了美丽的梦乡。

一觉醒来已到中午，再走不远就到保定了，大哥买来这里有名的咸牛肉末儿，大家夹上烧饼，喝着开水，又美美地吃了一顿。魁那个得意劲儿就别提了。饭后继续赶了一段路，下午他们来到保定西关思罗医院，这是一家由外国人开的医院。魁第一次看到这么漂亮的楼房，他们在医院的外院拴好了大车。大哥很快就领来了四哥，他已经动完手术了。四哥给母亲倒上热水，告诉她："已经开过刀了，只是一个小手术，很快就好了。"说着给大家看伤口处，母亲这才放心地笑了，说："咳！可把我们吓死了，好了就都松心了！"吃了饭，四哥带着他们逛了保定最繁华的地方——第一楼和天花市场。魁不仅看见了楼房，还亲自爬上爬下，蹦蹦跳跳不知道多少次地上去又下来。这里有那么多卖衣服、布匹、玩具、食品的柜台，琳琅满目，好不热闹。他的眼睛第一次感到不够用了。大哥买了几盒糖果点心，准备带回去给老人孩子们吃；四哥给魁买了一个小皮球，这是乡下人稀罕的玩具，他如获至宝地抱在怀里，美滋滋地想着回去跟蕊珍一起玩儿。从商场回来时，魁还跟母亲坐了一次洋车。回到医院，吃了饭，看到很多穿白色衣裙的修女忙忙碌碌，她们谁也不理会魁母子俩，也没人跟他们打招呼，母亲上前问了她们些什么，她们敷衍了两句就完了，魁似乎有那么一点被冷落的感觉，他第一次见到城里人的眼光原来是这样，"与我们乡下人就是不一样"。

虽然生长在河北农村，魁却与众不同地接触了大城市的生活，从保定府回来，嫂子们、侄子、外甥们一边吃着甜甜的糖果，一边欢喜地围着魁问这问那，魁高兴地叙述着、回味着，简直像是有多大见识的人了。然而这些并不重要，最重要的是得赶快去蕊珍家，给她看看新鲜玩具，跟她一起玩儿小皮球。魁迫不及待地抱着皮球溜出家门，兴冲冲地来找蕊珍，一进蕊珍家的大门，静悄悄没有声音。他喊了一声：

"蕊珍！蕊珍！……你看，小皮球！咱们去玩儿吧！"

"俺不玩儿了。"

蕊珍只是隔着窗户上的小玻璃说。魁并没听清楚，一直往屋里闯，闯到屋里一看，蕊珍正坐在炕上玩儿，她娘站在地上裁衣服。蕊珍见了他说：

"俺不玩儿了！"

"蕊珍大了，不跟你玩儿了……"

蕊珍娘也不像往日那么热情，似笑非笑地说。可魁并不明白蕊珍娘的意思是什么，天真地把手上拿着的小皮球晃了一下，笑着说：

"看！小皮球！"

"小皮球也不玩儿了，你自己玩儿去吧！"蕊珍娘说。

"两个人玩儿好！"魁固执地说，还是弄不明白蕊珍娘的意思。没办法，蕊珍娘只好又笑了笑，说："蕊珍大了，不跟你玩儿了，闺女和小子一块玩儿烂脚丫儿！"蕊珍娘的话，仿佛一瓢浇在头上的凉水，令魁很是扫兴。那时他年岁虽小，也懂得一点儿事情了，脸上的笑容一下子收起来，反身走出来，回到家里，满脸不高兴。

那天夜里魁做梦都梦见了跟蕊珍一起玩儿皮球。到底是什么原因让蕊珍不跟魁玩儿了呢？原来是因为几天前的一次“恶作剧”：

魁与蕊珍两家虽然是邻居，可他们母亲的关系相处得跟亲姐妹似的。如果蕊珍家做辣菜，蕊珍母亲常会端一碗来，给老梁家尝尝。蕊珍家缺绿豆吃，魁的母亲就挖几升绿豆给她家送去。有一次，蕊珍娘生病了，一向心地宽厚善良的梁母不断接济粮食，还请来大夫调治，把大夫安顿在自己家里住，一直帮助蕊珍娘把病治好了。对此，蕊珍娘感激不尽，来到梁家，趴在地上磕头，说：“谢谢大娘！谢谢大娘救了我！”凡此种种，每每令身旁幼小的孩子耳濡目染，也使两个孩子之间的关系格外亲密，几乎天天一起玩耍。每天清早，喝过热腾腾的小米粥，两个孩子就会在家门口会合，开始商量起一天的安排。打定主意，就牵起手，一路并肩走去，活泼自然，心情愉快而专注。他们一起掰苇椎椎，披苇叶，刨苇根，寻“喳喳唧”鸟儿，捋榆钱，摘柳芽，拔曲菜，采扫帚苗，挑“老鸹筋”……两个小小的身影就这样沐着晨光，映着晚霞，从村东头的奶奶山到村北的大苇塘，留下一串串重叠的脚印。寒来暑往，与蕊珍的相依相伴，驱散了魁孩提时代那种特有的孤单，也留下了人生中第一个难忘的友情记忆。

几天前，蕊珍提着篮子又来找魁一起出去玩儿，两人牵着手，溜溜达达地往梁家老坟后头走去。那地方有一片沙坡，沙地上长着一种叫面条棵的野菜，因为不怎么好吃，也没有人理它。他俩说着话儿，不知不觉采了一大篮子，就坐在土坡下休息。只见不远的坟池里长出了些鲜红的花，人们叫它“黑老鸦喝喜酒”，它的花把儿有甜甜的味道，放在嘴里噙着就像是喝喜酒一般。魁灵机一动，形成了一个无比美妙的联想，心里暗暗升出一种念头，也许是那几天媒人来过，要给魁提娃娃亲的原因吧，于是，他想和蕊珍手拉手，一起玩儿“拜天地”。他笑着说：

“蕊珍，我想起一件事儿。”

“什么事儿，你说吧！”她说。

“将来咱们俩要是成了亲，有多好呢！”魁羞羞答答地说。

“那敢情好了。来，那咱就拜天地吧！”她说到了他心里。

“媒人那天还给我提亲呢，来吧，咱俩将来一块儿过日子！”

她听了笑着走到坟坡下。他们搬来各种各样的石头当观众，大的作大人，小的作小孩；然后，还搬来一块砖立在中间，当天地牌。一切准备就绪，蕊珍极其郑重地说：

“将来年岁大了，你可不能后悔！”

“谁要后悔，天打五雷轰！”魁也睁大了眼睛，认真地说。于是，蕊珍同他像模像样地拜起了天地：牵着手，一同跪下，磕了头。不知怎么，她半痴半笑……那时，头顶的青天衬着身旁澄黄的沙地，其间散落的“米布袋”径自芬芳，迎风开出素淡的花。

过早来临的“爱情”似乎不同寻常，但这更像是来自魁那敏感而富有诗意的内心的一道彩虹，正如碧亚德里彩之于但丁，表妹之于哈代，在成长过程中，童年回忆反复闪现，纯真的印象在心目中渐趋完美，他本人自然会对这段宝贵的记忆倍加珍视。但倘若回溯当时发生的一切，却只是天真无邪的孩子彼此心气相投，两小无猜，幻想着通过成人化的仪式达到“在一起”这样一个简单而美好的愿望。

但现实并不负责保有希望，美好的初衷也往往事与愿违。可能魁跟蕊珍假拜天地的事，蕊珍作为一种美好的回忆和欣喜回家后跟她母亲说了。就这样，活泼开朗的蕊珍同魁硬生生地被礼教观念隔离开了，即使小皮球也无法挽回。魁从此失去了一位形影不离的好伙伴。

◎ 梁庄寺庙

不过，魁仍时刻沐浴着温暖的天伦之乐，多少抵补了一些因蕊珍的疏远而造成的伤害——随家人去舍茶棚（农民在路边自己开的露天茶馆，给过路的客人饮用，不要钱。所谓的“茶”是用柳絮、月季花等野生植物沏的茶，那时北方的农民没有钱买茶叶）喝茶、去奶奶庙烧香、赶庙会、看求雨以及去给“虫王爷”唱大戏——日子过得蛮有滋味。有时跟村里的孩子们在大水坑里洗澡，摸泥鳅，捞鱼。要不，就跑出去在大街上看打铁的，看铸犁铧的，看铁匠怎样拉着风箱把铁烧红，用大铁榔头在砧子上打铁，蹦出五光十色的火花，好像放礼炮一样。再不，还可以去小山丘上的奶奶庙瞻仰旧迹：庙脊上，红绿琉璃瓦在阳光下依然鲜艳；庙里，三尊神胎神态安和，栩栩如生，身上的精美衣饰却已被岁月剥蚀褪色，四周曾经流金溢彩的壁画也已黯淡脱落……似此种种，毕竟聊胜于无。

特别是农家活——劳动，使他长大。作为农家子弟，虽不比城里人那样可以有通达的见闻和自我发展的诸多便利，但自幼接受劳动的锻炼，使他们能掌握丰富的实用知识和生存技能，独立意识、动手能力和吃苦耐劳的精神都比城里孩子更胜一筹。魁就是这样一个在自然和劳动中成长的孩子。村边的苇塘荒冢、小桥流水、枣林瓜圃，哪一处不曾留下他清亮的童音和奔跑的足迹？晨挑菜，夜看瓜，春种谷，夏收麻，收了蚕桑又插田，豆花初放麦苗齐……农事构架起整个生活，勾勒出时间和季节的轮印。这幅清新隽永的农村生活图景，既是作家幼年的生活主题和美学启蒙，也是贯穿他一生文学作品的背景和底色。从五六岁，魁就已经开始见习劳动，真是“童孙未解供耕织，也傍桑阴学种瓜”！春播时，哥哥扶犁，他牵牲口；夏天时，跟着家人一起整棉花、耪谷子；立秋时节，兄弟们浇菜，他改畦口；秋收之际，大人割麦穗、割谷子，他就去捡麦穗、捡谷穗。此外，刨红薯、拔萝卜、挖白山药也是他爱干的活计。那时，虽然魁的二侄子上北京师范，四哥在保定第六中学上高中，可到了学校放假回家时，他们都得下地干活，这是家规。魁总是在跟着家里人摘完棉花、豆角后，就缠着五哥给他下网捉美丽的红靛鸟，插笼子、编蝈蝈葫芦。附近的赵锻庄有一个大水坑，周围植被掩映，丰草如茵，夏秋两季，那里既是孩子纵情嬉闹的天然浴场，也是鱼鲜虾美的水生乐园。五哥正站在划子上撒网打鱼，见魁远远走来，笑了说：“正好打住一条大鲤鱼……”他把划子渡到岸边，提了鱼篓子跳上岸来，从鱼篓里取出一条金尾红腮的大鲤鱼，哥俩把它提回家，让妈妈把鱼炖上，一会儿工夫，满屋子清香……

这年秋后，二侄子回北京继续上学，顺便带父亲和魁到二姐家小住。这次是坐火车去的北京。他们下了火车雇了两辆人力车，来到隆福寺大街路南的一个大门前停下。二姐开门，见他们来了格外高兴。中午大外甥玉昆、二外甥玉田都回来了，一家人欢欢喜喜。之后，二姐带他们逛隆福寺庙、逛商店；大侄子带他们逛天桥、大栅栏、看京剧；二侄子带他们到“万牲园”（即动物园）去玩儿；大外甥还专门带魁去中天电影院看了电影《风流顺子》，然后去澡堂子洗澡。就这样一转眼十多天过去了，父亲惦记着家里，不能久住。临走大外甥送给魁一叠图画和图画纸留作纪念，魁新鲜得不得了。魁被北京的热闹吸引住了，这里比保定不知道要好上多少，连做梦也想象不到啊！他真不愿意离开。临别时大外甥说：“以后再来吧。”魁记住了这句话，重复着说：“哎，再来！”

都市生活包含着无数新奇事物，仿佛一扇在魁眼前徐徐开启的窗，原来村子以外的世界是那么丰富，五颜六色，即使看到老可能也看不够啊！是不是还有比这更新鲜的地方？这一切，对于生活在相对封闭的农村的孩子来说，是多么大的乐趣和享受啊！难怪作家回忆儿时，总感到“像吃蜜一样的甜美”。大概就是因为他能在繁华的大都市与乡村的田园风光之中领略不同的美吧。

魁享受着大家族给他带来的一切，真可谓五颜六色。魁所生活的大家庭就像一个小社会，每个家庭成员的社会角色、个性和经历都不尽相同，特别是这十个兄弟姐妹是同父异母，关系自然也变得更复杂、更微妙些，而且他们的年龄相差悬殊，魁从一懂事就面对上下三辈人——父母、兄嫂、侄子外甥。这些家人赋予他的人情冷暖故事也是得天独厚的。魁的家里有五个哥哥，四个姐姐，六个嫂子。大哥结婚后，大嫂生了两个女儿，因为没有儿子，大哥就娶了二房。姐姐们都出嫁后，又有了四个姐夫。两个大侄子都结婚了，他们都比魁大，最大的要大他十几岁，但侄子、侄媳妇们见了魁，都要叫他“六叔”。大侄女、二侄女也结婚了，还有其他侄子、侄女、外甥、外甥女，比他大的已为数不少。其时只有几岁的魁，还时刻在父母的呵护下玩耍，他还被父母视为不懂事的孩子。所以，当侄子、外甥们“六叔”、“六舅”地叫着他时，他心里觉得好不是滋味。邻里们见此景也常常说上两句风凉话：“嘿！别看萝卜不大，长在了辈儿上！”魁年纪小，同父异母的兄弟姐妹之间、不同辈分之间的微妙关系，让魁不时有许多不理解和不明白，这些琢磨不透的人情冷暖也促使他较早成熟。然而，在那缺吃少穿的年代里，能有这样一个大家族也很让人羡慕，如果是遇上年节或村里唱大戏，全家人都到齐了，就有四五十口人哪，那个场面真是热闹非凡。

平时，梁家的几房儿媳妇与父母一起过，女儿们出嫁后都离开了娘家。渐渐地，魁对哥哥姐姐们也产生了明显的好恶之别。

他最喜欢三哥，因为三哥是一个性格豪放、心胸豁达的男人。三哥上过高小，当过兵，还是个“上士排长”。官不大，可在魁的心目中三哥俨然是一个沙场英雄。魁在这个伴他长大的大家庭中，得到了长辈们过多的疼爱、同辈及晚辈们特殊的呵护与照顾。正在他对这种单调的爱感到不满之时，三哥的性格像磁铁般吸引着他，激活了他勇猛、刚强的性格特征，并把燕赵豪气传播给了童年的魁。他每每与三哥在一起，或在心中想到他时，总有一种向上的新鲜感、充实感。他觉得自己与三哥相通的地方更多，三哥给他留下的印象也最深。

他最不喜欢四哥，其实四哥不仅上过小学，还上过中学，以后又上过测量学校，当过测绘师。家里供他念书真是下了本钱，对他抱有很大期望。但是他性格执拗、胸无大志，终不成才。

五哥是最能跟他玩儿得上来的人了，他们年龄接近，而且一起上学。然而最让他崇拜的是五哥生性灵巧，无师自通，木活、铁活、锯盆碗、化铜补锅……什么都会干，在他手里什么都有用，都能做出不同的玩具，真是化腐朽为神奇。和五哥一起玩儿，总让魁的好奇心得到充分满足。五哥十五岁离开学堂，做了一辈子庄稼活，他不仅心灵手巧，而且为人憨厚、老实，魁很佩服他。

他对大哥更多些敬重，因为年龄差距太大。大哥自幼跟他外祖父学正骨，当了一辈子医生。时常有病人前来求医，或是把大哥请去看病，有时一住就是两三个月。逢年过节常有人送礼来，大哥总是把礼送到父亲屋里，而不往自己屋里拿，然后由母亲再把礼给大哥分一部分。大哥的孝顺让魁感动不已。

二哥种了一辈子地，是地地道道的农民。二哥的大儿子当了兵，是排长。二儿子上了北京师范学校，后来当了中学教员。二哥心胸比较狭隘，好贪图小便宜。他曾趁着闹兵灾，全家人出外逃荒之时，把两口袋麦子背到自家屋里。他的自私在梁家那真是独一份，让魁厌恶至极，印象也深刻至极。日后每当遇到此类人或事情他心中总会幻化出二哥的身影。

魁的姐姐们早早地就都出嫁了，她们婚后的生活状况给魁打开了一扇了解中国社会、了解中国妇女的窗口。

大姐嫁给了一个烟鬼，他从十五岁就抽大烟。大姐只好自己拉扯着几个孩子过穷日子，她几乎养活不了孩子们，大女儿从小住在外婆家，直到结婚。二姐有幸嫁给了一个老同盟会会员，二姐夫清朝末年毕业于保定武备小学堂，是个民主主义者。因参加过反袁护法，被捕入狱。出狱后，参加了滇军，当过团长。而后还当过保定警察厅长。在魁以后的成长过程中，得到过他很大的帮助，魁对他非常敬重。三姐嫁给了一个酒鬼，他把二三十亩地都给喝光了。三姐得了精神病，孤苦伶仃一个人，在娘家住了一辈子。三姐夫也曾到梁家帮工，后来去当兵了。四姐嫁给了一个医生……

生活于这样一个大家族，造就了童年魁的敏感。他常常喜欢离开家人，一个人独处，面对田野、苇塘、天空，在心里编排自己的故事，甚至以自己对身边人的观察进行着衡量、分析和比照。他发现大哥“是个庄稼人……事儿不大，他就觉得心满意足了”；二哥“性格很狭隘，不识大体”；三哥“性格很豪放，有大心胸”；四哥、五哥……即使在去北京探亲的短暂时间里，他对接触到的人仍敏感地揣摩着、评论着：“大外甥玉昆，性格柔和，为人热情。年岁不大，却气宇轩昂……富于进取心，与大侄子精神面貌不同……将来一定能成个大人物。”对二姐夫这位接受了革命思想、很有军人气概的长辈，他更是打心眼儿里敬重。再如，他对本家梁老宠，那位和蔼正直、乐观健谈、喜欢以嘲讽口吻丑化地主生活的农民也有自己的评价，认为他是“遇到的最聪明、最智慧的农民……越同他接近得多，就越能发现他性格上的美”。魁就这样一个人品味着人情、乡情。

二、梨园小戏迷

由于环境得天独厚，魁很早就接触到纯粹的民间艺术、民俗文化。“童年时代最有兴趣的，是过年。……腊月二十三，糖瓜祭灶，灶王爷上天。家家祭灶，盼灶王爷‘上天言好事，回宫降吉祥’。二十四，是家家忙，又做豆腐又扫房。于是赶年集，买年画，买花炮，搭神棚，擦灯盏……腊月三十，燎草，起五更，吃饺子，穿新衣，拜年……正月十五敲大鼓，赶旱船。”《红旗谱》中津津乐道的许多古老的民俗传统，都是那样富有地方色彩和民间情趣，正是撷取自作者幼年的回忆。

魁感受美的天分很高。四月四，村里搭舍茶棚，引起他注意的是隔扇上挂着的城隍爷的神像，那神像是个老者，三绺长须，微微笑着，一副慈善面孔。棚里香烟缭绕，香味扑鼻……兰芳奶奶举起木槌敲得磬儿当当地响。那一捆捆的香火上，缕缕青烟袅袅上升。魁随家人赶庙会，从城隍庙的雕塑、壁画到戏楼的锣鼓，再到街边的评书、戏法、耍猴、打落子、布袋戏种种“把式”，都令他颇感兴趣。

在对梁庄进行考察时，村里人特意带我们来到梁庄西边不远处的一个远近闻名的汉代古墓群——影三郎墓。此墓至今尚未考古勘探与发掘，它的外形“近看四陵相依，远见惟见其三，故名影三郎”[①]。明代《弘治保定郡志》收录的“蠡县八景诗”之一的《古陵相隐》写的就是影三郎墓。这个墓无论白天还是夜晚，从外围的任何一个角度看都是三座坟墓，但是从上面看下去，确确实实是四座坟墓，所以称为“影三郎”。据说晏婴曾葬于此，不过从史料上查不到任何记载，实属没有根据的传说，看来这墓里埋葬的到底是何人谁也不知道。魁第一次来这里是跟三哥一起路过，三哥告诉他这里是晏婴的墓葬，还给他讲了“晏子使楚”的故事。三哥当时非常推崇晏婴的聪明机智与不辱使命。看着三哥认真、激动的样子，魁也感到这个影三郎墓与别的古墓不一样，很有意思。三哥将晏婴这样的古代英雄人物与影三郎古墓联系起来的故事，使魁以后每每来到这里玩儿，都要用手轻轻地摸一摸高大的墓碑，好像也有一番领略古代英雄豪情壮志的怀古情味在里面。

最让魁兴奋的是看戏。从几岁开始就随着大人去看戏，那简直是他最大的享受。当时，他看的戏就是广泛流传于河北农村的剧种——“秦腔”或“直隶梆子”（现在叫“河北梆子”）。这是梆子声腔的一个重要支脉，有一百多年的历史。在清道光年间（1821—1850），从山西、陕西到河北经商的商人把“山陕梆子”（山西梆子和秦腔）带入河北，在长期演出过程中，为赢得当地观众的喜爱，该剧种按照当地的语言习惯、情趣、爱好等进行了不断的改造，并扩收当地演员。后来它迅速传布河北全省，兴盛时，不仅盛行于北京、上海、天津等大城市，而且遍及山东、东北等地的中小城市和农村，最南甚至到达过广州，最北到达过海参崴。至光绪年间，河北梆子曾与京剧形成了争衡的局面，是流行地域广泛、影响很大的一个剧种。梁庄很早就有了丝弦子弟班，且经历

①郑新芳：《保定名胜古迹诗话》，中国文联出版社2002年版。

◎ 影三郎——河北省重点文物保护单位

了这个剧种的演化过程。在梁庄附近的村庄也都有各自不同特色的梆子演出团体，如离梁庄一里之外的赵锻庄就有一台河北梆子演出班子；十里之外的南许村有一个擅长演“五虎”的戏班子；五里外的北沙口有一个以演“莲花落”出名的戏班子。所谓“莲花落”最早为僧侣募化时所唱的宣传佛教教义的警世歌曲，宋代始流行于民间，开始时多是乞丐沿街讨饭时向人们献上自己的祝福歌词，后来逐渐演化成一种民间演唱曲调。

广泛流传的不同剧种既保持了各自的特点，又在附近村庄经常进行交流，久而久之，促进了戏剧的发展和观众欣赏品位的提高，也陶冶了魁对戏剧艺术的感受力。当时，梁家庄的丝弦班子是演出历史比较长、也很具规模的戏班子，而且还不断有远近闻名的名角出现，如老生梁云章，最受人们的喜爱。他和有名的老调演员周福才是拜把子兄弟。他们的拿手好戏是《闹花园》、《王小打鱼》、《五台山》、《伍子胥过江》、《大破天门阵》、《反云南》、《打棍出箱》、《错中错》、《背棒槌》。另外，还有文丑赵群僧，青衣梁灼，花旦梁宝玉，彩旦王云香，武生梁福友……都是拿得出手的角色。在乡村戏班子的影响下，村民们喜欢在农忙休息的田间地头唱上一段，在自家的炕头上哼上两句。每年农闲时节，魁都跟着大人去看戏。年幼的魁，那时虽听不太懂戏文内容，却喜欢看热闹。他坐在大人的肩膀上看，大一些就自己站在凳子上看，一阵锣鼓声后，在悠扬的胡琴旋律中，大花脸出来了，俊美的青衣出来了……呵！紧张的对打，令人目眩神摇，看得他目瞪口呆。尽管那时的露天场上人山人海，孩子、大人们进进出出、熙熙攘攘，后面叫卖声不断，但这一切都不能干扰他，他简直是入进戏里去了。他不但看，回来还和小伙伴们在一起扮演起来。魁的模仿力很强，学着人物的动作和唱腔，有时甚至自己编个故事来演，打打杀杀的好不热闹。久而久之，魁就成了小戏迷。

除了河北梆子，他还渴望寻求更多的戏剧一饱眼福，因此只要有机会就跟着大人去看戏，不管多远都不辞辛苦。辛兴是个大镇子，有几户大买卖人家，一到农闲时最爱演戏，每次都要连演几天。一般都是先演四天的河北梆子，然后再演几天其他剧种。那时魁六七岁，为了看戏家都不回，住在大姐家连看几天，看完再由大外甥把他送回家。

皮簧戏（现在的京剧），魁最爱看的是《小放牛》、《辕门斩子》、《金水桥》、《藏舟》、《蜈蚣岭》，还有《斩蔡阳》、《古城会》、《单刀会》。有名的坤角叫孟月楼，红净是齐金子。

紧接着又唱第二台“北昆”。昆腔于明朝的万历年间从苏州流传到北方，后分为两部分：其中一部分发展成为京剧中的京昆一派；另一部分与冀中、冀东的民间艺人合流，发展成为“北方昆曲”。有名的角色是白玉田、白云生、侯永奎、韩世昌、郝振基。

魁最喜欢看《游园惊梦》，这出戏不常演，却比较好懂，所以看了以后印象很深。戏看多了，渐渐地他能从中觉察到这些不同唱腔各自的特点：河北梆子，腔调高亢，但身段随便，乡土味浓；昆曲音韵美，舞蹈多，身段大方，尤其是那个吹小喇叭的，能不换气地吹许久，真让人敬佩。显然，童年时代看的这些戏给他留下了太多的喜悦和兴奋感，他常盼望哪天自己能演戏就好了。他对戏剧的全身心的投入使他从中得到了懵懂的美感享受，并始终留在他的记忆里，成为他日后文学创作和书画创作的底蕴。

魁的生活并非全是一派温馨美好的景象。在当时半殖民地半封建的社会背景下，普通人家的家道必然同民族国家的命运相系连，一同经历着起落浮沉。

第一次世界大战以后，西方列强卷土重来，大肆对华倾销过剩的纺织品，梁庄的手工纺织业遭到严重冲击，造成棉农大量破产。尽管梁家此时仍人口兴旺，但经济上已然萧条下来。再加上人多，耗费大，农副业一丢，就只有靠土里刨食维持生计，一家人经常是煮一大锅菜粥，一笸箩窝窝头，半锅熬白菜，只有逢年过节才能吃几顿白面。可见一家人种地自给，只能够勉强维持温饱。那时，梁庄附近也有过“老抢儿”的事情发生：就是一些村庄由于沉重的捐税，再遇上水旱虫灾，颗粒不收，全村人一起出门乞讨。他们多是几十口人，男女老少一起出动。到了梁庄就在村庄附近的林子里住下，然后就拿着口袋进村讨饭，如果不给，他们就抢。梁庄人大都可怜他们，给他们一些吃食，以解燃眉之急。魁年纪尚小，但切身的生活压力和所目睹的灾害频仍、兵患连年、谷贱伤农、土地兼并、农户破产沦为乞丐的悲惨现实，都使他自然而然

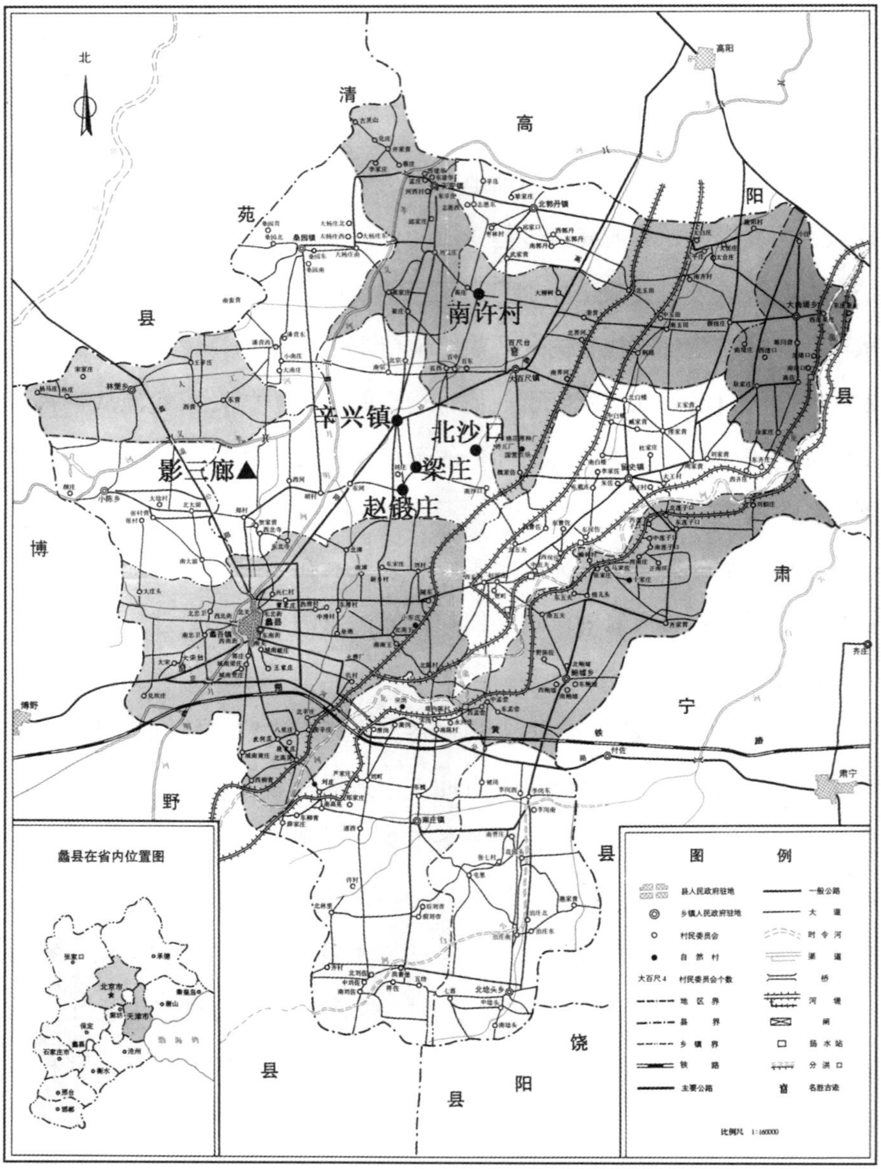
北
清
高
阳
苑
县
南许村
辛兴镇
北沙口
影三廊
梁庄
赵锻庄
博
野
肃
宁
县
饶
阳
县
县
蠡县在省内位置图
图例
县人民政府驻地
乡镇人民政府驻地
村民委员会
自然村
村民委员会个数
地区界
县界
乡镇界
铁路
主要公路
一般公路
大道
时令河
渠道
桥
河堤
闸
扬水站
分洪口
名胜古迹
比例尺 1:160000

◎ 河北省蠡县行政区划图

地对苦难深重的农民产生了同情。

如果说人世间的贫穷饥饿、痛苦挣扎，引导他关注民生、同情劳动人民疾苦，那么父亲护钟的一段旧事，则是唤起幼年的魁产生不平则鸣的是非之心，使他开始萌生可贵的社会责任心和正义感的诱因。

在梁庄有一座颇具规模的大庙，很有气势，庙顶上的红、黄、绿色琉璃瓦闪闪发光，雕刻别致的门柱漆得油亮，伴随音乐的韵律，香烟缭绕中庙里的奶奶神慈眉善目，栩栩如生。村里的老人们介绍说：这就是奶奶庙，传说这位奶奶神是一位掌管人间生育、万物之美以及大地山河之秀的女神。过去来这里的人以烧香许愿求子的居多。现在，一到每月的初一、十五，善男信女就来这里焚香膜拜，乞求五谷丰收，乞求平安幸福。

很小的时候，魁就听母亲讲起过有关奶奶庙的故事：

传说，奶奶庙的庙脊上曾经有一座金黄琉璃的小庙，庙里有一只金鸡，每天在鸡叫头遍之前，金鸡首先跳出来引吭高歌。等金鸡的长鸣划破夜的沉寂之后，全村的公鸡才开始报晓。一代一代的人们已经习以为常地被这只金鸡安排着生活，迎来每一个黎明和希望。突然，一个从南方来的盗贼趁人们在生活惯性中失去警觉之时，悄悄地偷走了金鸡。从此，再也听不见金鸡打鸣了，人们原有的生活节拍被打乱了，人们不得不重新寻找黎明与希望。

在那个遥远的故事以后，魁又听母亲讲了第二个与奶奶庙和自己家有关的真实故事。奶奶庙前有两棵古柏树，树下有一座古钟，大钟上铸有文字，记载着奶奶山前后有官地四十八亩。以后，村东的财主不断扩大土地，贪婪地想把这些官产土地据为己有。为达到此目的，他首先要砸毁可以作为凭证的大钟，然后实施霸占土地的阴谋。父亲愤然而起，集结村上的农民拼死相拦，却终究没能护住大钟，自己还被恶徒打伤。

◎ 当年魁就是在这个炕上，听妈妈一边纺线一边讲起有关奶奶庙、砸钟等各种各样的故事

从《红旗谱》“朱老巩大闹柳树林”那段的叙述中，我们不难感受魁当年得知这件事时，幼小的心灵曾经受到了多大的震撼。这件事在他那充满爱和淳朴乡情的童年生活底色上深深地埋下了一颗不平的种子。

以前，每逢清明，梁姓子孙本来要到祖坟茔地上“吃会”，男人们吃一顿猪肉打卤面，孩子们也有一小块炒鸡蛋卷饼当点心吃，女人们则没有资格参加。那时在坟地附近有几十亩茔地，可供梁氏家族一起吃一顿。每到吃完面以后，青壮年就抬着供品、扛着铁锹给老人上坟，培土、锄草、压纸条。魁小时候特别喜欢参加这个活动，不仅能吃好吃的，还能跟同族的孩子们凑到一起，那么多孩子打打杀杀非常好玩儿。后来，同族里由于贫富悬殊，强者横强，掠夺渐渐无孔不入，连坟茔也不放过，“吃会”逐渐变成每家分二斤白面，到最后，同族恶霸干脆强占了这片公有的土地，即使什么都不分也没人敢说话。家族里发生的事情让魁对“恶霸”一词的理解不仅限于字面的意义，而且是亲眼看到、亲身感受到的——亲同手足的亲戚怎样在几年中就变成了对自己家无理欺压的“恶霸”。

不仅如此，两户地主为娶“外宅”争风吃醋闹起内讧，梁老洪告梁老其私贩大烟、枪支，导致村里头号恶霸梁老其家破人亡。村里的百姓们都暗自高兴。随后这年秋天，又发生了一件怪事——突然传说奶奶山出“圣水”了！保长柳栓成亲自扛着一把大镐，带着众乡亲来到奶奶山上，朝那个影壁猛刨了几镐，呀！果然有水！于是村民们高兴地欢呼着，到处相传：“奶奶山出了圣水啦”、“圣水能治百病呀”。财主梁老高积极出面，组织村里的一些大户人家一起商量要重修奶奶庙的事宜，结果取得了一致拥护。而且按照梁老高的提议，大家决定在奶奶庙背后立一个魁星阁。消息传来，一时间惊动了全村，人们都来烧香磕头取“圣水”，积极地为这里积攒香钱，魁也跟着母亲来到这里焚香，对圣人圣水顶礼膜拜。消息传到附近村庄，十里八里的人们也不辞辛苦前来朝拜，以求平安。顿时这里的香火大盛，施舍香钱的人络绎不绝。众人拾柴火焰高，不长时间资金就攒足了，于是重修奶奶庙正式开光唱戏了。

几年以后人们才知道，当年奶奶庙出圣水一事纯属子虚乌有，那是因为梁老高请人给他算了一卦，那个算命的说：如果能在村西南处立一个魁星阁，让众人前来烧香，你这个财主就要发一大笔财。从那以后梁老高处心积虑地筹划，才一手导演了这个以“奶奶山上出了圣水”为名骗取百姓香钱，以便在奶奶庙后面修建“魁星阁”，为自己改良“风水”的丑剧。所谓“圣水”其实是梁老高预先让人埋好的一罐子井水。

乡村中桩桩件件的意外事件让魁产生了对豪强地主仗势欺人的憎恶，对父亲见义勇为行为的崇拜，让魁在亲人众星捧月般的照顾下，第一次突破了家事亲情的狭窄范围，获得了社会层面的理性思考和性格上的宝贵成长。这对他进而认识社会，体察人生百态，无疑是一个推助。当时，对压迫者的恨意在魁的心里虽不算激烈，却是深刻而又持久的。

三、初绽艺术天赋

在魁生活的这个大家庭里，父亲是绝对的一家之主，他定下的规矩一家老小都得严格遵从。比如：全家都要参加劳动；不准赌钱；不认干亲；能回家吃饭就不下馆子；晚饭以后就锁上大门，谁也不许出门。此外还有不成文的一条，就是重视晚辈的教育。魁的几个哥哥，有上过高小的，也有上过中学的，这在家境并不宽裕的当时，颇为难能可贵。魁五岁的时候，就已经开始识字了。

在梁家外院的一棵大槐树下，有两间北房，房子里面就设有村学，老师是一位姓田的先生。他白净脸儿，两撇仁丹胡子，高高的个儿，穿着长袍……这位田先生很会教书，对学生热情耐心，性格开朗，说话不带土音土调，是一位和蔼可亲的良师，在乡民心中很有威信。过去他在革命军里当过连长，还有过因参加革命党而受查办的传奇经历。田先生的种种经历都引起魁的好奇和崇敬。那时魁虽然年幼，却能感觉到这位老师身上有着不平凡的可敬之处，一有机会就去村学看这位老师教书。久而久之，便博得了老师的另眼相看，问问他的年龄，只有五岁，老师破例允许他坐在教室里跟学生们一起上课，一起玩儿。魁可高兴了，第一次被人家承认的感觉使他觉得自己长大了、长高了。那时像魁这样小小年纪就开始求学上进的农家子弟极为少见，田先生对他的疼惜和偏爱总是溢于言表：魁每次到了学堂里，田先生就高兴地抱起他来，然后写几个字叫他认，开始是“一、二、三、四、五……”，后来是“人、手、足、刀、尺……”。魁就喜欢跟田老师在一起，甚至连下课以后，都舍不得离去，有时，中午休息也跑到田先生那里，碰上他有什么好吃的，魁总是能吃到。特别难忘的是在田先生那儿吃的饺子让他回味无穷，那饺子白白胖胖的，一看就眼馋，蘸上一点儿醋蒜，吃起来要多香甜有多香甜。田先生在村学教了两年书，魁在他的熏陶下变化很大，在村学里自由自在地学习引发了他的童趣，他迷上了认字、写字、算术“游戏”，每当学习有了进步，被老师、家人夸奖时，他就格外兴奋，自己好像有了什么特殊本领似的，那么值得骄傲、自豪。他从这里得到的快乐远比用黄土掏个“土窑窑”或跟蕊珍玩儿“拜天地”的游戏高出很多。从此，魁不仅令孩子们刮目相看，还能得到村里大人们的赏识，特别是父母对他的喜爱更进了一层，这使他第一次感到了自己所具有的力量。按魁当时的身份，最多也只能算是个“旁听生”，没有条件与这位老师有更多的接触和更深的了解，但田先生的性格、经历，以及对魁的关怀却让他终生难忘，大概由于田先生是魁一生倾心学习、倾心读书的启蒙老师。

1921 年，魁七岁正式进入村学学习。学校教育开阔了他的眼界，也使他的思想性格逐步形成与发展。幼年的魁虽然也曾光顾过这里，但是，当他第一次用“梁维周”的学名，以一个小学生的身份走进学校时，这里的一切仍然使他感到新鲜。这一年村学的老师已经有两位，讲旧学的是已经七十高龄的老秀才张维四，教新学的则是高小毕业的年轻老师梁正堂。

开学那天，梁维周戴上母亲做的花帽子，穿上母亲做的新衣服，高高兴兴地来到学校。全村学生来齐了，一共有十几个人，老师叫学生们按高矮排好队，带他们来到北墙前，墙上贴着一个红帖儿，写着“大成至圣先师孔夫子之神位”，学生们都跪在地上，对着神位磕了三个头，叫做“拜孔子”。新衣、新帽、新名字的优待自是令人欣喜，参拜孔子的仪式则让他体会到一种郑重之感。欣喜和郑重，恐怕就是入学这件值得纪念的大事，在他幼小心灵上叠印的两抹颜色。

在梁家庄的村学校舍里，外面的大间是年纪小的学生上课的教室，里间则是张先生给大班的学生讲解古文的场所，虽说教学设施简陋而陈旧，气氛却很威严。教室的西墙上挂着一块大黑板，砖砌的讲台，窗子是古老的窗棂糊上白纸。书桌是一尺多宽三尺多长的小木桌，没有抽屉。板凳有半尺多宽，三尺多长。学生们两个人一个小桌，坐一条凳子。桌凳很陈旧，似乎没有油漆过。在这里学习的小学生中，维周的年岁最小。他带了一本书，国文的第一册。讲完国语课，梁正堂再教算术……

上学后的维周，也并未同游戏隔绝。课余时间，像跳绳、捉迷藏这类简单的娱乐，都是孩子们百玩不厌的。有了学业的负担、纪律的约束，他更能感到自由嬉闹的轻松和快乐。在同学们中，维周似乎玩得格外起劲和开心，因为他身边还有五哥这样一个每日同来同往的好伙伴。维周的童年心境就像是晴朗无云的天空，就连学习也是和笑声相伴的。在家的时候，母亲教他念过了前三课，而第四课“井、田、石”却是在课堂上第一次学到。讲到“田”字时，他笑着说：“糖就是甜的。”惹得学生们哄堂大笑起来。可以看出，村学的教学气氛是活跃的，老师对学生的态度并不严苛，这对于像维周这样刚刚建立学习习惯，需要更多鼓励来培养求知兴趣的孩子来说，几乎算得上是一种福音了。

学字要用心记，也要动手写。讲完了课，接着就是写大字。他的小手紧握着笔杆，屏气凝神，小心翼翼地按老师打的仿影在粉帘纸上描影。此时的他，除了感到兴奋和紧张，心中还有几分得意。毕竟是平生第一次真正和笔墨打交道，他喜欢得不得了。究竟是书写的这份愉悦成为他日后文学创作的潜在动力，还是他对于文字那种与生俱来的亲近感已然初露端倪，旁人无法推断，但从维周连中午都不休息，吃完饭就到学校去练习写大字的热情来看，学写字的确是所有课业中最吸引他的一项。

当时在村学读书，早晚还有朗读和自习的时间。一年之中，只在农忙时节放“麦假”（收麦子时）和“秋假”（秋收时），以便让农家子弟下地帮农，以利收获。

维周入学的第二年，张维四先生因年迈不再教课，只剩下梁正堂一个老师了，而梁正堂是乡绅恶霸的儿子，因家庭的矛盾，维周父亲不让他继续上村学，他和五哥便都停学回家了。在村学一年中，维周学完了一本国文和加减法，他觉得学业对他来说比较轻松，所学到的知识他自己并不满足，渴望学到更多的内容。学校的学习生活让他开阔了眼界，特别是维周在这一年中，主要是跟着年轻教师梁正堂接受新式教育，学了国文与算术，这也有助于拓展思维，对他以后迅速接受新思想显然是有益的。在学校，维周也有了更多的与人交往的机会，开始形成“独立”和“要强”的意识。

此后的一年，维周是在自学中度过的。一向重视孩子教育的父亲，尽其所能地让四哥在家教维周和维周的侄女读四册国语、五册国语。他们把自家外院的北屋打扫干净，放上两张桌椅、两个凳子就是教室。毕竟家中农活时有干扰，一年下来学业进展缓慢。尤其让受过一段学校教育的维周最不能容忍的，是失去了学习伙伴这样的群体和对家庭以外社会情况的了解。他总觉得“闷得慌”，他渴望探求新的知识、接触新生活、了解新世界。

第三年，村学老师换成了赵老固，维周才又复了学。赵老固是附近名人齐振楠、齐振林兄弟的学生。齐振楠是清末举人，而齐振林曾任保定陆军大学校长、陆军次长。维周复学以后，除了念《修身》、《国语》、《千家诗》，并习算术外，开始临摹柳公权的字，为他以后的书法、绘画打下了一些基础。这时的村学房舍愈发破落，也无人管理，但在此期间，无论是在学业还是在人生观方面，维周都感到颇有收获。

1925 年，上海发生了震惊中外的“五卅惨案”，形成了全国性的声势浩大的五卅运动，揭开了大革命高潮的序幕。维周的家乡也为之震动。人们奔走相告，群情激愤，就连素来守旧、不问新学的赵老师也在课堂上愤愤不平地谈起此事。他让学生以“试述上海‘五卅’惨案”为题作文，维周年岁虽小，亦感到义愤填膺，同仇敌忾，这件事激发了他不平则鸣的勇气，文章写成之后，得到赵老师的高度评价，并被作为范文拿到全体同学面前朗读。赵老师坐在一个柳木圈椅上，把右腿跷在桌子上，用读古文的腔调，拉着长声给学生们读维周的文章。

可以说，“五卅惨案”是启迪维周关注时事、放眼社会民生的契机。而初试“为文抒怀”并且得到赵老先生的肯定，则是对他主动探求、亲近文学的一个绝好的助力。他第一次在朦胧中意识到自己潜在的写作能力，而且，他毕生文学创作所体现出来的民族自尊心和爱国精神，也由此开始萌生。这件事之后，维周已经隐隐约约地感到，在可爱的家乡和学校之外，还有一个自己未曾领略的无限向往而又丰饶的大千世界。在他的心灵深处，一个大胆的念头在潜滋暗长：要鼓起勇气，走出当下生活的狭小阃阈，去触摸新天地的轮廓。

羽翼未丰的维周，已然跃跃欲试。

1925 年夏天，维周与同窗好友袁保瀛相约去投考蠡县的最高学府

——县立高小。这是一所在当地很具规模的学校。高台大门，校园里有干净敞亮的教室，阳光透过玻璃窗，把粉刷一新的教室照得格外漂亮；一排排的学生宿舍，在花圃、绿树的环抱下，显得那么温馨、宁静。学校虽老，可这里的老师大部分比较年轻，提倡新学，是一个令人兴奋的学堂。如果能在这里学习，即使离开家，也是求之不得的。这与村学的凋敝景象简直是天壤之别。

为了投考，暑假维周和袁保瀛一起来到了这所学校。考试时维周发现，作文考题正是曾经写过的"试述上海'五卅'惨案"，他有些喜出望外，自然驾轻就熟，顺利交卷。发榜时，维周和袁保瀛都榜上有名，就连一向沉默、内敛的大哥也喜形于色，不住地夸奖。毕竟，在全县考生中脱颖而出并非易事，说是"高榜得中"也不为过。更何况，维周这一年只有十一岁啊！

全家人都为维周升学感到高兴。秋季入学前，嫂子们忙前忙后，为他打点衣被，收拾行装，唯有母亲闷闷不乐。临行那天，母亲忍不住落泪了，她舍不得从未离开过自己左右的小儿子出门远行。在母亲眼里，维周仍是一个稚气未脱、不谙世事的孩童，如今到县城上学，他须独自料理学业、生活，且一年中大半日子不能见面，对这个向来最心疼的老生子，她该是多么牵挂，多么惦念！梁父此时却对这样的"感情用事"不以为然，为此，他还发了脾气，说："他去求学上进，又不是去进监牢狱！"懂事的维周拿起扫帚给母亲扫地，默默无言地安慰着她。

秋高气爽，风和日丽，通往县城的路两旁，高粱和棉花深红浅白，错落生姿。这片养育了维周十多年的土地，如今又祭出最绚丽的美景来为他送行。对于生于斯、游于斯的故乡，他充满了信任、理解和眷恋。凡是伟大的作家，几乎没有不从农村大地汲取乳汁的。这幅动人心弦的风物画卷，后来在他的作品中复现过多次。这片土地似乎是着意让维周

◎ 昔日的蠡县高小今天已经成为蠡县中学

深深记住自己，她仿佛知道：总有一天，她的名字将因他而辉耀荣光，她的风姿将在他的笔端焕发诗意，被赋予神奇、不衰的生命力。

入学之初，好奇心盛的维周就游遍了全校：从大操场往南走有一个圆门，过了圆门就是荷花池大院。路东有一大片地方种的是蔬菜，有北瓜，有韭菜……路旁还有两棵大木槿花树，开着浅紫色的花朵，有几盆仙人掌和铁树等，然而最让校园显出生机的是那些遍及院落的大马榕花树，茂密地开着红色的伞形小花，香气弥漫整个校园……

校长王聘之在第一堂课上给全体学生训话，讲解校规。以后，随着各门课的开讲，维周又认识了教地理的沈鄂如老师、教书法绘画的任艺圃老师、教动植物学的陆翰屏老师等。这所学校的教师中不少是从保定第二师范毕业的年轻教师，他们血气方刚、思想活跃，给学校注入了生机。

教国语和绘画的张化鲁老师，是其中一位极具代表性的年轻教师，正是在他的指导和点拨下，维周开始走上革命文学之路。张化鲁老师是蠡县蔺岗村人，他家是地主家庭，他自幼上学读书，保定师范毕业后先后在安新同口镇高小、深泽县城内高小教书。1925 年张化鲁老师来蠡县城内高小任教，同年冬天由刘宪曾介绍加入中国共产党。张老师高高的个子，长得英俊潇洒。他上课才思敏捷、声音洪亮，对文学作品的讲解充满激情，于情于理之中感染着学生们对文学产生兴趣，并选择着各自喜爱的作家作品。他讲郭沫若的诗歌让学生感受到了一种阳刚之气，维周课下抑制不住阅读的欲望，四处寻找，终于找到了郭沫若的《我的幼年时代》、《反正前后》、《黑猫与塔》等作品，反复阅读，爱不释手。他激动地对老师说他最喜欢“创造社”的革命浪漫文学，希望能给他推荐更多的郭沫若的书来读。张化鲁老师为了满足像维周这样求知欲强的学生，发起和组建了高小图书馆，并将自己的书捐献出来，《儿童世界》、《东方杂志》、《学生杂志》、《创造月刊》、《创造周刊》、《小说世界》、《晨报副刊》等“五四”期刊和新文学作品应有尽有，都是维周可口的精神食粮。每当进入图书馆，他就感到那么兴奋、那么满足，他如饥似渴地读着、思考着、憧憬着。徜徉书海，他结识了才思温润、文笔清丽的冰心；拜会了气韵飞扬、辞采激越的郭沫若……侄子寄给他一本鲁迅的《坟》，虽不能完全读懂，他却为能读到鲁迅的作品而感到荣幸与自豪。张化鲁老师作为早期的共产党员，捐献的书籍、杂志里有许多反映当时思想界、文学界进步成果的新作，读了让维周等学生感到如沐雨露、阳光般的兴奋与滋润，被带入到另一个世界。为了能有更多时间阅读这些书刊，维周的学习进程很自然地受着时代的调剂，校方规定的课程表，必须再被社会规定一次，以便重新排定自己的学习内容。根据他的同学、来自刘陀营的老乡、日后的革命战友傅铎回忆，那时的维周已经是全校闻名的“书迷”了，一般同学都只应付日常功课，偶尔去图书馆翻阅一下自己感兴趣的杂志，只有维周特别喜欢去图书馆看书，而且着了迷似的一有空就钻进去贪婪地看各种书籍、杂志而不愿意出来。书看多了问题也多，要说的话也就多了起来，他经常向张老师请教文学以及由文学所涉及的革命和历史问题，日积月累他在阅读上有了一个长足的进步。然而，最让同学们感到吃惊的还是他的作文。据维周的同乡、同学、盟兄弟路一回忆：“梁斌自幼聪明，才华出众。上高小时，他才十三岁，是全校年龄最小的，可是他功课好，作文在全班总是一二名。他的作文本、考试答卷常常在成绩室陈列着……”①

教算术的刘显增老师和教英语的宋卜舟老师也都毕业于保定二师，他们都是维周哥哥、侄子的老同学，因为有这层亲近的关系，两位老师对维周也都多有点拨、提携。正是在二位老师的宿舍里，维周较早接触到进步思想和进步书籍，维周十分珍惜这里优越的学习环境和条件。

维周用自己独到的学习方法，能够将知识融会贯通。在县立高小的三年学习中，五次考试他全都名列前茅。最后的毕业考试未贴榜公布成绩，维周仍然是甲等第一名。

除此以外，维周对书法和绘画也情有独钟。维周在村学时就喜欢书法，进入高小以后，在张化鲁老师的指导下，他的艺术天赋第一次得到展露。因为喜欢书法、绘画，他经常把书法作业当做自己的作品完成，写起字来非常认真、废寝忘食，那种忘我的程度，好像已经充分理解了其中的奥妙。确实，书法成为一门艺术，是以汉字的方形结构和线条变化为基础的。我们的祖先在创造方块字的时候，已经融入了中国人对造型美的基本见解，从而给书法家提供了施展艺术才能、驰骋艺术想象的

①路一：《漫漫征程》，河北人民出版社 1996 年版。

天地。另外，汉字结构的写实主义和人体本位精神，使汉字本身就具有自然之美和人文之美的要素。维周年纪虽小心性却不小，对此极其敏感，他渴望能够实现自己心目中的最高境界——自己在挥毫泼墨的时候，完全可以依据自己对美的感受，用汉字淋漓尽致地表现出来。可见，“取法乎上”是他从少年时期就已经在学习和做事上信守的准则了，如果追其原因，我想这大概与他的名字有关吧，“魁”在《辞海》中被解释为“首选。第一。明代科举制度以五经取士，第一名为经魁”。又说：“古星名。”《史记·天官书》张守节正义：“魁，斗第一星也。”《现代汉语词典》中解释为：“为首的，居第一位的”；也作“魁星”——我国神话中主宰文章兴衰的神。

尽管书法课当时还只是临摹柳公权的字，可是维周已经有不少作业被老师批上“甲”字，作为优秀作品在教室里展示。这使他幼小的心灵里充满了被肯定的兴奋与自豪，同时也让他充分享受到艺术给他带来的美感。

与书法相比，引起更大轰动的是他的绘画。从一开始画画，他的瘾头就特别大——临摹铅笔画帖，画静物及景物，完成作业以后，别人出去玩儿，他不，他喜欢按照自己的想象去画各种画，一边画一边自我欣赏，欣赏完以后再继续画。到二三年级时，维周开始跟着老师临摹马徐维邦的仿石涛画作。由于老师不仅教他们画中国画，还给他们讲一些基本的绘画艺术理论，因此他懂得，中国画是中国传统文化的国粹之一，它与西洋画注重“形似”相对，中国画重“神似”，以写意为主，所以在构图时应该特别讲究“立意”：画人物要着力表现他的精神和个性；画景物，要着力表现形态特点和意趣。维周善作文，对老师的引导顿时心领神会。明白了作文与作画的相通之处后，他就更来精神了，专门寻找自己一时想到的任何图景和感情作画，特别喜欢随便、随心、随意，而且尽情地画，不管别人看来怎么样，径自独享其中的乐趣。虽然用笔还很幼稚，却经常能创造出与众不同的绘画作品来，让同学们惊喜。不仅如此，“梁斌的图画，在全校、在蠡县城内也享有盛誉”。据路一回忆：“他画的儿童头像的神态，至今还常在我脑海里浮现……”① 一次老师让学生们进行临摹，可维周不甘于总是临摹，他一定要在临摹之中表现出自己内心独特的感受，画出属于自己的那张画。于是，一幅题款为“秋风红叶”的画脱颖而出，不仅得到绘画老师的赞赏，还被乡村师范的张微星老师挂在教室对面的墙上，供人欣赏。这幅画得到全校师生的交口称赞。老师刘舒风禁不住惊喜地赞叹：“我们出了画家了！”从此维周的绘画也小有名气。这幅画的正面是城墙、城楼、水沁门，左边是土坡、大路和一排排的大杨树。秋天了，杨树的叶子红了，黄了……与坡下蔚蓝色的湖水交相辉映，一片生机。作品的特点是，线条运用得好，通过线条的疏密、繁简、曲直、刚柔来体现画中秋色的韵律节奏，多少还有一点儿空灵的艺术效果。豆蔻少年能有这般捕捉生活的慧眼和妙笔，实为难得，这也是维周绘画才能的初显。

①路一：《漫漫征程》，河北人民出版社 1996 年版。

四、瓜棚月下儿女情

进入县高小以后，随着年龄的增长，青春期业已不期而至，维周在不经意间滋长起对于异性的倾慕与渴望。十二岁那年高小暑假回乡的一段瓜棚生活，在少年情意朦胧的心里，留下了美好的回忆。

放暑假回家，维周经常在瓜棚里一边读书一边看瓜。他家的瓜地与老乃叔的瓜地紧挨着。梁家种的瓜名叫金瓜，其实没有几个是真正的金瓜，多半是大柳条香，成熟晚，也不太甜。老乃叔种的是三白瓜，早熟，而且甜，所以狗獾子特别喜欢吃他的瓜，不吃梁家的瓜。狗獾子吃瓜很有意思，不是随便拿来一个就吃，而是先挨着个地闻，它闻闻这个有香味了，“好，熟了”，啃一口，又闻闻那个，也有香味了，就又啃一口，这样一个劲儿地找下去，不断地啃来啃去直到吃饱为止。有天早晨，老乃叔在地里摘了一大堆被狗獾子咬过的瓜，往高窝铺地上一扔，生气地说：“吃吧！都吃了吧！”其实凡是狗獾子咬过的瓜，都是熟而甜的。要说梁家旁边瓜地的这个主人——老乃叔不仅瓜种得好，还是个很有个性的人。他喜欢做爆竹，也会做爆竹，每年一到冬天，就自己烧炭，做爆竹。这在农村自然会引起孩子们的观赏和参与。那时维周就经常围着他看怎样用麻秸秆烧炭，怎么做爆竹，更喜欢在节日里，聚在一

◎ 梁斌画作《秋风红叶》题款曰：“1989 年 75 岁的梁斌回忆少年时期第一次成名之作十分感慨，于是，借原题继续发挥画就了这幅画。”

起放爆竹。于是，老乃叔也成为受孩子们青睐的红人了。可老乃叔又是个不会过日子的人，家里的日子过得并不景气。

老乃叔虽然种了一大片瓜园，却不常在园子里照管，有时老乃叔的外甥女来帮他看瓜园。初次见面维周就被老乃叔的外甥女吸引住了。她是一个十七八岁的姑娘，圆圆的脸盘上镶着一对忽闪闪的大眼睛，长长的大辫子，飘呀飘呀的……像一阵风吹起了维周心中的波涛，维周注意地看着她的一举一动，干起活来那麻利劲儿与一般的农村姑娘没什么区别，可是她苗条的身段、活泼的性格让维周深深地感到她的与众不同。忽然幻觉中的她好像在用含笑而又羞涩的眼神向他打招呼，远远的、甜甜的、挥之不去……维周不知道是梦是真，埋藏在心底的那种对异性的渴望之火被这个女孩儿一下子点燃了。虽然当时的他年轻好学，尚无恋爱之心，可还是难以摆脱美丽的幻想给他带来的思念。有一次，在回家的路上，维周远远地看见了她，忍不住疾步追赶，想接近她，但没有赶上，让她逃掉了，好可惜呀！当她的背影消去的时候，他的精神被一种崇高的感情沐浴着，他的心里充满着一种献身的渴望，但愿自己能有超人的勇气，为那美丽的理想尽力。他的眼里贮满她的风姿……假期中，他从侄子那儿得到了一本从北京带回来的《诗经》，他不分日夜、爱不释手地读着。一天，他躺在高窝铺上读着《诗经》，那个姑娘在窝铺下不远处，一边看瓜地，一边喂养她那一群毛茸茸的小鸡儿，它们“唧唧”地叫着，像是在给她忙碌的身影伴奏。姑娘也小声哼着歌，尽情地享受着田园瓜果累累的幽香。维周终于被这情意浓浓的景色迷住了，他的视线从书本移到瓜地，移到姑娘的身上，静静地，他似乎闻到了一股清香味儿，他陶醉了，那时的心情是无法用文字、语言形容出来的。他觉得热情在身体里漫溢着，要奔放出来，要把他的全身胀破……

当时的乡村是很闭塞的，维周只能将这份情感作为美好的憧憬，独自思念着，不敢向前迈进一步。他不能忘记小时与蕊珍两小无猜的玩耍竟被蕊珍娘指责，并且再也不让蕊珍跟自己玩儿了。从此，他失去了童年最好的玩伴。确实，从蕊珍到老乃叔的外甥女，她们都给维周留下了亲切、清晰的印象和美好的回忆。虽然也有种种惆怅，但是在当时封建传统势力很顽固的中国社会，像维周这样的才子，是格外敏感的，并不断地由那敏捷的思维编织出一个个美丽的梦，使其兴奋不已、无限神往；他憧憬着、抑制着，不敢越雷池半步。所以他所承受的封建传统势力的压力就会比旁人更大，同时，他也在心中对这些曾经帮助他织造童年幻想锦绣前程的小女伴们抱以深深的感激和眷恋。

不仅是这些小女伴，包括她们的父母亲友，也令他感激不尽。老乃叔不会过日子，做饭也很简单，即使这样，有时也会给维周多做上一些。他经常做的是片儿汤和疙瘩汤。老乃叔家里穷，维周不好意思多吃，只吃一碗，可心里暖烘烘的。老乃叔做饭的用具很简陋，在小窝铺下挖个灶，安上个小锅，舀上两瓢水，摘几根长豆荚，用手掰掰，扔进锅里。和点面，擀成片儿，用手撕得一片一片的，扔进锅里，抓上一撮盐，就做好了，既不放油也不放醋，吃起来有一种菜叶和麦子面的自然香味。这与他外甥女在维周心目中的感觉很合拍，自然别有风味。他们一起吃饭，一起照看瓜棚，虽然话不多，可两家总是彼此关照。中午，有时维周家里送来了饭菜，他也和老乃叔的家人聚在一起吃，小米粥、棒子面窝窝头、拌豆角，农家饭菜，要多香甜有多香甜。那时梁家虽然种了二亩瓜，可从来也没有卖过，如果有过路人要买瓜，维周就让老乃叔卖给他，因为老乃叔家是以此为业的……还有一次维周和二侄子摘了一麻袋瓜，二人抬着往家走。突然间北风乍起，乌云笼罩，雷声滚滚。走到中途，大雨倾盆而下，淋得他们像落汤鸡似的。冒着大雨他们终于把瓜抬回家去了，父亲却让他们把瓜分送街坊四邻。可以想见，敦厚的家风和维周本人少年老成的气度，在乡里是颇得人心的。文如其人，作家在《红旗谱》中反复渲染、着力表现农民兄弟间那种相互扶助、彼此怜恤的温情，都具有深切的生活依据。可见，少年时代家乡的风气对他的影响极其深刻，而且毕生不忘。即使日后远走他乡，描写其他的人物和事件，故乡的恩泽也会魂绕梦牵般地陪伴着他，自觉或不自觉地左右着他的头脑和笔墨。维周对朴素、自然的农家生活有着与生俱来的热爱，在半亩方塘、天光云影的艺术天地之内，他能够向你展现土地的清香、生命的自由、耕作的幸福与满足……言语间絮絮道来，那种轻松与享受的心情能给人以真切的感染。他笔下的农村图景，像一幅幅浅淡勾勒的水墨画，雅致而别有情趣。这倒让我联想起一条写作的真谛——只有所选择的素材渗透了作家的情感体验并经过匠心独具的运笔行文，才能精准地调制出生活的原汁原味。

第二章

二师学潮与高蠡暴动的洗礼

在文学禀赋开始展露的同时，梁斌在蠡县高小加入了共青团，在保定二师上学期间，亲历了保二师学潮的洗礼。而后，又目睹了高蠡暴动的残酷。这两个血腥的政治事件像荆棘深深刺痛了年轻人纯洁的心，并带给他一生永远褪不掉的情感阴影。这一无法愈合的伤口，激励他选择了革命，同时他又钟情于文学创作，于是，他把二者的最佳结合点——成为一名革命作家，作为自己的远大志向。如果说学生时代对于梁斌，相当于人生的大幕徐徐揭开一角，那么这一角也已经奠定了贯穿始终的基本色调，而远景蓝图则靠他从这里起笔，去继续挥洒、勾画。

一、少小萌生作家梦

1926年，正值北伐运动势如破竹之际，维周开始与革命思想结缘。最初，是在张化鲁老师的文学杂志上看到了与之有关的文章，而后又在宋老师宿舍的墙上看到一幅画，画的是一只雄劲的右手攥着一支火把，火焰熊熊地燃烧着，使人振奋，给人以力量。宋老师的桌子上摆着很多书，其中有一本绿皮金字，印着“苏俄新经济政策”字样，他曾借阅过，但还不能全部看懂，更不能很好地领会这本书的内容，只是对苏俄有些印象，知道俄国经过了十月革命，打倒了资本家和地主，实行了无产阶级专政。他设想着，城市里没有资本家，乡村里没有地主，那将是一个什么样的社会？一次，维周偶然从宋老师门前经过，见屋里有很多学生，他就推门进去。墙上贴着几幅宣传画，宋老师指着画，正动情地讲着，哪是帝国主义，哪是军阀，哪是政客，哪是土豪劣绅……说是北伐军进展很快，要打倒帝国主义、打倒军阀……宋老师用教鞭指着，讲着，同学们入神地听着。宋老师用的都是新词，维周过去从没有听过的。然后，大家情不自禁地唱起歌：“打倒列强，除军阀！除军阀！……”

这些新名词、新认识，让他眼前一亮，幻想和热望在这位多思的少年胸中涌动，他开始迫不及待地阅读各种有关革命的书籍。直觉告诉他，解决人生困惑，解救劳苦大众于水深火热的钥匙就是革命，是推翻压迫，是救国图强。由此以后，“革命”激发了维周性格中燕赵儿女特有的雄健本色，不断升华的战斗激情让他的生活燃出多彩又充满希冀的火花，维周变得更加开朗、外向、有责任感和有主见了。他特别愿意听张老师、宋老师讲革命道理，主动接近他们周围的进步学生，跟他们一起搞各种活动。

1927 年早春，在同学范振声的介绍下，维周加入了共产主义青年团。那是在高小的圣庙旁，四棵郁郁葱葱的大柏树把院子遮挡得宁静而又森严，柏树下范振声牵着维周的手一边慢慢地散着步，一边向他讲述当前的革命形势。听得入神的维周忽然听到对方问自己：

“你愿打倒帝国主义呗?”

“愿!”维周毫不迟疑地说。

“你愿打倒土豪劣绅呗?”范振声又问。

“当然愿意。”维周笑了。范振声把维周的手一攥，咬紧牙关，说：

“我介绍你参加共产主义青年团吧!”

“好！我早就盼望能加入了!”

对于帝国主义、封建军阀、土豪劣绅，维周早就恨透了，现在终于盼到能加入到少共组织里来，能参加到推翻这些恶霸的伟大事业之中了，维周兴奋得几乎说不出话来。在这个意义非凡的日子里，维周心中的那种幸福感和归属感，难以用言语表达，一颗年轻而坚强的心脏在剧烈搏动，血管里一股股滚烫的血液在强烈涌动。他感到庄严，虔诚，自豪，而又欢欣鼓舞……

时隔不久，到了马榕花开的时节，“四・一二”反革命政变的噩耗传来。刘毓奇老师召集进步学生开会，讲道：“新军阀蒋介石勾结帝国主义和封建势力，叛变了革命，回过头来，屠杀共产党员和工农群众……自此，宁汉合流，国共分家了……”此时的梁维周感觉好像从高崖跌进深渊，“四·一二”反革命政变就像一根荆棘，刺得年轻人心头滴着血。维周的革命热情受到了重重的一击，他感到迷惑不解，不知道该怎么办，只好又开始埋头读书，企图在书海里得到安抚，他陷入了苦闷、彷徨和沉思之中。时代把躁动不宁的因子注入他的灵魂，尽管这因子还只是在体内潜藏着、微微鼓动着，还远不到浑身灼热的程度，但已经折磨得他无法安心读书了。后来，经过老师们“要继续拿起武器战斗”的鼓励和点拨，使维周从悲痛和迷惘中走出来，跟老师同学们一起参加了“五卅”惨案的纪念日活动。维周他们再次走上街头，贴标语，散传单，高呼：“打倒英国帝国主义！”“打倒日本帝国主义！”呼吁全国国民不买英国货、日本货。……铺子门口，他们一拥而进，翻箱倒柜，去检查英国货、日本货……喊着：“要把它们烧掉！”维周第一次投身大型政治活动，格外激动。在经过革命低潮的挫折考验之后，在维周的内心深处埋下了对反动派更加仇恨的怒火，同时他也越来越清醒地感到一名共青团员肩上应担负的责任。

不久，维周收到二姐的二儿子——玉田的信，得知：自“四·一二”反革命政变以后，在黄埔军校的玉昆一直没有消息。二姐想儿子想得吃不下、睡不着，整天神志恍惚，头发都落光了……维周心里非常难受，他知道，“四·一二”反革命政变后有大批共产党员遇害，身在黄埔军校的玉昆若想逃出天罗地网，恐怕是凶多吉少。他从小钦佩玉昆的为人，在亲戚里，一直对他另眼相看。记得没上学那会儿跟父亲去北京二姐家小住，玉昆带着他四处游玩，让他知道了那么多中国古代的历史故事和英雄人物；还带他游览了那么多北京的名胜古迹，使他知道中国是多么了不起，又是多么灾难重重，百废待兴。那十几天，玉昆让维周得到的东西比以后在村学一年学得都多。自那时起，他就对玉昆格外敬佩，时时以他为榜样做人做事，感到信心十足。这些年来维周虽然身在农村，可比别人多了一种鞭策、多了一层憧憬，所以在学业上才总是有第一的好成绩。想到这里，玉昆的音容笑貌浮现在眼前，感激、怀念、痛心、遗憾，滞塞心胸，让他几乎透不过气来。承受这样的压抑和悲愤有生以来还是第一次。“四·一二”反革命政变对于维周的伤害，可以说是在“国仇”的基础上又增添了一层“家恨”。这根尖利的“荆棘”刺得越深，就越激起他抗争的怒火，坚定他复仇的决心。

1927年秋季，维周升入了县立高小的毕业班，并被选为学生会干部。第一学期的期末考，他的成绩得了甲等第四名，与他以前的甲等第一二名的成绩相比略显退步，他很不满意。于是，他要再加一把劲儿，使他的学习生活更加紧张、充实。他最重视的国语课，老师开始刻写蜡版，给学生油印了许多讲义，阅读浏览的名家名作涉及面更广，更有难度，有朱自清的散文，郭沫若的诗，鲁迅的小说……新的教学模式，较好地满足了维周的学习欲望，在课上课下他都如饥似渴地读书、思考……此时，维周对文学的痴迷和追求渐渐变成了一种自觉，他迫切需要涉猎更多的优秀作品，于是，他还读了冰心的《寄小读者》、《繁星》、《春水》和《小说世界》、《创造月刊》、《语丝》、《东方杂志》等刊物，以及许多新文学作品，其中有创造社和文学研究会作家的作品，如郁达夫、叶绍钧、许地山等人的小说使他眼界大开。在“五四”新文化运动大潮掀起之后，那汹涌澎湃的激流，终于越过城市的高楼大厦和广阔的原野，涌向这个僻静的小县城，使维周在小学就受到了“五四”文学进步思潮的启蒙教育。从中他不仅涉猎了文学知识而且了解了革命，进而维周开始把求知的触角延伸到社会科学领域。

鉴于当时形势，团的生活悄悄转入了地下。在一次组织生活中，维周听到一个令人振奋的消息：毛泽东同志领导了秋收起义，起义的工人、农民、士兵上了井冈山，和朱德同志会师，要建立井冈山革命根据地，以后要打土豪分田地了……井冈山革命的星火，一时间驱散了群众运动逐渐冷清下来的寒意，对于翘首以盼的少年维周来说，这个喜讯真是莫大的安慰！他无比珍惜地回味了一遍又一遍，他暗自欣悦着，憧憬着：也许，在不久的将来，革命的风暴就会重新席卷全国，那时，自己就可以在惊涛骇浪里搏击潮头，一展自己的革命宏图和文学抱负。

转眼间放寒假了，那天大雪弥漫，二哥赶着车接维周回家。路上维周忽然想到就要见到母亲了，不由得心里暖暖的。到家了，他摊开屋门，看到母亲正在炕上躺着，就赶紧过去不安地问：

“娘！怎么了？”

“不怎么的，只是觉得不好……”母亲用手摸着他的头顶说。维周阳光一般的心境，骤然像外面下着大雪的天空一样，阴郁下来。母亲的身体明显不如以前，脸上露出疲惫和老态，让他的鼻子有些酸涩。其实已经有一段时间，母亲有时在炕上躺一会儿，有时在屋里、在院里走走，不下地劳动了，家里的事也管不了了。然而，少不更事的维周可能当时并未多想，因为他太习惯这个自出生以来就稳固而一成不变的大家庭了。或许还因为，他专注于心中正在形成的一个伟大理想，这个理想的实现似乎已经越来越近，他必须为之作好足够的准备。整个假期，维周在母亲膝下细心侍奉。可能因为心情舒畅，母亲的身体似乎有些起色，维周也得以安心返校，继续打理他的学业。

留在母校的日子渐渐变得屈指可数，在这个学校生活、学习了三年，马上就要毕业了。一谈到毕业，他就觉得恋恋不舍。就在维周毕业前夕的 1928 年初夏，北伐军打到了他的家乡。一天下午，学校忽然宣布暂时放假，以躲避战争。

维周和曹牖民一同回家，走到村边，已是日落西山了。只见村周围已经挖了护村壕，影影绰绰看见有人在高坡上走来走去，人们长一声短一声地叹息着、怨恨着：“哎！又要打仗啊！”维周回到家里才知道村北处挖了战壕！从石家庄一直挖到天津。这一带的人们谁都知道奉军纪律不好，奸骗妇女，无所不为，所以村北的战壕挖得很深，还把村民的门板摘去盖小屋。人们恐慌万状。奉军在北伐军追袭下，节节败退，这虽是顺应了民意，但战争也给本来就举步维艰的民生带来极大的动荡。兵荒马乱之中，老百姓人心惶惶，为躲避战火，不得不举家出逃，流离失所。梁家也不例外。一家子人商量了一下，嫂子们各自回娘家。维周和四嫂跟病中的母亲到随东村的五哥五嫂家去避难。堂兄黑铁背着母亲在前边走，维周和五哥提着水壶，抱着东西，五嫂、四嫂在后边跟着。路上逃难的人络绎不绝。这俨然是一幅农村难民图啊！

五嫂家有七八十岁的祖父祖母，有叔叔、婶子和母亲，都是长辈。五嫂家是善良的人家，维周他们一来，一下给他们添了半家子人，但五嫂一家仍每顿饭饽饽是饽饽，菜是菜的，好像待客人一样……老祖母每天走出走进，心神不安，担心着一家人的安全。晚上人们都睡着了，她还不睡，一个人坐在院里蒲团上，伸直脖子听着远处动静……在五嫂家一直住了十来天，维周觉得实在太打扰人家了，想回家去。母亲说：

“可是，还不知道打仗打得怎么样？”

“怎么了？有什么不舒服，叫你嫂子侍奉你！好好住着吧。”老祖母说。

维周听了很不好意思。结果又住了几天，他们才回去。这位慈祥的老奶奶，给他留下了很深的印象。维周在以后的革命岁月中，接触到许多这样和蔼可亲而又善良坚强的农村老奶奶，在她们身上，维周充分感受到那个时代中国女性人格中蕴藏的道义精髓。

回到家，奉军还在前面的村里，战争的恐慌气氛犹在。四哥告诉维周说：二哥趁着家人不在，把两口袋麦子背到自己屋里去了。维周听了很生气，觉得二哥为人太狭隘，太自私，眼里只有自己的两个儿子，从不为别人着想。在这样的危难时刻，乘人之危，太卑鄙了！与五嫂家的老祖母比起来真让人感到羞愧。

过不多久，梁庄来了一个营的北伐军，说是冯玉祥的军队，人们都兴奋起来。大家都知道他们军纪好，仗也打得好。他们的车上自己拉着给养，从不打扰百姓。维周看见有一个营长，正在村北用望远镜指挥战斗，仗打得很激烈。他们努力奋战，用迫击炮轰走了前村的敌人，大家高兴得奔走相告。第二天，北伐军要转移，紧追敌人。保长叫各家自愿磨面，以供军需。人们有的磨一百斤，有的磨五十斤，家家倾其所有供给军需的场面，令人感动。对这场战争的态度和人心之向背，都表现在村民们自发的行动里。维周把北伐军的一个营长视为英雄——他在炮火硝烟里指挥若定，表现出一派凛然、勇武的气概。

战争的硝烟刚刚散去，高小的学生们匆忙返校，进行了毕业考试。考试后举行了毕业典礼。校长在毕业典礼上讲话，表达了对大家的殷切期望。毕业生代表也上台发言，总结了几年的学习生活，并感谢母校的培育之恩，当毕业歌声响起时，眼前朝夕相处的老师、同学的面容，乃至熟悉的校舍和操场，在维周的眼里，都感觉是那样可亲可爱。临行，他去跟老师辞行，张化鲁老师摸着他的头，谆谆叮嘱道：

“你是有绘画天才的，要好好学习，‘法’在乎上，要看好画帖，临好字帖。艺术这一行，就是勤奋，是无止境的……”

宋老师再三勉励他在文学道路上一定要有所作为，他一边把找出来的书和杂志送给维周，一边语重心长地说：“文学是一生的事业，我喜欢文学，但无所成就。小弟弟，希望你努力前进，能登上山顶。求学问的人，好比一个财迷的老头，捣粪捣出一个小钱儿，也拴在辫子绳上。

要一点一点地积累。……你才十五岁，五年之后，十年之后，你大学毕业的时候，才二十几岁，‘高山仰止，景行行止’啊！希望你能成为中国的作家!”寥寥数语，撩拨起少年狂，维周此时激动不已，他默默发誓：对！我一定要学会写书，让世人知道家乡人的生活，知道燕赵儿女的豪情和理想。从此，维周便有了一个美好的梦想。

校园里的木槿和马榕花树，葱茏茂密，深红浅紫，馥郁枝头。维周禁不住留下两行热泪，心中感慨万端：母校是他革命理想的启蒙之地，也是他文学梦想的摇篮，他对这里的一草一木都带有别样的情感。虽然羽翼尚未丰满、劲健，但志存高远的他却要为实现梦想而展翅翱翔。

二、慈母病故

朝着理想迈出的第一步，维周似乎走得比较顺利：他考上了保定育德中学，有了一个梦寐以求的继续上学的机会。

但是，当他把这个喜讯告诉母亲时，母亲的痼疾又显出加重的迹象——她病倒在炕上。见维周进来，母亲用手支起身子要起来。他赶紧走上前去，扶母亲躺好。近来母亲需要躺在炕上，天气好时才能出来慢慢地溜达溜达。维周的四姐夫是学医的，医术虽不十分高明，但经常主动来看望岳母，观察症候，开方诊病。维周的母亲除了有些气喘以外，还有一些症状，如手心红晕，拇指比较大。但当时，还不知究竟是患了什么病。

母亲听说维周暑假过后，就要去保定上学，于是攥住他的手说："魁呀！我这么病着，你就走啊？"说着，深陷的眼窝里滚出泪来。维周突然意识到自己的家境，深切地感受到病榻中的母亲的心，他由兴奋陷入沉思，为何去何从而犹豫不定。正在这时，二哥抖着两只手，一步一步走过来，说："六兄弟！看咱这一大家子人哪，都要张着嘴吃饭哪……这一口袋黄谷，拉到集上，只卖五块钱哪！"

维周被深深触动了，经二哥这么一说，他才真切地看到这一大家子人辛辛苦苦一年，却连吃穿都难以维持的现状。育德中学是私立学校，学费高，每年要交五十块钱。加上伙食、图书、衣物等，每年最少也要用去一百块大洋。想到这里，求学心盛的他，突然冷静下来：交不起学费，上学也就化为乌有了。为了不再耗费一家人的血汗，增添他们的负担，也为了安慰病中日益虚弱的母亲，维周作出了顾全大局的选择：放弃求学的打算，在家陪伴、照顾母亲。他这么做，不完全是出于普通人思想中所谓的“尽孝道”，而确实是骨肉深情让他难以割舍——最疼他、几乎把他看做精神支柱的母亲病况堪忧，维周怎么忍心抽身而去，奔着自己的前程呢？况且，这前程的付诸实现，还要亲人们勒紧裤带，作出那么大的牺牲。放弃求学，会对自己的将来产生怎样的影响，维周并没去过多考虑。虽然心下茫然，但这个决定，他几乎是在瞬间完成的。十五岁的维周已经能在遇到变故时当机立断，对他而言，生活有艰难却没有两难。

再次守在母亲身边的维周，和童年时代那个撒娇、听话，又有点胆小的孩子，无论在心理上还是生理上都相隔了很大一段距离。多彩的校园生活、广阔的社会天地、团组织的培养、文学艺术的熏陶，已经使他成为一个独立好强、有人生追求而又充满活力的少年。即使暂时蜷缩在家庭的屋檐下，他的目光也不可能再被这狭小的空间所局限。他用心地护理着母亲，买药、煎药，时而伴着母亲说话。除此之外，他还要下地干农活。忙碌中他仍不忘挤出时间读书，有时煎着药也读着书，宋老师赠予的厚厚一摞《创造月刊》、《语丝》等杂志和书籍成为他爱不释手的读物和最为亲密的朋友，他反复读着、思考着，那些好的篇章几乎都能背下来了。他越读越感到自己知识的贫乏，渴望读更多的书，于是他翻箱倒柜地找，终于从四哥的大橱子里翻出许多书，《水浒传》、《三国演义》、《封神演义》、《儒林外史》、《二十年目睹之怪现状》、《古文观止》……

还有一些油印的国文讲义。他兴奋不已，如饥似渴地读着，并做着笔记。母亲睡下了，夜深人静，他想着老师们的嘱咐，禁不住拿起笔来，写了一篇农村题材的小说，转天寄给上海的《小说世界》。等了一些时间没有回音，他也不觉得失望，想着以后再写。老师说过，当作家不是一件容易的事。对自己的未来，他有期许，也充满信心。

母亲的病，像石头一样压在维周的心上。见母亲病情有恶化的趋势，大哥建议请北宗村的大医生齐麟年看看。这个人秀才出身，有学问，医道渊博，但不好请，因为要供给他大烟抽。所以病轻的不请他，病重的，这边还未送走医生，那边病人就没气了。所以齐麟年经常说："三服药下去，好就好了，不好也就完了！"四哥特意收拾好屋子，浆洗了被褥，又买来二两烟膏熬好，大哥和大姐夫坐车去请这位大夫。维周记得，这个人六十多岁，花白头发，个子高高的，穿着一身紫花裤褂，一手提着个小包袱，一手提着个大烟袋。维周斟了一碗茶捧给他。老头上上下下看了看维周，嘻嘻哈哈地笑着说："咱们不是外人，论表亲你们应该跟我叫表舅。"于是大家就管他叫表舅。这可能是由于他和西百尺（也称"百西村"）大嫂的娘家是亲戚的缘故。他为维周的母亲诊了脉，看了舌苔，又问过病人的情况，然后打开他的小包袱，翻出医书，依照《医林改错》反复查对之后，开了药方。吃过饭，临走时还不忘嘱咐："吃着好就多吃几服，不好，我再来！"看来他是个比较平易近人的老先生。

后来，表舅又来看过母亲的病，还送给维周一个用红席篾编得非常精致的蝈蝈笼子。他对天资聪颖的维周很是看重，也深为维周的弃学感到可惜，他甚至还打算把维周收为徒弟，教维周行医。

虽然请来了大医生，不断地诊病吃药，但母亲的病仍不见明显好转。这年中秋节，三哥也回家了。自此以后，三哥和四哥负责照顾母亲，维周和大哥、二哥，五哥一起下田劳动。砍高粱、割谷子、抢秋收之类的繁重体力劳动，暂时缓解了他对母亲病情的强烈焦虑。然而，就在一个寒冷的夜晚，维周在睡梦中被父亲叫醒，说母亲情况不好了。他披了件衣裳，就飞快地跑向小东院的母亲屋里。大哥二哥、大嫂二嫂……屋里屋外挤满了一家子人。他走过去，攥住母亲的手，眼里掉下泪来，母亲也哭了，说："我那亲人们，你们怎么叫我好了哇?"大哥劝道："好好养着，就是把家里的钱花完了，也得给你治好病……"母亲合上眼，休息一会儿，唏嘘不止。维周许久才从这场虚惊中恢复过来，是夜，他辗转难眠，真不敢相信一年多前还能下地劳动、打点家务的母亲，此刻的生命竟像风中的烛火般脆弱！

维周终日守在母亲的病榻边，心情苦闷焦愁。一家人想方设法地求医寻药，为母亲救治，乞求她能熬过冬日的严寒，迎来春暖花开的新生。在这段难过的寒冬，偶尔，孩提时代的小伙伴蕊珍的出现，给维周带来无限安慰和温暖……

一次，坐在蕊珍家门对过的大木头上休息，无意之中，维周的视线穿过蕊珍家的大门，看见蕊珍从台阶上走过去，蕊珍似乎也看到了维周，转身又走回来，欲言又止，一手按着门栏，转过头来冲他微微笑了笑，就低头走进门去了。刹那间，维周的心猛地跳动了起来。蕊珍已经长成大姑娘啦！也该是十五岁了，高高的个子，一双会说话的大眼睛总是对他含情脉脉地注视着，让他终生难忘。从此，儿时的蕊珍一下子变成了仙女，无时无刻不在他的身边相伴，白天在心里，晚上在梦里，挥之不去。

童年的玩伴，如今已出落成清水芙蓉般的少女，儿时的美好回忆一时间全部复苏。对比并不顺利的近况，童年的率真和自由在维周的心田里有着珠玉般温润的光彩。一位青梅竹马似的意中人近在咫尺，爱的热情在心中燃烧起来，让他无力与之抗争。于是就每天到那地方站一会儿，她也在一定的时候在他眼前走过，转过脸来，看他一眼。虽然竭力不动声色，但她的妩媚身姿、忽闪的大眼睛，似乎时时传来那动人的秋波，令与她一门之隔的维周心旌摇曳，神思恍惚。一对相互倾慕爱恋的青年男女，在无声中交谈着、倾诉着、安慰着，但也都小心翼翼地保持着距离，不敢逾矩。

蕊珍娘知道维周母亲病重以后，时常来看望，坐在床头陪着聊天。有时鸡下了蛋，她就两手捧着，拿了来叫梁母喝。她还常来求维周帮她给蕊珍的哥哥写信或送一些小礼物给维周。她还介绍说蕊珍现在已经能读书了。维周能感到，蕊珍娘的言谈之中有试探他的意思，但他是无论如何也不敢径自向长辈直接说出自己的真实想法的。也就在这时，有人提议给维周娶亲，说："冲冲喜，病人就好了。"但维周的母亲对小儿媳妇的要求很高，平庸的人她是不会满意的。一天，蕊珍的母亲来叫维周，让他去自己家里，给她读儿子寄来的信。维周跟着去了，蕊珍的母亲搬了一个凳子放在窗台前，叫维周读给她听。正读着，蕊珍从屋里轻轻地走出来，对着维周微微笑着。蕊珍的母亲见了，说："快屋里去！快屋里去！"她只好走进屋里。可是读完了信，她母亲又让维周到屋里坐了一会儿。他在屋子这头，蕊珍在屋子那头，不自在地笑着、坐着，维周却不敢走过去和蕊珍多说几句话。无论如何，她母亲能给他们一个机会见个面已经求之不得了，他哪里还敢多说什么呢。坐了一会儿，维周辞别蕊珍和她母亲回家了。出了蕊珍的家门，维周说不出是一种什么心情，兴奋？惋惜？其实，从当时的情形看，蕊珍的想法也并不难揣摩，她并没有"低头羞见人，双手结裙带"的忸怩，只是不愿放下女孩子应有的矜持，去主动剖白心迹罢了；而维周在五六岁时受到的惩罚像是一种心理创伤，难以愈合，从而使他在性格上变得有些敏感和胆怯，越是盼望已久，就越是不知所措。

不过很快街巷里的年轻人就传起了流言，说维周和蕊珍要好了。当时这样的流言蜚语对当事人是很不好的，是丢面子的事。维周不得不更加回避。不知蕊珍和她母亲是否也听到了一些闲言碎语，蕊珍娘来看望梁母时就开玩笑说：

“来给你们提一桩亲事，给六兄弟说说蕊珍吧！……蕊珍说：‘人家六哥哪样都好，人有人材，文有文材呀！’”虽然说过之后，抚掌而笑，不像是认真的表示，维周却在一旁窘迫不已。随之，维周和蕊珍的事也成了梁家一大家人的中心话题，这上上下下几十口人议论纷纷，更让维周招架不住。他们多数人不赞成，说：“还是离着远点好啊！毕竟两家是对门的街坊，瓜前李下，有所不便……”“是啊，外面可是不少闲话呢！”然而，娘心里最疼的是小儿子，她不想顾及别人的风言风语，生怕委屈了儿子，打定主意要听听小儿子究竟是怎么想的，她才能决定。一次，趁屋里没人的机会，赶紧跟儿子商量：

“咱们娶了蕊珍吧？”

娘慢声慢气地问着，耐心地等着维周的回答。维周却怎么也张不开嘴明确表态，只当是默许了。可是，让他始料未及的是，当娘的误会了儿子的心思，竟铸成一桩让儿子终生遗憾的错事。

就在维周与蕊珍的关系被传开后不久，一个媒人来给维周提亲说吴村的郭家有三个姑娘，第三个姑娘很不错。她比维周大三岁，俗话说“女大三，抱金砖”嘛！正好，二侄女婆家又是吴村的，她也满口称赞这姑娘长得有多么漂亮。一家人都同意，母亲觉得小儿子不稀罕对门的蕊珍，也就未征求维周的意见而表示同意了，并换了帖子，定下了这桩婚事。从此，维周和蕊珍也就再没有联姻的可能了。

原来，维周的母亲误解了儿子的意思，以为儿子那天的缄默不语，是因为心里不喜欢蕊珍，而又不好意思说出口。对于这样的结果，维周只有感慨造化弄人，一句挂在嘴边未曾出口的话，却成了有情人从此天各一方的判词。维周为此抱憾终身，直到晚年还念念难忘。

一开春，家里开始为维周准备婚事。大哥忙着筹划操办，订官轿，订厨师，订戏子喇叭，订家伙碗碟，求人做伴郎，订了几辆大车。全家上下忙个不停。他还领维周到城里买了两双鞋、两双新袜子，买了被面，还买了一顶大礼帽……四姐给弟弟买了衣服料子，事先都跟母亲商量好：马褂是黑缎子的，大夹袄是浅灰花丝格的……都一一如了母亲的意，母亲满意地笑了，说："一辈子就这么一回事呀！"

与家人的热心操办相比，维周自己却是茫茫然不知怎样是好。他不甘心就这样放弃自己所爱的人，可大局已定，又不可能用自己的意见改变现实，"索性一切就都由着去吧"。他只好与比他大三岁的郭秀祯成婚。

按照中国北方农村的传统习俗，家里给维周举行了非常隆重的婚礼。因为家中有病人，晚上就没人来闹新房了，同族的一些青年人，坐了一会儿就走了……四天以后就是回门，新郎去岳父家里住了三天就回来了。这些隆重的仪式，都不能引起维周的欢喜：一则新郎新娘互相不了解，也无所谓爱情；二则，当新婚妻子拜见维周母亲时，母亲并不高兴，因为她长得不很出色。

维周的婚事，并没像亲人先前所希望的那样能够冲了喜，相反，母亲的病体是每况愈下，连表舅齐麟年也束手无策。转眼又到了中秋节，梁家的青壮劳力都忙于大秋收割。一天，维周抽暇在母亲床前守候，刚好父亲也走进来，手里攥着一把红枣，笑着说："你吃一个甜枣吧！才摘下来的。"维周的母亲，这时说话已经很困难了，只是微微笑了笑，表示想吃。维周赶忙把枣洗好，喂母亲吃。他万万没想到，前一刻脸上还挂着笑容的母亲只吃了一个枣，就咳嗽起来，怎么也止不住，忽然一口鲜血喷出来，头往枕头上一沉，就断气了。他愣住了，手中的枣“哗啦”一声滚了满地。直到相信眼前发生的情景是真的，他才慌忙跑到院子里，大喊着：

“娘不行了！娘不行了！”

在四姐的恸哭声里，在香哥、铁哥、兰玉哥和随后赶来的亲人们的泪水里，在父亲欲哭无泪的悲哀神色里，维周只觉得天一下子暗了下来。

夜间，母亲的遗体停放在堂屋。这位几十年精心料理家务、侍奉丈夫、含辛茹苦养育十个子女，又扶持他们一个个成家的贤妻良母，走完了她操劳的一生。此刻，她穿着素净整齐的衣衫，戴一条镶着玛瑙的黑纱头巾，在安详中静静沉睡。她是在罄付了所有的爱，也了却了要看到最小儿子成家的心愿之后，溘然离去的。生前，围绕她的是亲人、邻里的爱的回馈和尊重；身后，她也得到人们深沉的哀思和长久的怀念。在香炉的青烟里，全家人痛哭不止，村民、邻居也纷纷前来吊丧。

在维周一生的记忆里，母亲过世后的几天可能是最难过的。尽管此时维周成熟、稳重、果敢的一面，已经渐渐压倒了性格中的柔弱，但一家人之中，和母亲感情最深的他，还是难以抑制自己巨大的悲痛。三天的丧事，全家人都哭哑了嗓子，而维周在同父亲吃饭时，看见母亲以前的座位空着，依然止不住流泪。他想起母亲教他识字、算术，给他讲各种各样的故事以及种种言传身教，她付出了多少心血啊！还没有来得及孝敬她老人家，她就离开人世了……但坚强的父亲，还是强压住悲痛开导儿子：“别哭啊，已经缺了业可怎么着呢？”意思是告诉维周，生老病死的自然规律谁也无法违抗，人到老来总有终结的一天。然而，逝者留给亲属的往往是无尽的哀思，只有时间才会慢慢抚平深沉的创痛。

秋去冬来，这段时间维周除了跟家里人下地秋收以外，就一个人在自己的屋里读书、写字、画画。他还在家里找到了一本画谱临摹。无奈的婚姻与慈母的病故，让维周更现实了，他忽然觉得在书以外的由“人”构成的天地，更神秘，其力量巨大无比，也更值得一读。

春节快到了，北方又称“年节”，历来是汉民族最盛大、最隆重的节日。它与西方的节日不同，没有宗教色彩，却有着鲜明的农业文化特点。“年”就是古人对农作物生长周期和季节变化的一种总结。所以，在农村不管多穷也要像模像样地过年。

想起去年春节前后，正是一家人为母亲的病愁苦不安之时，但扫房、蒸香饽饽、糖瓜祭灶、搭神棚、燎星星草、吃饺子……乡村的年，还是过得那么正式而忙碌，但维周应付这些程式的心情却着实潦草，他是在闷闷不乐之中度过的，因此，除了在父亲屋里读书外，什么也不想做。只有写春联这件事让他总是不忘。去年，他为半个村子的人家写了春联。那是因为他首先写了“革命”两个大字贴在自家的大门上，以示自己对新思想的追求，村里人都很奇怪，引起不少人前来观看、询问。于是接连不断地有人上门请他写“新春联”。当时维周这种表达愿望的诚实也是需要不小的勇气的。他敢于把自己的革命理想昭告天下，无疑是对乡村陈旧观念和腐朽势力的一种大胆挑战。维周个性中激进的一面，在这个举动里暴露无遗，虽然他的行动带有一定宣泄心头压抑的成分，但这种大无畏的精神，迟早会在未来的革命斗争中淬炼得更加锋利和富有光彩。

那么，今年的春节该怎么过呢？村里人又开始忙碌起来。维周的同学沈炳南来了，他兴奋地告诉维周，他带来了一个新任务：团组织指示团员要组织农民搞好反割头税运动！所谓割头税，是针对农民过年杀猪而征收的“猪头税”钱。几个乡绅先出钱从县里包下“替农民杀猪”的权利，再提高屠宰价格和收税比率，从农民身上榨取更多的血汗。绕来绕去，这令人啼笑皆非的新“税种”还是被分派到了农民身上，农户本来自己就可以完成的活儿，却被强迫集中到乡绅那里：杀一口猪，要一块七毛钱，还要被收去猪鬃、猪毛、猪尾巴、大肠头。与其说是征税，不如说是变相的掠夺，这对于一年到头就盼着过年能吃顿肉的穷人们，不啻是一次敲骨吸髓的盘剥。地主阶级横征暴敛、肆无忌惮的欺压，也成为促使农民们觉醒的重要契机。反割头税，也就是为农民争取生存权、活命权！

听到渴望已久的召唤，维周按捺不住兴奋的心情，在争取到梁老宠的支持后，他们趁夜把红绿纸印成的传单，贴遍全村。维周还动员家人率先投入反割头税运动。二哥首先安上杀猪锅，自己杀猪，引得各家也都自己安上杀猪锅。腊月二十七，城里大集，他们趁着集日开大会，砸了盐店，到县政府请愿，要求县长出来讲话，免收割头税……一场轰轰烈烈的农民运动迅速展开。家与家、村与村互相帮助，相互鼓舞，农民们联合起来，那种人山人海、万众一心的火热场面，让维周深受震撼和鼓舞，他看到了团结的力量，看到了革命的希望，沸腾的热血让他感到一种焕然新生般的自由和快乐。

反割头税斗争以农民的胜利而告终。官府慑于群众的威势和压力，被迫答应免除割头税，这次行动也堪称“公开合法斗争的典型”。但是，胜利的取得也不是一帆风顺的，包割头税的两个乡绅——潘营村的陈紫栋和梁庄的梁老万却气急败坏，将请愿的这些人告到了衙门，但张化鲁老师和小陈村的一个乡绅站在农民一边，代表农民跟包税商打官司。张化鲁老师勇敢地走上县衙门的大堂，与两个包税商面对面地展开辩论，最后终于胜诉，使农民的利益没有再蒙受损失。反割头税斗争的胜利，使得在压迫、欺凌下习惯了逆来顺受的劳苦大众看到斗争的必要性，增强了他们夺取胜利的信心和勇气，也预示着更大的革命风暴即将来临。

三、从文学走向革命

1929 年的除夕过后，哥哥们跟父亲商量：母亲已经去世了，是不是还应该让老六继续去上学？一向重视子女教育的父亲同意了。四哥专程到城里去了一趟，找到了他的老同学宋卜舟老师（他已经当了教育局长），跟他商量，最后决定，先让维周去县高小补习功课，半年后也就是暑假时参加入学考试。回到家，准备好行装，二哥套上大车，拉着小柜和行李，送维周到县城里去上学。宋老师见到维周长高了，也比以前壮实了，很高兴地说："正好，来了一个丁浩川老师，文学上是有造诣的，你去跟他好好学吧！"

就这样维周再度回到了母校县立高小，开始随毕业班进行为期半年的补习。这时的校长是蒋冠五，级任老师是丁浩川，都是保定第二师范毕业的学生。

维周很快就发现，正如宋老师所说的，丁老师讲国文确实出色，有时他自己写了文章给学生们讲。丁老师也是早期共产党员，他博闻强记，也很推崇创造社的艺术风格，第一课就讲郭沫若的《棠棣之花》，随后又讲了《女神》。他上课的最大特点是激情满怀，循循善诱。他在努力创造一种氛围，让学生们在这种氛围的感染下，自发地走进文学的殿堂。“明月何皎皎，白杨声萧萧。阿侬姐与弟，离别在今宵。今宵离别后，相会不可期……”他讲书像唱歌一样动人。在他的指导下，学生们读了蒋光慈的诗集《战鼓》，郁达夫的《沉沦》，翻译小说《少年维特之烦恼》等，另外还有鲁迅的《阿Q正传》及他的短篇小说集，郭沫若的《前茅》、《恢复》（创造社丛书），蒋光慈的《冲出云围的月亮》以及辛克莱的《屠场》等。

丁老师不仅课讲得好，他还激发出了像维周这样的学生读文学作品的兴趣。那个时候维周四处找书读，在丁老师那儿，在哥哥们那儿，能读的书都搬来读。显然，那时的丁老师对于维周，在文学的道路上既是引路的前辈，又是知音。他所看重的创造社的作品，恰恰和维周的喜好相一致，还有什么是比这更直接的鼓励呢？他不仅教知识，还教学习方法，比如要求学生除了“精读”以外，还要掌握“速读”的学习方法。他号召同学们每天读一百页小说，同学们都难以接受，而维周是他的得意门生，对老师的要求他总是不折不扣地照办。此时练就的读书基本功，对他日后在革命军旅生涯中不断更新知识结构发挥了重要的作用。丁浩川老师很受学生们的喜爱，在他的办公室总是有很多同学来问问题或讨论着什么，维周也是常客。特别是到了晚饭以后，人更是多，不到老师轰大家走，学生们是不会离开的。丁老师总是要等学生们走了才开始修改作业和备课。丁老师喜欢跟同学们聊天，关心每一个同学的成长。一次，他关心地问维周准备考哪个学校，维周说“考第二师范”。他说：“如果考不上呢？……其实考第六中学也很好嘛。”维周告诉老师自己的家庭情况不允许考其他学校，只能上公费的第二师范。丁老师听到这里，用信任的口气说：“背水一战，干！事在人为嘛！”他帮助维周制订学习计划，告诉他重点要把国文、算术、小楷复习好。别小看小楷，看卷老师一看字写得不好，就不喜欢看了，也不会给个好分。维周很感激老师的点拨，一心一意地照着老师说的去做，每天写小字、演算算术题、背《难题三百解》，还不停地练习写作。有这样一位不可多得的好老师真是维周的幸运。一天晚上上自习课，维周正在写一篇题为“母亲”的叙事诗，写着写着，母亲慈爱的面容仿佛又浮现在眼前，往事如烟，写到动人之处维周禁不住哭起来。同学们都不知所措，赶紧围过来劝慰。这首诗写得真真切切，读了催人泪下，被老师推荐登载在校刊上。丁老师对校长说：“这个学生将来一定了不起!”那时维周在全校同学中已经很有名气了，据他的同窗好友傅铎回忆当时的情况说：“同学们羡慕他读进步文学书籍多，都愿意接近他。他成了全校知名人物……也传遍了附近的村镇。”

在丁老师的帮助下，以后维周还仿照郭沫若的《凤凰涅槃》写成了一首寓言诗《麻雀与鹞》，讲述的是一只被鹞鹰追赶着的小麻雀，在众多麻雀的帮助下安然脱险的故事。这正反映了反割头税斗争成功后，维周对人民群众所蕴藏之伟力的深切认知以及由此焕发出来的意气风发的斗志。这首诗，发表在1930年的《保定日报》上，署名“梁维周”。这是据我们所知的作家本人公开发表的第一篇作品。

光阴如梭，半年紧张而充实的学习生活很快过去了。维周又随毕业班参加了一次毕业仪式，唱着蒋锡鹏老师新谱的毕业歌，又流下了激动的热泪。这天晚上，他们就在校园里的麦堆上休息，蒋锡鹏老师陪着他们，呼吸着新麦子潮润的香味，说些难离难舍的话。在经历了一番生活的磨炼之后，维周此刻已明显不再有当初那种对未来充满幼稚幻想与期待的心态了。对现实，他有了更清醒的认识，这使得他在通向未来的路上，走得更加谨慎、踏实而又勤勉。

这天，维周和所有报考保定二师的同学又在母校会合了，大家赶着一辆骡车前往保定。到达二师后，维周找到已经在这里就读的老同学曹牖民、刘金田，由他们带着交了报名费。维周暂时住在学生公寓里，每天五角大洋，管吃管住，很方便。这次考试，只招收一个班的学生，约四十人。保定二师不仅远近闻名，而且是官学，不收学费，还管吃管住，十分难考，连天津附近县城的学生都来报考，这次报名人数达到了两千五百人之多，录取率之低令人咋舌。维周没有丝毫怯懦，他相信自己的实力。

第一榜，维周考到了全部上榜者的五十多名，只要在第二场考试时冲一冲，就有希望。两位同学也倾力相助，指点他需要注意的事项："衣服要穿干净些，动作要像个样子……"他们帮维周洗衣裳，带他到大街上理发，买了一双新鞋子。刘金田帮助维周分析学校当局的政治形势，说："校长张陈卿是国民党的西山会议派，训育主任张维斌是改组派，第二场的口试，可能是张维斌主持，他要问你：'全中国人民的领袖是谁？你就说：'是汪精卫。'骗他一下，你就考上了。"老朋友的话，维周句句记在心里。他被朋友们的真诚感动着，下决心一定要考好。维周当时的心情，我们从《红旗谱》中严萍对江涛考试前的诸多关照里，似可依稀窥知一二。

第二场考试包括肺活量的体力测试、智力测试和口试。口试的时候，发生了有趣的一幕：主考官果然是张维斌，他问的果然是这个问题。维周照刘金田的意思答复了。张维斌又问：

"为什么？"

"因为他是为老百姓谋幸福的。"维周机灵地说。

维周的应对自如帮了他的忙，就第二问所作的回答虽是言不由衷，却已足令政治上力挺改组派的训育主任心满意足。维周应试时所表现出的那种成竹在胸的气度，更是加深了老师对他的良好印象。

发榜的那天，维周在三哥和三哥的同事的陪同下，早早来到二师学校门口等候。贴榜之际，人头攒动，每个学子的心都提到了嗓子眼儿，急切的目光在红榜上寻觅着……很快，维周真切地看到自己的名字写在了第十三名！他一时激动，几乎流出了眼泪。三哥很兴奋，三哥的同事也高兴地说："这无论如何是凤毛麟角啊！"

几天后，维周回家报告这一喜讯，家人的反应很平淡，令他感到莫名其妙，为什么考中第二师范，家人竟是无动于衷呢？如果母亲在的话，她老人家不知有多高兴呢！不过，维周考取了远近闻名的保定二师，是他在人生道路上所取得的一个重大成功，可以此告慰母亲的在天之灵了。

1930 年 9 月，维周进入第二师范学习。为节省开支，他和刘金田、曹牖民两位同学在去保定的途中，不进店里吃饭，只是在走到大庄镇时买些夹肉的大火烧，就着白开水吃。大庄镇的咸牛肉是方圆几里内有名的，维周童年时在随母亲和大哥、二哥去保定看望四哥的路上，就曾吃过这里的咸牛肉末。然而，在我们的主人公的心里，如今的保定与当初的保定是截然不同的，他更看重的是它的文化内涵。

保定在历史上是中国北方重要的文化古城。清代学者、文学家吴汝纶在这里主持过多年的莲池书院。清朝末年中国进入殖民地半殖民地社会后，书院里开始增设英、日文课程。这些课程不仅仅是语言课，还带来了不同的文化，形成了书院中多元文化因子相互碰撞和借鉴的学术气氛，并在与其他文化的交流、融会中，扬清弃浊、取长补短，一时间新旧并出、中西杂糅的启蒙之风，提高了书院的文化研究的品位。

那样一种胸襟博大、能容纳异质文化的学院风格，也曾为古城带来几多春意。此外，保定一带也是进京的要道。明英宗时，蒙古族首领进攻北京，即取道紫荆关，经此北上。由于它地处京畿的重要地理位置，至清代在此设"直隶总督"。直隶总督前后共更换七十二人、一百任次，

◎ 莲池书院

历时一百八十七年，曾国藩、李鸿章、袁世凯、曹锟、吴佩孚等都曾在这里办公。

进入民国，保定又成为河北省省会所在地。然而，维周发现，这里的市容并不景气，到处透着破败与荒凉。又因是省会，故有重军驻防。古城的萧索加上政治的肃杀构成了一种令人窒息的时代氛围，与它原本的文化古城的光环形成了极大反差，这给求学的学子造成的影响和压力，是不言而喻的，也许还暗示着什么。

刚过中午，维周与刘金田等几个人就风尘仆仆地赶到了保定二师。维周查过自己的班次和宿舍，找到四斋安置好行李。和他在一屋同宿的还有十五名同学，宿舍外间有大家共用的自修室。新同学见面，寒暄介绍，相谈甚欢，屋子里渐渐热闹起来。二师对于维周，就好比一扇通向

◎ 直隶总督府

新天地的门，而刚刚跨入门槛的维周，已经迫不及待地想要看清它的全貌：保定二师的校舍是最讲究的：南斋五排，都是坐北朝南的瓦房，两面有窗，屋前有廊。五斋前面是大饭厅，过了饭厅有界墙，有门相通。出了门是大操场，有篮球架子、足球网子、单杠、双杠。往南去是花园

◎ 昔日的保定二师现已是河北保定师范学校

荷塘，因无人管理，变得很荒凉。

学校开的课程中，英文、代数占去了大部分自修时间，而且开设素描课，画石膏像，都是新接触的内容。尽管如此，维周还是尽可能地挤出时间读课外书。见他如此嗜书如命，同学曹牖民一气送给他十几本，里面就有维周喜欢的《沉沦》（郁达夫）和《战鼓》（蒋光慈）等书，让他感激不尽。

开学以后，学校又来了几个共产党员老师：国文教员周永言、英文教员刘清泰、历史教员肖振清、地理教员张明等。周永言老师来了以后，不再讲那些旧文章，开始介绍日本现代文学，讲平林泰子的短篇小说、藏原惟人的文学理论。他们还读了藏原惟人的《文学概论》。据说刘清泰在高级班讲第三国际出的英文刊物。肖振清用辩证唯物论的方法讲历史，张明老师的地理课也讲得很新鲜活泼。体育教员马相伯是北京体育界的名流，当然更受欢迎。这些新老师，带着当时最先进的思想和文化，走进同学中间，让学生们如沐春风。

阅读文学理论书籍，使维周增进了对创作的理性认识，这对于他的艺术追求的自觉和成熟极为关键，在维周一生创作中占核心地位的现实主义风格，就是在吸纳了藏原惟人的“无产阶级现实主义”文艺观以后开始形成的。维周阅读的文学读物也有新变化，开始读苏联革命文学，如《毁灭》、《被开垦的处女地》、《夏伯阳》、《士敏土》、《铁甲列车》、《铁流》等。此外，在各学校流传很广的两种革命刊物《曙前》和《破晓》，也令他不忍释卷。前者是公开发行的刊物，后者则是宣传马列主义、介绍南方红军和华北各省革命斗争情况的内部刊物。在这些文学作品与刊物中，维周了解了“十月革命”，了解了无产阶级解放事业，被其波澜壮阔的气势所鼓舞，也为其解救劳苦大众的宗旨所感动，血气方刚的维周决定投身于革命事业。这天，同学告诉他丁浩川老师来看他们来了，维周激动地跑去见丁老师，丁老师拍着他的肩膀高兴地勉励道：“达到目的了？好好读书！将来你就是中国的作家！”维周热血沸腾，坚决而痛快地答道“是”。尽管维周对自身还有很多疑惑，对外界还有很多把握不住的东西，而且还有许多未知的领域，可将来要做一个作家，把那种在自己心灵上打下了深深烙印的痛苦和折磨、反抗和斗争统统写出来的创作冲动却越来越强烈和深刻。

1931 年春，在朱瑞祥同学的介绍下，维周加入了地下党的外围组织——反帝大同盟。随后，维周向曹牖民和刘金田转交了团的关系信，这两位同学成为维周的入团介绍人，团负责人刘光宗主持了维周的入团仪式。由于对团的一些手续和原则不十分清楚，维周继在蠡县高小入团之后，又举行了第二次入团仪式。在第二师范，他过了最严格的组织生活：每礼拜开一个小组会，要汇报工作，做批评与自我批评，常有党的文件供阅读。有一次维周读完秘密刊物《破晓》，顺手搁进袍子口袋里。学校不许穿长衣服上课，那天，正上着课，训育主任带着校工搜查，吓了维周一身冷汗。保定二师作为新旧势力交汇撞击的场所，革命派和反动派的争斗非常激烈，在这种复杂的局面下，维周从此开始加倍留意，妥善地保护组织的秘密。河北保定第二师范学校建党较早，从属保定地区。建党以来，这里就是一个革命的摇篮。每当放寒暑假，校党团支部布置假期工作时，总把回乡发展农村党团员和赤色团体作为重要工作。有些新建的农村党团支部和小组，在校党支部领导之下，培养教育几年以后才转到地方。

有一次在周会上，校长张陈卿讲话，大骂共产党："……你马克思哩，牛克思哩，不合中国的国情，你是站不住脚的。"话声未完，有人把凳子一踢，"咣啷"一声，整个礼堂响起了共鸣。校长似乎是察觉到了蛛丝马迹，才会有这样的叫嚣举动。果然，学校当局很快勒令《曙前》杂志停刊，搜查了秘密刊物《破晓》的印刷厂，开除了几名进步同学。他们还在学校设立了国民党区分部，并派人到各班监视学生们的活动。在剑拔弩张的斗争形势下，党团组织成员没有畏缩，他们在第二次周会时张贴小型传单，在上面历数张陈卿的条条罪状，形成了有力的回击。

四、学潮——刻骨铭心的记忆

踏进保二师时间不长，维周就感受到弥漫在学校中的浓烈的政治气氛。这对刚刚从乡村来的维周来说，简直有些应接不暇；同时，对渴望更多地了解社会、了解人生的维周来说，又是如鱼得水。

这里的学生大多是家境不好、又渴望学习的青年，他们上学的机会来之不易，所以，他们几乎是一边拼命学习一边参与革命活动。

他们不屈服于国民党反动派的高压政策，在党团组织的领导下，连续不断地发起学潮斗争。他们曾经发起过驱逐反动校长梁子青、秦万瑞的学潮运动，有力地打击了国民党的嚣张气焰和法西斯文化教育统治，从而使保定二师学生中的党团组织不断成长壮大，成为河北省中部广大地区的一面革命旗帜。就在维周来到保二师后不久，经过多方筹划，一场由高级班即将毕业的学生领袖发起的学潮又孕育成熟了。

这天，学生们借高级班毕业前开联欢会之机，将联欢会延长到午夜十二点之后。这时城门关闭，老师们没法回家，只得在学校住下。三更时分，突然全校电灯大亮，这时门外大喊："到礼堂开大会！"维周和同学们一起涌向礼堂。路上看见校长办公室门前、训育主任和教务主任办公室门前以及会计科、校门口，纠察队都已站上岗，手里拿着军棍和枪。据说已切断了所有电话线。于是，驱逐校长张陈卿的学潮开始了。

大会首先宣布了张陈卿的三大罪状，其中最大的罪状是贪污。而后，宣布了护校委员会（学潮的领导机构）名单。在这个名单里，竟然有梁维周。维周此时心情说不出是紧张、兴奋还是激动。在他还没有任何思想准备的时候，学潮就把他卷进了革命的激流之中。他意识到这是组织对自己的信任和考验，他摩拳擦掌，责无旁贷。

最后，会议决定一面派代表团赴京照会新闻界，争取社会同情；一面再派一路人马去天津向教育厅告状。

大会以后，维周就承担起组织本班同学开会的重任。这个班的同学中激进分子不多，需要充分地发动群众。维周把全班召集到一个宿舍里，同学们大眼儿瞪着小眼儿，一齐看着他。他想："我既然暴露了，再也保密不住了，干吧！先干到底再说。"他勇敢地站在凳子上发表了他的第一次政治演讲。

在革命熔炉的陶冶下，不到二十岁的维周初步练就了革命的胆略和魄力，同时，他也十分机敏和细心。他在讲话中，对班里状况的客观分析和对行动要领的恰当把握，使他一下子抓住了同学们的注意力——不是因为他高高地站在凳子上，也不是因为他铿锵有力的措辞和严肃诚恳的表情，而是因为他有着在同龄人中分外出众的一种指挥气质，这种审时度势、坚毅自信的风范，征服了在场的每一位同学。

学潮持续了三四天，学生们巧妙地利用了河北教育界内部派系的矛盾，即属于留美派的张陈卿不是现任教育厅长、留法派张建庵的亲信，因而到教育厅告状这一步棋收到了预期效果。张建庵也曾担任过二师校长，熟悉学校的情况，他撤了张陈卿的职，委任张云鹤为第二师范的校长。这位张云鹤先生，时任河北大学教授，是思想开明人士。当代表团把这一喜讯带回学校后，全校上下欢声雷动，立即派学生代表欢迎张云鹤来校。在全体学生大会上，张云鹤表示：愿与学生会合作，把第二师范办好。他根据学生会的意见，当即开除了四个国民党员学生的校籍，这是开天辟地第一次——历来都是每个学期开除三四个共产党员学生，今天却开除了四个国民党员学生，大快人心。接着，三百多名同学中，有共产党员、国民党员、国家主义派、青年党员……公开选举学生会，维周他们得了一百八十多票。

这次学潮，在高超的斗争策略指导下取得了胜利。维周有幸作为学潮组织机构的参与者，冲在最前线，得到了一次难得的锻炼机会，特别是体会到了学潮胜利后的喜悦和扬眉吐气的快感。从此，二师校园呈现出一种前所未有的活跃气象。张云鹤上任后，活跃学术气氛，校园思想得以解放；开了两次音乐会，一次是河北大学的同学表演的音乐会，一次是蒋风之南胡独奏音乐会，都获得了同学们的好评。随后，社会科学研究会、文学研究会、世界语学会、武术会等如雨后春笋般涌现并活跃起来。那时，同学们喜欢三五个志同道合的凑在一起，自己出钱办个刊物，在小书摊上代卖，也有自己拿着串斋卖的。维周参加了文学研究会，因为文章写得好，经常有人向他拉稿。年轻人的个性得到张扬，人格、志趣得到尊重，对于维周和众多志存高远的青年学子来说，这真是一段十分难得的好时光！

这年暑假，维周没有回家。他被选为公寓委员，负责管理学生公寓的小卖部。此后，维周常到工厂或农村向工人、农民宣传时事与政治，跟他们交朋友。在积极从事政治活动的同时，读书仍然占据着维周业余生活的主要部分。当时他正热衷于“普罗”文学，因为那些粗犷、豪迈的文字同这颗激荡着革命烈焰的心，贴合得最为紧密。

这一时期，维周在社会科学方面的探求更为积极主动和深入，这当然是与二师浓厚的政治氛围分不开的。当时他们能看到北方局的内部刊物《红旗》。同时，他们组织内部募捐后，印了一批社会科学讲义，有六七本，每本四十页至七十页，每天晚上读一本。从此，维周读书的兴趣扩展了，开始读社会科学理论书。当时读书，不完全懂，他就把几本文学概论或几本社会科学方面的书同时读，读了这本读那本，这本书上不懂的，读那本书就懂了。这样他读了各种关于历史唯物论和辩证唯物论的书。当时这些书大部分是从日文转译的。他还读了日本猪侯津南雄的《社会进化史》；读了鲁迅译的卢那察尔斯基的《艺术论》，因为是直译的，很难读懂。他还叫三哥买了一批书，如河上肇的《政治经济学》、恩格斯的《家庭、私有制和国家的起源》、列宁的《国家与革命》、马克思和恩格斯的《共产党宣言》。此外，还读了一些哲学书籍。

对于渴盼知识、向往革命的维周来说，相关社会科学著作的阅读是一场及时雨，他如饮甘泉般地贪婪和不知疲倦，觉得自己的每一条血管和神经都被赋予了新的活力，终日陶醉于深奥而新奇的精神愉悦之中。这些理论把他的革命信仰和文学爱好有机地结合在一起，促使他建立起明确的世界观、人生观和审美观，并开始切实为之奋斗。他开始记笔记、记日记。

无奈好景不长，这年（1931）发生了“九·一八”事变，9月19日中午，师生们一听到这个消息，立即自发地聚集到图书馆。有人站在桌子上，读着这条新闻：日本鬼子炮轰北大营、兵工厂……不等读完，学生们跳起脚来，高呼：“打倒日本帝国主义！”“把日本鬼子赶出去！”义愤填膺，同仇敌忾。忧国忧民的老师和同学们一起，每天读报，关注着中日战事。当他们看到东北军向政府请战，蒋介石却不准他们抵抗，理由是等国联来华调查和“攘外必先安内”时，大家都很气愤，决定武装起来，以实际行动开展保国自救活动。于是，学生会请求开设军事课，并成立了学生军，开始军事训练，准备开赴前线抗日。此外，同学

◎ 1979 年梁斌在北京与保定二师的老同学臧伯平、朱滔、杨士杰等合影

们也抓紧时间，对民众开展抗日救亡的宣传工作。每天下午课后，同学们三三两两，携带着传单、粉笔，到工厂、农村进行宣传鼓动工作。星期日，维周跟着臧伯平（中华人民共和国成立后曾任南开大学党委书记）和远千里（中华人民共和国成立后曾任中共河北省委宣传部长）到城北搞宣传，由臧伯平望风，维周把传单贴在大树上、墙壁上，千里站在路口，给每个过路人发传单，过来一个人给一张，直到把所有的传单散发完毕。

1932 年春节后，日本关东军进一步占领了中国的大片领土，人民抗日救国的呼声更加强烈，保定志存中学率先爆发了学潮，驱逐了镇压抗日的校长。素有革命斗争精神的二师学生，四处奔走，联络农学院、医学院、女二师、育德、志存、六中、培德、景仁、同仁等校学生一起，筹建了保定学联，由学联组织大规模游行示威，抵制并收缴日货，召开了“保定学生抗战誓师大会”。二师学生建立了学生军，这是一个全校性的组织，学生们身穿浅黄色军服，头戴土耳其式帽子，佩挂武装带，进行军事训练，准备随时开赴抗日前线打击日本侵略军……那时，他们每人从伙房领两三个馒头、一撮咸菜，当做午餐。结成小组，步行深入广大农村，坚持宣传群众，组织群众，发动群众投入抗日救亡运动。接着，又建立了两支远征宣传队，一支沿铁路向南，一支沿铁路向北。他们克服乘车困难，挤不上客车，就扒上货车，只要停车，就在车站宣传。有的小组到达了石家庄。外出宣传困难重重，晚上他们就在车站露宿。他们的爱国情怀，令人敬佩、感动。

维周还参加了学生会开展的到南关码头检查日货、做码头工人工作的活动。校长张云鹤也亲临现场，支持学生的爱国义举。有人从田中奏折谈到日本灭亡朝鲜的例子，从而揭露日寇侵略东北、华北，进而鲸吞全中国的野心。船工和码头工人们身处社会底层，都有着朴素的良知，在学生们的动员下，纷纷表示不愿做亡国奴，自此以后，南关码头工人开始行动起来。

随后，保定学联在南关大桥旁召开保定学生抗战誓师大会，维周参加了大会，与各校师生一起投入到群情激昂的感人气氛之中，“不救国毋宁死”的口号响彻古城。

迅猛发展的抗日怒潮，吓坏了卖国偷生的反动当局。他们先是逮捕了三个去第六中学写标语的二师学生，结果引发了学生列队游行请愿。在校长张云鹤的斡旋下，三名学生获释。但很快，两个到东关兵营做士兵工作的同学又被捕了。日本特务在光天化日之下闯进二师校园，要抓走张明老师，幸而在校长掩护下张老师越墙逃走，有惊无险。在这些恫吓面前，第二师范的师生们没有退缩。维周这时担任了团小组长，他一方面继续带领同学深入群众，宣传前线及各地抗战情况，激发人们的民族意识和抗日信心，一方面还介绍王致民入团，介绍史纪勋加入社联，积极扩大革命队伍，各项工作做得有声有色。

由于每天吃不好睡不安稳，维周生病了，而且日益恶化。他每天下午发冷发烧，身上有雪花形红点，明显消瘦了，头发因不断脱落而稀少。熬到实在支撑不住，维周不得不写信通知了三哥。三哥前来探望，惊讶地发现维周已经病体羸弱，只得立即接他回家休养。临行，维周没有忘记随身带上团组织开的介绍信和一包传单。

回到家里，维周一个人住在小东院里，读书、养病。他到城里乡村师范找到马永龄，交了关系信和传单。马永龄没给维周编小组，是单线领导。找到了组织，维周才略微安下心来。但他的胃病却有恶化的趋势，吃的东西完全不能消化。二哥领维周到北宗村找表舅齐麟年看病，吃了几服药后，症状也没有明显减轻。胃病困扰了维周十几年，解放后才彻底痊愈。这其实是伤寒的一种表现，而维周母亲当年得的是肺气管扩张和糖尿病，在旧时的医疗条件下，这些病症都很难诊断出来。

一天，维周兴奋而又惊讶地在家中接待了同学曹牖民。原来，学校以“要有兵乱，提前放假”为由，让同学们都各自回家了，曹牖民是特地来转告他这一消息的。从此，维周心里忐忑不安。令人担忧的消息接二连三地传来：先是河北省政府宣布解散第二师范，不久，《保定日报》刊登了第二师范的三十名共产主义思想犯、五十名嫌疑犯的名单，维周的名字赫然在列。

此后，蒋介石的军队在保定安营扎寨，力图扑灭保定的抗日救亡热潮。接着，维周又风闻反动军警包围二师的危急情势，保属特委号召募捐，维周和曹牖民立即响应，四处奔走募捐，并把所得款项送交县里。

长时间的沉寂之后，维周有一天听说二师被围期间留在校内的同学蒋东嵋回来了，他急忙赶到西百尺村，去找蒋东嵋打听消息。如果说维周在见到蒋东嵋前还心存侥幸，认为事态有扭转的可能的话，那么会面之后，得知昔日的许多同学、友人已成反动派的刀下之鬼，则令维周痛不欲生。这是多么惨重的代价！在校的同学不是被害，就是被逮捕，少有人能逃脱。多少次吟诗作画、信步漫游的亭台池畔，如今已成一片焦土，不堪目睹；多少次指点江山、激扬文字的教室书斋，如今弹痕累累，血迹未干……想不到，这群热血青年深爱着守护着的母校校园，竟成了他们年轻生命陨落的墓园！寇仇当前却是报国无门，不能一酬搏杀疆场、退敌御侮之志，却不明不白地倒在了自己同胞的黑枪之下！千古奇冤，令维周和蒋东嵋扼腕痛愤，以至涕泪滂沱。二师惨案，在维周心里留下了一道永久难以弥合的伤口。

随后，同年九月又发生了震惊全国的高蠡暴动。梁庄和附近的村子没有得到通知，维周和同学曹牗民、刘金田、张金锡、马绍光等都没有能参加。维周的同学宋洛曙在孙庄、宋庄、杨庄、马庄一带，刘双四在北新庄、大杨庄、万安一带，杨万林在荆丘、玉田一带，王弢在高阳南北辛庄、河西村、边渡口一带，此外还有博野、安新等地，都参加了高蠡暴动。那时，红军到处开仓济贫，打死地主，收缴枪支。那时的河北红军司令员是湘农，政治委员是贾振丰，政治部主任鲁夫是二师的学生。敌军骑兵十七旅，击败红军于南北辛庄之间。敌军逮住红军后，用刀砍，用铡刀铡，把人头挂在树上、城门上。敌人用最残暴的手段，血腥镇压了农民的抗日救亡运动。听到这些消息，维周再也不能控制自己的悲痛，独自跑进高粱地里放声大哭了一场。接踵而来的噩耗令维周痛心疾首。高蠡暴动之后，维周与马永龄失去了联络，后来听说他因参加高蠡暴动而被捕。革命运动频遭重创，自己又因病找不到组织，维周有

◎ 保定第二师范学校“七·六”学潮烈士纪念碑

一种被隔绝在荒岛之上的孤独感，内心涌起摆脱病痛困扰、尽快投入战斗的强烈渴望。然而，扎在他心头的“四·一二”反革命政变、二师“七·六”惨案和高蠡暴动失败这三根“荆棘”，让他再也无法深居家园，静心养病了。

第三章

在『左联』指引下

文学是人类心底的情结，它对维周来说，就像是宿命之路，走也得走，不走也得走。也许他不一定要成为一个作家，可对文学的追求却是从心底喷发出来的。维周毅然离开家乡，只身闯荡北平。作为“左联”的文学青年，他潜心于北平图书馆，像在一个充满光明的宇宙中翱翔：鲁迅、郭沫若以及狄更斯、雨果、托尔斯泰、屠格涅夫，还有那些苏俄歌曲，给他的感动扑面而来……在北平，他也曾身陷囹圄，饱尝那失去自由的铁窗之苦。出狱后，他求学山东剧院，在京剧那超越现实的模拟境界中体验中国文化古典之美。他终于抑制不住创作的欲望，以愤世嫉俗之笔开始了文学创作。

一、北图苦读

1933 年的春节过后，维周处于两种截然不同的心境中：想起二师学潮和高蠡暴动的失败，想起国土被日寇侵略，他痛如锥心；而重温从学校带回的书籍，心头又感到一丝丝温暖，理想又清晰地浮现在眼前。此时此刻的维周，内心深处在渴求着新的生活、新的环境。然而，年迈的父亲自母亲去世后，对维周关爱备至，看见他思绪满腹、焦躁不安的样子，父亲以为他生病了，十分心疼，特意给他煮了鸡蛋让他吃。哥哥们见状也不断劝解：年轻人不要把话闷在心里，有什么事说说就好了。但他们哪里知道，维周的心事是无法跟他们说清的。一个有理想、有激情的青年，其才华和抱负无从施展的苦痛，他们一时还理解不了、体会不到。

维周终于打定了主意，还要出门寻求通向理想的坎坷之路。他让妻子拆洗衣被，为他收拾行装。妻子一边做着被子一边流着眼泪，自言自语地念叨着："才在一块儿待得热热乎乎的，又要走……"怀有身孕的妻子舍不得从结婚以来就聚少离多的丈夫，她更不能看清丈夫的心：一个爱国青年空怀宏愿，却被迫陷入失学失业的窘境，国无宁日，则家无宁日，自己的心更不得安宁。维周安慰妻子后，毅然踏上了征途。

维周坐上雇来的驴车，搬上行李、书箱，要起程离家了。老父亲流着眼泪塞给他点儿零用钱，问："你上哪里去呀？"维周回答说去找二姐夫，但心里却很茫然。他以极其复杂的心情，告别深深爱着他的亲人们，向北，朝着通往保定的路走去。那天，天气晴朗，蓝天、白云衬着一望无际的田园风光，很让人心旷神怡。然而走在绿树成荫的大路上，维周的心绪却怎么也轻快不起来，浑身冷飕飕的，一点儿也感觉不到阳光的温暖。进了城，维周还是住在万顺老店。第二天，他先去找家住西关的同班同学赵凤鸣。两人相见时，气氛沉重而伤感，虽是久别重逢，脸上却没有兴奋的笑容。赵凤鸣紧紧拉住维周的手走进自己的小屋里，问道：

"你什么时候来的？"

"昨天。"维周说。

"住在什么地方？"他又问。

"住在万顺老店。"维周说。

"你来干什么？"他又问。

"来看一看我们的母校……"维周说。

听到"母校"，赵凤鸣含悲忍泪地跟维周一起回忆起在校期间的学潮风云，谈起"七・六"惨案。他忽然想起维周尚被列为嫌疑犯，就焦急地劝维周尽快离开保定，免遭不测。

同学的情谊固然让维周动容，但他既然来了，就一定要再看一眼曾经学习、战斗过的那方圣地，今天就此一别，不知何日才能重返母校！赵凤鸣仅仅是一个第二师范的一般学生，没参加什么组织，谈起母校尚且如此，维周对母校的情感就更无法形容了。因为，那里留有自己的青春、理想，燃烧过年轻生命的激情；那是一个让维周一想起来就充满力量的地方。它像磁铁般紧紧地吸引着他，使他不顾白色恐怖的森严壁垒，告别了老同学，沿着西下关街来到了母校。熟悉的街景一样样映入眼帘——他看见了第二师范的墙垣，却已颓塌了一大片；看见了母校那古朴典雅的大门，此刻却紧闭着，显得冷清萧索；学校上空一片死寂，没有一丝烟火。他禁不住过去抚摸着院墙，走到学校门口，他用力推动校门，但门死死地关闭着。天渐渐昏暗下来，维周心中默默地呼唤着："母校，我的母亲！我不会辜负您……"

往事一幕幕闪现在脑海里：曾几何时，这里是自己书海泛舟的殿堂，鲁迅、郭沫若……都曾令自己欣喜若狂；这里还是自己政治生命的开端，第一次读了党的文件，过了极严格的团组织生活——每星期一次的团小组会……既而，他回忆起在"七·六"惨案中遇害的那些志同道合、亲密无间的同学，心如刀割，痛切地感到"此仇不报，实无天理"！维周拖着沉重的脚步时走时停，带着一个孩子在逝去的母亲身旁徘徊时的心情：悲伤，怀念，无助，而又难舍难离。

了却一番心愿之后，第二天维周就动身前往北平。到了北平，他来到二姐家。二姐住在地安门外银锭桥后海沿鸦儿胡同十二号，房前屋后，景色十分清幽适宜。维周来时，姐夫刘耀奎正在北房台阶上站着，见维周来了，惊喜地微笑着说："哎？六兄弟来了，怎么也不来个信？"这位二姐夫笑声爽朗，身材健硕，一看就是经受过军旅磨炼的人，寒暄之中，维周就感到他气度不凡。

晚上，二姐做了好吃的饭菜欢迎维周的到来。大家一边吃饭一边聊天，维周回忆起跟爹第一次来二姐家时，姐夫在军队里，没能见到，很遗憾。这次很想跟姐夫好好聊聊，也想请姐夫给自己指点指点。二姐夫是一个很健谈的人，对维周特别热情。他了解了维周的情况以后，很喜欢这个有志向的小弟弟，情不自禁地给他讲起自己的经历。原来，刘耀奎毕业于清末保定小武备，一提起该校他立刻神采飞扬。他说：保定东关的关帝庙那儿有一个叫东关陆军小学堂的，后来叫北洋陆军速成武备学堂。学堂设步兵科、炮兵科、骑兵科、工兵科、辎重科及经理、师范、军械科和日文、英文、德文、法文班。同时，附设留学日本、美国、法国的留学班。学制两年，第一期招收二百人。这里是兴办近代新型军事学堂并走向正规化的开端。到 1906 年，陆军速成武备学堂改制为陆军部速成学堂，它已开办三期，毕业各科学生大约得有两千来人，他自己也是其中之一。在这批学生中，有最早成为北洋陆军将帅的吴佩孚、孙传芳，还有刘耀奎熟悉的齐燮元、孙岳、周思诚、门炳耀、齐振林等。

二姐夫还跟维周讲：他作为老同盟会会员，参加过反袁护法运动，曾被捕入狱，出狱后去了云南，参加了蔡锷的滇军。

吃过饭，二姐收拾好碗筷，端上茶来，打断姐夫的话，说：“行了，还说呢，人家都当了大官，你什么也不是。”二姐夫自信地说：“人各有志嘛！”二姐撇撇嘴，给维周讲了一个让人难忘的故事。

她说：有一次，你姐夫和老同学孙岳偶然相见，孙岳说：“听说三兄弟还没个饭碗呢？”“是啊！”“我介绍你去做保定警察厅厅长，怎么样？”孙岳说。当保定警察厅厅长，这可是一个肥缺。听说做一年保定警察厅厅长所能得到的进饷，足够过一辈子的（和“三年清知府，十万雪花银”的状况差不多）。然而，这件事很快被你姐夫的朋友门炳耀听说了，门炳耀一心想得到这个肥缺，就请你姐夫去洗澡，借机会劝你姐夫说：“你干这个没意思，还是跟我去当团长吧！”你姐夫半信半疑地就跟着门炳耀去了军队，果然当了团长。正在你姐夫感到满意之时，门炳耀却当上了那个保定警察厅厅长。

“这可当真？”维周惊讶地问道。

“哈哈……”二姐夫不以为然地笑着。

“多少年了，他跟没事儿人似的，真没见过这种人！哼，这么个交朋友法儿也着实叫人受不住！”二姐一提起就生气。

“嗨！过去了嘛，我这不是也很好吗？非要当大官？……”

二姐夫耿直爽快、无遮无盖的性格和对朋友真诚坦荡、大度宽容的心胸，潜移默化地感染着维周，他钦佩二姐夫，也模仿着二姐夫。

二姐家有七间北房，三间东房，维周就住在这东房里。刘耀奎每天黎明即起床，打扫庭院。他家还养着几十箱蜜蜂，每天饭后摆弄蜜蜂。一家人生活得很俭朴。维周在二姐家住下以后，二姐夫对他最热情，他很同情维周的遭遇，鼓励维周继续学业，而且为维周在北平提供住处和帮助。这让刚刚从激烈的拼搏和惨重失败的苦闷中走出来的维周，油然生出一股轻松和愉悦。有二姐、二姐夫他们的帮助就能够在北平生活下去了，这对维周来说是多么宝贵的支持啊！特别是自从接触到二姐夫以后，看到他即使痛失爱子（大儿子玉昆在黄埔军校因未能逃脱“四·一二”政变的屠杀而牺牲），仍坚强地生活和不顾自己的困难帮助维周的风范，让维周钦佩与敬重！相比之下，自己从小依靠家人过安稳的生活惯了，受不得挫折和困境，用二姐夫这个硬汉子般的铮铮铁骨比出了自己的懦弱。“维周不比姐夫、玉昆差！”他暗自激励、鞭策着自己，渐渐摆脱了来时的挫折和失意之感。可以说，这是维周内心再度积聚力量、等待爆发前的一个喘息和修炼的时期。

于是，维周不想把这里当成躲避尘世的所在，他委婉地谢绝了亲人希望他继续上学的建议，选择了去北平图书馆自学自立的求生之路。首先，他花了好几天工夫，摸索到了走着去北平图书馆的路线：“沿着北河沿往东去，过银锭桥，往南，穿过胡同。从集贤饭店往南走，穿过什刹海，越过马路，有一条小胡同，拐弯抹角，走到北海前门。往西去，过金鳌玉栋桥，就是金碧辉煌的北平图书馆。（笔者加：旧时的北平图书馆在现在的北京西城区文津街，是现在北京图书馆的分馆。)”① 看看曲折冗长的路线，就知道这不是一个简单的决定，没有恒心、没有毅力，是坚持不下来的。然而就是有这样一股动力牵引着维周的心，哪怕前进的路途中出现再多的障碍，他也能够从容逾越，并且乐此不疲。

北平图书馆是一座古式门楼，汉白玉高台石基，楼顶上碧绿的琉璃瓦闪闪发光，飞檐斗拱，雕梁画栋，在葱翠的松林掩映下格外壮观。据说这座图书馆是用返还的庚子赔款建成的，富有民族风格。大门上挂着一块大牌匾，写着“北平图书馆”。穿过庄严的红漆门，甬路两旁，尽是草地、松林。走上高高的大理石台阶，推门进去会得到一个标着号码的圆铜牌，凭着它找座位、取书。一楼报刊阅览室中有中国和各国的报刊。二楼借书处有卡片柜，找到需要看的书目卡片，交给取书人。阅览室里阳光明媚、鸦雀无声，读者们都在屏气凝神地读着、记着。维周按照自己的号码找到座位坐下等着。不一会儿，有人推着小车，把书送来，他便开始自由自在地在书海里徜徉。大型书案和圆形座椅都是菲律宾木的，舒适的设施、静穆的气氛和丰富的馆藏，对于渴望知识、一心钻研、想在文学的天地里一试身手的维周来说，是多么难得啊！难怪维周当时会觉得这里比什么学校都好，使他感到犹如在沙漠跋涉的人突然发现绿洲一般惊喜。

北平图书馆似乎是维周的“福地”，因为来到这里时间不长，他就邂逅了失散已久的二师同学陈建民、魏思荣等数人，可谓“他乡遇故知”了。陈建民是二师“七·六”学潮中唯一通过士兵关系出来的；魏思荣是唯一跳墙逃走的，游过小河时敌人朝他开了一枪，竟未打着。他们都是幸存者。劫后相逢，大家百感交集。几个人或在松林中席地而

①梁斌：《一个小说家的自述》，中国青年出版社 1991 年版。

◎ 北平图书馆阅览大厅

坐，互诉衷肠，或跳过石栏到北海中游玩。通过他们，维周又找到了由他介绍入团的同学王致民。当时，王致民正在北京上中华中学，已经通过一位亲戚接上了组织关系。他热情地请维周到他那里吃饺子，两人边吃边聊，虽然生活颠沛流离，但彼此的友情毕竟是逆境里一份温暖的慰藉。

一天，正在读书的维周竟意外地见到了自己的恩师——丁浩川老师。维周喜出望外，忙与他握手寒暄。由于近来河北白色恐怖严重，丁老师在高小待不下去，也就来到了北平。丁老师是共产党员，现在已经接上了“左联”的关系，并正在为北平的“左联”做工作。丁老师答应帮维周接上共青团的关系。因为先前遇到的几位同学和维周都在学潮中被官方注意过，为遵守安全原则，在接组织关系时应予回避。现在终于能通过丁老师这条途径设法接上关系，维周很放心。从此，维周读书、写文章，多了一个可以倾心交流、相互敦促的良师益友。维周兴奋得夜不能眠。第二天，维周就来到景山后沙滩的一个公寓，见到了丁浩川老师，通过他的介绍，加入了北平“左联”。这时他还见到了在这里工作的路一、金肇野。路一在泊镇师范读书时，因参加学潮失去了学籍，后在蠡县县委工作，又因县委遭敌人破坏而来到北平，在北平城南区“左联”支部工作，他是维周多年革命生涯中一位关系密切的战友和知交。笔者在1984年8月的《北京党史通讯》上看到路一、金肇野的一篇题为“北平左联南城区支部”的文章，记载如下：

> 我们接到市委（周小舟是当时的市委负责人之一）这个指示后，与张秀衷接上头，在张的领导下，在宣武门外骡马市大街直隶新馆成立了北平左翼作家联盟南城区支部，成员有：路一、梁斌、金肇野、高敏夫、小倪（女）、史巴克等。成立后不定期地召开会议（当然都是秘密的），会议主要内容为学习和讨论政治形势，布置工作任务（散发传单、张贴标语、参加飞行集会等）。……

从此，维周成为这个支部的盟员之一。他们的主要工作是：以北平城南区“左联”支部和在《北辰报》上公开办的《荒草》文艺周刊为纽带，与当时北平的师范大学、中国大学、民国大学、师大附中等学校的进步文艺爱好者，以及宣武门、和平门内外的革命文艺青年联合在一起组成左翼作家联盟，出版文艺刊物，旨在继承“五四”文学革命传统，倡导无产阶级革命文学，介绍马克思主义文艺理论，组织培养进步文艺队伍等。他们的领导是当时师范大学一个叫“小朱”的学生，时任中共北平市委宣传部负责人（即后来的湖南省委书记周小舟）。以后这几所大学、中学相继成立了文学研究会，出版了《伶仃》、《盍旦》等文学杂志。另外，他们还举行大型演讲会，请大学教授曹靖华、孙席珍作演讲。左联的生活给维周带来了新生。

各方流亡学生辗转来到北平，并在这里集会、结社，渐成风气。二

◎《左联词典》中的“梁斌”条

师流亡同学也在高级班同学王振明的召集下，于正定会馆重聚。梁维周、陈建民、魏思荣等同学都参加了这次聚会，会议目的是要把大家组织起来继续干，准备办一个刊物。这里虽无桌凳又无床铺，条件十分艰苦，却挡不住热血青年们的爱国之心。几个人席地而坐，抚今追昔，在寄望明天的同时，也不得不正视现实的严酷。对于意志薄弱的人，越在这样的关口，往往越容易犹豫不前；而执著信念、坚定不移的人，却能够以一颗平常心去看待暂时的困境，并在积极进取的观念下激发出源源不绝的改变现状的行动力。

二、小说与杂文

即使是远在千里之外的北平，扎在维周心灵深处的三根“荆棘”仍不时引起阵阵疼痛，不能自拔，一种必须向众人倾诉的迫切心理需求促使他逐渐萌发了以此为蓝本，写一部小说的想法。此时，维周清楚地认识到，要实现这个目标必定得经历艰难曲折的道路，不知道要付出多少，也不知道能不能实现。可是，这个梦想一经萌生就再也控制不住它的滋生与蔓延，连续几个月来，他为它的出现不仅仅感到兴奋，而且有忧虑、迷茫、沉思……进而成为生命符号融进维周那踌躇满志的勃勃雄心之中。从此他便一发不可收拾，开启了文学创作的长征之路，这一年他十九岁。

在承载着中华民族几千年文明的北平图书馆里，维周迈出了走向创作梦想的第一步。他如饥似渴地寻找古今中外的文学名著、文艺理论著作以及美学、经济学、政治学的书籍来苦读。他对中国古典小说爱不释手；他关注 20 世纪 30 年代的中国文坛；他喜欢看苏联初期革命文学，热衷于俄罗斯批判现实主义文学作品，托尔斯泰、屠格涅夫、涅克拉索夫、普希金等人的作品深深地吸引着他。他连读了三遍《复活》，感到：1861 年至 1905 年间俄国资产阶级革命时期的历史特征和宗法制下农民的愿望、力量和弱点，在《复活》中被作家表现得淋漓尽致，《复活》甚至被列宁称为“俄国革命的镜子”。维周被托尔斯泰“撕毁一切假面具”的“最清醒的现实主义”的力量所震撼，越来越看到优秀文学作品的力量是难以估量的。维周还读了多遍《猎人笔记》，他发现：屠格涅夫很像是个摄影师。透过他的“镜头”（二十五部短篇小说），能够看到19世纪在俄罗斯贫瘠土地上的穷苦农民和农奴的生活状态。最让维周惊叹不已的是屠格涅夫对人物的描摹：他总是那么细致入微，从人物的五官、毛发、衣着乃至神情、语言……他不惜笔墨，力求活灵活现，丝丝入扣。维周时时感叹于这个“摄影师”镜头的客观写实、毫厘毕现，而作家本人却被这个镜头遮挡住了。读者感受不到作家面对这一切时的情感或情绪的律动，而只感到了一只清晰度极高的、冰冷的、没有热度的镜头的存在。作家对景物的描写更是出神入化，读者只能从作家对大自然诗化的描绘中感受到他的迷恋和沉醉，感应到他本人鲜活灵动的情思……他好像在告诉我们他只是个记录者，猎取各种有用的镜头奉献给读者。维周十分敬佩屠格涅夫的笔法，赞叹他那不表达也是一种表达的艺术魅力。另外，维周还熟读了伟大的俄罗斯诗人尼古拉·阿列克谢耶维奇·涅克拉索夫的长诗《严寒·通红的鼻子》：“这里只有石头才不哭泣……”俄罗斯妇女有三条命运，就是“跟奴隶结婚，做奴隶的母亲，至死都做奴隶”，这些诗句是那么强烈地震撼了维周。这些作家在19世纪的俄罗斯之所同情的，之所诅咒的，之所向往的，唤起了身处中国的维周的无条件的共鸣。像他们面对着又可爱又可恨的俄罗斯一样，维周面对着自己多灾多难的祖国能不能避免做外国人的奴隶的命运，不能回答。于是那“为了实现人与人是兄弟的关系”的涅克拉索夫的事业，也就成了维周的理想。激情在诗歌与现实之间汹涌激荡。他还读了大量的日本左翼文学作品，如《蟹工船》及《没有太阳的街》等。在革命文学的书海中徜徉的维周像喝了醇酒一样，如醉如痴。

维周沉醉于革命文学，源于此时他美学观念的真正觉醒。在经历了人生的低潮后重新振作，这些深沉、热烈、充满阳刚魅力的作品呈现的崇高之美，正是他所钟爱和追求的风格。在读书时，他力求从字里行间捕捉作品的创作节奏和灵感飞扬跳动的轨迹，反过来又搅动激活着自己的生活积累和灵感思维。他边读书边做笔记，小心地聚集起每条涓涓细流，为实现自己的梦想默默地积聚能量和财富。在专注的目光里，在笔尖接触纸面发出的“沙沙”声里，他几乎达到了忘我的境界。可以说，《烽烟图》中严萍在图书馆阅读时那种如痴如狂的状态，就是维周自己当时的真实写照：

> 自此以后，她每天来读书，那种恐怖心情过去了，心上静下来，记忆力格外强……目前，她像一个饥饿的人，如饥似渴，把各种知识大口大口地吞进去。又像一个财迷的人，把知识一点一滴地记在笔记簿上。如果有那么一天不在笔记簿上记点什么，就觉得肚子里空落落的。

他在这个世界里发现了无尽的宝藏，他孜孜以求、心无旁骛，每一天都满载而归。就连军旅出身的二姐夫都对维周的“吃苦耐劳”精神刮目相看。

在书海撷珍的同时，出于一个文学青年、一个革命者的社会使命感，为了能让那些在阅读中收获的知识和审美感悟表现出来，也为了生存，维周开始尝试创作。据路一回忆，这一时期的梁斌“一方面工作，一方面从事写作，在报刊上写点短文，挣点稿费，维持我们最低的生活。他的文章被刊用得多，稿费也比我多”①。这时的文学创作，是维周从热爱文学到自觉把握、运用文学的一个过渡。比如，维周去图书馆时，在北海公园看到一些迷醉于湖光春色的青年男女，卿卿我我，旁若无人，这让他久久无法平静。维周为这些人的蒙昧和自私感到焦虑不安，带着对不可预知的国家命运的惆怅，他写下一篇名为《春》的散文，以“雨花”的笔名发表在《大公报》上：“记着，你们在沉醉中没有听得‘冀东撤防、冷口失陷’，你们春的生活就要被破坏了！”在民族危急的关头，这种直陈心事的写法确有警醒世人的效果。

此后，维周又以“雨花”的笔名接连在《大公报》的《小公园副刊》上发表了《农村的骚动》（1933 年 6 月 11 日）和《芒种》（1933 年 6 月 19 日）两篇短篇小说。

20 世纪 30 年代初期，根据“左联”的指示，许多著名作家开始涉笔农村现实，表现重压之下的中国农民逐渐觉醒并奋发抗争的崭新面貌。引起轰动的作品有丁玲的《水》、茅盾的《春蚕》、吴组缃的《一千八百担》和蒋光慈的《咆哮的土地》等。这些创作，反映了中国左翼文学在农民革命探索方面的重要成就，也启迪着维周小说创作的方向。因为此类题材正是他所熟悉的，相对而言，他也比较容易从生活中选取素材，进行提炼和加工。维周一踏入文坛，就以左联对进步作家的要求来鞭策自己的步伐，创作出有自家特色的作品是多么难能可贵啊！

《农村的骚动》是写盐巡到农村剿捉制私盐的盐民而引发的一场“骚动”，这其中显然有着维周几年前所亲历的反割头税斗争的影响。

它的布局谋篇很有特色。作品主要以烘托人群画面和纷乱嘈杂的场景片段为主，没有完整的故事情节，人物之间的各种对话充满全篇。读

①路一：《漫漫征程》，河北人民出版社 1996 年版。

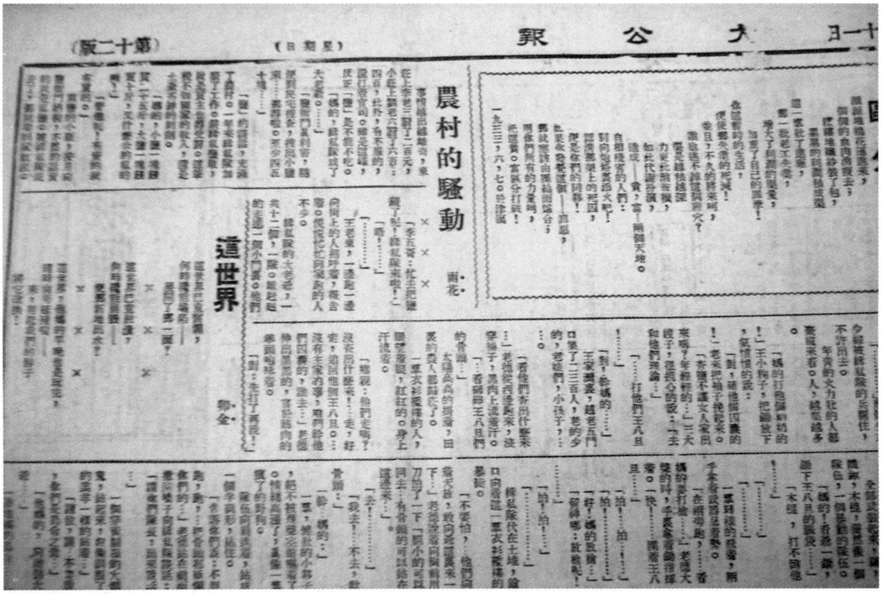
大公報
（第十二版）
（星期日）
農村的騷動 雨花
這世界 卯金

◎ 刊登在1933年6月11日12版《大公报》上以“雨花”署名的文章《农村的骚动》

者从文章中感到的，也是作者通过色彩、声音、表情的描绘所表现出来的劲健激越的“力”与“动”，以及洋溢其间的热烈的斗争情绪。维周在文中写道：

> 人之流，汹汹涌涌，灌满了街筒子。一群红眼睛的暴徒紧紧地握着拳头，赤着膊。情绪激昂了，喊着骂着咆哮着。烟囱上停止了炊烟，孩子们都站在门口看着。这是一件大事。“走啊！快着，这会儿还没出村……”老德在前面跑，飞跑。全部武装起来，锄，铁锹，木棍，俨然像一个队伍，一个暴动的队伍……

人们一声声急促的呼喊构成极富冲击力的音响效果，制造出一种真实的现场感，外化了人们心中无法压抑的暴怒。斗争以不可阻挡的态势袭来，这股巨浪即将淹没一切，其他景物显得那么微不足道，因此在处理上也被作者简化和省略。小说上述手法的试验很好地契合了主题，因

◎ 发表在《大公报》1933 年 6 月 19 日 12 版上的《芒种》

而比较成功地再现了农民暴动中那种雄壮、宏大的气势。这一成功的尝试显示出年轻的维周努力为表现农村、农民生活而潜心探索与之相适应的表现形式。

维周的另一篇小说《芒种》，主要写一户贫农在春荒之时，地主少爷前来索债的故事。作品的风格同茅盾的《春蚕》、叶紫的《丰收》一脉相承，是十分凝重的。主要人物是农民刘老光，他欠下地主王大少的债无力偿还，却对债主心存幻想，希望他能够发发慈悲给自己一条生路。这很像老通宝、云普叔那种善良保守而又胆小怕事的“老一代农民”形象。即便在王大少逼他还钱、蛮横地掀翻酒桌之后，刘老光也只是“低着头，昏花的老眼流出泪来，麻木了，痉挛了”。可接下来，刘老光的态度凭空发生了不可思议的转变——他一下子把“露着粗粗的血管的胳膊”伸出来，以至“王大少的白白的脸子上起了两朵红云”。而刘老光也在瞬间明白了“像小羊一样地被宰割着，永远也引不起他们的慈悲心”这个他几十年来都未曾看透的道理。这个转变固然是依照了当时大部分作品的套路，但对读者来说，这样的情节安排实在是非常突兀的，缺乏真实可信的性格逻辑。这与维周对当时盛行的某些形式的着意模仿有关系。不过，在反映农村生活的小说创作领域，维周确实有着别人无法比拟的优势，那就是实实在在的生活赋予他的素材和感动。在充分认识到这点后，人们有理由相信他真正的成熟之作会比现在有着更加深邃的境界和感染力。

其实，当今社会上恐怕有不少对梁斌追求文学的历程了解不多的人，会错把梁斌划归为一个用《红旗谱》回忆革命经历的农民作家。殊不知，梁斌的文学创作是从 20 世纪 30 年代“左联”时期开始的，而且在文学语言上还经历了一个从欧化语言到民族语言转化的过程。

除了以上小说创作，在这一阶段维周还尝试了杂文的创作。这批杂文发表于《世界日报》和《世界晚报》上，现存的共有十五篇，已收入《梁斌文集》里。

1933 年，日军越过长城，大举进犯热河地区，恐怖的阴云在华北地区迅速蔓延。在图书馆，他看到日本特务在光天化日之下散发“大东亚共荣圈”的宣传品，竟无人干涉。有时日本飞机在北平城上空盘旋俯冲，放射机关枪……目睹着四处弥漫的战争硝烟，维周为之震惊，更为之愤慨。强烈的情感在他胸中燃炽，他将内心释放出的巨大能量浓缩在文章里，写成了一系列痛陈时弊、锋芒毕露的杂文。对此，梁斌本人曾在《关于早期的几篇作品》中表示，这些文章“写于初学练笔时期，是微不足道的”。但这些针砭时事的文章，是年轻的维周在深入分析、思考社会现实方面花费心力的成果，也是他最初的自成体系的文学实践。它对于我们了解梁斌的文学创作发展过程和他在特定时期的思想性格特点，具有宝贵的参考价值。

发表于1933年6月19日《世界晚报》上的杂文《从蜂群说到中国社会》，以“梁斌”署名，这是作家踏入文坛后第一次使用这个后来为世人所熟知的笔名。“斌”字从字面上看是文武双全，它反映出作家本人的个性，也恰好预示了他日后的人生经历。“斌”字源出于《论语》“质胜文则野，文胜质则史，文质彬彬，然后君子”的记述，用“斌”为名表达了梁斌为人、为文内外兼修的美好向往。《从蜂群说到中国社会》一文是从蜂群分工合作的生物现象取譬，揭露了当时社会的贫富悬殊和尖锐的阶级矛盾：

> 朱门酒肉臭，路有冻死骨……中国社会是你有了你吃，我有了我吃……某某长挣几千元，某某长挣一万元。汽车洋楼姨太太，这些不能从天上掉下来。这个税那个税，直接间接转来转去，还是转到农民身上，致使他们终年劳苦不得一饱。

它与稍后发表的《吃苦与耐劳》一文，在立意上有着异曲同工之处。在《吃苦与耐劳》这篇杂文里，梁斌针对“吃苦耐劳是中国人固有美德”这一论点，展开单刀直入的反驳，指出“‘吃苦耐劳’只是‘吃苦’‘耐劳’而已”，所谓的“美德”已成了为统治者的奴役和宰割服务的愚民政策。梁斌尖锐地指出：

> 要说好好着“吃苦”“耐劳”做下去，一定能够会得到好处，那就似乎是有点令人迷惘了。“吃苦吧!”“耐劳吧!”“好好着”“不要动”，前头是预令，最后再来一个“……死”。吃苦耐劳不和“竞争”结合要变成牛、驴和被宰割的小羊。和谁竞争啊！自然，先得想想你为什么“不能生活”。

至此，鼓吹“吃苦耐劳”者的虚伪嘴脸和险恶用心昭彰毕现。这样

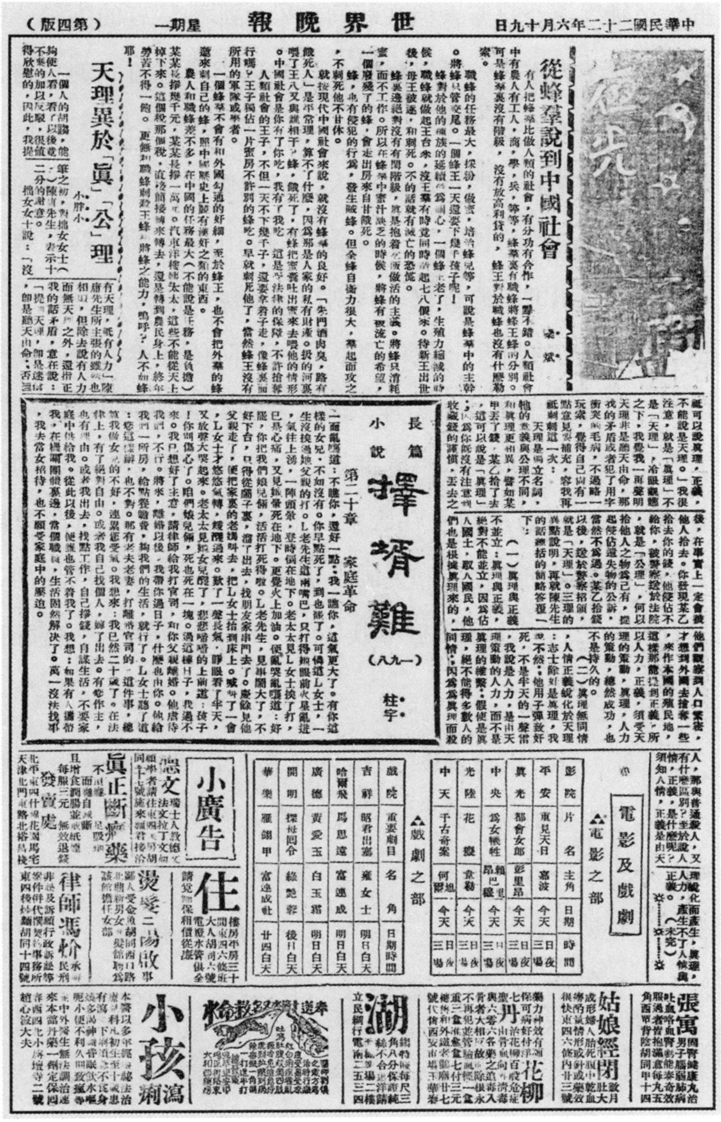
中華民國二十二年六月十九日　世界晚報　星期一　（第四版）

從蜂羣說到中國社會　梁斌

有人把蜂羣比做人類的社會，有分功有合作，一點不錯。人類社會中有農人有工人，商，學，兵，等等，蜂羣裏有職蜂將蜂王蜂的分別。可是蜂羣裏沒有階級，沒有放高利貸的，蜂王對於職蜂也沒有什麼勒索。

職蜂的任務最大，採粉，做蜜，培治蜂兒等，可說是蜂羣中的主幹。將蜂只管交尾。一個蜂王一天還要下幾千孩子呢！

蜂對於他的種族的延續很為關心，一個蜂王老了，生殖力縮減的時候，職蜂就做起王台來，沒王羣有時竟同時造起七八個來。待新王出世後，母王被逐，和刺死。不的話就有滅亡的恐慌。

蜂裏邊絕對沒有有閒階級，只是抱着乞丐做活的主義。將蜂只消耗蜜，而不工作。所以在蜂羣中蜜汁缺乏的時候，將蜂有被流亡的希望，一個廢了的蜂，會走出房來自甘餓死。

蜂，也有侵犯的行為，發生賊蜂。但全蜂自衛力很大，羣起而攻之，不刺死他不甘休。

就按現代中國社會來說，就沒有蜂羣的良好。「朱門酒肉臭，路有餓死人」是平常理，算不了什麼，因為那是人家的私有財產。投的河裏喂了王八又與誰相干？蜂，餓死了，有蜂把蜜囊吐出蜜來去喂他的情形。中國社會是你有了你吃，我有了我吃，這是受法律的保障，不許搶奪。人類社會的王子，不但一天不下幾千子，還要弃着子走，像蜂裏面行嗎？王子獨佔一片蜜房不許別的蜂吃。早就刺死他了，當然蜂王沒有所用的軍隊或擊者。

一個蜂羣不會有和外國勾通的奸細，至於蜂王，也不會把外羣的蜂邀來刺自己的蜂，照中國歷史上卻有漢奸之類的東西。

農人和職蜂差不多，在中國的任務最大（不能說是主務，是負擔）某某長捐幾千元，某某長捐一萬元。汽車洋樓姨太太，這些不能從天上掉下來。這個稅那個稅，直接間接轉來轉去，還是轉到農民身上，終年勞苦不得一飽。更無和職蜂刺殺王蜂，將蜂之能力，嗚呼？人不如蜂耶！

天理異於「眞」「公」理　小胖小

長篇小說　擇婿難（一八九）　第二十章　家庭革命　柱宇

小廣告

電影及戲劇

◎ 1933 年 6 月 19 日刊登在《世界晚报》上的杂文《从蜂群说到中国社会》，第一次以“梁斌”署名的论述虽然稍嫌生涩、直露，但文辞间，梁斌那种特有的尖锐、犀利和理直气壮都已有了大模样。可以想象，这块璞玉经过时间的打磨，定会生发出更加美妙的光华。

梁斌的杂文，并非以曲折深秀动人，它就像是一声声呐喊，振聋发聩。《从“自杀”说到“被杀”》，是梁斌对国民党反动派疯狂迫害革命群众和进步人士作出的愤懑抗议，其创作有着深厚的背景渊源：1933 年 4 月，在李大钊葬礼的当天，武装警察向致哀队伍开枪射击，使毫无戒备的群众纷纷倒在血泊之中；5 月，著名左翼作家洪灵菲被秘密杀害；女作家丁玲在上海租界被便衣特务绑架；中国民权保障同盟会副会长杨杏佛被国民党匪徒枪杀。而就在眼前，他所敬重的丁浩川老师被捕入狱……反动派的枪口在革命者和爱国志士面前张开了罪恶的黑洞，在吞噬过他们的生命之后，还妄图掩饰其滔天罪行。梁斌沉着地直击真相，句句切中要害：

> “自杀”……因为精神上的烦闷或是因着无法解决的肚子问题……为了生活困难而死者，就太不值得了……“自杀”至少也不如被人杀了有价值，因为是以“积极”的方式去求生活的……被杀之风，大有风靡一时之势……“被杀”的方式逾传逾妙，像那“活不见人，死不见尸”的“被杀”法，既掩人耳目又没有收尸移葬的麻烦。

看得出，梁斌的这些文字承传了鲁迅的衣钵，在貌似轻快的嘲讽笔调后，隐含着作者最激烈的情感。除了表达内心的愤懑和不平，梁斌在国民党恐怖政策甚嚣尘上之际写下这篇文章，也意在投出一束直射黑暗的光，为驱散那笼罩的阴霾出点微力。

梁斌的杂文，一个共有的特点是言之有物，论述集中，分析透彻。

以他当时不到二十岁的年龄和经历，梁斌对人生的理性思考还很有限，他的创作，多是从个人对生活的感受入笔来直抒胸臆。因而，梁斌此时的杂文作品在思辨深度上，与大家相比还有比较明显的差距。尽管如此，梁斌的每篇文章，都包含了自己对现实的深入思考。例如在他的《狗》中，他把那些依附邪恶势力的觍颜小人称为“狗性的人”、“走狗之走狗”、“狗蹄”、“狗毛”、“狗尾巴”、“次狗”等，言辞犀利，痛快淋漓。他只用寥寥数笔，便一针见血地揭示了狗类们的特点：“第一，狗是受人豢养。第二，狗会摇起尾巴来谄媚。第三，狗只会给主人效劳。”至于那些“狗性的人”是如何堕落的，且听梁斌言简意赅地道来：

一入社会，因受不住“狗潮”的侵袭，或生活的鞭子的鞭挞，只得吹、拍、钻营，而走向狗的道途了。

这一番见解用来形容那些反动派的帮凶，可谓是形神毕肖。虽然不及鲁迅的《丧家的资本家的“乏”走狗》那样能引发人们更深层次的思索，但梁斌这篇文章依然体现了一定的逻辑性和哲理性。

梁斌的杂文，在写作手法和表达方式上也有着不同的变化。比如《“救灾”和“做灾”》一文以步步紧逼的诘问式推进来阐引文章的中心——国民党的“救灾”实质上就等同于“做灾”，只会给人民带来更多的苦难。《朋友》一文，则提出这样的观点：

人，能独立生存于社会乎？曰：不可。朋友如手足也，奈何斯社会，经济可以支配朋友，政治可以支配朋友，甚至有共同立场者，尚相戮杀。

对全文至关重要的论述，梁斌却能举重若轻，行文游走于文言与白话之间，侃侃而谈，流利自如。再如，在 1935 年发表的《读卢梭〈忏悔录〉》这篇杂文里，他还曾写下这样发人深省的精辟语句：

《忏悔录》的哲学成分不少于感情的成分；他的哲理打破了传统的迷梦，热情呼吁被囚于因袭的人们……是想用他至良至善的“人性”，来找到世人的同情。

在梁斌一些与之类似的经验性叙述中，总潜藏着为常人所忽略的美或者新的发现，这些富有启示性的东西虽没有经过更多的提炼与升华，但读者读来仍会有所触动，甚至有时可以掩卷遐思，品味其中的意蕴。

梁斌的杂文，大都有感而发，真情流露，与当时一些无病呻吟的文字大异其趣。在他的作品里，无论悲喜还是忧思都充满真挚的感染力，绝非流俗之辈可及。如《读卢梭〈忏悔录〉》一文，梁斌在论及《忏悔录》的艺术情感特点的同时，也畅抒对卢梭、高尔基等大师的崇敬之情，那种汪洋恣肆的气势，甚至与他一贯的含蓄持重形成了一定的反差。还有一个更好的例子，就是梁斌为纪念山海关失守、凭吊在长城各口之战中殉国的烈士而写的《新麦子面纸》这篇文章。作者创造出因战争而无家可归的“野鬼”这一艺术形象，通过渲染众人哭泣的场景，表现了对消极抗日卖国政策的人神共愤和深刻谴责。文章说：

我是这样想的，这1933年的“新麦子面纸”，无论在质上还是在量上，都会有发展，尤其是给鬼烧纸者会加多。长城各口之战，可算是“国际战争”。事情大，所以死的人也比较多。比起数年来“内除国贼”的战争要死的多了。堆尸成山，血流成河。拿着胳膊碰坦克车，拿着血肉抵抗炸弹，可算是忠而且烈，为国为民了……我想，长城一带一定有野鬼的哭嗬。横死的，东庙里不收，西庙里不留，身上带着血，拿着他致命的那粒弹丸，坐在城墙上，望着家乡的老爷老妈少子寡妇哭哭啼啼的，等着亲人的第一次烧纸——“新麦子面纸”。于是在岔道路口，就增多了烧纸的人——给野死的人烧纸，有老头子、老婆子，也有女人和小孩子。“我的亲人啊！你死得好冤啊……”荡漾在空中。野死鬼坐在长城上，流着泪。

看着看着，读者耳边仿佛出现了一片尖锐凄厉的哭声，撕心裂肺，令人震撼。这哭声里有着生命的伤逝、亲情的永诀，也有着不平的控诉和愤怒的诅咒！这篇作品所体现出的思想深度和艺术高度，达到了梁斌同时期杂文的巅峰，即使将它与当时其他同类优秀杂文作品相比较，也毫不逊色。成功的奥秘其实很简单，梁斌正是怀着满腔悲愤，写就了这首撼人心魄的悼魂曲。

在“左联”进步文学思想的指引下，梁斌的创作从一开始就以明确的目的，顺应了现实的需要和时代的发展潮流。他的文章道理明白浅近，结构粗放自由，遣词用语朴实无华。尽管这一时期梁斌的创作在思想开掘和艺术表现上还存在这样或那样的不足，但对一个初出茅庐的文学青年来说，他在文学道路上迈出的第一步无疑是成功的、可喜的。此刻的梁斌，即将从站立的这块基石上起飞远飏，他所追逐的梦想，轮廓似乎已经触手可及了。

三、被捕入狱

梁斌在北平读书期间，因为住在二姐家，姐夫刘耀奎使他接触了当时国民党军队的一些军官，受四十军营长李振清邀请有了一个做文书和私人教师的机会，梁斌及时请示“左联”领导路一后决定去军队，在私人教师身份的掩护下，为国共统一抗战做兵运工作。对这时的梁斌，路一在《漫漫征程》一书中是这样回忆的：

> 当时，我们都知道哗变国民党军一个连、一个营、一个团是多么不易，要承担多大的风险！记得当时梁斌打入国民党军队，就像荆轲去刺秦王一样，真有“风萧萧兮易水寒”的味道。不到一年的工夫梁斌回来了，他被国民党特务发觉了，仗着他跑得快，没有被国民党特务抓住。

以上这一段详细经历在第五章里有集中叙述。当梁斌从河南李振清部队回北平以后，他先来到二姐家，这时玉田已经成婚，继续在二姐家寄住未免打扰，他便搬到同学王致民的沙滩公寓同住。安排好住处，他马上去找路一，此时，路一已经是北方“左联”的总编辑，主编《北辰报》的副刊《荒草》。两人小叙离情之后，梁斌就踏上了久违的归家路途。

梁斌在北平过着文学青年的清苦生活，家人却以为他做了官，由此还闹出误会。他怀着对亲人的惦念，一路风尘仆仆，没顾得上进保定城，只在火车站附近的南大街买了几只煮鸡、几瓶酒，就匆匆回家过年了。但家人看到梁斌的一身旧衣和手中菲薄的年货非常扫兴。嫂子们不无讥讽地说："贴上个签儿就是北平来的呀！……"妻子也埋怨说："你怎么不买点儿东西回来！"这时他才恍然大悟，怎么没给老人买点儿糕点、给孩子们买点儿糖果呢？于是赶紧解释道："我没进城，只买了几瓶酒和……"大哥不高兴地说："那是灌的！"孩子们围了过来，大哥撕下来一块鸡肉分给他们说："行了，去吧！"

这天，适逢在南京土地局供职的四哥带了各色点心糖果回家，一家人都很高兴，和对待梁斌的态度形成了鲜明对比。全家人都不理解梁斌的追求，特别是他没有做成官就这样寒酸地回来，父亲和大哥怎么也不能原谅他。为了革命的理想，走到今日的梁斌已经不再是家人心中的骄傲了。遭此冷遇，梁斌虽然满腹委屈，但此时的他已经横下一条心，革命到底不动摇。

过了正月十五，梁斌仍然返回北平，他在北平图书馆附近西华门大街六十一号公寓找了一间小南屋，管水喝，月租两元。自此，梁斌来往于图书馆和住所之间就更加方便了。后来，梁斌邀二师同学陈鉴民来同住，又见到了原学生会主席严恒恭（又名杨仁廷）、袁宝昆等人。加上先前会面的二师同学，一干人等常常在图书馆相遇，言笑甚欢，一无顾忌。不久，梁斌住的小院西屋搬进来一个人，探头探脑的，但大家也都不以为意。一天，在清华大学读书的二师同学郭晓岚前来探望，梁斌、陈鉴民和他一起去北大历史系拜访二师毕业的同学王顺喜。他们兴冲冲地听课、看电影、吃饭，晚上郭晓岚留在梁斌处，三个人又读诗、畅谈往事，夜深方眠。

刚睡下不久就有人叫门，嚷着找陈鉴民，骂骂咧咧的。大家有所警惕，商量以表兄弟相称。陈鉴民去开门，梁斌在厕所里听着动静。有几个人进来，边走边说着话。梁斌以为是熟人，就走出来。刚进屋，一个人就拿手枪指住他，其余几个穿黑大衣的翻箱倒柜，梁斌心里猛醒：

"啊！这是一群特务，我们被捕了！"

在这场突如其来的事故里，梁斌既没有慌乱，也不觉得害怕，他前思后想，理清了头绪，首先想到了前几天住进来的那个房客，他的身份不言而喻。他迅速地回忆起自己这些年来的诸多经历，更加镇定下来："十四岁（虚岁）入团受党的教育，既然被捕，也就没什么可怕的了！"特务们把他们三人暂时关押在一家旅馆的二楼，让梁斌三人睡里间，他们睡外间，并用床铺把门口挡上，还威胁说：

"要是逃走，把口笛一吹！啊！……"

梁斌却暗想："没错！只要有机会，我就要跑！"他也在仔细考虑着这次被捕的种种可能："要是从四十军跟来的，危险不大。要是从保定找来的也无话说，要是在北平跟踪的，那就有一番较量。"是夜，特务们没有找梁斌和郭晓岚谈话，但把陈鉴民叫出去，谈话时啪啪地拍着桌子，极尽恫吓之能事。

第二天，梁斌三人被送往北平市公安局。他们被分别叫到候讯室做笔录。对法官的提问，梁斌事先是经过反复思量的。法官问：

"你姓什么？"

"姓梁。"

"叫什么？"

"梁维周。"

"你在北平干什么？"

“来北平考学。”

“你住在什么地方？”

“原住后海沿鸦儿胡同十二号，我二姐家中。后来搬到西华门大街六十一号。”

“你参加过什么组织？”

“我参加过文学研究会。”

回答本名，以免当局追查到以“梁斌”的名义发表过的进步文章；答考学而不提在图书馆自习，是因为到图书馆读书的多是“左倾”学生；答住处时提到二姐家的地址，是希望警察前去盘问，好让二姐夫知情后设法营救；答参加过文学研究会，是因为这是一个公开组织，又是学术性质的团体，所以讲了也无关紧要。梁斌的这些回答，句句都有用意，他的思虑周全和处变不惊在危难中充分显露出来。在斗争中成熟起来的梁斌已经意识到，越是身陷虎穴，越要斗智斗勇，同敌人周旋。

问完，三人与其他犯人被同关在一处。进了门，梁斌不由得蔑视一笑。老看守瞪直眼睛，说：

“这是入了监狱了，还笑！闹 CP 来么？”

“闹 CP，十八九岁的大姑娘都枪毙了！”梁斌回答，却也第一次尝到失去自由的滋味，竟然连笑的权利也没有了。

不过，狱友们谈闲天，老看守并不禁止，还不时发出警告：“人事复杂，不要谈自己的事，不要谈家里的事，防止受骗。”这个拘留所里，各色人等一应俱全：一个是王以哲属下的伤兵，因拦他的汽车要求安置，受了拘留。一个开鲜果铺的，看样子是帮派地痞。还有两个衣冠楚楚的人，进来后气定神闲，却有着不凡的身手。放风时，他们只是从老看守身边一过，就能从他的衣袋里夹出纸烟和火柴来，然后点着了，悠然自得地抽起烟来。太神了！原来他们是吃平汉路的扒手。他们还给狱友们表演了一遍，老看守也无可奈何地笑了笑。还有一个穿灰色短皮袄的中年人，说要去反省院，梁斌知道他是个政治犯，而且已经变节。慈眉善目的老狱长拿着两卷佛经递给那人，说："看看吧！受用无穷呀！苦海无边，回头是岸啊！"老狱长的形象让梁斌难以忘记。

后来有人来找梁斌。这个人操着一口家乡的口音，说："我来救你来了！"梁斌猜测他很可能是二姐夫的朋友齐振林之子齐之举，因为当时此人正在公安局做第三科的科长。他翻来覆去地问梁斌参加过什么组织，刘耀奎是不是共产党等问题，梁斌还是用上次的回答来应对他，并且悄悄打定了主意："没人打我，我当然不能承认什么。有人打我，作为一个革命者，我也就算忍了！"

最后，梁斌表示要回去吃午饭，那人也就没有再说什么。这件事以后，狱中的生活又回复常态：吃饭，没有餐具，就是一手窝头，一手咸菜条。一天睡十二个小时，白天没事就抓虱子、跳蚤。脱下毛衣，在一件毛衣上就能拿下五十多个虱子。这是春天，要是夏天，还不知道有多少臭虫呢！时间蹉跎，这天梁斌正在心里编着口供，忽然有人叫他："梁维周！你的事儿完了！"

他取了自己的东西，到办公室在先前的"供词"上签字画押，就随侄子回二姐家了。姐夫、二姐、三哥都高兴得不得了。二姐说："你三哥买了点心、火烧、肉，去看你了，人家不让看，以为犯了什么大罪呢！"原来，亲戚们托了许多人疏通关系，当局也确实查不到梁斌有什么"越轨行为"的罪证，他这才得以取保释放的。第二天，梁斌就去找路一、千里，得知在自己住处被查抄的同天晚上，二师流亡北平的同学差不多都被捕了。梁斌又去西华门住处，看到杨仁廷不在了，陈鉴民的被盖、书籍也不见了，于是收拾了自己的东西搬回二姐家，然后回家看他的老父亲。

见梁斌回家来，一家人都高兴起来。妻子见了他，泪流满面。最难过的是，昌儿还未长大，她又怀了孕。因为是大家庭，各房兄长也都得抚养自己的孩子，操持个人门内的事务。妻子一人带着年幼的孩子，负担沉重，昌儿只是哭，梁斌心上也很难过。他买了半斤白糖，让妻子和了棒子糊糊、小米饭将就着给孩子吃。但是，革命在前，心中有事，梁斌放不下他的文学事业。尽管家道维艰，已为人父的梁斌也无法太多顾及妻子和亲情。

四、山东剧院求学

回到北平，梁斌住到了二侄子教书的二十四小学。他依然是读书、写文章，靠稿费自给，生活十分拮据。老家不能久留，保定不能待了，在北平又被捕过，如果再被捕就不好办了，最好能出省，可……这时，他只有二十岁，年纪轻轻的没有工作，出路在哪？他甚至都想去当佣人，那样既不耽误读书，甚至还可以写写文章。如此窘困的境地，让遇事从不逃避和气馁的梁斌也颇伤脑筋。

一天，路一和远千里在报上看到一则山东剧院招官费生的广告，这可是能解他们燃眉之急的好去处。他们三个年轻人兴奋不已，决定一起去投考。这次招生因为是“完全官费”，那么，考上之后吃饭就不用再发愁了；另一方面，学习戏剧对文学也有助益，对梁斌来说又是一个新的召唤。他们立即去报了名，然后参加考试。考试的时候，考官即兴出题，让考生念一段台词，做哭、笑和其他一些基础性的表演动作。梁斌觉得自己做得并不理想，但也许小时候热衷看戏的经历在潜移默化中帮了他的忙，看榜时，梁斌的名字赫然在目，路一和远千里却未被录取。

离开北平的那天，梁斌拿着录取通知书、书箱和铺盖卷登上了“山东剧院专用车”。朋友们都来送行，千里最后一个赶到，梁斌急忙下车和他握别。梁斌的眼眶湿了，千里比梁斌小两岁，他们都感到生活之路是极其艰难的。梁斌担心地问道："你怎么过下去呀？"千里低下头，不知说什么……梁斌也不说话了。汽笛响了，梁斌急忙上车，回过头对千里摇了摇手……火车开动了，千里的两只眼睛还直盯盯地望着梁斌不肯离去。这幅依依惜别的真挚图景，对于二十岁的梁斌、十八岁的千里来说，还别有一种凄楚的况味——在那个黑暗混沌的社会，他们无法一展胸中的抱负，前途渺茫，他们在坚守心中信念的同时，为了生存，不得不随遇而安，浪迹天涯。

1934 年秋，梁斌来到济南，在青葱秀丽的大明湖畔，开始了新的学习生活。这里的一切都是那么新鲜，像梦一样。他回忆起自己的儿童时期，特别喜欢看戏，从三四岁时就开始看戏，无论"梆子"、"皮黄"、"古板（昆曲）"、"哈哈腔"，什么都喜欢，但从来没想到过学戏，今天竟然走进戏剧学院开始学唱戏、演戏，真的跟戏剧有缘分？他暗自好笑自己无奈的境遇，感叹人生的无常。

闲下来的时候，他逐渐熟悉了这里的环境。宿舍外的院子中间有个泮池，池中静静的流水清澈见底，水中藻草、游鱼清晰可见。院中铺有各种各样的石板，石板下有潺潺流水。泮池南边有一片小杨树林，再往南有一座二层小楼，是院长王泊生的寓所。院子后面有一小巷，《老残游记》中的高升店就在这个小巷中。宿舍对过是一个可容纳五百人的小剧场，修造得玲珑别致。山东剧院的前身叫山东实验剧院，1929 年成立，是很有知名度的。据说崔嵬、魏鹤龄、蓝蘋等人，都是从这里毕业的。剧院中间停办了两年，现在是剧院的第二次开办，易名为山东省立剧院。该院以"整旧创新，创造新中国戏剧"为宗旨，面向全国招生，是当时国内较大规模的新型戏剧艺术专业学院，其后台是韩复榘。校长王泊生积极进行戏剧创新与改革，首创用西洋乐器伴奏京剧，并亲自编创剧目、登台演出。他创作的《鸦片战争》、《岳飞》由话剧、京剧、昆曲结合而成，初步实现了他的设想，当时在全国都很有影响，因此他曾被周信芳赞为戏剧界的“北方怪杰”、“革新家”，是山东戏剧事业的开拓者之一。

开学伊始，梁斌就和临铺同学岳稚珪、吴弢饶有兴趣地游历了《老残游记》中每每提及的大明湖、鹊华桥、历下亭，观览了城堞起伏、驳船幽幽的水沁门景致。全校师生还一同去爬千佛山，山上庙宇庄严、松风灌耳。在游山途中，大家一边说笑着，一边还分吃水果、油圈等食品。几天后，学校发下登记表，让学生填写个人基本情况以及想学的科目。梁斌填了“老生”，结果被分在花脸甲组学铜锤花脸。梁斌有些失望，当时他希望学话剧，因为话剧与文学更接近些，想不到排出课来，中国戏剧是主课，话剧不过是这些功课中的一门而已。院长王泊生认为京剧有黄钟大吕之音，能代表中华民族的气魄，所以剧院的教学以京剧为主。

在山东剧院学习的一年时间里，梁斌在表演系较为系统地学习了“戏剧概论”、“艺术论”、“化妆术”和“舞台装置”等课程，还学了戏剧的演唱技巧、武功和舞蹈身段。著名昆曲教师田瑞亭先生教的“弹词”、“刀会”，让梁斌品足了中国传统戏曲的韵味：关云长的“单刀赴会”，其英勇豪爽的“唱功”和“身段”，使他如醉如痴。恰恰是这些理论上的充实和感观上的陶冶，大大提高了梁斌在戏剧文学方面的艺术修养，为他此后从事与之相关的工作奠定了良好的基础。在山东剧院学习期间，只要有名角来济南演出，学生们都可以免费看戏，对梁斌影响最大的演员要数老年演员杨小楼、中青年演员郝寿臣和红豆官主等，梁斌深深地为这些艺术家的精湛艺术表演所折服，认为这是自己可望而不可即的。不过，梁斌认为这里最好的地方还是位于大明湖之南的市图书馆。课余时间，他几乎都在这里消遣度过了那些美好时光：或潜心读书，与那些思想家、文学家、史学家交流，或到湖中游玩，极其尽兴。

话剧课是吴瑞燕老师讲授的。第一课讲的是日本作家菊池宽的独幕剧《父归》，这是一个非常短小精悍的独幕话剧，是菊池宽的早期代表作。剧本描写的是一个投机商人年轻时，抛弃了妻子、三个孩子，过着极端荒唐的生活，晚年归家的故事。该剧结构严谨，戏剧性强，表达了作者对当时社会上道德堕落问题的一些正当看法和应有的批评态度，给梁斌留下了深刻的印象。梁斌对日本文化十分感兴趣，不仅是因为他在学校接触的政治、社会理论多是从日本引进的，如读过日本著名经济学家河上肇的《政治经济学大纲》、北条一雄的《社会进化史》，而且还因为梁斌崇拜的鲁迅、郭沫若及创造社作家很多都是从日本学习归国的，所以也对日本的新兴文化给予了颇多关注。

1934 年的秋天，梁斌刚到山东剧院不久，就接到三哥来信，说县里的马队曾到家里去抓他。这印证了梁斌当初的判断：来济南学戏一可吃饭，二可避案。为了安全起见，在山东剧院期间他还是和路一保持通信，不同当地的地方党组织发生联系。

这年冬初，梁斌与同学们一起看了话剧《少奶奶的扇子》和《雷雨》，他非常羡慕和崇拜现代话剧，这一时期也正是济南戏剧运动的全盛时期。这里有“进德会”，相当于北平的“城南游艺园”，是当时济南最大的游艺场所，也是高官们经常活动的地方，袁世海等名角来济南演出都在这里。现代话剧的演出备受青年学生的青睐，自然也在这里演出。因此，梁斌他们经常来此看戏，受戏剧运动潮流的影响，梁斌学旧戏的思想发生了动摇。这种动摇，其实已经在相当一部分同学的心里发生了。于是 1935 年春，梁斌与几个意气相投的同学岳稚珪、张之湘和吴弢在济南的一家报纸上出了一个副刊——《剧与文》，以反对旧戏、批判封建主义为主题。第一期一出版就轰动了全校，从此大家都知道他们很善于写文章。在这一期上还刊登了梁斌的一篇散文《塞外风光》，是写他的宣化之行的。同时，梁斌还利用课余时间创作了《姐姐》、《夜之交流》等几个短篇。

梁斌等人的举动，实际上是在与刚刚发表了《上中央建设中央剧院意见书》，要大搞继承传统戏剧的校长王泊生公开唱对台戏。于是，学校方面也出了一个副刊，头一篇文章是谈《红鸾禧》（又名《棒打薄情郎》，故事出自《古今小说》），与他们针锋相对。其实，据日后梁斌《山东剧院之行》一文所述，形成这种对立的真正原因还不是演什么戏的问题，而是学生们反对校方发表《上中央建设中央剧院意见书》，乘复古运动之机，配合文化围剿，对国民党政府"拍马屁"。文中是这样写的：

> 我们反对王泊生，还不只是为了他热衷于封建旧戏。他的《西蜀梦》和《打金砖》，即使今天看来也无可厚非。但他不应该给国民党宣传部长张道藩上书——《上中央建设中央戏剧学院意见书》，拍国民党的马屁。

另外，梁斌与岳稚珪、张之湘、吴弢等人有一个共同特征，那就是文章写得好，演戏不出色。年轻人心盛，抑制不住热情的奔放，所以他们决定趁热打铁，酝酿成立话剧团，自己编剧演。张鸣琦老师也对他们的想法表示了肯定，说："好！井水不犯河水，各干各的！"然而，没想到，一石激起千层浪，话剧团的筹备让校园的气氛进一步紧张起来，人们各怀心事，褒贬不一。

正值此时，梁斌收到路一的信，通知他金肇野要来泉城搞木刻展览，约他届时相见。与金肇野和路一见面后，梁斌心里萌生了离开山东剧院的想法。在以后给路一和烟台的曹牖民的信里，梁斌说明了自己的意思。结果两人回信，都叫梁斌来自己这里。斟酌再三，梁斌还是决意回到人地较为熟悉的北平。

由于心里动了想走的念头，梁斌在一次排演《二进宫》的时候竟忘了戏词。胡琴拉了三个过门，他才想起来，心中非常懊丧。王泊生在教室气愤地教训他们："不要为政治牺牲！没有这么个地方，你们到哪里去研究戏剧?!"梁斌见矛盾有激化的趋势，担心会引来不必要的麻烦，使自己陷在济南无法脱身，于是和岳稚珪商量退学。然后，他找到训育主任说出了退学的想法，得到了校方的准许。第二天，梁斌就收拾东西离开了山东剧院，回到北平。

梁斌的这一抉择，包含着冲动与无奈，日后想起来难免有些遗憾。他在《复康学忠同志》的信中这样写道：

> 从今天看来，王泊生新歌剧的设想，未尝不可以作为中国戏剧改革的途径；当然首先是继承，继承不好，就谈不上发展，也谈不上改革，生搬硬套外国的东西也不行。在当时我们应该一面苦读，一面把艺术学到手，以后的路子就宽了，轻举妄动没有好处，也不应该撤离阵地。

五、重返北平

从山东剧院回到北平这段时间，梁斌主要从事文学创作，而且可以说这一时期是他整个革命文学创作生涯的实验期。因为他在经历了北平图书馆的苦读、在“左联”指导下小说杂文的练笔、山东剧院深造的同时，还经历了农民暴动、学潮、兵运和被捕入狱的磨炼，此时的梁斌已经无可选择地走上了革命文学创作之路。他幼年的大家庭生活和敏感的性情，造就了他善于观察、勤于思考、长于动笔的生活习惯，虽然年仅二十岁，却有了丰富的生活积累和素材积累，产生了越来越强烈的创作欲望。他从山东剧院一回到北平，就开始行动起来。

他把住处安顿在骡马市大街直隶新馆。这个过去由商贾修建、过厅挂着名人匾额的住所，原来是直隶省当年进京赴试的举子们下榻的地方。“民国”以后，科举废除，会馆闲置起来，改作河北省在北平做事的同乡们聚会的好地方。由于年久失修，一座很大的宅院现出破败荒芜的景象：这里最完整坚固的要属前院的三大间南房了，里面住着一位失势的旧官僚；还有过厅两旁的四间北屋，两间住着独身的落魄秀才，两间住着一家退职的官僚；大门边的两间传达室住着管房的父子俩。剩下的中院和后院南北正房、东西厢房数十间住着上学的和失学的穷学生、在职和失职的小职员、靠写写画画或读书自学的青年等，他们之中有“左联”青年，也有国民党密探特务，只是谁也不知道谁的真实身份。远千里、路一等人都住在这里，梁斌和他们一见面，屋子里顿时热闹起来，久别重逢的喜悦使他们都异常兴奋。这里路一的房间还跟两年前一样。梁斌在从察哈尔城南龙门坡随国民党四十军移防去河南兵运之前，曾来过这里，那时是为了汇报和请示下一步的工作，他俩就同睡这张床，现在还是老样子。他们的居住条件十分简陋，路一住在中院过厅右边的一间北房，门窗破损不堪，屋内只有一张床、两把椅子，桌子上有一盏煤油灯及被褥和起码的生活用品，虽然破旧却很温馨，梁斌欣然决定住在这里。

然后，梁斌就去看二姐。二姐看见梁斌回来，笑得合不上嘴。姐夫也特别高兴，他叫梁斌唱一段京剧，梁斌不唱，他一定要梁斌唱，梁斌就给他唱了一段《连环套》，他鼓掌大笑，二姐也高兴得又是送水，又是递吃的。后来二姐夫听说梁斌每天要从骡马市大街的住处去图书馆看书，觉得路途远太辛苦，就借给他一辆自行车以表示对他的支持，梁斌非常感激。

路一也帮助梁斌接上了团的关系，并让梁斌协助他一起编“左联”的刊物。从此，梁斌又恢复了自己盼望已久的文学创作，如鱼得水。

会馆生活无人管理，是绝对自由的。梁斌和路一每天上午去图书馆。一进馆，先到报刊阅览室看头版头条新闻，看有没有抗日前线的新闻消息，而后看副刊，寻找有关的评论文章和报道。每当他们举足步入阅览室开始一天的读书生活时，就会感到在这阳光充足、窗明几净宽敞安静的环境中，沉浸于书的浩瀚海洋，真是难得的机遇。直看到十二点，放下书到饮水处喝两杯开水，坐在长椅上一边休息，一边探讨各种各样的问题。这一时期梁斌的大部分时间用来读日本文学，他边读书，边记读书卡片。这样的阅读，一般要持续到下午三点。那时，他一天吃两顿饭，上午吃烩饼，下午吃面条。每天一角的膳食费，还要省下三大枚大洋打灯油，生活清苦却是有规律的。

此时正值1935年的夏天，晚饭后，梁斌他们时常去住地附近的陶然亭散步。昔日的风景胜地已变成了一片芦苇塘和一片荒冢。在荒冢中寻得高君宇与石评梅女士的合葬墓，他们读了碑记，不禁肃然起敬。石评梅写了一首好诗，刻在碑上……每到石评梅墓，他们都盘桓不忍离去。这首诗的内容大致如下："我是宝剑，我是火花。我愿生如闪电之耀亮，我愿死如彗星之迅忽。"为了这首诗，梁斌曾经蹲在那里，看了又看，研究了又研究：这首诗代表了一个革命青年的思想，表现了她的高尚情操，直到晚年梁斌还能清楚地记得。当时梁斌也正是二十岁出头的青年，为了追求真理，有家难归，在流浪中生活，思想极容易产生共鸣。尽管生计艰辛，梁斌却没有怨艾和怅惘，他的精神状态还是那么饱满，情绪还是那么高涨，现实的挫折不能磨灭他昂扬的斗志。他所认同的是宝剑和闪电的犀利锋芒，他所期望的是生命辉煌的闪光。

偶尔，他们也去逛天桥，那里有小饭馆、书馆、茶馆、各种小吃，还有杂耍，如宝三摔跤、沈友三砍石头、老头踢毽子、少女卖艺等。另外还有拉洋片的、唱莲花落的、说评书的……五方杂耍，不一而足。最难忘的是看"云里飞"演戏。在一片不大的场地上，中间放一张小桌，一边一把椅子。桌上挂着红布幛子，写着"云里飞"三个大字。那年"云里飞"有五十来岁，唱《铡美案》、《上天台》、《盗御马》等段子，十分精彩。他一边唱一边甩动长袖，身段很带气势，看的人都抑制不住地叫好、喝彩。"云里飞"的表演吸引了众多观众，里三层外三层好不热闹。凡是逛天桥的，没有不来看"云里飞"的。其实，"云里飞"也是科班出身，年幼初露头角就唱红了，后因嗓子的毛病恢复不起来，就不愿登台演出了。于是带着老婆、孩子来天桥摆摊唱戏，竟也名噪一时，而且一唱就是几十年。他与观众近距离接触，不仅其精湛的表演艺术吸引了众多的观众，而且感情交流的密切程度，也是舞台演员所不能比拟的。人们一传十、十传百，“云里飞”传遍京城，其影响力自不待言。不仅京城百姓，还有高官贵人看腻了梨园，也想来此一饱眼福，换换口味。民间艺术的独特形式给梁斌又开启了一座通往成功之路的桥梁，以后他领导剧社在农村进行抗战宣传正是借鉴了“云里飞”的做法。

那段时间，梁斌白天去图书馆，每晚七八点钟到凌晨两三点钟都要写作。有时写诗，有时写文章，常常投寄给京津两地的报刊，现在能看到的有《塞北之行》、《读卢梭〈忏悔录〉》等。因为梁斌的脑子里都被人物、故事占据了，即使骑着自行车走在马路上，也不能摆脱构思的惯性，有一天，他不小心撞了一个卖砂锅的，结果赔了那人三块钱，损失了多日的饭钱，还耽误了他许多时间。梁斌也后悔不迭，怪自己：“脑瓜子太热了！”不久，梁斌在山东剧院的好友岳稚珪也来到北平，住在西四前英子胡同的公寓里。那里很清静，离图书馆也近，梁斌就搬去和他同住。为了能读马克思、列宁的著作，梁斌报名参加了张仲直的日语学习班，每晚去学习两个钟头的日文。当时日本翻译马列主义书籍较快，为了这个目的，从生活费里挤出每学期的四元学费，也是快乐的。

在北平香山慈幼院教书的宋卜舟老师给梁斌来信，说同乡王子云在天津办了《北调》月刊，向他约稿。梁斌把短篇《姐姐》寄去，很快就发表了。他的另一个短篇《塞外樱花》也登载在这本刊物上。梁斌记得鲁迅先生曾说《北调》办得不错，因此常和王子云书信联络，保持着投稿关系。此外，这时的梁斌还写了篇一万字左右的文章，揭发山东剧院的隐私：用一个高中生的经费，养活几十个学生，可见他们贪污不少。

刚好张鸣琦老师来北平，他把文章要去，打算以此为交换，让校长王泊生给梁斌和岳稚珪找些事情做，但就此如石沉大海，再无下文。梁斌相信张老师的为人，觉得是上了王泊生的当，后来才听说山东剧院闹起了查账风波。熊佛西先生和金肇野都曾要成立剧团，约梁斌和岳稚珪参加，但世道萧条，都没能搞成。

1936 年的春节，梁斌没有回家过年，和稚珪留在了北平。此时丁浩川老师的夫人段瑜来访，说狱中的丁老师读了很多书，并且在学英文。她也打算学习日文，梁斌就把自己的讲义借给她。他还了解到，第二师范的周永言、刘清泰老师都进了陆军监狱，心中更加愤愤不平。这么多进步青年都受到迫害，让梁斌对旧社会的仇恨又加深了一层。这段时间，梁斌构思完成了冯大狗这个人物，写成了一篇文章，内容是军阀混战，“丘八”强奸民女，之后寄给了《大公报·文学周刊》的主编沈从文先生。沈先生看后附信肯定了梁斌的作品，说文章写得不错，但太长，建议他转寄给萧乾先生。梁斌寄去，但没有回音，手稿后来也遗失了。梁斌在新世纪剧社时，又写了一篇同样题材的文章，但文稿又告丢失。直到《红旗谱》和《播火记》问世，冯大狗的形象才终于同读者见面。

应路一求稿之需，梁斌把修改多次的《夜之交流》交给他。这篇文章随后就发表在北平“左联”主办的《伶仃》月刊上，受到了当时北京师范大学教授、中国大学国学系主任吴承仕老先生（号俭斋）的称赞。吴先生是老一辈的文字学家，他看了这篇小说之后，说梁斌文章写得很不错，语言很美，并指出了文法上的错误。这个意见通过“左联”组织转告给了梁斌。这对于梁斌在作品语言方面所着力下的工夫，是最好的褒奖。此时的他已开始注意到语言的美。这是在创作实践中对写作技巧形成的一种自觉认识。但由于当时梁斌受翻译作品和“五四”新文学的影响较多，他倾向于大量使用书面语，这难免会弱化个人语言风格，并给读者阅读造成一定隔膜。不过，梁斌努力的方向是正确的，他在《夜之交流》里所使用的含蓄而节奏铿锵的语言，同这篇文章的主题也是协调的。他写道：

> 夜，凶恶地张开贪婪的大嘴，吞噬着世界。山林、乡村、古冢……沉沉的寂默着，不太息，也不吱声，大地好像是被征服了！星子、月亮，都被砍杀净尽。苍穹密布着阴湿的云块，云块上布满了各式各样狰狞的面影。风不吹，世界窒息了。

短促的节奏、凝重的物象，在读者的感受范围内营造出一种奇特的张力，人们能够体会到一种箭在弦上，蓄势待发的态势。

> 伙计们在围墙根脚上戳个洞，枪筒朝外张着个硬的小嘴，就好像瘫痪者一样，把疲惫的身体卧倒墙下，就像醉泥似的睡过去了。

文字简洁而又传神，随着这个长句的缓缓落止，仿佛伙计们呼吸的细微声息也被延长，一种睡眠的气氛在读者眼前弥散开来。在《夜之交流》中，类似的妙笔不乏其例，但文中也夹杂着一些累赘和斧凿的痕迹。文字虽然很美，但因有着刻意的成分，难以构成一个清晰、统一的境界。梁斌在后来忆及该文时，也觉得雕琢得过分就不自然了。

与语言上的显著变化相对，《夜之交流》的思想意向和人物塑造较梁斌先前的两个短篇没有太大改变。这个故事是取材于真人真事的。梁斌在二师学潮前因病回家休养，曾见过当时的蠡县团委书记马永龄，两人还一起在城墙上散步，探讨革命形势。但高蠡暴动失败后，马永龄被捕入狱，他经不住敌人的严刑审讯，屈服投降了。他同一个小学教员和一个被二师开除学籍的学生一起，成了敌人逮捕革命群众的帮凶。但此后，他们内心都对叛变革命的行为产生了深深的忏悔和自责，并重新找到党组织，希望改过自新。可他们三人之间，又彼此怀疑、猜忌，结果引起了敌人的注意，都被敌人秘密地枪决了。梁斌在创作中，很重视忠实于事件的原貌，这种现实主义取向自有其进步性，但也正因局限在这点上，小说中的主要人物还停留在原型阶段，并不能成为真正意义上的典型形象。这说明梁斌的写作仍具有较多的实验性质，他心中的种种构想还停留在草创时期。《夜之交流》第一次写到了高蠡暴动的某些战斗场景，作为一份大略图，可以看做是对后来《红旗谱》等作品的初步设计。有了这些准备，在今后的文学生涯里，随着梁斌对生活与艺术关系的把握更加从容得当，他的作品也呈现出更加鲜明的特色和深邃的意蕴。

1936 年，梁斌的日文已经有了长足进步，能够阅读日文书和翻译文章了。梁斌把《现代日本文学》、《电影——作为社会的现象批评》、

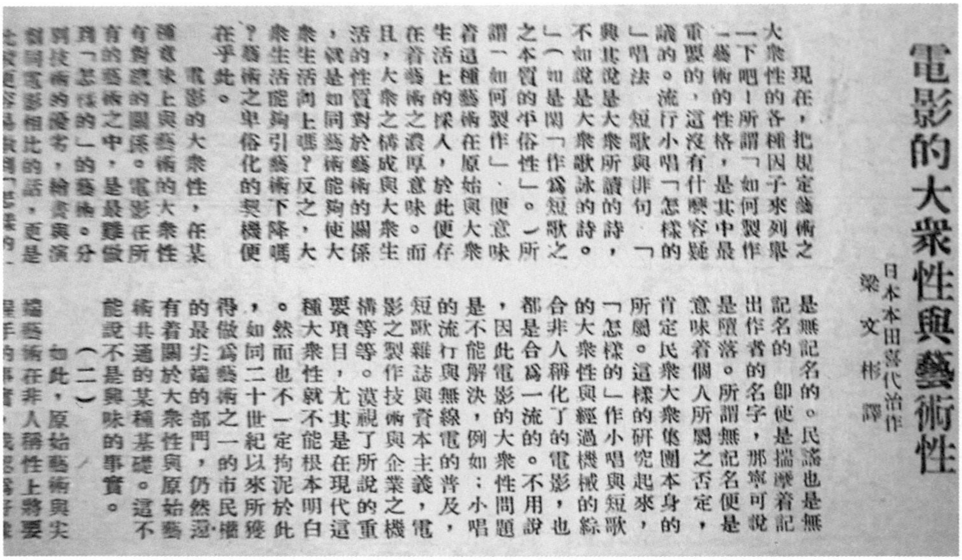

電影的大衆性與藝術性

日本本田喜代治作　梁文彬譯

現在，把規定藝術之大衆性的各種因子來列舉一下吧！所謂「如何製作」藝術的性格，是其中最重要的。這沒有什麼容疑議的。流行小唱「怎樣的」唱法　短歌與俳句「與其說是大衆所讀的詩，不如說是大衆歌詠的詩。」（如是閑「作爲短歌之之本質的平俗性」。）所謂「如何製作」，便意味着這種藝術在原始與大衆生活上的採人，於此便存在着藝術之濃厚意味。而且，大衆之構成與大衆生活的性質對於藝術的關係，是如同藝術能夠使大衆生活向上嗎？反之，大衆生活能夠引藝術下降嗎？藝術之卑俗化的契機便在乎此。

電影的大衆性，在某種意義上與藝術的大衆性有密接的關係。電影在所有的藝術之中，是最難做到「怎樣的」的藝術。分[illegible]

是無記名的。民謠也是無記名的　即使是描摩着記出作者的名字，那寧可說是墮落。所謂無記名便是意味着個人所屬之否定，肯定民衆大衆集團本身的所屬。這樣的研究起來，「怎樣的」作小唱與短歌的大衆性與經過機械的綜合非人稱化了的電影，也都是合爲一流的。不用說，因此電影的大衆性問題是不能解決，例如：小唱的流行與無線電的普及，短歌雜誌與資本主義之電影之製作技術與企業之機構等等。淡視了所說的重要項目，尤其是在現代這種大衆性就不能根本明白。然而也不一定拘泥於此，如同二十世紀以來所發得做爲藝術之一的市民播的最尖端的部門，仍然涇有着關於大衆性與原始藝術共通的某種基礎。這不能說不是興味的事實。

（二）

如此，原始藝術與實[illegible]

◎ 梁斌的译作《电影的大众性与艺术性》，以“梁文彬”为笔名，刊登在《北平新报》1936 年 6 月 21 日第二版上

電影——作爲社會的現象批評

日本村山知義作 梁文彬譯

電影批評，第一要對一般的觀衆，正確的指摘電影的價値與缺點；對於正確的批評，必需加以領導。第二，爲使電影製作者創造更好的影片起見，不能不對之加以鞭策。因此，所謂批評，只是關於一卷影片之孤立的印象這是不夠的，必需要把影片看作社會的現象。尤其，電影是以企業的性質而產生，所以不能不洞察構成企業的諸條件。電影是基於直接的用開麥拉攝取對象的藝術的社會的諸事件與諸現象，常常是直接的聯結着的，所以特別是關於社會的諸事件與諸現象的觀察，更爲必要。

◆ ◆ ◆ ◆

電影藝術，與其他藝術的不同；是由於一劵影片的個性，爲各種各樣的企業條件，藝術家或是非藝術家的演出者，以及多方面協力的藝術家之諸力的綜合所規定。必須要撤底的明白這種情形。

關於作爲新藝術的電影之可能性，使命，魅力，不可不精通。同時，不能使電影從其他的藝術脫離而孤立。比仿，拘泥打算把文學性與演劇性從電影中斥除的偏見，是不對的。那不僅是不理解現代電影有委能，更不知道「電影必須怎樣的存在？」說起來：電影還是一種特殊的青年的藝術。是根據科學的進步，題着的藝術手段之進步，而產生的藝術。並且是受着電影所生產的國家之機構，政治經濟的諸條件，根本的影響之下的藝術。

這樣的批評是困難的，如果在日本舉個例子的話，幾乎連答個「沒有」都答不出來。但在我想看新的電影，或不想看的這種迷惑的時期中，朝日新聞之〇的批評，恐怕是相當的做爲標準的吧！

◎ 梁斌的译作《电影——作为社会现象的批评》，以“梁文彬”为笔名，刊登在《北平新报》1936 年 5 月 17 日第二版上

戎線軟語

一日一談

軟性記者

我跳上第五路電車，剛剛坐，下一個賣報者送到我面前一束報，「買張冀東日報，一個大子一張。」我沒有睬他，這應當表示我的歉意。他又說：「剛下火車的外國報」，這句話倒使我吃驚不小，因爲我一向睡在鼓裏，總把那已經「外國」的冀東，始終還視爲我中華民族中華民國的一片領士。

因此，對于那位瘦長的業已成年的賣報者，不禁發生一點憤怒之情；他要我買他份報，不該以這種駭人聽聞的名詞，來造成這一大枚的交易，我恨他採取這種卑劣的手段，我簡直想打他一拳，把他從電車上摔下地去。

剎那間的鎮靜，我僥倖沒有這樣做，否則我說不定要犯「故意殺人」的罪名，我又要被抓進牢獄。

不久，電車開動了，他一面嚷着，一面下車：遠遠的那種刺人的尾聲，猶打進我的耳鼓。我心裏非常痛楚，我不了解我們這沒落的殖民地民族的人民的心：是被迫地活着？還是被迫的已經死亡？

現代日本文學（下）

邢同華作 梁文彬譯

第一，是日本文學的受入性。如同日本文學這樣迅速的，巨大的，受外國文學影響的國家，世界上除日本外沒有。按研究日本文學來說，不能不考究西洋文學的影響，就中尤其是露西亞文學的影響，不能不加研究。明治時代的大作家們，例如島崎藤村，很明顯的是受了妥斯退益夫斯基的影響。後來，有島武郎同武者小路實篤氏，又是從同一水源中汲來自己創作之泉。這決不是日本文學之恥辱，反倒是其長處。以前，有佛理契對於日本新心理主義文學的影響。近來有基多巨大的進步的影響。現代日本文學很接受了世界進步的諸潮流。與時代邁着同一的步子，創造着自己偉大的未來。不屑說，是立於大衆的現實的土壤之上。是描寫大衆的苦況，大衆的希望，大衆的苦樂的東西。文學，假如不是立於現實的土壤，什麼時候也是枯乾死滅了完事。

下面，是現代日本文學的形式；人們常常說日本島國的狹隘性，並且常說日本「心境小說的形式」。大概的說，心境小說不是低劣的文學形式，而且還是產生狹隘的島國紀念碑的作品。譬如，島崎藤村三千多頁的「夜明之前」即是，而我們叫做大陸國的國家，有魯迅先生那樣的門骨凜然，冷嚴性格的，情熱的作家可是，還希望着見「夜明之前」那樣偉大作品的產生。否則，我們深深的認爲是一樁憾事。魯迅做爲鬥士，作爲卓絕的文學者，是値得所有的我們的尊敬，與崇拜。他的文學創作，有兩個短篇集——「吶喊」與「彷徨」。不屑說，他的許多隨筆集作爲戰爭的武器，而文學隨筆亦決不缺乏社會的價値與文學的價値。

在數年前，我讀了川端康成氏的「花的鳥異」，於是我的心中就這樣想：這篇小說，很不如魯迅的短篇「孔乙己」好。把同樣的事實作爲題材，可是川康氏的寫作方法是神秘的描寫與作家的感傷，極力的抹殺了作品的力量。換一個「孔乙己」的時候，魯迅爲什麼不用神秘的描寫，更不用作家之感傷？而赤裸裸的，把「孔乙己」之悲慘的態度，顯現於我們的眼前。然而，給我的印像，實在的是那樣的苦痛，那樣戰慄，那樣深刻東西。

譯者，本篇從日文時勢新報中譯出。是「外人眼中的日本文學」的第二節，邢桐華君作。邢君河北冀縣人，現肄業日本早稻田大學俄文科。最近努力於日本文學之研究。常投稿「質文」等雜誌。

文化線

◘弘達二院學生會所主編之「寒流」月刊第二期已定於六月一日出版，現已向同學開始徵稿。（曾）

◘木刻家溫濤，已於前日由滬赴湘，聞係應冰瑩女士約。（玉）

◘莫斯科中央兒童藝術教育所送達在荷蘭烏得勒支舉行之兒童藝術國際展覽會蘇聯兒童所做最優圖畫十八張及若干雕塑，全蘇聯外國文化聯絡會近曾在紐約，加利弗尼亞，巴黎，倫敦，愛丁堡，及牛津，舉辦蘇聯兒童藝術展覽，所獲成功甚大。（塔）

◎ 梁斌的译作《现代日本文学》，以“梁文彬”为笔名，刊登在《北平新报》1936 年 5 月 12 日第三版上

《电影的大众性与艺术性》等几篇译作寄给金肇野，之后以“梁文彬”的笔名发表在金肇野担任副刊编辑的《北平新报·绒线软语》上。

6月，丁浩川老师出狱，梁斌前去探望，感慨良深。很快，又传来了路一被捕的消息。梁斌焦急万分，为凑车钱，只好把一条刚买的葱丝绿卡其布裤子当掉。乘车到路一的住处一看，原来一切安然无恙，两人不由得相对大笑。6月下旬，梁斌因胃病复发，自己无钱医治，不得不暂时离开北平，返乡治病。从此，他的人生又进入了一个新的阶段。

第四章

新世纪剧社社长

经过保定二师学潮和高蠡暴动的洗礼，经过北平“左联”的文学青年生活，又经过入狱的考验，梁斌更加坚定地选择了革命，与大多数人不同的是，他选择了一条更适合于自己的革命之路——用文学和戏剧来参加革命。

抗日战争开始了，它改变了人们以往的生活节拍，梁斌这个热血青年也别无选择地将自己的全部心力投入到抗战中来。也许是幸运，也许是因为他的虔诚和执著，战争又为他搭建了一个能够将革命理想与文学才华完美结合的实践平台——领导“新世纪剧社”工作。从这里他迈向了革命文学的殿堂，并以生命作代价，追求其独特的艺术人生。他一手持枪、一手秉笔，驰骋抗战沙场，可以说如果没有对革命的满腔热情和投入，也不会有文学家梁斌。至少对这一时期的梁斌应作如是说。

一、投入抗战烽火

久别还家，这里曾经熟悉的一切在此时看来却那么遥远。村东的奶奶山、村北的大苇塘、路边的麦田与房舍，都被宁静笼罩着，与喧闹的北平相比有一种久违的朦胧美。特别是梁斌走进自家的院子，在家人亲情的簇拥中，孤雁漂泊生活的疲惫已一扫而光。家里人听说梁斌病了，哥哥特意找到名医——表舅齐麟年给梁斌治病；父亲给他买了团粉和挂面；岳父打发人给他送来两筐箩鸡蛋；嫂子们也问寒问暖，叮嘱他安心吃药养病，不让他下地干活。胃病好起来比较慢，隔段时间岳父家还特意把梁斌接过去小住。夏日的夜晚，在场院里放上一张床，他躺在床上，看着星星，妻坐在床边，握着他的手，讲着村子里各种各样的新奇故事。这时，梁斌和妻子就像《播火记》里的大贵和金花一样，感受着夫妻之间爱的温馨。亲情、爱情像平静的港湾，使他得到休养生息，他的身体变得强壮了，气色也好起来。这段时间，梁斌又把《三国演义》、《水浒传》、《红楼梦》等书重新读了一遍。尽管，以后的路还很迷茫……恬静的田园生活使他沉浸于充分的回忆和冷静的思考之中，他对自己经历的二师学潮和所见所闻进行了分析、梳理，不断地构思着怎样将它们写成小说，将身边的见闻记录下来，将农民的灾难、社会的不公与农民中的英雄壮举告知世人。心中涌动着的创作欲望越来越强烈，他终于按捺不住内心的焦灼，决定马上再到西百尺村去找亲历过二师“七·六”惨案的同学蒋东峒，再次详细了解事发时的各种情况，作为重要的素材积累下来。

梁斌的突然来访使蒋东峒格外惊喜，久别重逢，两个人有说不完的知心话。蒋东峒跟梁斌又谈起了“七·六”惨案的情况：由于战乱，学校提前放假，除了留校代表团的学生以外，其他同学都回家了。留校代表团住在校长张云鹤和国文教员夏云僧办的《保定日报》报社里。不久，当局又宣布解散保定二师，并在《保定日报》上公布了三十名共产主义思想犯、五十名嫌疑分子的名单。这时留校代表团立即从《保定日报》报社撤回学校，决定掀起护校运动，有五六十位同学参加了护校运动。正在这时，反动军警突然包围了学校，并断绝了食品的供给。校内同学在护校委员会的领导下建立了纠察队，以教学枪及武术刀枪为武装，在校墙周围站岗放哨，保护学校。学生们吃完了米面，就挖食池塘内的藕，或者吃树叶果腹。而后又想方设法冲出校门，买来面粉等食品，坚持护校。他们还得到了保定学联的援助，河北大学等校的学生隔着围墙向二师校内投烧饼。青年学生们团结起来，顽强坚持了月余，但敌人的反动政策依然不变，甚至还找学生家长前来做工作。同学们已经感到情况的危急，一些能脱身的学生尽量想办法逃出去。陈鉴民同学通过士兵的关系脱身了，魏恩荣也惊险地越墙涉水逃生。然而就在学生护校队仍然与当局僵持不下的时候，反动当局下了毒手。

1932 年 7 月 6 日凌晨 3 时，国民党军十四旅一营士兵、地方保安一大队、公安局警卫队等千余名士兵，端着步枪、机关枪向保二师冲来，他们猛烈扫射，枪声响成一片。守候北院的同学手持棍棒拼命抵抗，住在南院的同学也赶到北院增援。张树森同学被敌人的刺刀戳穿了腿倒在地上，当敌兵上去捆绑他时，他猛然咬住了敌兵不放，后中弹牺牲。在北操场站岗的王慕环同学，忽然看见敌人窜过墙头，他大喝一声“看刀”，举刀就砍断了敌人半个膀子，但自己也被敌人开枪击倒。同学们纷纷拿起“武器”和敌军在北操场拼打起来。由于大门被敌兵撞开，北操场的一段墙也被推倒，敌人涌了进来，学生们手中没有真正的武器，敌我力量悬殊，他们很快退到第二道防线——大礼堂门口，接着又退到第三道防线——图书馆门口。寡不敌众的学生最后退到教员休息室，有一位同学手提着肠子爬进门来，其状惨不忍睹，但他还在喊着：“蒋介石准备当汉奸了！”蒋东嵋趁乱溜出门，躲在储藏室里。直到这天夕阳西下，他才敢走出储藏室，小心地走出危险地带。惨案中，贾良图、王慕环等八名同学当场牺牲，还有不少人被捕……

说到这儿，两个人都流下了悲痛的泪水，尽管凭梁斌当时的能力还不能生动地再现这场残酷的斗争，但他还是详细地将经过记录下来。自保定二师“七·六”惨案和高蠡暴动失败以后，他确立了一定要将家乡的农民革命写出来的信念，认为这是他的文学梦想最值得写的内容。于是，这个信念使他像着了魔一样，无论在什么时候，哪怕在革命最艰苦的时刻，也不忘自己身上的这一重任，这个信念几乎已经深入他的每一滴血液，触及他的每一根神经，成为他和故乡的一种难舍难分的情结。只要生命存在，思维存在，就一定要朝着这个方向努力，为文学而革命，还是为革命而文学，在某些时候都很难说清，因为这里有他全部的兴趣所在。他实在是太爱家乡淳朴的农民们了，他执著地用自己的生命、情感与泪水作积攒，也一定要实现他的梦想。他在一点一点地搜索，一点一点地记录，一点一点地实践着革命者的艰辛与风险，一点一点地总结着农民革命的经验。他以自己年轻人的青春与生命呼唤着、孕育着、织补着他的梦幻，追求着他的目标。尽管一切都是未知数，可在梁斌的生命中却是那么清晰可见，无法摆脱。那年他二十二岁。

“西安事变”的发生，为全民抗战注入了新的动力，也让梁斌看到了期盼已久的曙光。1937 年初，春节刚过，梁斌就再也在家待不住了，他开始四处打听情况，听说路一回来了，正在北关小学教书，就兴冲冲地去找他。路一正在上课。当他见到梁斌时，激动地握住梁斌的手说：“你来了，我正想去找你呢！”梁斌高小的老同学吴永坤（现名吴廷华）也在附近教书，恰巧这天他也来到这里找路一，三人相遇，喜出望外，真是说不出地高兴！他们不约而同地谈起“西安事变”后的局势，回忆起在北平的“左联”生活，倾诉着对中国抗日战争前景的担心与困惑，商量着下一步怎么寻求党组织的指示，组织农民开展工作，如何建立党的组织，迎接全国抗战高潮的到来。梁斌连家也不回了，跟路一住在一起做各种准备工作。就在他们重新组织起来，商量对策之时，张青季（张化鲁的儿子）来了，他带来了四份文件，是奉保属特委的指示给他们送来的。梁斌他们兴奋不已，在心中盘踞多日的忧愁一扫而光。张青季给他们带来了光明、希望与力量。经与保属特委协商，他们成立了蠡县中心支部，从而成为蠡县革命力量的“星星之火”。在张青季和路一的介绍下，梁斌光荣地加入了中国共产党，成为蠡县支部发展的第一批党员。从此以后，梁斌更积极地投入到党的工作中来，他觉得终于找到了一条通往翻身解放的光明之路。尽管每天睡在学生的课桌上，过着极其简陋的生活，但只要能够在一起尽情地商讨如何在农村开展抗日救亡运动，能够具体实施设想的方案，领导蠡县农民投入到全国的抗日热潮之中，什么困难都能克服，再艰苦的条件也不算什么。

1937年7月“卢沟桥事变”后，根据政治局势的变化，梁斌等人联合当地的有识之士，首先组织了救国会筹委会。会议就在高小楼下的教室召开，教育局长梁范民、高小校长梁度在、开明乡绅全老松和几个高小教员都参加了。众人希望开展抗日运动，保家卫国的初衷是一致的，但在新成立的团体的名称上出现了分歧：梁斌主张叫做“蠡县各界抗日救国会”，并设区乡组织，这样有利于唤起民众；而全老松提议叫“蠡县后援会”，不显出“抗日救国”的名字，以免引来麻烦。经过统一战线内部的协调，决定叫做“蠡县各界抗日救国会”。在民族最危急的关头，“蠡县各界抗日救国会”应运而生。

“救国会”一成立，号召力量就大起来了，不少高小教员都加入到该组织中来。由于蠡县革命基础雄厚，各方失去关系的党员、爱国人士，通过同乡、同学的关系纷纷与“蠡县各界抗日救国会”取得联系，进而又自动成立了区、村的救国会，工作局面迅速打开。现有会员分成了四个队，每区一个宣传队，下乡鼓动农民起来救亡图存，开展自救，同时也发展起来一批抗日骨干。梁斌所在的四区队，经常是每人一辆自行车，走遍全区。他们每到一个村庄就先在十字大街上吹奏口琴，高唱救亡歌曲，用文艺形式吸引群众，群众汇集得多了，他们就开始轮流演讲。这样的形式在高蠡暴动之后的乡间，还是一件新鲜事。之后其他区队也效仿他们，革命的火种就这样传播着，越烧越旺，仅两三个月的时间，蠡县民众抗日救国会会员就发展到五万人之多。

正在群众刚刚发动、工作刚见起色之时，他们突然与保属特委的代表失去了联系，在复杂的形势下，不知应将工作推向何处。为此，张青季去找正在省教育厅当督学的父亲张化鲁，想通过他寻找党的组织。但到达保定的第二天早上，日寇就开始对保定狂轰滥炸，他不得不匆匆赶了回来。面对敌人的进攻，他们决定召开全县救国会会员抗日救亡誓师大会，通知县政府、公安局、财政局、建设局、教育局等科局参加。当日，大会在戏楼召开，与会者成千上万。抗日救亡和统一战线思想开始深入人心。台下群众高呼爱国口号，声势震彻云霄。几万人在城里开大会，把城里的井水都喝干了。此举吓坏了国民党县政府的官员。河北省此时也在保定召开了后援会，“蠡县各界抗日救国会”也派代表前去出席。

此刻，敌人已经打到望都，从定县城里可以听到北方的炮火越来越近了。然而，就在梁斌回城的路上，见南城门一队队车马从蠡县城里仓皇而出，是做官的县长、公安局长带着保安队和家私先弃城而去了，公安局只剩下一个分队。梁斌在南城门劝说流亡的人们留下来抗日，可是没有任何效果，他便只身进城，马上与“抗救会”各位领导商量，并与上级组织联络以后，决定去公安局缴枪，成立自己的抗日游击队伍。于是，“抗救会”组织人马来到了公安局，他们对剩下的留守人员喊着：“保定失守，敌人来了！是抗日的跟着走，不抗日的把枪放下！”然后一齐冲了进去。留守的警察长陈金波支持他们的义举，说：“好，国难当头！来拿枪吧！”他拿出钥匙，打开枪械库。“抗救会”的人们迅速取下架上的枪。警察长又打开子弹柜说：“这还有子弹。”这样，他们竟有了七十二支枪和不少的子弹，组成了一支一百九十多人的抗日队伍。就在保定沦陷之夜，蠡县的第一支游击队诞生了。这段令人心潮澎湃的难忘经历，也被梁斌记录下来，后来写在《烽烟图》中。

一天，他和廷华在街上看到了保二师同学朱瑞祥。朱瑞祥参加过二师“七·六”学潮，并被捕入狱。今天他却穿着一身灰军装显得挺精神。梁斌和廷华确认无误后，就上去跟他打招呼，并请瑞祥进附近的小饭馆吃饭，想借机叙谈叙谈他的近况和近来的抗战形势。原来，国共协定签署之后，在一致抗日的形势下，彭德怀同志写信给万福麟，他们这些被俘人员才得以获释，并参加了国民党的五十三军，于是才有了今天与老同学相见的机会。梁斌在《烽烟图》里写运涛、江涛兄弟被捕出狱，就是根据这一亲身经历。他们从朱瑞祥那里了解到一些抗日前线的情况，朱瑞祥沉痛地介绍：前线士兵，在蒋介石的“不抵抗”政策下，进退两难。军队虽然想努力作战，但情况不允许……日寇进攻时，眼看大片国土被占领，战士们急红了眼！可是，枪炮弹械政府都不补发，拿什么去打仗？连医药都没有，伤兵呻吟着……这样的情况能抗日吗？“我们这就亡了国了……”瑞祥说着，顿足痛哭起来。临别时，他告诉梁斌自己将随军到郑州集结，到了大后方，他就要去延安了！梁斌也动了同样的打算，但路途遥远，没有资金，这暂时还只能是一个美好的愿望。

这段时间，梁斌为抗日在蠡县、石家庄及河南林县等地周旋。直到1938年春方回到家里，家中的情况已经大为改变。弟兄六人分居了，侄子们分在小东院里，梁斌的老父亲一人住在门房里。妻子见他平安归来，含着泪烧了三炷香，跪在地上磕了三个头。三哥向梁斌解释了分家的过程。见孩子还小，妻子一个人无力耕种分得的田地，他心里翻上倒下，颇为不安。思前想后，梁斌还是说服不了自己就这样留在家里，因为他不能离开抗日队伍，打走日本鬼子是每一个中国人的愿望。他毅然离开了家，去找路一，要向他交代一下出去这几个月的情况。路一在黄城村人民自卫军政治部工作，梁斌在那里意外地看到了远千里，久别重逢，大家有说不完的话，一直谈了好几天。跟着，他又到深县政府找曦亭，能够再见面，两人都很高兴。回来的时候漫天黄沙，风吹得人连眼睛都睁不开，但他的心却被快乐充盈着：“我能够回来，能够见到路一和曦亭，尤其能够见到千里，这是我一生的一大快事。”梁斌用一篇《夜走黑虎岭》，记录了这段五味俱全的颠沛生活。

二、全能社长

抗日战争爆发以后，中国共产党领导的革命武装力量深入敌后，与广大人民群众一起创建抗日根据地。在中共中央晋察冀分局（北方分局）书记彭真和分区司令员聂荣臻等同志的直接领导下，第一个模范敌后抗日根据地——晋察冀边区得以建立。当时，民众文化水平低，农民们绝大部分不识字。为了唤起民众的觉悟，动员广大群众投身到全民抗日斗争之中，迫切需要对其进行宣传鼓动工作。于是，各种各样的剧团如雨后春笋般地应运而生，它们以喜闻乐见的文艺形式宣传鼓动群众参加到抗战中来。

利用文艺团体宣传民众这一形式不是谁的发明，而是中国民众的选择。在梁斌的老家蠡县，当"抗日救国动员会"在各村巡回演讲动员时，"台上的人大声疾呼、喊哑嗓子，台下的群众却是寥寥无几，而且来来往往，站不住脚，听不入耳。有一天，一个宣传小组感觉实在没有好办法了，就突发奇想地让一位女学生唱了一首歌《松花江上》。谁知，竟引起农民们的兴趣，像'磁铁'一样把走动的群众吸引过来，一位大娘上来拉住她的手说：闺女，再唱个'葱花姜'（松花江）吧，着实好听歘！一个歌唱了几遍竟听不腻，而且人越聚越多。”① 从此，他们像发现新大陆一样，选择了最具优势的抗战宣传工具——大众文艺演出。1938 年 2 月，新世纪剧社在蠡县诞生了。

其时，全国抗日剧团已遍地开花。很多地方成立了不同名称的剧团，用多彩多姿的歌舞、地方戏剧、歌剧、话剧、活报剧等形式来开展抗日爱国宣传，掀起全民性的抗战高潮。戏剧一时成为抗战初期最具影响力的艺术形式。仅上海一地，就成立了十三个救亡演出队，著名作家、艺术家纷纷参加演出，活跃在抗日前线。在抗日根据地，群众性文艺演出活动格外活跃。仅北岳区和冀中区，村剧团就曾发展到三千多个，涌现了成百的“模范剧团”。其中，冀中军区火线剧团、蠡县新世纪剧社、平山县青救会铁血剧社，还有大众剧社、群众剧社等，都是当时颇有影响的剧团。1938 年春，梁斌从豫北林县执行任务后回到蠡县，老朋友们一看到梁斌回来都格外高兴，“梁斌同志是抗战前的地下党员，又是戏剧专科学习毕业，是个难得的人才……”②梁斌的到来给大家带来了新的希望与力量。朋友们先请他在高小给学生们做了几次戏剧讲座。然后，按照县委的指示，由他担任新世纪剧社社长，开展抗战鼓动工作，原社长张春霖去抗战学院学习。

本来，当时的县委书记郭春园认为，按照梁斌的能力应该担当更重要的职务，所以想调他去领导青年救国会的工作。但梁斌却对这个“新世纪剧社”情有独钟，这个选择是梁斌在对自己进行了极其清醒、客观的分析以后做出的。他回忆起自己参加革命工作以来的经历，特别是近一两年的风风雨雨，越来越盼望能有一个既能最大限度地投入革命，发挥自己的作用，又能将自己的特长施展出来，从而得到提高、完善的工

①②傅铎：《往事沧桑》，解放军出版社 1995 年版。

作。他曾经看了那么多文学方面的书，中国的、外国的，现代的、古代的，又专门学过戏剧，眼前这个新世纪剧社的工作，对他来说再合适不过了。虽然很艰苦，一切从头开始，可这里确实很需要他，从事这项工作不仅能为抗战唤起民众，而且将会使他朝着梦寐以求的“写一本书”的理想迈进一大步。

新世纪剧社的成员是一些青年学生、小学教员，平、津、保流亡学生占百分之七八十以上。其中有梁斌高小时代的同学齐祖耀、傅铎、张振山和刘纪。剧社当时刚成立，只有二十多人，演员们的平均年龄不到十六岁。女的只有彩云和段森能演戏，其他角色只有靠男扮女装，如沈雁演青年妇女，郭克演老太太，振山演老人和日本鬼子。祖耀和傅铎是台柱子，能饰演多种角色。刘纪管理总务，王文波和振山搞舞台装置，还负责写标语、画墙画。剧社设在一所土坯小房子里，他们的衣服被褥都是自己从家里带来的，每人发一辆自行车，沿村演戏时，就用车子驮着幕布、极其简单的家什和汽灯。生活简朴，条件简陋。而且，当时的保定是敌人的重要据点，所以他们经常在战争的炮火声中演出。那时，不仅没有道具、服装，而且也没有现成的剧本，所以梁斌来到这里，不仅要指导他们演戏，还要亲自编戏，亲自做导演以及舞台设计、制作、监督、演员等。于是，大家称他为“全能社长”。又因为他的平易近人，从大到小都叫他“老梁”。为了了解这一段历史，笔者专门对分散在北京、天津、石家庄、上海、广州的剧社演员进行了采访，此时他们中的最小年龄者是八十二岁。

编剧兼导演

作为剧社，首先是演戏，要演戏先得有剧本，那时，除了《放下你的鞭子》几个公演的剧目以外，再无他选。战争年代，去哪里找剧本？于是，梁斌动手写了他的第一个剧本《爸爸做错了》，并亲自导演。这是根据廊坊地区的一件实事改编的。大致内容是：日军到来，当地一位乡绅带领群众打着日本国旗迎接，并在家设酒款待。夜间，日寇要“花姑娘”，赶着乡绅的两个女儿满院子跑。群众愤怒地打死了日本鬼子，姑娘指责父亲：“你做错了！”乡绅泪流满面，低着头承认：“做错了！做错了！”情节并不复杂，但艺术处理得很精彩，加之剧本有着强烈、积极的现实意义，“乡绅”这个人物也具有典型性，所以《爸爸做错了》一开演就打动了观众的心，演出效果很好。据演乡绅女儿的段森回忆说：“戏开始时，台下鸦雀无声，继而怒吼、打倒之声不绝。演到后半场，台下群众竟然全场轰动，并连声呐喊。简直就像真的似的，到后来我倒被这场面感动得热泪盈眶……”梁斌自幼看戏，没见过这么热烈的场面，同台演出的京剧名演员、女老生卢桂芬，看了后对演出给予了高度评价，从此她也对话剧另眼相看。老朋友们更是赞叹不绝。这出戏打下了梁斌在新世纪剧社工作的基础，此后的几年中，全冀中区的县、区、村剧团相继演出此剧，不下千百场，竟成了保留节目，可谓盛况空前。初试笔锋的梁斌，虽然是在那样特殊的年代里，为演好新戏自己动手编写，显得比较匆忙，来不及精雕细刻，但此剧通俗易懂而又感人，恰恰切合了广大群众的欣赏要求。梁斌把自己忠于生活的现实主义作风带到戏剧创作中，在当时大获成功也完全在情理之中。

当然，刚刚涉足戏剧创作领域，他的作品也不是每部戏都能得到群众满意的掌声。比如他曾创作了三幕歌剧《抗日人家》，这是当时中国抗日战争中最早用歌剧形式宣传抗日的作品之一。起因是他在饶阳一带活动时，发现村干部因忙于工作，几乎不怎么种地，田地里普遍野草茂盛。剧本的立意，即在于说明既要搞抗日，还得种好地的道理。这虽是一个值得重视的问题，梁斌的劝告也很中肯，但对剧中一些进行政治说教的唱词，群众却不买账。因为他们不习惯，也听不懂。从而，梁斌明白了：当作者过分追求剧本的教育意义时，他的创作就有可能失掉应有的艺术价值，背离群众的审美取向。

后来，梁斌又创作了五幕剧《五谷丰登》。剧本写在冯家打长工的小囤与冯家姑娘雅红相恋，遭到冯老锡的拦阻，后来小囤参军，当上游击队大队长，并同雅红有情人终成眷属的故事。梁斌对这出戏的语言较为满意，但或许是为了纠正《抗日人家》中的简单和公式化的说教，《五谷丰登》的情节又过于曲折，过于追求戏剧性，失去了生活逻辑的真实，观众也不乐于接受。在付出艰辛的努力之后，这些正反两方面的经验就成了他宝贵的财富，当环境允许他全身心地投入到文学创作中时，才能运用自如地创造出令人满意的佳作。以后梁斌为纪念"七·七"事变，以二十九军团长吉星文血战卢沟桥为背景写的《血洒卢沟桥》等剧，又都受到了观众的热烈欢迎。

梁斌在导演话剧时，运用在山东剧院学到的理论，指导演员排练，每到这时他就变得很严厉。据刘光人、刘敬贤、李莉等人回忆：梁社长平时和气极了，可只要一排戏，就严肃起来，丝毫不含糊，严格得让人受不了。他本来就是一个十分坦率的人，自己的缺点从不隐瞒，在排戏时就更来得干脆，每到这时就绝对得听他的，达不到基本要求绝对不行。他有一套高标准的要求，要求每个演员必须记住，经过他们几个人回忆凑出来这么几条：强调台词的重复表演与即兴表演相结合；在节奏的掌握上，强调表演的力度、速度和幅度。而且，他还正规、严格地训练发声，演出时他要求演员：（1）声音要达远（气息充足，传送的力度大）；（2）吐字要清晰（音强的力度与音长的延伸）；（3）语调要鲜明（合理地放大与夸张）；（4）台词要连贯（按几幕几场的顺序完成）。他特别强调在语言和动作的幅度上，话剧要求合理地夸张。尽管就当时的演员素质来说是不可能达到他的要求的，但是梁斌有他自己的认识，他认为必须给演员以期望和要求，因为话剧与电影不同，电影是遗憾的艺术，而话剧演员每一次演出都有新的体验和提高，上一次的不足可以在下一次改进。所以，让演员充分了解表演技巧和表演艺术的最高要求，提高演员的表演理论水平，他们才有可能在一次次的重复表演中不断体会、回味，逐渐提高演出水平，从而收到良好的演出效果。看来梁斌不仅自幼喜欢唐太宗“取法于上，仅得为中，取法于中，故为其下”的见地，而且在生活和工作中，认认真真地追求这一境界。因此，经他导演的剧目，就是与众不同。

1938 年秋，区党委成立了北上工作团，到苏桥去建党，新世纪剧社随团同行。初次出征到远方工作，同志们都很高兴，举着大旗，唱着救亡歌曲，一路直奔苏桥。由于日寇正在进攻四十里外的胜芳，枪炮隆隆，这里的群众也作了战争准备。在苏桥，剧社上演了《放下你的鞭子》、《爸爸做错了》等剧目，群众情绪高涨，深受感动。因为敌情紧急，新世纪剧社转道雄县演出。随后剧社又到霸县五分区等地演出，因为这里已深入平、津、保三角地带，经常打游击，剧社很快因敌人围攻而再次转移。根据鲁贲同志的指示，剧社又去蠡县、清苑等地演出。连续转战演出，使他们的演出效果越来越好。在清苑的清凉城演出《放下你的鞭子》时，当戏中卖艺的小姑娘唱完《松花江上》之后，老艺人向观众要钱。这本来是戏中的情节，可台下观众信以为真，纷纷往台上扔钱。前台主任出去解释、劝阻观众不要扔钱，但观众被剧情打动了，就是阻拦不住，一时间扔上去的铜板达九百多枚。不仅如此，台下的青壮年小伙受到感染，纷纷报名参加抗战。一个年岁不大的小伙子叫马汉三（以后改名为石坚，原天津市人民代表大会副主任），他把妈妈给他买烧饼的三枚铜板都扔到了台上。演出后，梁斌慷慨激昂的抗战演讲，更令他激动，决心参加抗战队伍。几个月后他参加了晋察冀一分区的战线剧社，演的第一出戏也是《放下你的鞭子》。几年后他偶然见到梁斌，马上认出梁斌来，兴奋地说："哎呀！老梁，你就是我革命的引路人！你还认识我这个小马吗？"在采访时，一提起这件事，八十三岁的石坚就异常激动，当时就唱起了《放下你的鞭子》中的两段曲子，而且还一边表演一边唱，真是让我们大饱眼福。

在给演员上课和具体导演戏剧时，梁斌比较强调演员应注意与观众的沟通，主张在演戏时，不仅凭演员对剧本矛盾的理解和演员心理节奏变化的感觉与体验，还要借助剧场观众的反应来调整自己的外部节奏（自然是包括形体节奏和语言节奏）。同时，靠观众在剧场的信息反馈帮助演员进行判断与选择。经过频繁的演出实践和演出后的互相评判、总结，他们的演出水平有了明显提高。

演出话剧《活路》时，当剧情发展到日本鬼子骑在剧中主人公——老头的身上寻开心，老头的儿子、女儿奋起反击，痛打鬼子时，台下观众群情激奋，拣起砖头、瓦块投向鬼子，造成了台上台下一齐痛打的场面。一次在闭幕之后，扮演日本鬼子的张震抱着脑袋跑回后台，喊道："哎哟！好疼啊！把脑袋打了一个包。"别看打了一个包，他仍非常得意和高兴，这证明他演得成功。在演出话剧《张家店》时，剧情发展到日本鬼子兽性大发要奸污一个少妇，扮演少妇的演员沈雁拿起菜刀要砍鬼子，菜刀刚刚举起，观众在台下齐声呐喊助威："杀！杀！"当菜刀放在鬼子的脖颈上，下边观众又是一阵喊叫："使劲！使劲！"接着是一片掌声、一阵呐喊。本来排演时就是砍一刀，可是当时台下观众鼓掌称快，为什么不顺从民意，来个大快人心呢！于是沈雁当场加戏，砍了一刀又一刀，台下掌声阵阵，喝彩声一浪高过一浪，台上台下浑然一体，既长了人民的志气，又灭了鬼子的威风。每个戏的演出，都在不同程度上有所改进和即时发挥，从而起到了唤醒民众的作用。

梁斌带领剧团围绕抗战不同时期的不同问题，编导演出。比如《活路》和《自取》，就是针对当时在民众中存在的对抗战的种种不正确认识而创作的。剧本《活路》中写了一个老头，他的论调是“六十年一个花甲子，在劫难逃，谁来了给谁拿粮。谁得了天下，谁布告安民，谁也不能不要老百姓”。这种甘当顺民的思想，当时在一部分老年人身上有代表性。结果日本鬼子打来了，现实打消了他的幻想，他才恍然大悟，懂得了亡国奴不如丧家之犬，只有抗日才是活路。《活路》通过剧中人的转变，教育了观众。另外，国民党军队在败退时，为了掩盖恐日心理，他们在群众中散布了许多亡国论调，宣传日本帝国主义不可战胜。他们说：“日本人的武器好比长梭镖，中国人的武器好比剃头刀。”“现在连英、美都不敢和日本交战，我们是小菜一篓。”这些议论在部分群众中造成了很坏的影响，使他们产生了悲观失望情绪。但是梁斌他们的《游击队》与《胜利归来》两个戏的演出，批驳了日本帝国主义不可战胜的论调。不少群众看完戏之后，找剧社演员倾吐肺腑之言。他们说：“‘七·七’事变，国民党夹着尾巴跑了。县长带着太太，脚板上抹油溜了。剩下老百姓手无寸铁，谁想到能有今天。你们演的戏，给咱老百姓擦亮了眼睛，长了志气，明白了道理。咱们这么大的中国，这么多的人口，联合起来还打不败日本侵略者？……”有的村子为了表彰新世纪剧社的演出，给他们赠了“唤醒民众”、“抗日先锋”的锦旗。

然而，这些演出，经常是在战火中进行的。在那段时间，他们天天在枪炮声中转移、演出，鼓舞浴血奋战的新区军民，壮大八路军的声威。演员们看到了革命文艺在实际斗争中的作用，心情格外痛快！那时，平、津、保的日伪军向大清河以北展开五路围攻。有一天，他们正在安新城里演出时，从保定出动的敌人逼近了县城。梁斌沉着、镇定，按事先安排的应急措施，指挥大家一面照常演出一面收拾东西，戏演完了，幕布一卸，装上马车，出城转移到白洋淀边，乘船顺水路向南撤离。经过一路战斗一路演出，他们最后又回到了蠡县。这种一边演戏宣传抗日，一边打游击的生活是当时新世纪剧社最常见最平凡的场景了，梁斌把它写入了《两走白洋淀》里。

频繁的行军与战斗是抗战时期所有剧社的家常饭，对社长梁斌和他的战友们来说已经习以为常。后来，因汉奸进城，蠡县失守，剧社就搬到距城东三十里的王家营村安营扎寨。虽然战火迫近，但演员们在梁斌的带领下工作一如既往。每到一村，不用梁斌说话，大家读书的读书，写剧本的写剧本，有人到小学校里去教救亡歌曲，有人到大街上写街头诗、写标语、画墙报，搞得热火朝天。一次，敌人在离此不远的大王村围击四分区的一个机枪连，疯狂的扫射连屋檐都给掀了下来。战士们大都壮烈牺牲，只有几个人因躲进柴火垛才幸免于难。剧社只得撤出王家营，过潴泷河，回到区党委。这以后，剧社更是每晚行军。三路纵队，两边是军队，把群众团体夹在中间，一行军就是跑，跑得腿肚子痛，一二〇师的战士们管这叫做“行军的政治工作”，一个晚上就能跑个百八十里地。有时在大街上一停下来就睡着了，有时甚至一边走着就睡着了。还有一次，早饭刚熟，敌人包围上来，战士们一人盛上一碗饭，边吃边跑，一颗炮弹打过来，落在旁边，炸起黄土落满身。他们的演出得到了广大农民和战士的热烈欢迎，也受到了黄敬、高铁英等领导的赞扬。由于梁斌担任剧社社长使剧社的面貌焕然一新，也提升了剧社的地位，新世纪剧社就由蠡县调往高阳县，升格为冀中区党委直属剧社，从此便直接受黄敬同志的领导。

由于敌人的扫荡，剧社无法过路，只能滞留在蠡县的东莲子口村。

这天梁斌抽空回家看看。走到门口，老父亲正坐在那儿，见到他回家来，不由得笑了，孩子也跑过来搂着爸爸的腿叫着：“爹回来了！爹回来了！”妻子也高兴地招呼着，中午还包了饺子。梁斌在家住了三天，到弟兄各家去看望了一下，因水涝成灾，几乎家家都没有柴火，粮食也不多，困难重重。梁斌感到很难过，这几天已经听了不少有关妻子跟几个兄弟媳妇都合不来的事。每次回来心里总是不好受，然后，又都是硬着头皮离开，回去工作。他想：“顾家不能报国，报国不能顾家，既要报国，这家也就不顾了吧。”

严师慈母

剧社的演员是从城关及四乡集拢而来的，大部分是学生，都没有学过戏剧理论，更没有受过戏剧专业训练，亟须提高表演水平和艺术修养。梁斌一到剧社就在这方面下了很大的工夫，他先从教学入手，给演员开课。首先，根据人员情况大致划分为：一个专门从事创作研究的文学组；一个负责作曲和声乐的音乐组；一个负责戏剧表演、化妆、舞台设置的戏剧组；一个负责写画的美术组。他根据课型选择了相应的教师，先后开了“戏剧概论”、“舞台表演”、“化妆艺术”、“发声法”、“演员修养”等课程，组织剧社演员系统地学习一些最基础的业务知识。另外，每人一本《中国近代史》，每天早晨全体人员一起学习，后来还给大家讲了《辩证唯物论》。这样的业务学习和政治学习，使剧社的生活非常紧张和辛苦。许多以后进来的演员开始很不习惯，他们感到惊讶：这里怎么比学校学的东西还多？区党委书记黄敬、副书记鲁贲先后到剧社了解工作情况时，看到这里的情况也很意外，忍不住赞扬道：“区党委还没开始政治学习，你们倒走在前面了！”梁斌不仅有计划地组织大家学习，不断提高业务水平和思想政治水平，还按照自己的一套办法做好剧社这个集体的思想政治工作。比如在新世纪剧社这个团体中，演员们年龄都不大，来自不同的家庭，有着不同的脾气秉性，尽管战争年代紧张而艰苦的生活磨炼了人的意志，外来侵略促进了民族团结，但在一起的时间一长，相互之间难免产生意见、摩擦，甚至纠纷，为了使演出能顺利进行，梁斌明白要促进演员们的团结，重要的是要提高他们的基本素质，于是他号召演员们结合理论学习和实际问题，开展批评与自我批评，自觉提高自身的思想政治觉悟。在讨论会上，经常看到你一言我一语，把自己想说的话都说出来，既让大家心情舒畅地演戏，同时还能收集到不少好的想法，有利于剧团的建设。

但既然是批评会，就不可能老是一团和气，一些直截了当的批评使有的人无法接受，心里很不高兴，甚至使矛盾激化。比如，傅铎就曾因此而负气出走，离开剧社到高阳县部队上工作去了。这使梁斌深感惋惜，他是剧团里的台柱子啊！梁斌竭尽全力劝解和说服他，让他理解开展批评会的做法完全是出于剧社的长远发展的需要，他说："接受批评是很难受的事，批评的又不一定那么准确，可这样的风气必须树立，容忍一下就过去了，给其他人做个表率吧。"梁斌的真诚并没有使正在气头上的傅铎回心转意，他还是走了。尽管出了这样不愉快的事，梁斌仍然坚持这样做，用交流意见的方式促进团结，增加剧社全体人员的凝聚力。出人意外的是，没过多久傅铎又主动回到剧社，原来他很快认识到了自己的错误，感到新世纪剧社这个团体是最有魅力的（中华人民共和国成立后，傅铎成为中国出色的演员和戏剧家、八一电影制片厂政委。他还念念不忘在新世纪剧社的那段宝贵的生活经历）。通过傅铎的出走和回归，梁斌也检讨了自己工作做得不细、不周到，若是他不回来，会给剧团造成多大损失呀！此后，刘光人也遇到了接受不了批评的情况，但结果就与傅铎有些不同了。

事情是这样的：刘光人十几岁就来到剧社，他聪明好学，工作热情高，很快适应了剧社的生活，大家都很喜欢他。那些年岁大一点的都把他当做小弟弟，吃饭时他经常坐在炕头上，吃完一碗就对在炕下的老齐喊一声："老齐，再来一碗!"老齐乐于服务，高声唱喏道："是喽，再来一碗!"这样习惯成自然，几乎天天如此，有的人就会有看法。在一次生活会上，董国均对刘光人提出了批评，说这是地主阶级少爷作风，在这里是不应该的。听了批评以后，刘光人愤然离开会场，扑到草甸子上大哭一场，哭着哭着，他想到自己确实出生在大地主家庭，在家是四世同堂的长孙，吃饭时从来都是吃一碗，让姑姑、婶婶再给盛一碗，已经习惯了，如今在集体中这样做，难道不是问题吗？人家提的也没错呀！……[1]虽然认识到了，但他还是缺乏从作风的高度承认错误的勇气。没想到这时，梁斌走了过来，耐心地给他做工作，亲切地告诫他："是啊，这不是在家，是剧社，是革命大家庭，偶尔可以，总这样就不应该了，你说是吧？批评你的人并不是不喜欢你，而是要用更高的标准要求你，希望你成为一个优秀的演员。"刘光人回忆说："那时，梁斌的一席话说得我心服口服。后来，在生活会上我主动检讨了自己的错误。从那以后，我不仅吃饭再也不上炕了，而且还学会了关心别人，后来还被梁斌介绍入党，当上了副社长。"由于有互相帮助、以诚相待的氛围，剧社出现了更加朝气蓬勃的新气象。

梁斌讲课时，演员们都认真听，做着记录。对于有些听不懂的，梁斌就给他们做单独辅导。当一些人不努力或缺乏信心时，梁斌就耐心劝说，对学习好的他更是不断鞭策，他曾经这样对大家说："要不是为了

---

①刘光人：《在历史的台阶上》，群众出版社 2001 年版。

打日本，谁舍得让自己的孩子出来遭这样的凶险。还都是上学的年纪，要是在学校里都会是甲等生呐!”就因梁社长这一句表扬的话，让张文苑受益一生，总以“甲等生”为目标鞭策自己，最终在事业上取得了成功。

为了进一步组织好教学，必须充实教师队伍，梁斌努力寻找能当老师的人，聚集各种人才，想方设法在抗战时期极其困难的情况下，把剧社办得尽可能正规，能演出让观众满意的戏剧来。梁斌把这件事看得比什么都重要，因为这是为抗战宣传做工作。为此，他曾经冒着很大的政治风险收留了一个从北平敌占区来的高中生做文化教员和演员。

那是在梁斌临时担任蠡县游击队十一大队政委的时候。一天，有人报告说抓到一个奸细，自称是北平来的学生，投奔抗日游击队，问是枪毙还是先扣押起来。梁斌听后跟队长建议，还是先审问一下为好。于是，他对刘之家进行了详细审问，经过了解，刘之家是一个从北平来参加抗日的高中生，十九岁。刘之家在保定第二师范毕业生刘家旬那里得到一条手绢，上面写着“朱焕昌”三个字，让他拿着手绢到根据地找抗日游击队，梁斌知道这是五分区司令朱占魁的代号。可是他说不清要找的人在哪儿，是干什么的，所以刚到这儿就被抓住了。当时，正处于战争的特殊时期，从敌占区来的人，没有身份证据和联络关系，不是被扣就是被杀，很难留住。梁斌觉得刘之家不像奸细，而且愿意抗战。另外，他有文化，闲时还能给战士们上文化课，特别是将来说不定还能成为剧社的教员，觉得应该留下他。梁斌与队长商量后，决定留下这个人，但要有所警惕。当时这个举措，梁斌是冒着一定的政治危险的，收留一个农民很容易，可收留一个从北平敌占区跑到这里来的高中生总不是那么稳妥。另外，刘之家能不能适应打仗的游击生活也有很多不确定因素。好在刘之家没有辜负梁斌的厚爱，他不怕游击生活的种种困苦，慢慢取得了大家的信任，也真心感谢梁斌的保护。后来，他终于成了很好的文化课教员和小生演员，剧社所有的小生角色，都由刘之家扮演，因为他长相很清秀。不久，梁斌还发展他入了党，甚至想让他担当指导员。梁斌这种为了工作和事业，把自己置之度外，爱惜人才、保护人才的精神一直感染着身边的演员们，而他那为争取全民抗战所具有的胆略和眼光更受到人们的尊敬。

于是，一个完整的教师队伍组成了：梁斌自己负责上“戏剧概论”课；远千里上“创作”课；沈雁、张震讲“戏剧表演和化妆”课；刘之家上“文化”课；陈春耀是音乐组组长，讲“发声”课，他经常单个指导演员们做上腹式呼吸、下腹式呼吸、练声和试唱。梁斌的三幕歌剧《抗日人家》就是他谱的曲。这个小广东人可认真了，很受大家喜爱，又因长得有点黑，人们亲昵地称呼他为“夜明珠”。新世纪剧社不断创新和完善，在冀中越来越有名，后来冀中党委决定把大众剧社也合并到新世纪剧社里来。于是剧社壮大起来了，成员达七十人之多，这下梁斌的担子更重了。

在新世纪剧社里还有一个“小鬼队”，都是十二三岁的孩子。他们视梁斌为父亲一般，自然梁社长在他们身上所倾注的关爱也就不言而喻了。1940 年 5 月，一个叫胡汐的女孩当时既想抗日，又想继续学习，听说剧社除了演戏还能学到东西，就来到剧社。她随部队行军四十余里来到了北大悲村，第一次穿上军装高兴极了，终于是个八路军了！然而摆在她面前的困难接踵而来：首先，从家庭到剧团，生活发生了很大变化，娘不见了，周围都是陌生人，她不知对大家说什么好，大家彼此有说有笑，歌声此起彼伏，她什么都不会，只好傻乎乎地待在一边儿。不久，她就开始想家了，要回趟家对娘说说知心话。她请假未准就哭了，哭得是那么伤心，回宿舍躺在炕上，两手捂住眼抽泣着哭个不停……

"小胡，怎么哭啦?"这语气好像是妈妈，她赶忙擦了擦脸上的泪水，两手错开了个缝，一看不是妈妈，是梁斌社长。她敬重他，觉得他是个长者，又畏惧他，不知他要怎么教训她。她慢慢坐起来，没想到他不仅没训她，还和颜悦色地笑着说："我给你讲个故事吧!"他问："你见过孵小鸡吗?"胡汐没想到他竟提出这么一个小问题，擦干了脸上的泪痕，说："见过，见过! 鸡，鸡廿一天……"这是在家时姑奶奶（保姆）告诉她的。姑奶奶年年孵一窝小鸡娃，可好玩儿了! 梁社长耐心地说："你知道吗? 鸡蛋由老母鸡孵过廿一天后，就变成了小鸡，小鸡用嘴把蛋壳敲开一个口，慢慢地就把鸡蛋皮挤破了，小鸡就学着站起来，学着走路，走出蛋壳跑到大地上来了。"胡汐想起自家的小鸡叽叽地叫着，长着黄茸茸的细毛，乱跑着找米吃的样子，真喜人，真好玩儿! 梁社长这时又说："小胡! 你说这时小鸡还能回蛋壳里去吗?"胡汐答："回不去了，鸡蛋变小鸡了!"梁社长又接着说："人也是这样，长大了，就要到社会上来学习、工作，现在就是要抗日，宣传抗日就是抗日工作嘛!"胡汐想通了，梁社长的比喻使她恍然大悟。从此她每天早上出操，练声唱歌，开会，看排戏，逐渐融入到集体里来。后来胡汐与刘之家结为夫妻，在采访她时，胡汐动情地对我说："梁社长是我们的良师慈母，那时我很不懂事，多亏了他和剧社同志们的帮助。梁社长对我们这些小孩子一样的演员既严格要求又循循善诱，现在想起来他真是不容易啊!"

梁斌是个有慈母心，又是有着很强原则性的人。有人说他认死理儿，不灵活，他自己也承认。他为追求真理不惜一切，他严明纪律不分大小亲疏。即便临时参加文艺培训学校的学员，他也不放过。一次文训班在曲阳县韩家峪开办。韩家峪一带山沟长满了枣树，圆溜溜的青枣挂满了树枝。树下就是他们的课堂。随着学习时间的延长，树上的枣儿由青变白，由白变红，到金秋时节，红彤彤的枣压得树枝向下坠，是个大枣丰收年。老乡们把枣打下来，撒到房顶上把它晒成干枣。学员邢皓住的房东家，满房顶晒的都是枣。一天他借到一本《新民主主义论》，为找个安静地方读书，爬着梯子到老乡房顶上，坐在后房沿上看书。看了一会儿书抬起头，看着满房顶的枣，一个个红得那么诱人，甜甜的气味扑鼻，顺手拿起一个红枣，圆溜溜的又光又亮，用手一捏硬邦邦的，放在鼻子上闻了闻，有一股诱人的甜味，下意识地就放到了嘴里。一咬“嘎嘣”一声又脆又甜，接着又拿起一个放到嘴里。于是他一边看书一边吃枣，和煦的阳光洒在身上暖洋洋的。这时同学喊他下山，他就蹲下身子往褂子口袋里装枣，口袋装满后，站起身要下梯子时，忽然看见房东大爷在梯子上，露着半截身子，见他要走时才说：“同志，我们这里有个规矩，树上枣地里瓜许吃不许拿。你吃就吃吧，别揣俺的呀!”听老大爷一说，邢皓脸红到了耳根子上，恨不得有条缝能钻进去，忙尴尬地说：“不让吃还给你。”随手把枣掏了出来，还把口袋翻过来让他看了看，老大爷看了他一会儿，才慢慢地爬下梯子。

他以为这事就算完了，不料，刚要下去，又听房东大爷在院子里对组长周英说他揣枣的事，心想坏啦，周英说不定向领导汇报，等着挨批评吧，心中像长了草似的不踏实。一天，周英邀邢皓到村边大树下，坐在一块大石头上说：“咱们唱歌吧。”他们先唱了《在太行山上》，又唱了《大刀进行曲》。后来他又说：“咱们唱《三大纪律八项注意》吧。”邢皓一听就明白了。唱到最后两句，梁斌听着歌声走过来，说：“唱得不错呀。”他看了邢皓一眼，又说：“你是邢皓，深泽县的，还是区儿童团长，对吧？你知道《三大纪律八项注意》这歌词是谁写的吗?”邢皓说：“不知道。”梁斌说：“这是毛主席亲自制定的。”接着给他们讲了这首歌的来历和三大纪律八项注意的重要性。周英说：“我们唱这支歌是做自我批评，邢皓前几天拿了老乡的枣。”邢皓一听脑子“轰”的一下

◎ 笔者在石家庄采访时与路一的夫人孟昭芳女士（右）和邢皓（中，原中国人民解放军63军189师政委）的合影

子，脸就红了，心想："你真不够朋友，还老乡哪！告我的状！"用鼻子向周英哼了声，瞪了周英一眼。梁斌笑着说："来，咱们坐下，我问你们一个问题。"邢皓坐下后低着头不说话，梁斌问："邢皓，知道同志两个字的含义吗？"邢皓说："一块儿打日本干革命就是同志呗！"梁斌深入浅出地给他们讲了志同道合的含义。邢皓接着问："那刘备、关公、张飞他们一块儿打曹操是不是同志呀？"梁斌说："不是。他们是江湖上的哥们儿义气。哥们儿义气不讲原则，不论好事坏事，只要是哥们儿就拔刀相助。我们革命队伍里也有因老乡关系而互相包庇的，这是哥们儿义气，我们不要学……不要怕别人知道自己的缺点，不然怎么得到领导和同志们的帮助呀！邢皓你说我说得对吗？"梁斌的话，好像良医对症下药，句句点到邢皓的病处，深深地印在邢皓的心里，令他终生难忘。

邢皓把这次对话称作“终生难忘的教诲”，他一边对我说，一边眼含热泪地感叹：“这并不是很多人可以做到的，我觉得这样的领导不多……以后我在工作中对待年轻一代也采用这样真诚的方式开诚布公，延续这种优良传统……”

战斗指挥员

1939 年春，为了应付敌人的春季大扫荡，剧社人员全部化整为零，分组下到各村活动。梁斌接到上级指示，出任蠡县游击队十一大队政委。梁斌觉得自己是搞文学的，搞军事不是他的长项。但县委书记郭春园告诉他，这是黄敬同志的命令，必须执行。就这样，梁斌离开了新世纪剧社，来到游击队十一大队开始了新的征程。游击队十一大队原队长是个很不称职的人，后来竟擅自回家了。梁斌到这里不长时间，就自己一个人承担了全部工作，既是指导员又是队长。他先用了一个月的时间对十一大队进行了改编、整顿，按编制分级管理。大队下设三个中队，其中一个是特务中队。中队下设小队，每个小队有三个班。这样全大队一人一枪共有三百多。在接下来的多半年时间里，梁斌不单要带领战士们配合正规军与敌作战，还要抓捕汉奸、严防奸细混入、协调队内外各方面的关系。他个性中机智勇毅、坚强无畏的一面得以充分锻炼和表现。后来，上级派了一个队长，叫罗澄明，在百二师当过侦察连长，是湖南茶陵人，很勇猛。他说话别人听不懂，也不熟悉这里的地理民情。所以，指挥打仗暂时还要靠梁斌帮助他一段时间。

6 月，接县长命令，要他们去侯家佐为县里的一个重要会议作警卫。他们马上开到那里。这时地里麦浪滚滚，虽麦梢未黄，却也丰收在望；潴泷河两岸，树木成林，郁郁苍苍。侦察员突然报告发现敌情，梁斌派人进一步侦察清楚情况之后，就把部队埋伏下来。说话之间，前面村落上出现了穿黄衣裳的日本兵。那时游击队还没有望远镜，用肉眼就能望得见了。老罗小声对大家说："不要慌，等敌人走到射程以内再打。"眼看敌人先头部队已经过河，在麦田的小道上慢慢走来。游击队员说："开枪吧！政委！"梁斌说："不！再近一点儿！"又过了一会儿，敌人大摇大摆地朝这边走过来。梁斌对罗大队长说："怎么样？打吧！"这时罗大队长先打了一枪，说："瞄准……射击！"枪声响作一团。……敌人越来越多，有步兵有马队，不像是三四百人，眼前小村落的后面还有后继部队，已经转到村前。……敌人的子弹"呦呦"地从头上掠过。可以听得出来，我们的枪声是"嗵嗵"地响，像是多少年的老枪。敌人的枪声是"嘎嘎"地响着，都是新三八大盖。看得见一小队敌人涉过明亮的河水，抱着机枪，"嘎嘎"响着往前跑。游击队的火力压不住敌人……一个教导员腿上受了伤。敌人火力太猛，子弹打得树上的叶子哗哗落着。而且敌人有机枪，游击队没有。梁斌当机立断，马上撤回村里。

妇救会主任见游击队员们回来了，就要去给他们做饭，被梁斌制止住。他说："现在敌情不明，来不及吃饭，给每个人弄点干粮吧。"正在他们一边啃着干粮，一边挖工事，准备战斗之时，有人报告："政委！前方发现敌情！"梁斌隔着墙头一看，有一个日本骑兵小队朝这个方向跑来，后续部队看不清，看样子他们也没发现游击队。敌人越来越近了。梁斌跟罗队长一商量，下命令："打！一定把他们打回去……"说话之间，枪声响了，一阵稠密的枪声之后，那个日本小队被打了回去，可是游击队自己也暴露了。枪声还在响着。

老罗问："政委！怎么办？"

梁斌说："走！"

老罗又问："哪个方向？"

“向南！从四分区旁边插过去，到南莲子口……”

老罗点了一下头，说：“好！”接着又喊了一声：“撤退！南莲子口集合！”……在南莲子口村北等齐了人，已经夕照满天了。连跑了一天，也没吃一顿饱饭，他们决定：今天就住这个村，以班为单位，点火做饭。吃了饭，把衣服烤干，赶紧睡觉。这一觉睡得真是香甜，正睡着，外面有人开门进来：

“政委！政委！”

梁斌一睁眼，刘参谋和几个侦察员站在那儿说：“村东不远有敌人的脚步声，怎么办？”

梁斌没有听完他的话，连眼睛也来不及擦，翻身起来，说：“快！拉出去，村西柳子地里集合！怕敌人包围村庄！”说着，他穿上鞋子，跟着警卫员就往外走。南莲子口村西是一片黄沙地，老百姓因地制宜，种了一大片柳子地，这就成了春季的青纱帐，在村口，罗队长集合部队。走出半里地，停了一下，把队伍隐没在柳子丛里。

他们在柳树丛里埋伏到天亮，确定这股敌人从村东插过去了，村庄已经安全，才转移到常驻地张家庄。大家终于能安安稳稳地吃顿饭了。天热，战士们浑身是汗，就请示说：“政委，让大家下河洗个澡吧。”梁斌答应了。于是，大家痛痛快快地下河洗澡。范县长正好从这里走过，大吃一惊，指着梁斌批评道：“正在反扫荡哩，你带头去河里洗澡，你胆子不小啊！”罗大队长笑着说：“有我给他们放哨呢！”梁斌笑着在水里不敢出来，范县长看着这一幅游击队沐浴图，哈哈笑着走开了。

麦收就要到了，罗大队长去开会，为了让农民安全地把麦子收到手，梁斌经常一个人围着附近的几个村庄转悠，勘察地形，熟悉环境，走着画着，一旦有敌情，好考虑战斗方案，确保根据地人民的安全。这天，孙福基喊着“报告”走进来说：“大汉奸吴发起每天到这里来抽白面……”梁斌知道这个人是有名的大汉奸，百姓对他恨之入骨，于是一拍桌子兴奋地站起来说：“好！你先侦察清楚时间、地点，要掌握规律！”孙福基把情况摸清后来找梁斌，梁斌跟刘参谋商量出擒拿方案，第二天一早就开始布置下埋伏。直到下午，没见动静。突然，敌人的车队出现了，距离较近时，刘参谋发出命令：“注意！正前方，瞄准……打！”这时埋伏在左右的游击队一起开火，敌人不明情况，拼命逃走了。孙福基左手提着枪，右手拉着吴发起的领口走过来。游击队大获全胜。

半年的游击队生活，磨炼出了梁斌勇敢顽强、沉着冷静、灵活机动、审时度势的指挥才能。同时，也给他的创作提供了真实的战斗生活素材，《游击队之歌》和《黄庄之战》两个短篇，就生动地记叙了这段游击战争生活。1939年秋，冀中区党委又把梁斌调回新世纪剧社。

梁斌从第十一游击大队回到剧社时，也正是剧社演员们由分散到集中的时候，剧社被安顿在康北代。康北代是个大村，冀中军区司令部、政治部、区党委等机关都在这里。剧社在这里驻扎，能更多地得到上级领导的支持和帮助。特别是区委书记黄敬对剧社的关怀无微不至，对推动剧社的工作起到了极其重要的作用。他不仅赏识梁斌的人品、才能，而且尽力帮助他，关心他的成长，甚至包容了他的个性。所以，才有了梁斌在烽火连天的战争年代对戏剧民族语言艺术的执著追求与实验，使新世纪剧社工作取得了出色成果。

当剧社社员由分散而聚集至康北代时，为了慰劳大家反扫荡历经的风险和辛苦，黄敬把别人送给自己的肉转赠给新世纪剧社，让大家共同庆贺一番。那时，上至区党委书记黄敬，下至一般工作人员，平时都吃小米干饭熬菜汤，伙食是一样的。这点儿肉对黄敬来说也很珍贵，可他

◎ 1979 年在北京与冀中区党委和新世纪剧社部分老同志合影。第二排左起第四人为梁斌、林铁、程子华、吕正操等

还是惦记着剧社，这非常令剧社演员感动。开展工作以前，梁斌来找黄敬谈设想，黄敬听了高兴地说："需要什么你就开个单子，我派人到天津去买一些布匹啦、化妆品什么的，顺便把需要的都带来。"这样的支持，使梁斌感到浑身有使不完的力量，决心把剧社的工作做得更好。

为了加强剧社工作，上级任命王林当副社长。为此，梁斌想借此机会给大家开一个会，就去区党委请黄敬来给大家讲话。黄敬来到剧社时，会已经开了，梁斌正在给大家讲话。对黄敬的到来他没做什么表示，想自己讲完以后再请黄敬讲。可黄敬站了一会儿就走了。这事过后，梁斌后悔莫及地说："……几十年来，多会儿想起来，都是我心中的'内疚'。区党委书记来了，我应该停止讲话，让他先讲，他讲完了，我再讲，这就好了。再者，他来了应该请他就座，没有座位，他就站着，这也不好。不过，在那个年月，人们习惯坐在地上，或者站着，别人站着可以，不应该叫区委书记站着。”① 其实梁斌的担心是多余的，黄敬并没有在意，他觉得梁斌工作起来就是这么投入，不管不顾，喜欢的就是他这一点个性，甚至也挺喜欢他的不拘小节。以后，黄敬对新世纪剧社的支持仍一如既往。

①梁斌：《一个小说家的自述》，中国青年出版社 1991 年版。

三、戏剧语言民族化实践

梁斌是新世纪剧社的艺术风格和工作作风的创造者，他在这两方面的追求，使新世纪剧社在冀中独树一帜，冀中文艺界都承认新世纪剧社以“演农民戏”著称。也许这就是梁斌的性格，不管做什么都要做出自己的特色来。当时冀中的剧社遍及各地，比新世纪剧社大的有火线剧社，比新世纪剧社小的有铁血剧社、大众剧社等。在众多剧社中，新世纪与众不同的是其特殊的舞台语言。比如，同样演话剧《放下你的鞭子》，其他剧社使用的舞台语言是纯粹的普通话，而新世纪剧社不同，他们用经过加工的普通话。因为在当时的农村，农民们很难接触到标准的普通话，更不要说使用了。他们虽然能听懂，却没有一点儿亲切感，甚至认为那不属于农民，那是城市人说话的语调，所以被当做“撇京腔”予以排斥。比如当时流传着这样一个故事：有个农民的儿子去城里上学，放假回家跟他爹下荞麦地干活，儿子用普通话问爹：“这些红根、绿叶、开着白花的东西是什么？”爹听后，生气地抡起锄头就要打他：“什么？我打死你！上了几年学，就学了这个洋腔洋调！跟你爹咬文嚼字！我非打死你不可！……”儿子吓得一边跑一边喊：“救命啊！荞麦地里打死人啦！……”为什么农民们对语言那么在乎呢？看来语言承载的是农民的文化，语音、语调表现的是民风民俗，常用词语及其搭配体现出说话人的感情色彩。这些如同空气、地形、水土、植被一样具有地域性。梁斌对此感同身受，他知道父老乡亲需要的尊重是什么，所以他所领导的新世纪剧社演戏时，用的是经过艺术加工的河北人说的普通话。它既不是张家口地区的方言，也不是保定地区的方言，更不是哪一个县的方言。当这种语言出现在冀中任何一个地方的舞台上时，都会受到热烈欢迎，那里的农民倍感亲切，演出效果与众不同。在采访中，我特意请刘光人、李莉、段森、胡汐、刘敬贤等几位演员给我说一说那时使用的戏剧语言是什么调，听了以后感到果然是很有特色，他们来自河北的不同地区，他们的家乡话与演戏时的语言有明显的区别。段森的举例更有意思，她说：同样是演高尔基的《母亲》，火线剧社演员把“我是你娘”说成是“我是你凉”，把“儿子”说成“儿之”，他们的普通话里带有南方口音，冀中人听了特别别扭。相比之下，新世纪剧社的语言赢得了冀中农民的欢迎，冀中人就把这种用自己的乡音演出的戏叫做“演农民戏”，音容笑貌与当地农民非常接近。那么，梁斌是怎样创造出这样一种戏剧语言的呢？他下的工夫之大使人震惊。

从担当社长那一天起，梁斌就开始思考怎样才能创造出让观众满意的戏剧，怎样才能艺术地再现抗战的主题。他认真地分析了观众的情况，认为：我们演出的观众是农民，战士来自农民，干部大部分也来自农民，所以我们是在为农民演戏。那么，就应该考虑，怎么让农民看懂，能接受，能提高，就应该怎么演。在题材上，他倾向于及时表现农村中有进步意义的人和事，他选择了就地取材，以农民的生活以及风俗为素材。这样能引发群众的共鸣，更好地为抗战服务。在语言上，梁斌认为应该做到不“撇京腔”，也不用土腔土调，而是把二者结合起来，

◎ 笔者在北京采访时与新世纪剧社部分演员的合影。第一排左起：段森、鲁巍、刘光人、李莉、张学新，第二排左一李万钧、左三杨沙、左四张文苑。此时他们中最年轻者为 82 岁

创造一种以河北语调为基础，用普通话进行一定的艺术加工，形成一种介于两者之间的戏剧语言。

为了使戏剧语言民族化，不仅有语调语音问题，还有俗语、谚语、流行语的问题，这些必须通过到民间采风才能真正实现。就我们现代人的观点看，要在战争年代达到如此境界未免太不现实了。可是，梁斌却做到了。他分析了剧社的演出情况，做了切合实际的实施规划。首先，他根据当时“夏秋季节，冀中大平原有青纱帐作掩护，敌人在此季节难于对根据地做大兵团的出击、扫荡，剧社可以集中起来以排戏、演戏为主。冬季青纱帐倒了，春季青纱帐尚未起来，平原上无险可阻，敌人经

常在此季节举行频繁的扫荡，环境动荡，剧社不适宜集中演出”[①] 的特点，创造了独特的剧社管理办法，为服务抗战和戏剧语言的探索做了实实在在的设计。其方法是：

冬、春季，北方的地表褪去了绿色的植被，也见不到一望无际的青纱帐，只将那黄色的脊梁裸露在寒冷的西北风中。这时，剧社人员开始分散行动，每个人有两个任务：一是帮助地方的社团和农民排练与演出，进行艺术指导；二是采风，搜集农民语言，包括小调、俗语、谚语等，把这些语言记在本子上。通过这种做法，引起演员对农民语言的关注，在记录语言内容的同时，体会语言形式，如语调和表情符号。如果演员能够学会观察生活，能从农民生活中吸取表演艺术的营养，对其演技的提高将会有一个飞跃。在演出时，演员在舞台上的某一个动作，就可能带来笑声、掌声，甚至满堂彩。当然，对一个演员来说，这也不是一日之功。但不断积累，不断演出，不断磨炼就能逐步掌握独特的地方化、群众化的舞台风格和语言风格，剧社才能在冀中大地站住脚。另外，梁斌还要求演员搜集故事。在民间流传的各种故事都要记下来，无论古代的、现代的，还是抗战中出现的动人事迹和新闻。除可以用文字记载的内容之外，还有一些流传于民间的曲牌、小调、舞蹈、秧歌等不能用文字表达的内容，当时没有任何录音设备，梁斌就要求演员用自己的形体和歌喉带回来。也就是说，回来以后演员要活灵活现地给音乐组、文学组表演出来。因此，新世纪剧社演员在按小队分散到不同地区工作时，肩负着双重使命：既要指导当地农民排戏、演戏，传播自己剧社的优秀剧目和独特戏剧语言，又要努力发掘有地方特色的艺术之花，完全学会，带回剧社，以供创作时使用。就这样，梁斌练就了一批文艺

①傅铎：《往事沧桑》，解放军出版社 1995 年版。

人才，这不得不让其他剧社的人刮目相看。据从大众剧社来的演员魏士显说：“我刚来新世纪剧社时，好像是‘土包子’进了大城市，一切都那么新鲜。这里工作、生活紧张有序，而又团结愉快。它像一支军队，过战争时期所必需的军事生活；又像一个学校，学习气氛非常浓厚。当时，最响亮的口号是‘在战斗中学习，在战斗中成长’。并引用列宁的话教育大家：‘青年的任务是学习。’……社长梁斌、副社长刘光人、剧作家傅铎、文学家远千里、音乐家罗品等都给我们上课！”霍明也是后来的演员，他说：“进入新世纪，真是进入了革命艺术殿堂，尤其在戏曲创作、表演方面真是人才济济……”他们创作、改编的《爸爸做错了》、《夏伯阳》、《暴风雨之夜》这三部大型话剧在冀中尽人皆知。有了这样的社长，必然造就出一大批会采风的演员，进而才能演出地地道道的农民戏。

夏、秋季节，剧社人员集中时，也有两个任务：一是演戏；二是让大家把搜集来的资料分类汇总，用来编写剧本和谱曲。搜集到了音乐方面的材料，都集中在音乐组；诗歌、民谣、故事、人物、语言等集中在文学创作组……梁斌自己总是随身带着三个笔记本，第一个本子记录语言，包括群众语言，或是书上、剧目中的好的语言；第二个本子记录人物，包括身边有个性的小人物，部队上的战斗英雄，乡村里的抗日模范，以及地主、特务、汉奸、日寇等；第三个本子记录民间故事，好的情节，难忘的人情冷暖，残酷的战争场面等。他不仅自己每天晚上睡觉前回忆记录，还组织指导剧社里的一些创作爱好者也这样做。剧社人员在社长潜移默化的影响下，都把这件事当成自己工作的一部分，休息时常常把自己听到见到的新闻说出来，让大家共享生活中的乐趣。小调剧《夫妇俩》就是这么创作出来的。再比如，地方上正在搞统一累进税，民运部长杨友民等在大街上领导宣传统一累进税的好处……饶阳县东张岗村，地主掌握政权，用心狠毒地把统一累进税移到穷苦老百姓身上，害得群众寻死上吊。梁斌把这件事的原委记在小本子上，《红旗谱》中朱老明这个人物，就是从这里构思出来的。

通过这样的管理，最大限度地发挥了剧社每一个成员的积极性，成功地将采风和表演这两大任务结合起来，使采风促进表演，戏剧创作带动着采风，创造出独特的、被冀中人民所喜闻乐见的戏剧语言。同时，也成就了梁斌以后的大作《红旗谱》。

话剧本来就是舶来品，怎么让农民接受优秀的外国戏剧，这是摆在梁斌面前的难题。在如何提高农民的艺术欣赏品位，真正看懂并接受国外经典剧目方面，他选择的突破口仍然是语言的民族化。他认为，服装、道具、布景可以是外国的，但是语言一定要有一些民族化的改变，不然，就不能得到农民的首肯。梁斌在导演《夏伯阳》时，与编剧一起在语言上下工夫，让安得泰这个俄国士兵的台词里出现了这样的话语："老百姓就是奴隶性。打是（给）肉，骂是（给）面，不打不骂小米饭！老子在前线打仗流血，吃你一只小鸡子还不应该?!"这句中国旧军队的口头禅，虽然与俄国士兵的装束不相吻合，可对于中国农民了解安得泰的性格却是精彩的一笔。安得泰的扮演者傅铎说："那时我演过十几个角色，但最受欢迎的就是这个安得泰，一散场，人们都叫我安得泰……"来这里考察的李公朴先生看了都称赞新世纪剧社的"中国化"、"大众化"有特色。以后梁斌、傅铎去军区吕正操司令那里求助经费时，连吕司令也半开玩笑地说："安得泰来找我，我就得募捐！"[1] 可见语言民族化的作用不能低估。

在那样一个纷乱动荡的战争年代里，频繁的行军、战斗、演出，人

①傅铎：《往事沧桑》，解放军出版社 1995 年版。

们总是处在极其恐慌、混乱和不安定的心理状态下。但是梁斌却在做好每天的工作以外，为自己设定了这项特殊的任务——积累生活语言。笔者在采访中看到，演员们都有一个共同的感受，就是：“梁社长为我们培养了一种学会在艰苦中享受生活、学会观察社会、学会艺术地展现生活、学会培养自己坚定的生活信念的崇高品格。由于思想觉悟与艺术素养的迅速提高，使新世纪剧社产生了一种凝聚力，一种非常难得的‘亲情’，即使到了时隔七十年后的今天，我们都已经是历经风雨的过来人，在回忆我们的战斗历程时，最感亲切和难忘的仍然是新世纪剧社这几年的生活。因为它给我们的收获实在是太大了！……”在这样一个朝气蓬勃的群体的努力下，几年的时间，梁斌积累了大量鲜活、生动的群众语言和内容丰富的素材，为其后的文学创作打下了良好的基础。后来，他写了一篇论文《论民族形式问题》，刊登在《冀中文化》上。这篇文章一方面结合实际，在有针对性地加强抗战宣传、移风易俗方面总结了一些经验；另一方面还谈到旧瓶装新酒的问题、文学语言和艺术的民族化问题。显然，这些都是他一段时间以来在实践中探索的心得和总结。它的佚失，使我们错过了更全面、翔实地了解这一时期梁斌艺术思想的机会，不能不说是一件憾事。

对于文学语言的追求是梁斌一直坚持的。正像他在回顾自己语言探索的历程时所说：“在语言上，我也走过一段弯路。最初，由于读翻译作品多和五四时期的新文学比较多，一般只会使用书面上的语言，没有自己的语言，写出的东西不新鲜、不活泼。”① 梁斌是从北平“左联”时期开始创作的，在 1933 年和 1934 年创作了几十篇小说和杂文，主要是受五四新文学以来外国文学作品欧化语言的影响，以模仿为主；到了

①梁斌：《谈创作准备》，《梁斌文集》第六卷，人民文学出版社 2005 年版，第 289 页。

1935 年的《夜之交流》有所转变，开始追求自己的语言风格；再到 1938 年以后的新世纪剧社时期，终于真正开创了一种具有民族特色的戏剧语言形式。这是梁斌一直在寻找和追求的语言艺术形式。这是他在战争年代里，以生命为代价，以他年轻人旺盛的精力、智慧和组织才能，经过艰难的实践一点一滴积累出来的。他那时全力打造适合农民口味的语言，是为了民族解放、民族利益而战的一种需要，这给他的语言艺术追求添加了催化剂，一种爱国精神鼓舞着他产生了巨大的压力，在这样一种压力下挖掘、焕发出他的艺术才能，在新世纪剧社演员们的助力下，他成功了。他创造了具有民族特色的戏剧语言，不仅轰动冀中平原，而且成为以后的《红旗谱》十分深厚的语言底色。

四、在华北联大

1939年冬季将至，北方局决定让新世纪剧社全体成员去华北联合大学学习深造，由黄敬亲自与华北联大联系后通知了梁斌。喜讯传来，大家高兴得手舞足蹈，迅速整装待发。上级提前发下来棉衣，成立了临时党支部，进行赴冀西的一切准备工作。出发那天下午，抗联会所属各团体的领导都出来为剧社送行，冀中抗联会主任史立德发表了讲话，为他们送行。太阳即将落山，队伍起程出发。

从冀中到冀西的路程计划分两段走：第一段，从出发地武强县贺北代村到二分区机关，大约一百多里，要通过两道封锁线，必须急行军一夜赶到，中途不能宿营；第二段，从二分区由游击总队护送通过平汉线铁路，然后到达目的地。这是剧社第一次集体过路，而且是长途跋涉。尽管队员们个个喜气洋洋，精神抖擞，可梁斌却考虑到方方面面可能出现的困难，和几个负责人准备着应对的措施。

一上路同志们心情愉快，唱着歌，有说有笑，队伍行列整齐，步伐矫健。夜幕降下，队伍在肃静中前进，越走越黑，慢慢地拉开了距离。尽管梁斌等几个领队一再督促不要掉队，结果总共几十人的队伍，还是拉开了有一里多路，零零散散。前面就要过路（“过路”是指穿过敌人的铁路封锁线）了，他们要过第一道封锁线，为了确保安全，梁斌下令：通过封锁线时要跑步前进。于是，大家跑了起来，他们跑得满身大汗，气喘吁吁，有的背包散了，鞋子掉了，裹腿开了，脚脖子崴了，尤其是女同志和小鬼们，累得上气不接下气，明显又拉开一段距离。最后梁斌命令两个人搀扶一个，像绑架一样，连拉带拽地行进。因为这时没有护送的队伍，赤手空拳，一旦被敌人发现，将全军覆没。刚过封锁线有的就累得躺在地上不动了。紧紧张张一整夜，终于平安到达二分区所在地。

在二分区小住几天，休整一下，联系了平汉路的护送部队，并和二分区前进剧社举行了几场联合演出。新世纪剧社演出《爸爸做错了》、《夏伯阳》，前进剧社演出《一心堂》。刚喘口气，二分区机关突然遭到敌人合围，分区部队与来敌展开激烈战斗，敌人的炮弹在村子上空呼啸而来，呼啸而过，枪声不断，村中烟云滚滚，部队调动频繁以固守村落，新世纪剧社和机关人员背包在身，隐蔽在小胡同里和高墙背后待命突围，战斗持续到中午，敌人未能得逞，裹尸回城。黄昏时新世纪剧社随分区机关迅速转移。突围后，二分区领导马上决定由游击队副总队长罗澄明带队，护送他们过路，马上离开这里。

罗澄明原来在蠡县县大队当大队长，和梁斌是战友，两人一见面就非常亲热。梁斌把罗澄明介绍给大家，他介绍说："罗澄明是老红军，原在一二〇师当连长，打仗英勇顽强，号称罗大胆，遇到敌人就猛冲猛打与敌人搅在一起，打掺和战术。这次有罗队长的带领，我们一定能顺利过路。"罗澄明带着一个连的战士护送新世纪剧社和回民支队抗战剧社一同过路。过路那天晚上晴空万里，寒风拂面。然而大家还是提心吊胆，队伍在月光下急速前进，忽然从前面传来一个口令："往后传，不准打手电"！不知是谁由于过分紧张听错了，把口令变成"往后传，不准大小便”！这成为日后的笑谈。队伍行至“爱护村”（敌人把铁路附近的村庄叫做爱护村）时，一列火车拉着汽笛行驶而来，车灯直射在大家身上，有的人惊慌失措，扭头往回跑，罗澄明大喊一声“卧倒，不要动”！火车过后队伍爬起来继续前进，当队伍刚刚接近路边时，突然从南边开来一辆巡逻车，大家随即又卧倒在地一动不动，部队发令“不要咳嗽”！巡逻车驶过后，大家跑步过路。梁斌断后，以确保人员的安全通过，罗澄明站在铁轨当中，双手叉腰，劈开两腿，沉着冷静，操着湖南口音，嘴里不住喊着“莫要怕，慢慢跑，莫得关系哟”。他的沉稳，他那洪亮的声音，像给大家吃了一粒定心丸，减轻了大家心中的紧张，脚底下不乱，掉队的现象也没有了，队伍顺利通过铁路。刚刚走出五六里路，这位号称“罗大胆”的队长就想宿营休息。梁斌向他建议，此地离敌人太近，住宿不安全，还是再前进一段路再宿营吧。于是又继续西行，终于在离铁路十五里的一个村庄宿营了，虽说离铁路十五里，夜间火车行驶的声音，运行的节奏，依然清晰可闻。一夜急行军，同志们又乏又累，倒在炕上就睡，一觉醒来已是第二天中午。下午太阳偏西，在村头集合，剧社准备和护送部队分道扬镳，梁斌代表两个剧社向护送部队表示感谢。剧社向西奔山区前进，护送部队转头返回冀中。

又是一夜行军，天亮到达预定地点。这里是山区，同志们来自平原，谁也没进过山，眼望着连绵不断、纵横起伏的山峦，兴奋地跳起来，没等进村宿营，有几个人就奔山上跑去，急待登山观景，先睹为快。结果急跑一阵，还到不了山下，俗话说“望山跑死马”。特别是旭日东升，阳光西照，山上的一草一木，青山绿水，梯田家舍，近在咫尺，清晰可见，实际尚有数里之遥。

平原上的人，乍来山区像进入一个新世界。四面山峦环绕，越往里走山越高、越大、越多……山区沟深林密，奇峰峻岭，千山万壑像是铜墙铁壁，是游击战争的天然屏障，这个优越条件平原上是没有的。进山之后，大家都是白天行军，大摇大摆，说说笑笑，周围百里无敌人。夜间宿营丝毫不用担心敌人突然袭击，只要不是大批敌人进山扫荡，感觉“天下就是我们的”。自然，敌机偶然会进山侦察，发现目标也会投弹扫射，一般也都是单机飞行，威胁不大。沿途驻军出操上课，农民田间劳动，学校书声琅琅，村庄歌舞升平，一片祥和景象。梁斌与北方分局联系后，队伍来到阜平县城南庄华北联合大学文艺部学习。

华北联大是由延安鲁迅艺术学院等几个单位组合起来的，刚刚跨过千山万水来到晋察冀边区。这里有一批中国闻名的学者专家，如成仿吾、何干之、沙可夫、吕骥、崔嵬、丁里等。能在这些名人教导下提高艺术水平，是十分难得的。当时的文艺部主任是沙可夫，副主任是吕骥。入学前先组织了一场带有考试性质的演出，意在通过演出了解剧社的业务水平。剧社成员上演了《爸爸做错了》和《夏伯阳》，专家们一致反映他们的演出带着冀中的泥土气息，戏剧语言很独特。在这里梁斌拜会了戏剧系主任崔嵬老师，通过聊天才知道，他们都曾在山东剧院学习过，可以称得上是校友了。不过，崔嵬比梁斌早几届毕业，现在是他们的老师。见面以后两个人说起话来非常投机。1935 年崔嵬在上海也曾先后参加过“左联”领导的东方剧社、戏剧生活社等，他们的经历有很多相似的地方，难怪一见面就成了好朋友，但他们谁也没有想到，从此两人竟结下了不解之缘。

梁斌希望崔嵬对新世纪剧社的工作多加指导，对演员严格要求，而且表示一定要利用这次机会多学习一些东西，使剧社的演出水平提高一大步。崔嵬把胸脯一拍说：“没问题，包在咱身上了！放心吧，老兄。”崔嵬找新世纪剧社的演员们个别谈话，问每人演过什么戏，扮演过什么角色，何时从事戏剧工作，喜欢什么专业，喜欢什么角色，有什么特长等。在联大开学典礼的晚会上，崔嵬为大家演出了话剧《兰包袱》，戏剧教员韩塞、牧虹都参加了演出，崔嵬扮演的老头儿让大家赞不绝口，动作、语言、神气、化妆，像真的一样，真是一次难得的艺术欣赏。梁斌也十分惊叹他出神入化的表演，演出后专门前去祝贺。

开学典礼之后，还没来得及上课，敌人的秋季扫荡就开始了，新世纪剧社即随联大一同进入反扫荡生活，离开阜平县城南庄向灵寿、平山一带打游击。山区气候变化无常，早晨出发晴空万里，阳光普照，下午阴云密布、飞雪满天。途中经过一座大山，名叫漫山，山高路陡又加雪雨天气，地面积雪结冰，爬山更加困难了。大家攀着路边的野草荆条，一步步奋力攀登，稍不小心就滑倒在地，人人泥雪满身，累得气喘吁吁。山区比平原寒冷，又遇大风降温天气，寒流袭来，西北风呼啸，棉衣单薄，寒风刺骨。从上午爬到深夜，上山不知跌了多少跤，下山不知坐了多少“滑梯”，手、脚、耳朵都冻肿了。刘之家的两个耳朵，肿得鼓溜溜的，像两个水饺，夜间宿营后，围着火堆取暖，肿包变成黄水顺耳流淌，又痛又痒，有人说耳朵冻肿了，千万不要触动，一动整个耳朵就会掉下来的。为了大家的安全，梁斌及时地四处巡查，帮助队员们安排好住处，处理好创伤，以利再战。这次反扫荡，由于转移迅速，成功地跳出了敌人的包围圈。重新宿营后，还能听到远处隐隐传来的隆隆炮声。大家每天长途跋涉，夜住晓行。连续几天的行军，终于转至平山县，校部住张家川，文艺部住上庄，在此正式编队上课。第一队学员是从延安随联大一起到晋察冀的，他们多数是从国统区投奔延安革命圣地参加抗日工作的知识分子。新世纪剧社编为第二队，梁斌任队长。大家按个人专业分别编入不同的系：刘纪分到社会科学部的政治经济系；远千里分到文学系；张震分到美术系；刘之家分到音乐系；郭濯分到戏剧系……戏剧系的戏剧制作课教员是胡苏，戏剧概论课教员是韩塞，化妆课教员是牧虹，表演导演课教员由系主任崔嵬同志兼任。文艺部政治主任甘凌同志讲授中国革命史，还有一位政治教员郑英年讲授社会发展简史。

梁斌他们从冀中到冀西穿过封锁线，跋山涉水，目的是到联大深造，提高业务水平。现在终于开始正式上课了，犹如久旱逢甘露，如饥似渴的求知欲望使他们的学习热情非常高。尽管学校的生活条件比冀中平原艰苦得多，一天两餐，多是喝稠粥、稀面条，稀的多干的少，吃不饱肚子。没有新鲜蔬菜，顿顿是盐水煮萝卜干，而且量少得可怜，肉、蛋是根本见不到的。另外，上课没有教室，山坡、广场是课堂，石块、砖头做椅凳。冬天北风刺骨、天寒地冻，雪天满身白，风天满身土。学员们手冻得僵直握不住钢笔，墨水也结了冰，只能边写边把钢笔伸进嘴里用热气呵一呵再写，两脚生了冻疮，晚上冷屋冷炕，一条薄棉被过夜，冻得不敢伸腿，只好龟缩成一团。整个冬季没有暖和的地方，连洗脸盆的水都结成了厚厚的冰。那样艰苦的学习条件，是我们今天无法想象的。可是大家的心是热的，血是热的，对学习的渴望压倒了一切困难。这里充满了歌声和欢笑，没有退缩和叫苦。因为他们准备担负民族解放的大任。今天这些演员们都已经在八十高龄以上，但当他们回忆起华北联大的生活时，仍然表现出发自内心的自豪，一张张饱经风霜的面孔都变得舒展，容光满面。

学员们对每一门课程都抱以极大的兴趣，上课细心听讲，拼命记录，下课复习消化，和同志们对笔记、相互补充，不会的就找梁斌请教，梁斌总是不厌其烦地用学员们能听得懂的语言，巧妙地帮他们解决疑难问题。

女演员段森由于年龄小，没有给她固定编班，她能听得懂什么课就听什么课。她特别喜欢戏剧，每天拿着笔记本去戏剧系（无非是一棵大树旁的露天场院）听讲表演、化妆、戏剧概论，听不懂的地方就去找梁社长问。有一次大家坐在柿子树下休息，围着梁斌问问题。她问：“梁社长，为什么戏剧是综合艺术？”梁斌仔细而形象地给她讲了“综合”的意思，然后还举了很多例子，说：“比如演员的唱法，动作的造型，脸谱，化妆什么的。还有穿的服装啊，舞台布景啊，配的灯光啊，插曲的音乐啊，等等，大家齐心协力运用各自的特长配合起来，才能成为一出戏……”她瞪着眼睛说：“啊！演戏还有这么多讲究，可我过去只知道凭着我的一点儿小聪明和兴致，背好了戏里的词就演呗！以后真还得琢磨琢磨！……”弄懂了上课的内容，学员们的学习和求知的愿望越来越浓，听不懂的地方就再去问梁社长。梁斌经常给他们讲唱戏讲究“千斤白口四两唱”。他提醒大家一定要注意读台词。结合着上表演课，他就和学员们讲读词发声，讲什么叫“字正腔圆”，“怎么把每个句子、每个字咬准吐清，说出来打得远”，什么叫“喷口”，怎么用“气”。梁斌通过给大家做示范，带领演员们正确理解老师上课讲的内容，并努力实践。他说，“要很快地吸气，把气吸满肚子，再慢慢把台词读出来。”他还告诉大家要用鼻子吸气、换气，而不要用嘴吸，免得时间长了嗓子干。就这样一遍又一遍地讲理论、做示范，反复练习，从而使剧社的学员们很快跟上了老师的课。

理论联系实际是联大教学的基本方针。他们在学习期间，除了上课，还排戏演出，曾先后排演过《陈庄战斗》、《麻代》、《武装接收》、《自己的书》、《参加八路军》、《妇女进行曲》等。在这些戏的演出中，新世纪剧社的演员们虽然没有扮演过主要角色，却在崔嵬、胡苏导演下，抓住机会运用所学理论进行了实践。特别是崔嵬、丁里等几位老师作主演，能和他们同台演出，在他们创造的舞台气氛中学习演戏，本身就是一种享受。所以，学员们感到，再苦再累也值得。剧社的郭濯参加了《陈庄战斗》的演出，这是由崔嵬导演和主演的剧目。一次贺龙师长来看演出，并兴奋地买来糖果慰问演员，他拉着小郭的手问：“你多大了？从什么地方来？”

“18 岁，从冀中来，我是新世纪剧社的，到华北联大学习！”

“代我问冀中的同志们好！你们的社长是谁？”

“梁斌。”

“我知道了，1938 年在冀中河间战斗中，你们剧团演戏演得很好！……”郭濯一回来就把这件事告诉了大家，演员们兴奋得又唱又跳，难以入眠。

几个月的学习，新世纪的演员们对戏剧理论、表演与导演技巧、戏剧制作与化妆等都有了比较系统的了解，每每提及自己的收获，他们就好像从西天取来了“真经”那样自豪。

五、甜蜜而苦涩的恋情

谁都知道，一个正享受着爱情幸福的人，会在精神上怎样的满足，他就像一艘装满燃料、食物和淡水的船，信心百倍地驶向生活的海洋。梁斌也不例外，在新世纪剧社所取得的出色成果，与他有幸结识了一位来自延安抗大的学生——萧林不无关系。梁斌在他的回忆录中说，那段时间“因为有了爱情，好像花儿有水来浇灌一样”地“努力工作，努力学习，孜孜不倦，一天价精神十足”。不仅如此，在以后的文学创作中，这段情感都孕育出了不同的爱的美丽篇章，为其作品增色，因为“真正的恋爱生活，在我的一生中，只有这一次”①。

萧林是河南密山人，曾是河南开封师范的学生，在河南确山的新四军留守处工作过，后来到延安抗大学习，毕业后分配到冀中工作。这个有文化、有见识、性格开朗活泼、思想开放的姑娘，一来到剧社就引起了梁斌的注意与好感。她长相倒不是十分出众，但唱歌时柔美的嗓音令人陶醉，排戏时聪慧、有悟性，一点就透，很招人喜爱。特别是她那窈窕的身段很适合演戏。因为她有很浓的河南腔，河北人听起来特别刺

①梁斌：《一个小说家的自述》，中国青年出版社 1991 年版。

耳，在演《运粮船》这出戏时，她那河南家乡话成了人们的笑柄，所以她必须学会说河北人听得懂的普通话，才能演好戏。于是，就有了萧林请梁斌当老师学说普通话的始因。那是一个晴朗的早晨：

> 我刚洗过脸，她便悄悄地走到我的屋里来，也不打招呼，就坐在炕沿上，拿起扫帚给扫了扫炕。然后笑着说："我戏演得不好。"说完，两只大眼睛水灵灵地盯着我，似乎在等着我的评判。
>
> 我说："你演得不错，语言问题，我慢慢给你矫正。"
>
> 她说："我说的是家乡话。"
>
> 我说："你自幼说家乡话，改学河北话不容易，学北京话容易，因为北京话和河北话近似。"
>
> 说到这里，她不好意思地用两只眼睛盯着我说："那，你教给我？"我说："我教你国语拼音字母，你学会拼音就好了。"①

这寥寥数语，就是他们之间的第一次单独谈话。尽管话题不离工作和学习，但无形中拉近了距离，两个人似乎有了一种心照不宣的默契。从此，两个人就经常有意无意地凑到一起，吃饭的时候，梁斌把碗放在地上蹲着吃，萧林也走过去，把碗搁在地上和他一边聊天一边吃饭；排练的时候，他们更是教与学的伙伴；朋友送给梁斌一小包冰糖，梁斌一改以往跟大伙分享的惯例，一个人用小锤子砸着吃，萧林见了这样难得的机会，就不声不响地走进屋，坐在炕沿上，一块儿砸冰糖吃。吃完冰糖，还不满足，还满脸笑容地伸出手来，要和梁斌握手致谢。对她的大方、热情，梁斌很兴奋，却又感到有些羞涩，他很不好意思地伸出手去，轻轻握了一下萧林的手。此时，二十五岁的梁斌，还从没带着这样

①梁斌：《一个小说家的自述》，中国青年出版社 1991 年版。

的情感和女孩子握过手，像触电般的感觉使他顿时满脸通红，连脖子都发热。他抑制不住地心跳，被强烈的爱震撼着，在朦胧中品尝着从未有过的激动与幸福。许多年后梁斌回忆起那时的经历，仍然觉得，那才是他真正的初恋。对于这渴望已久的爱的突然到来，他显得有点措手不及，却又欣喜若狂。此后梁斌哪不舒服，都会得到萧林善解人意的体贴、关照。一次，梁斌发现萧林在他的房间里偷偷看他的日记，不但不生气，反而觉得她实在幼稚得可爱。可忽然想起自己在日记中写了很多他俩的事，觉得很不好意思，就过去制止，可萧林怎么也舍不得放下日记本，她不仅好奇，还得到了被爱的慰藉，她一边看，一边红着脸，暗自有几分朦胧的幸福感。

就在两人的感情逐步升温时，外界的议论也随之而来，一天与萧林年龄差不多的女孩舒营悄悄提醒梁斌说："你甭跟她，她头儿太多。"梁斌听了并不以为然，也不做深究，因为对萧林的爱已经开始膨胀，挥都挥不去。而且，他觉得自己从来都没有自由恋爱过，已有的婚姻也是误会的结果。今天丘比特的箭关照了自己，当然要顺从天意。萧林后来也听到了剧社姐妹的议论，她很生气，愤愤不平，对舒营深为恼火。她找到梁斌，梁斌见萧林这样认真，顺便就向她说明了自己家里的情况和自己的年龄。萧林的反应很平淡，说："能离婚就行了，别的，我管不了那么多!"尽管她对年龄上的五岁之差有些考虑，但是，这对于热恋中的人来说，同样也算不了什么。他们的心已经被爱情的光彩照得斑斓耀眼，生活中美好的一面在这时被格外地显现出来。舆论的刺激反而加剧了他们感情的发展速度，促使这对有情人更加互相爱着、互相帮着、互相激励着，在方方面面努力地表现出各自的才华与睿智。此时梁斌好像浑身有使不完的劲儿，工作上他如虎添翼般地猛干，区党委开宣传会议叫他去参加，他更显得格外兴奋……无论干什么工作、参加什么活动他总是美滋滋的，心里有说不出的舒畅。

秋去冬来，区党委考虑到剧社人员的安全，要护送他们去路西晋察冀分局，也就是当时的北方局。途经二分区，剧社安排了一场演出，萧林因生病留在驻地休息。开幕后梁斌安排好演出，因放心不下萧林，就悄悄地独自回去看她。结果竟被舒营发觉，惊叫："梁社长回去了，梁社长回去了!"惊动了大家。尽管这样，那些天梁斌总是尽可能地照顾生病的萧林，一有空就跑过去看望。为了让她尽快痊愈，梁斌带着她出去散步，一起吃饭时还特意叫了二两酒，一边喝着，一边谈着，因喝了这点儿酒，萧林不由得脸颊绯红而出了汗，梁斌很替她高兴，让她又吃了一点儿东西就把她送回女生宿舍。她躺下后，他给她盖好被子，看着病中的萧林有一种凄楚的美，多想就这样陪着她一起生活下去呀！永不分离……可是，他坐了一会儿，就走出屋来。虽然保持着距离，但越来越多的接触了解，毕竟使他们彼此在心里、在目光的交流中，充满了爱的柔情蜜意。

剧社还在继续前进。在太行山山路上跋涉，连续几天下来就会腿脚肿痛，晚上休息时连上炕都费劲。吃的东西也和平原上不同——吃惯了小米干饭熬菜汤的梁斌和演员们，也入乡随俗地吃起土豆熬棒子面糊糊。到了娘子矶，附近都是河滩，石子不是尖的，就是三角的，大家穿着薄底鞋踩上去扎得厉害，疼得难忍，冰冷的水又灌湿了鞋袜，但没有人抱怨辛苦，更没有人掉队。就这样，新世纪剧社一行人马历尽艰辛，终于到达北方局驻扎的史家寨村。梁斌去报到，得到了聂荣臻元帅的夫人张瑞华女士的热情接待，并让他们安顿下来。

从平原乍到山地，梁斌感觉特别新鲜。举目眺望，景色悬殊；低头俯视，物产相异。长圆形的石头子，在平原上叫老鸭枕头，孩子们捡着一个，心里会有说不出的惊喜，如今这里遍地都是。黑枣在平原上更是

◎ 梁斌画作《太行秋色》题款曰：“人皆画黄山，我独画太行山。四出四入太行山，丹柿大枣，人杰地灵，笔下生辉。”

稀罕东西，到了山地里，五分钱就能买一堆。红枣、柿子、柿饼、核桃，各种山货，应有尽有。闲时，梁斌和萧林一起在山间漫步。他们吃着红枣、柿子，闻着山林的特殊味道，沉浸在爱的甜蜜之中，充满了美好的幻想。他们开始设计着结婚及其以后的事情。两个人还商量，要把萧林的母亲接到河北来。萧林也坦诚地向梁斌提起自己以前的几段爱情经历，虽有这样那样的种种遗憾，但她却认为那也是快乐的。这样的态度在梁斌听起来感到有些意外，又有些刺耳，但是还能够包容，因为她已经离开了过去的恋人，只要现在他们相爱，又何必去在乎那些事呢！柿子树上的累累果实，像朵朵红云一般，掩映着两人从这个山头走到那个山头的身影。即使后来爱情消退了，在梁斌的回忆里也还时时浮现出那幅美丽的画面，甚至在他晚年的墨画中也有所反映。

恰在此时，华北联大社会科学部教员郑英年也开始追求萧林。有一次梁斌在萧林的宿舍同她谈着话，郑英年来找她，萧林在门外把他打发走了。萧林表面上虽不说什么，但和郑英年来往日渐频繁是有目共睹的。这使她的爱情，似乎总在酝酿着某种飘忽不定的成分，让人琢磨不透。事已至此，梁斌却还是一片痴情，热诚坚定的个性决定了他从没想过要放弃对萧林的爱，更不想从这场已显尴尬的恋情中全身而退。剧社的人为他抱不平，但在人际关系生疏的校部和文艺部，却没有多少人站在梁斌一边，毕竟郑英年还没有结婚。不久，萧林也主动跟梁斌表白说："我跟甘主任谈了，我们的问题，我负责任。"这里已经清楚地表明了萧林的态度，她已经另有所爱了，希望梁斌能理解她，放开她。可是，已经陷入热恋中的梁斌，似乎已经麻木到视而不见的程度，他不相信萧林会被别人夺走，也不相信自己会出局，一贯自信的性格让他一如既往地追求到底。"三·八"妇女节，梁斌一面带队去校部看戏，一面又抽身去萧林那里探望病中的她。十五里地，他跑得飞快，跑回宿舍见了萧林，萧林柔情蜜语，含情脉脉地对气喘吁吁的梁斌说，她想吃一杯冰。梁斌顾不得坐下就马上出去找。但时值早春，冰消雪融，他找遍了河滩，又无奈地回来。等梁斌赶回校部，戏很快就散场了。不到三个小时，跑了三十里地，还要不惊动旁人，以免惹来更大非议，个中情由虽然在作家日后的回忆中略带苦涩和平淡，但我们却分明感受到这种爱情之火是何等地真挚与热烈。

身边人们的议论和领导的批评不断地多起来，按说梁斌应该有所收敛，可他不认为自己有什么不对，又找到甘凌同志，表明心迹：自己与萧林的爱情是纯洁的，回去以后他就可以离婚。但甘凌同志坚决不赞同他与萧林的恋爱，让他赶快停止自己的行为。星期日队上叫梁斌去开会，他没去。事后他问萧林开会谈了什么，萧林说座谈会的主题是“恋爱是有价的……”不用说，这是让他们分手的会了。不多时，梁斌和刘光人被叫到校部去，被领导狠狠地批评了一顿，并郑重地指出梁斌应终止与萧林的关系。但梁斌就是不理解，理由是：他对萧林的感情是专一的，而且毫无保留，这有什么不对？确实，他花了那么多心血去培育他们的爱，不经过一番格斗，他怎甘心从坚守的阵地上撤下来！尽管如此，梁斌却没有力量改变上级的安排。上级决定把萧林留在学校的社会科学部工作，不再随新世纪剧社回蠡县了，从此他们不得不分开了。梁斌不服气也好，不理解也好，已经都不重要了。他只好一个人熬过这艰难的时光。这时，萧林又出现了，她悄悄走到梁斌身边，把一个烤好了的热乎乎的窝窝头塞给了他，笑着说：“你吃吧！”礼轻情意重，梁斌恍然觉得一切如初，萧林还是自己亲密的恋人，这让他顿感安慰。不仅如此，萧林还约梁斌到房后面的山冈上谈话。她一边表白多么不愿意分开的心情，一边痛苦地哭着。她还解释了现在战争年代在延安的年轻人彼此恋爱以后，有很多被战争分开，一个在前线，一个在后方。即使是夫妻，这种情况也不少。她哭得像个泪人儿，梁斌却笑了，是一种无奈的惨笑。他觉得，如果没有人从中介绍，她和郑英年也谈不到一起；如果她不同意，也满可以拒绝。现在她已经成了两面人，却哭出眼泪来，叫梁斌如何不惨笑！他没有说话，也不愿意说什么，因为感情的事用语言是无法说清楚的。他站在小山头上，又一次目送着她离去。

不久，华北联大的培训结束了。为庆祝毕业，新世纪剧社成员决定会餐。梁斌去校部正好碰上萧林，出于礼貌邀她回去参加会餐，萧林欣然同意了。她把背包递给梁斌，让他给背着，那亲近的样子，使他感到一种无法拒绝的爱意。看来萧林是在尽一切努力安慰自己曾经爱过的人。正是四月天气，太阳高高照着，梁斌穿着棉衣，又背着背包，不一会儿就满头大汗，萧林赶紧解下毛巾，说："擦擦汗吧！"梁斌接过她的毛巾，觉得很松软。这块毛巾是她从大后方带到延安，又从延安带到这里来的。梁斌用她的毛巾擦着脸，不觉心中还有一点感情的余味。看看远处，又是这幅图景，大山、柿子树、漫山遍野的绿色，生机勃勃；又是这样的寂静，小鸟唧喳、流水缠绵；又是这种甜甜的味道，令人神魂颠倒。这时，胡苏同志骑马走过，以羡慕的神态看着他们俩，笑着挥挥手。梁斌还没来得及更充分地享受这即将逝去的恋情，社部就到了。看见小郝正在给梁斌打草鞋，萧林拿起来在脚上比了比，笑了说："打小一点儿，送给我吧！"剧社的女演员们都欢迎萧林的到来，高兴地在一起会餐。

下午，萧林手里拿着一件东西又来找梁斌，他们俩一同走到村南山坡下，坐在沙上。她拿出一件黑绸衬衫，说："将来，如果我不能回去，就叫你爱人穿上。"说着又掏出一个小本子送给他，用作平时积累素材。她用纸把这些东西包好，递给他，梁斌什么都不说地收下了。直到此时，他还不相信，他俩的爱情已临近终结。他们一直谈到夜深了，萧林才让梁斌送她回宿舍休息。

第二天，萧林让梁斌送她回校部。送出村口，一直过了一个小山梁，她说："你回去吧！"梁斌把背包递给她，把草鞋给她穿上，亲手给她系上鞋带，自己穿上她的旧鞋。她看着，微笑着。顺手，梁斌把自己的长裹腿也解下来，给她缠在腿上。她紧紧握了握他的手，转身走去。走不多远，又转过身来，摆摆手，笑了笑。梁斌站在那里，看着她走，越走越远，直到走过山头……分别时真挚的恋恋不舍，只能作为记忆里存留的信物，爱情却再也无法复原如初了。

处在当时那种且战且行、急遽颠沛的游击战争环境里，作为一个还没有从旧的意识形态下真正解放出来的女子，在红颜衰褪之前，如何能够掌握住一个安定的未来，是需要费一番思量的。正像许多有心机的女孩子那样，她们觉得婚姻关系一经确立，往往比任何智慧更能巩固个人的地位。要稳稳当当地做到这一点，她对待爱情的态度就不得不有所保留。梁斌的身边，不乏轻于去就的缘分和难乎维系的爱情，那些情侣的分分合合却并没有对他产生多少影响。因为他性格腼腆、深秀、敏感，又有几分理想化，对工作、同志间的交往都很认真，而对于人生中最美好的爱情，更是有着一种令人感动的执著和坚持。但他的全心投入未必就能保证这个在他害眼病时为他打来热水熏蒸、分享他日记中的小秘密、偶尔对自己年龄不大清楚的女孩子，也能像他本人一样超脱于风气之外，在纯真的爱情里不做任何现实的打算。为此事，联大党委给了梁斌一个处分。他不服，给领导甘凌写了一封信，领导们也考虑到了他的情况，后来黄敬告诉梁斌那个处分已经撤销了。这次对梁斌的刺激太大了，教训也太深了，让他难忘。好在严峻的战争环境和繁多的日常工作不可能让失意和忧愁在作家的心上盘桓逗留太久，热火朝天的革命现实，使这些负面的情绪像阳光下的雾气一般很快就消散净尽了。我们只能在运涛和春兰、江涛和严萍等贯穿《红旗谱》全书的那种浅吟低唱般清新动人的爱情中，找到一些作家真实往事的片断影像。用艺术的形式记录，或许是作家发现和玩味生活的最佳途径。

俗话说，人生不如意十之八九。于是人们就要借助于梦来满足自己的需求，艺术家所不同之处在于，当他从梦里、从醉中醒过来之后，便开始寻找回去的路，为自己也为他人。因为每一个读者都能在这个艺术世界中，圆他们自己的梦。《红旗谱》之所以在写波澜壮阔的农民革命中又有格外动人之笔，很大程度上得益于作家的那些未能在生活中实现的爱的愿望——梁斌从小就在内心深处编织着关于爱情的美好的梦，直到成年了，几次都与爱神擦肩而过，当作家用自己所特有的符号或媒介，重新营构一个现实时，炽热的需求煎熬着痛苦的灵魂，源自儿时的那种情感需求便从他的笔尖流向作品，成为梁斌创作《红旗谱》情感世界的原动力之一。

六、传播艺术火种

1940 年 4 月，新世纪剧社全体成员从华北联大毕业，梁斌为了能使新世纪剧社的演出更专业，更受观众喜爱，想方设法地跟华北联大领导请求，希望能给剧社增加一些有文化、有经验的教师。他对剧社工作的设想得到联大领导的赞赏和支持，他们专门为剧社输送了一批专业教员，如搞音乐的陈春耀，搞戏剧的张庚绪和青年干部罗品等。

从联大回来，受黄敬同志的邀请，他们在路经黄敬老家时，来到他的家乡——史家寨村演出。在这里，北方分局秘书长姚依林接待了梁斌他们，黄敬等领导都观看了他们的演出，还亲自来看望剧社的演员们，鼓励大家演出更多更好的戏。他们与演员们谈笑风生，十分融洽。梁斌向黄敬汇报了在联大的情况，黄敬同志非常高兴，并对剧社工作做了指示，说："新世纪剧社今后除了演戏唱歌以外，还要像只老母鸡那样地工作，下蛋孵小鸡，下很多蛋，孵很多小鸡。把冀中文艺工作活跃起来……"这个形象的比喻在梁斌心里扎下了根，回去他与刘纪、傅铎、刘光人他们反复商量讨论：怎样才能真正使剧社成为不仅演戏还承担发动群众参加抗战工作的剧社。根据当时冀中的文艺活动状况，县、区、村三级都有文建会或剧团，学校有歌咏队的情况，感到为基层培训文艺骨干，从表演、导演方面辅导村剧团是当务之急。于是，他们商量决定：利用冬、春季不能演出的分散时期，培训基层文艺干部，训练区、村剧团的团长、导演和主要演员，以便巩固、发展群众剧团。虽然他们没有华北联大那么雄厚的教师队伍，但是经过努力还是能够发挥一定作用的。他们的设想和可行性操作计划得到了黄敬等北方局领导的认可和批准，经过宣传部长周小舟同志的具体指示，他们开始了行动：由梁斌带领傅铎、沈雁、张震等五六名同志到路东的无极、嵩城、深泽、定县、安国、博野等处招生，其他人员在家备课和做各种准备。五六个人轻装便行，通过敌人在铁路旁挖置的障沟。这是梁斌的第二次过路。他们到达目的地后主要是去学校，比如在博野县高小学校，请蔡云岭校长推荐优秀生，校长推荐了好几位同学，他们从中选中了郭文敬，后来改名叫郭敬，参加训练班后，表现非常好，还入了党，中华人民共和国成立后任北京师范大学副校长。就这样，他们不辞辛苦，四处联络，经过认真挑选一共招上来一百多个学员。因为人多目标大，过路以前都对这些刚出家门的学员进行过路演练。梁斌详细认真地给他们定下纪律：以小队、小组为单位，相互联系；在敌区行军保持镇静；遇上情况统一行动，不要乱跑；路上没有开水喝，就喝凉水……真是面面俱到，无微不至。把他们分成两批，每批五六十人，过路回路西。每人带一个小包裹，浩浩荡荡地从平原向路西进发。结果学员们分别在梁斌和傅铎的领导下，趁黑夜通过了铁路，顺利地到达路西。由于人口“暴增”，梁斌为学员的吃饭问题得走几十里路到粮食科去交涉。回来的路上，他一个人带着五千块钱，提心吊胆地返回。路上他好几次停下来数钱以核对钱数，生怕把这么多钱弄丢了，真正体会到了作为当家人的难处。山区的粮食要从外面运入，物资也很匮乏，要解决学员们的被服非常困难。为了不再增加老乡们和组织上的负担，他们只好自己解决。三个月的训练班，学员凭着微薄的衣物过夜，条件的艰苦可想而知。生活艰苦，可工作起来却很像样，培训班虽小却五脏俱全：校长梁斌，政治主任刘纪、刘光人，生活大队长刘炎。学员分两队：第一队队长沈雁，指导员傅铎；第二队队长罗品，指导员张震。教学方面：远千里担任宣传科长，主管刻印教材；姚呐担任教务科长，打理教学事务。梁斌负责讲授“戏剧概论”，陈春耀讲“音乐课”，沈雁和张震讲“舞台装置、化妆课”，张庚绪讲“表演导演课”，刘之家讲“新文化课”。一切准备就绪后，第一期文艺训练班在冀西曲阳县正式开课了。那时无论学员还是教师，都异常兴奋，用自己最大的努力去教、去学，俨然一所秩序井然的学校。

为确保正规的学习持续下去，还配合了生活上的军事化管理：早晨跑步出操，晚上点名讲评，每周开生活会大家谈心交流。教学上采取理论联系实际的方式，训练班后期开始排戏，边排边讲，排讲结合。学员们很喜欢排戏课，希望有个锻炼的机会，而且都想分得个角色，为此把学员分成几个剧组，选排了《模范公民》、《参加八路军》、《好儿女》、《自己的书》、《拴不住》等剧目。

在山区开办训练班，优点是环境稳定，无敌情干扰，用不着打游击，可以安心学习；缺点是粮食不足，供应困难。粮食从路东运来，虽有定量，但实际却难以保证，除了女学员和小鬼之外，男学员普遍反映吃不饱，有的学员来时身上带些零花钱，想买个火烧、面条，村里也没有，只好向老乡买两把红枣，买块豆腐补补饥肠。由于粮食不足，很多学员到山上摘枣子吃。一些人因此患了痢疾和疟疾，在当时药品困难的情况下，身体备受煎熬。“病号轻者坚持上课，就地治疗。重者送军区卫生部后方医院。……病号饭只能喝碗小米粥，连面汤都吃不上，鸡蛋连影子也见不到。……整个学习期间，病号入院、病愈出院连续不断，不幸一名小学员病情严重，医治无效死于医院。”① 但大家的精神都是振作的，出于对文艺的热爱，也是出于对抗战、对革命的热情。秋末天气转凉，山区天气比平原冷得早，进入九十月份，单衣难以御寒，学员们都没带棉衣，短期训练班上级不发棉衣，尽管都是年轻人，火力壮，早晨晚上把仅有的两身单衣都穿上，还冻得嘴唇发紫，身上发抖，因此训练班不得不早些返回冀中。到路东后，学员们把排的戏做了近十次公演，其中的佼佼者留下充实到剧社里，大部分人回到了地方。这次培训尽管艰苦，收获却很大，是他们意想不到的。他们普遍学会了视唱简谱、指挥唱歌和排演戏剧。新世纪剧社终于在冀中完满地撒下了第一把黄金的种子。

由于出色的工作成果，梁斌在 1940 年秋末召开的冀中文代会上，被选为“冀中文化界抗战建国联合会”（简称“文建会”）的文艺部长。张青季被选为文艺部副部长，刘纪被选为组织部长，主任是史立德，副主任是王林、路一。这次文建会的改组和加强，标志着冀中农村抗战文化运动的繁荣。

梁斌上任后，冀中的话剧、歌咏、舞蹈等群众性文艺活动更加活跃。文建会还决定出版综合性文学艺术刊物《冀中文化》。此外还出版了文化交流性质的《文化工作》和纯文艺刊物《文艺学习》。新世纪剧社作为文建会的臂膀，也出版了《歌与剧》、《诗与画》这两个普及性刊物，用以辅导区村剧团和开展诗歌运动。《歌与剧》出版了七八期，发表的有影响的剧本有梁斌的小京剧《缝棉衣》，沈雁的《夫妇俩》，傅铎的《游记组》、《四头牛》、《地头上》、《反希特勒活报剧》，星火的《还我孩子》等。发表的有影响的作品是：罗品作词作曲的《瓜儿离不开

①傅铎：《往事沧桑》，解放军出版社 1995 年版。

秧》和为乔木的诗谱曲的《青年颂》，其磅礴的气势震撼人心，成为新世纪剧社的保留节目；还有王偌作词作曲的《快快长》等。几年中，这些刊物在游击根据地发挥了相当重要的作用，印刷数量不够，各专区、各县文建会还要大量翻印……尤其是《歌与剧》，深入农村，密切配合了工作，各村剧团都视之为珍宝。不仅如此，还吸引了其他剧社前来学习，据那时烽火剧社的编剧鲁巍回忆说：1940 年我曾专门去新世纪剧社看他们演戏，目的是想学习他们的一些创作、排练、演出技巧等方面的经验，受到了梁社长他们的热情接待。他们剧社团结向上、朝气蓬勃的整个气氛让我惊奇。我特别对他们的戏剧语言感兴趣，在演出后，梁社长请我吃的一顿饭让我明白了个中情由。梁社长带我到一家饺子馆（其实不过是一个农民家）吃饭。一进门，那家老板像见了老朋友似的说：

"梁社长呀！快里面坐！"

"我来吃你的饺子嘞！"

"先喝点水，我马上就包。"

"忙你的去吧，我自个儿包。"梁社长乐呵呵地站起身来。那个农民毫不客气地把馅儿、面、面板、擀面杖放在桌子上，说："好咧！吃多少包多少，我忙去啦。"见此景我既惊讶又敬佩。惊讶的是，当时梁社长是一个很有名的人物了，而且是个大文人啊！怎么会跟农民家里人似的，这么亲密、这么默契、这么不拿他当外人。梁社长一点官架子也没有啊！敬佩的是，他还真会包饺子，据那个农民介绍说，他还帮助他们抢种过庄稼呢！那可是一把好手嘞。他与农民的感情之深、信任之高是别的剧社无法比拟的。"这里的百姓养育着我们呐！……"梁社长感慨万分地絮叨着。我也不得不跟着他学着包饺子。难怪他们编的剧农民们爱看，他就是地道的农家人啊！

5 月，新世纪剧社受文建会委托，开办第二期文艺干部学校。史立德任校长，梁斌任副校长，学员成分提高了，来参加学习的都是各分区、县文艺部长和文艺团体的骨干，共有三百多人。课程与第一期基本相同。

第二期文艺干部学校在麦秋以后青纱帐期间开学，地点在安平县的北郝村。因为是在平原上，所以教学、生活都比较便利：村外有很多老柳树，郁郁葱葱。周围有土堤，用以防水。他们就把土堤一侧挖成阶梯形。大柳树下，学员们拿个小木板或是草墩子，坐下听课，就像阶梯教室，真是大自然的神奇造化。在教学中，经常组织观摩演出和由学员参加的同台演出。由于这次是在平原游击根据地办学，生活条件好，但流动性大，有时需要进行反扫荡活动，干扰比较大。有的组在青纱帐里上课，一下课到了地头，发现大路上有敌人，就掉头往回跑，敌人只是乱打枪，不敢进青纱帐；有的组晚上回村，发现敌人的大洋马正在老乡院子里吃草，又悄悄撤出村子。由于群众和青纱帐的掩护，学校无一人伤亡。三个月学习结束后，大众剧社合并到新世纪剧社，剧社人数增加到七十多人。

1940 年冬，梁斌的短篇小说《烧桥》刊载在《冀中文化》上。小说情节集中，就是写两个青年怎样设法烧毁敌人桥梁的。在创作手法上，梁斌有着自己的看法：他要用群众习惯的语言来表现农民抗日英雄的事迹。这种发掘群众语言、推动作品大众化的积极探索精神，无疑是极为可贵的。但这次尝试也引起了一些争议，梁斌似乎还是没有找到作品现实性与艺术性的最佳结合点。后来，新世纪剧社在长期准备后推出了他们的新作——翻译的苏联戏剧《驿站》。情节是在一个小车站上，一个伤兵遇上一个地主妇女。这个地主妇女要把这个伤兵打死，两个人开始搏斗……由梁斌亲自导演，胡汐和刘敬贤主演，演出效果非常理想。

七、触动创作灵感的老人

剧社工作越来越繁重，但梁斌仍然钟情于文学，他喜欢阅读的习惯使他在工作忙、书籍少的情况下，不放弃任何一个读书的机会。他把能找到的作品一遍一遍地反复阅读，比如《雷雨》的剧本，他不知道读了多少遍，一些对话几乎都能背下来。此外，他走访村剧团、小学校、村工会、村农会、识字班，体验民情，收集资料……勤勤恳恳、一点一滴地为文学创作做着积累。

机会总是眷顾有准备的人。生活中一件偶然的小事启迪了梁斌的创作灵感，用这个“刀刃上的题材”，他挥笔写成了短篇小说《三个布尔什维克的爸爸》。而从长远意义上看，巨著《红旗谱》的诞生也和这次经历有着密切的关系。

1941 年冬，有个老农来找傅铎，这个老农是傅铎大姐的公公。老农让傅铎帮他向冀中区党委告状。这位六十多岁的老人叫宋老桂，三个儿子都是共产党员，他是为儿子的事来冀中打官司的。通过交谈，梁斌才知道，他的大儿子死在日本鬼子的刺刀下。他的二儿子宋鹤梅是自己高小时的同学，参加过高蠡暴动，因打死本村一个地主，跑到了深县。为了稳妥，县委把他安置在一个土匪家里。不巧，正值县队剿匪，宋鹤梅

◎ 1979 年 3 月 9 日冀中文艺界联谊会上梁斌与傅铎（原八一电影制片厂政委）亲切交谈

也被当做土匪押解到保定。老家的地主知道了，告他是共匪，他干脆地承认了。在被送往死刑刑场的路上，宋鹤梅站在汽车上，英勇地沿途高呼："打倒国民党！中国共产党万岁！"

老人的三儿子宋鹤峰也是梁斌的高小同学，是傅铎的姐夫。抗战开始后，他在区里担任自卫队大队长。有天晚上他送几个干部过路，他在前面探路，让干部们小心翼翼地跟着他，说好若是有了敌情，后面的人先跑，他掩护。到了路旁，宋鹤峰向前走去，当经过一片甜瓜园时，小瓜铺里突然连放三枪，他应声倒地。几个干部以为中了敌人的埋伏，立刻折回跑了。出事的转天早晨，这位老人和区长去看现场，他在儿子尸体旁边捡到一粒子弹，悄悄放进衣袋里。因为他知道，自卫队大队副的姐姐家就在敌人的据点里，他姐姐和姐夫常往来于家乡和据点之间，所以老人怀疑大队副是个内奸。老人捡到的子弹，也正好是他枪上用的，于是老人更加认定打死宋鹤峰的就是这个人。宋鹤峰出事前的一段时间，曾经扣过大队副的姐夫运向敌区的一车棉花，大队副托人说尽了好话，他还是铁面无私地坚持按原则办，结果，大队副的姐夫家倾家荡产，宋鹤峰从此就得罪了这个人。县委不接受老人的证据，老人不甘心儿子不明不白地死在黑枪下，这才孤身一人到冀中来打官司。这个家，现在只剩下这个年迈的公公、守寡的媳妇和孩子们，无以为生。虽然处境艰难，但坚强的老人仍然精神矍铄、达观，并没有悲怆的情绪。他豪迈的性格深深感动了梁斌，梁斌为此事专程找到了区党委书记黄敬，请求领导帮助老人核实这一情况。不久，老人的述说得到了证实，杀人凶手受到了应有的惩罚。但是，老人的形象、言谈在梁斌的脑海里挥之不去。他与老人连续几夜彻夜畅谈，“要以他为模特，创造一个高大的农民形象”的想法，越来越强烈，越来越具体。

梁斌是个打定主意就雷厉风行去做的人。不久，短篇小说《三个布尔什维克的爸爸》的初稿就诞生了。虽然意识到老人特殊的经历具有很高的表现价值，但是梁斌仍然基本遵照了老人的叙述，主要讲他的两个儿子为革命献身的故事，也没有写到他的大儿子宋友梅。大致的故事内容是：朱老忠和长子大贵一起参加高蠡暴动，在辛庄会战的战场上，他举起铡刀英勇地向敌人冲杀。暴动失败后大贵被捕，在保定被敌人杀害。临刑前，他慷慨激昂地向群众进行宣传，高呼革命口号。二贵在抗战期间担任自卫队大队长，因扣了大队副舅舅向敌区走私的物资，与其起了纠葛。这个大队副是一个内奸，很快，他在二贵执行送干部过路的任务时暗中开枪谋害了他。小说中涉及的人物还有大贵、二贵的媳妇，对大贵、二贵他娘则着笔不多。高蠡暴动是作家不能磨灭的记忆，在这篇小说里，朱老忠和大贵的革命历程都与之相关。不过这部分在文章中的分量并不十分突出，梁斌还是根据当年的印象来写的。二贵的遭际本身就很曲折、很吸引人，但作者有些过分局限于老人叙述的原型，材料记录得事无巨细，却没能从中提炼出更为宝贵的意义。这则一万余字的小说登载在《冀中文化》上。那时，冀中各级机关和组织以及各剧社团体，只知道梁斌能编剧演戏，领导新世纪剧社创造了演农民戏的先例。当人们看到小说《三个布尔什维克的爸爸》时，才吃惊地发现，原来他还会写小说！还是个小说家、作家！因此，他受到人们更多的关注。可人们并不知道，这只是梁斌文学梦的畅想曲中奏出的第一个定调音符，对此，梁斌更关注的是人们的批评。梁斌找到王林，诚恳地请他给提一提意见，王林看了后，认真地说："尘埃太多，擦得不亮!"梁斌很感激这句形象的话语。确实，这篇初稿只是梁斌梳理创作思路的过程，他自己也有很多不满意的地方，因此才有其后的反复修改。只是按照他当时的理解，王林的意思是说这篇小说写得不够精练，还没有理解到需要对典型事件进行提炼加工这一层面上来。但他从此便开始了对这个小说的故事情节和人物的孕育过程。

青纱帐期间，《冀中文化》的主编孙犁来看梁斌。主持工作的梁斌想为他调剂一下饮食，但什么也买不到，只好买了一碗"腌鬼子"姜款待他。梁斌特别请孙犁对他的小说提一些改进意见，孙犁真诚地提出了自己的意见，让梁斌很受启发。适逢敌人展开大规模的扫荡，剧社跟随三十三团打游击。他们从这块高粱地走到那块高粱地，从这片玉米地窜到那片玉米地，灵活地躲避着敌人的主力。不久，上级命令干校成员化整为零，离开部队分队活动。夜间，梁斌等人把跟老乡借来的被子铺在地上，就睡在高粱地里。天气又闷又热，大家根本无法入眠，更不用说还要受蚊虫叮咬之苦了。到了清晨，每个人都是满身露水，潮湿得连气也喘不过来。由于青纱帐里密不透风，敌人找不见他们，但他们也很难发现敌情。冀中公安局长兼区党委社会部长张国坚同志派专人带着枪，暗中保护梁斌。面对艰苦的环境，梁斌没有皱过眉，领导的关怀却让这个在战火中备受磨炼的硬汉子感动得落下泪来。

秋收之后，新世纪剧社转移到定县庞村。大街上有卖炸果子、馅儿饼的，有钱的人都可以暂时果腹。但梁斌向来是不吃的——社长有钱吃东西，让社员们看着，这样的事他绝对做不出来。在梁斌的领导榜样和表率作用带动下，新世纪剧社的成员们也都格外勤奋。每到一地，只要一住下，音乐组立刻到农民识字班、妇女识字班或青年会教歌；美术组去画墙画、写标语；文学创作组立刻读书或是写剧本；小鬼队到小学校去教歌或跳舞；戏剧队到村剧团辅导。数年如一日。凭着这种联系群众、为群众服务的作风，新世纪剧社在冀中区广大人民中享有很高的声誉。当时，他们过的是军队生活，每月一元钱津贴，一天二斤小米、三分钱菜金，一年发一身棉衣、两身单衣。虽然艰苦，但却过得舒畅而愉快，大家唱歌、演戏、欢笑，全身心地投入到宣传群众、鼓动群众进行抗战的工作中来。在梁斌的领导下，剧社的成员们之间建立了特殊的“亲情关系”。在采访中，刘光人、李莉、张文苑都说到梁斌对牺牲的演员罗品的负责态度令人难忘：中华人民共和国成立以后，人们的生活越来越安定，每当新世纪剧社成员在一起的时候，梁斌总是说：“咱们对不起人家罗品，他对新世纪做出了这么大的贡献，牺牲了，可到现在咱们连人家原来到底叫什么名字都不知道，也不知道家里在哪儿，咱们怎么对人家父母交代啊！不行，咱们得下工夫调查，一定得弄明白！还要给他立一个纪念碑。”就这样，多少年来几经周折终于基本查清罗品的原名叫娄茯苓，河南许都人，家里人已经都没有了。听到这样的结果，我被感动了，战争年代不知道有多少个罗品这样的无名英雄，他们是永远立在我们心里的丰碑。我也为梁斌的为人所感动。

一次，梁斌外出开会回来晚了，刚睡下不一会儿，有人进来说司令部有通知，叫集合。在黑暗中，他懵懂地起来穿衣、打背包，到门外集合站队，不声不响地开始行动。行军就是这样：不知敌人来自哪个方向，也不知到什么地方去，只是服从命令听指挥，跟着大部队前进。由于睡得晚，梁斌还没有睡醒，一边睡着一边走着，觉得走路很吃力。但敌情紧急，怎么也得走啊！直到黎明时分过了东内堡，梁斌浑身发软，实在走不动了，对刘纪同志说：

“你们走吧！我不走了！”

“再走十几里，也就到了，到彭家营！”刘纪说。

可梁斌的身体状况连十几里也不能走了。说着，经过一个小村庄，刘纪让他先进去休息。走进一段栅栏，是一个茅草小院。刘纪喊了一声“大娘”，说借个房子住住，让病号歇歇脚。解放区的群众是热爱八路军的，一个老太太走出来看了看，说：“来吧！有房子！”二话不说把梁斌领进小东屋里，让他把被子打开，上炕睡下。一觉睡到中午，房东老太太把他叫醒，端着一碗菜粥，让他吃了再睡。

“你看，这出门在外的……”她说着，眼里就流出泪来。

梁斌道了谢，翻过身趴在书包上，端着那碗菜粥吃起来。农家饭食，别有风味，棒子面稀粥搁上干菜叶、山芋，还有甜疙瘩，吃起来香甜无比。他一口气把这碗稀粥喝了下去。老太太又端了一碗来，笑着说：“你吃吧，还有啊！”他又把那碗菜粥喝下去，才觉得身上有点儿力气了。一直躺到下半晌，刘纪来接梁斌上路，还牵了一匹小毛驴让他骑。梁斌向老太太道谢。老人家笑着说：

“没有说的呀！你们八路军是打日本的，什么都好说呀！”他骑上那匹小驴，刘纪同志在前面牵着，一直走到太阳平西才到彭家营。当时梁斌自己也莫名其妙：为什么一下子就全身无力了？这是他自参加抗日工作以来没有遇到过的。直到四十三岁，梁斌第一次住进医院的时候，才发现左肺上角有一块疤，是结核已经钙化了。由此不难断定，他当时很可能患的是肺结核。

第五章 迎接曙光

新世纪剧社五年的艰苦磨炼，坚韧了梁斌的意志，丰富了他的阅历，也提升了他的创作能力。这个地处太行山区的牛栏村，像一个可以屏蔽狂风恶浪的港湾，使他得以休养生息，进入自由驰骋的创作空间，又可以随时从这里投入硝烟弥漫的战场。特殊的年代和环境造就了梁斌的独特，他将以更加成熟的姿态迎接未来。

一、转战冀中反扫荡

梨林休整

从安平县的彭家营往北走十几里路，便是彪家。在彪家过春节时，梁斌写了五幕话剧《堤》(《千里堤》)。这个剧本是以1939年闹大水为背景，那时的地方工作是雇工增资斗争。地委书记吴立人曾跟梁斌讲起白洋淀人民打堤的情景，梁斌根据这个故事构思了这个剧本。《堤》写敌人决堤放水，淹了锁井四十八村。党组织根据两面政策的原则，派地方士绅严知孝出面与敌人周旋，要求为了这一方人民的利益修上堤，好叫农民种小麦。敌人同意了修堤，我方叫联络员通知各村出工修堤，秘密派民工运料。在修堤的晚上，民工们正在休息的时候，一个朱老忠式的人物对民工们讲了“高蠡暴动”的经过。在这个剧本里，已经出现了严知孝、冯贵堂和李德才这几个人物。由于贯穿了增资斗争——就是一个雇工一年工资二十五斗（二十五元钱，二十五斗米）——所以也曾写出对立面冯贵堂式的人物、二贵和庆儿这些人物。地主调戏珍儿的情节在这个剧本中也已然形成。刘纪同志看完这个剧本笑了，说：“这好像是一个小社会!”但它的成功与否，必须经过舞台实践才能见分晓。

1941 年初，新世纪剧社开始向八分区（即过去的三分区）游动，地委书记罗玉川同志、地委宣传部长阎子元同志表示热烈欢迎，社员们即随地委一起行动，也就是打游击。这时，陈春耀同志已经把《抗日人家》谱成，由梁斌导演，楚萱和张文苑、霍明同志主演。开始在饶阳演出，观众是地方部队和附近村民，当然是很多的。这出戏的第一幕是母亲忙着给下地锄地的弟弟做饭，一边做着饭一边念叨，因为忙村中的工作，地里的事都荒了。第二幕是在外面忙于抗日工作的哥哥回来，母亲告诉他地种不过来、庄稼都荒芜了的情况。哥哥说村里工作忙不过来，与母亲发生争执。一家人坐下来认真研究，得出了既要做好抗日工作，也要种好地的共识，不然吃什么穿什么，用什么交公粮呢！这个剧情在冀中区是有一定概括性的。

梁斌是一个既注重把握好自己的工作，又注重及时了解全局动向，充分理解上级的各方面政策，使自己的工作走在前面的实干家。他总是喜欢通过书籍和各种资料了解更多的历史与现实情况，给自己领导剧社工作以及编剧、演剧提供更加切实可行的方法和有利的依据，尽管是在战争年代，他也尽量避免盲目。他根据从老苏区总结来的经验：为了保证革命根据地的巩固和发展，必须解决好三个问题，一个政权问题、一个土地问题、一个反对封建包办婚姻问题，又根据当时情况写出了五幕话剧《五谷丰登》。这个剧本的背景是 1940 年，冀中青救会和冀中妇救会同时下达一个指示：反对封建婚姻，提倡男女平等，婚姻自主。于是在很多村里，男女青年都敢于成双成对地在一起劳动、交流。据调查，当时在辛乐县的一些村里就有一百二十对青年自由恋爱。五幕话剧《五谷丰登》反映了这一事实。剧中出现了冯老锡的姑娘雅红和伍老拔的儿子小囤恋爱的情节，也出现了冯老锡给几个姑娘说亲，姑娘们要求自由恋爱，使冯老锡左右为难的场面。在此以前，观众还没看过在舞台上演出自由恋爱的戏。这出戏由林薇、刘敬贤和秦龄英同志主演，梁斌亲自导演。据刘敬贤回忆，梁斌在北平“左联”时期曾接受了“五四”新文化的影响，所以很看重这一思想解放会给冀中的青年一代带来的翻天覆地的变化，这对于农民的思想解放意义之深是无法估量的。他认为农民要彻底翻身不仅仅只是土地问题。于是他写了剧本《五谷丰登》。那时梁斌受到俄国五幕剧《大雷雨》的启示。《大雷雨》由 A. N. 奥斯特洛夫斯基作于 1859 年。故事发生在伏尔加河畔的一个小城。剧中纯洁美丽的女主人公卡杰林娜为了爱情，以死向黑暗的农奴制社会作了最后的抗争。她成为 19 世纪俄国戏剧中最美丽动人的悲剧女性形象。19 世纪俄国革命民主主义评论家杜勃罗留波夫曾高度评价卡杰林娜这一形象的思想艺术价值，称她是“黑暗王国里的一线光明”。梁斌在北平图书馆曾被这出戏震撼，不止一次地阅读剧本，几年后还记忆犹新。所以在创作《五谷丰登》时，他借鉴了《大雷雨》的这一特点，该剧演出以后看过的人都深受感动，觉得它符合广大青年男女希望冲出封建婚姻束缚的要求。但由于种种原因，此剧后来没能继续演出。

此后，剧社人员在岳家庄得到暂时休整，炊事员刘指南和老姚大显身手，变着花样给大家做好吃的。比如小米可以磨面做成窝窝头，或跟老百姓换成杂面，而杂面汤和窝窝头就是最好的饮食。吃白面时，可以烙火烧，做豆腐脑儿等，让大家吃好。新世纪剧社在岳家庄一直住到桃李花开的季节，这些日子，梁斌读书写文章，觉得是参加抗日工作以来过得最好的一个春天。他的房东是一个慈祥的老太太，见了八路军就喜欢，给梁斌烙秫面饼、做杂面汤吃。此处的酱油是有名的，秫面饼烙得又薄又香，与别处不同。这一带的杂面和饶阳杂面一样，既细又筋道儿，远近驰名。当地给男孩子娶媳妇，先问姑娘会不会擀杂面。

岳家庄村北是一片梨树林子，三五十里连绵不断。一棵棵梨树的枝条经不起梨子的重压，垂在地上，像一个个大伞盖。在梨花盛开的季节，这里就像一大片白花花的海洋，蔚为壮观。耳濡目染，梁斌对于梨林有了深厚的感情，在几部书中都写到梨林和梨花。这时，村里人正在每棵梨树根下拍土台，防“步蛐”（一种有害爬虫，在春天生长）。他们还在广阔的梨林中挖下地窖，敌人一来，就悄没声儿地钻进梨林深处的地窖中去。村剧团有时也在地窖里排戏。读书之暇，梁斌就到梨林中去散步。清晨，可以闻到一种清香，有的梨花在慢慢开放，另一些则逐渐凋谢。梁斌想，自己将来有时间还要画画——画梨花、桃花和杏花，这些虽然不是名贵的花，但都是农民群众所喜欢的家乡的花。

深北反扫荡

在岳家庄的休整，使梁斌的身心得到了很大的恢复。但正在此时，上级召开紧急会议部署工作。原来，日寇从武汉附近调来大批鬼子兵，即将对冀中区进行野蛮扫荡。区党委要求各级机关团体彻底坚壁清野，化整为零，轻装出发，投入反扫荡斗争。梁斌领会上级指示精神，预感将有一场阴风恶雨袭来。回到剧社，经过讨论后，他决定让社员分组活动，因地制宜。因为吕正操司令员说献县某村一带是空隙，梁斌就提出叫林岩带着小鬼队到这一带去。此外，凡是石德线以南属于六分区范围的，到石德路以南去；凡是定县一带的人，到定县一带去；凡是蠡县一带的人，回蠡县一带去。梁斌和刘纪带着陈春耀、王敏、段森到深北县去。分配好了，把幕布、道具、服装，甚至棉被什么的，做了一次彻底的坚壁清野。

梁斌和刘纪几个同志一块到了深北县，也就是深县的北部。他们发现有很多人集中在这里准备反扫荡，目标太大，于是打算回到岳家庄再想别的办法。梁斌把身上最后一个挎包交给会计老朱同志保存，里面装着自己最喜欢的几本书，还有过去写的剧本以及白纸本、铅笔、钢笔、墨水等，总之是他抗日时期的全部家当。第二天一早，他们就起身了。一天之中，穿过饶阳县，越过滹沱河，黑夜间到了岳家庄。几天后梁斌听说，他们越过滹沱河的第二天晚上，敌人就封锁了河堤。多亏了先前的当机立断，不然他们就过不来了。不久，听说骑兵团曾三次想连夜冲过石德路去冀南都未成功，被敌人击垮在石德路旁。政委杨经国牺牲，军马在野地里四处奔跑。为此，梁斌几天都没睡好觉。在冀中这个游击根据地，成立一个骑兵团不容易，如今被敌人打散，实在令人痛心！后来，王林同志写了一篇文章《十八匹战马》，以纪念英勇牺牲的骑兵团官兵。不幸的消息接踵而至。日军以十万兵力在根据地心腹地区扫荡，实行“铁壁合围、梳篦清剿、反复剔除”，强拉民夫修公路、岗楼。广大人民群众在日寇的铁蹄下，不堪蹂躏煎熬之苦。又听说卫生部把药品藏在棺材里埋进坟池，也被敌人挖了出来；军区政治部宣传部长张仁槐同志英勇牺牲，据说是在石德路附近因避敌钻进地道，被敌人发觉后，拔枪饮弹身亡。梁斌听到这些消息后，流下了热泪。

冀中区大敌临境，大部队和领导机关已经转移到外线作战，梁斌等人也跟着到了肃宁县的北部。在肃北住了几天，他们遇上任（丘）河（间）大（城）联合县文建会的一个干部，名叫文波，也是训练班的一个学员。据他说任河大一带还好，梁斌他们就想跟文波一起到任河大去。刚走出村庄，又想到这一次到了外线，打游击还不知打到什么地方去，带着一个女孩子很不方便。于是就叫刘纪带着段森回到蠡县去，蠡县是敌人确保的地区，情况相对好些。梁斌和陈春耀、王敏跟文波到任河大去。

几个人在文波家住了几天，听说司、政两部也都过来了，住在离这儿不远的村落上。一天早晨，梁斌到了那个村庄，首先找到区党委宣传部部长周小舟同志，向他说了反扫荡的经过，随后又跟着周部长去找吕正操同志。吕司令员依然是那样神采奕奕，笑着说：“好！有客自深北来！”

当梁斌叙述敌人封锁了滹沱河，反复梳篦扫荡，以及我军骑兵团被敌人击垮在石德路旁、杨经国同志牺牲的经过时，吕正操同志一面安慰他：“胜败乃兵家常事，不足为介！”一面绷紧嘴巴，抑制着心中的悲愤。梁斌在周小舟同志处吃了饭。周小舟同志说：“我给你写上，叫各个县委照顾一下。”他给梁斌在日记本上写了几句话，话虽不多，但手迹在当时也是很有用的。大概太阳平西时分，司令部通知他们集合。出了大门一看，司、政两部，群众团体，四路纵队走过来，尘土飞扬遮蔽天日，颇有“车辚辚，马萧萧，行人弓箭各在腰”之感。梁斌先行一步，找到陈春耀和王敏，一同朝安新方向走去。途中，他把陈春耀暂时安排在蠡县东莲子口村的炊事员刘指南家，自己带着王敏返回家乡梁庄。

回乡打游击

到家时，已是深夜，乡村在沉睡中，梁斌家大门紧紧闭着。不能叫门，因为村北就是岗楼。他转了一个圈，走到院墙西边，爬墙过去，院子里还是没有一点儿声音。梁斌的老父亲在 1939 年去世了，三姐现在住在父亲屋里。他走到门口，连叫了几声。忽然，三姐从屋里跑出来，口口声声唤着：“小魁呀！我那亲人，你打哪儿来？”说着，用激动得颤抖不已的手拿出钥匙，摸索着开了北屋门。屋子是空的，妻儿都不在家。梁斌开了大门，把王敏叫进来。三姐给他们做了饭吃，一边做着饭，一边说：“人家把猪也杀了，又要去找你呀！”过了几天，妻子带着孩子回来了。梁斌在家里住了几天，村长梁振兴和联络员梁小芬都来了，对他说：“住着吧！保证没有问题！”城里和岗楼上的敌情来往，联络员常来报告。这时，刘纪也回到了他的老家黄家庄。郭濯也回来了，他是西百尺人，把管理员李振远也带了来，梁斌把他安排在南沙口村四姐家里。四姐夫被敌人刺死，留下几个孩子。四姐家有一个小药铺，一对药柜子，李振远会一点儿中医，就当起坐堂先生。又把陈春耀安排在辛兴村大姐家里。因为敌人常出城扫荡，梁斌就在辛兴、南沙口、黄家庄等几个村庄间常来常往，过着游击生活。剧社的张振、沈雁、刘敬贤、齐祖耀、段森等同志也都回到了家乡。

考虑到梁斌的安全，刘纪和刘敬贤帮他在南院东屋里挖了一个地洞。这是平原地区敌我斗争的特殊产物，也有一段演进的历史。1940年，地窖开始出现在蠡县三区，位于高蠡两县交界处，因为那几个村庄是十分区（五分区）和九分区北部干部常来常往的交通要道。敌人来了，房东常把干部藏在菜窖里。每天吃了晚饭，人们就坐在门前互相议论：今天哪个据点增兵多少、敌人可能朝哪个方向出发扫荡、今晚是下东洼还是下北洼睡觉……游击区的人民，已经在紧张的战争形势中练就了判断敌情的本领。因为敌人常趁黎明时分出来包围村庄，搜捕干部，村民就开始挖地窖藏干部，在窖口堆上柴草，把敌人瞒过去。后来又有人把这家地窖和那家地窖连在一起，就成了地道。尽管如此，冀中地区在1942到1943年间，区级以上的干部牺牲了一百二十余人。可以说，几年来平原游击战争的坚持不懈，是用烈士的鲜血和头颅换来的。有些参加过长征的老干部说：从某种角度讲，冀中“五·一”反扫荡甚至比两万五千里长征还要残酷！

在故乡打游击，梁斌还比较适应。这里是老革命根据地，群众基础好，到了青纱帐期间更加便于隐蔽。再就是人熟地熟，便于回旋。梁庄离城里据点十八里，离大百尺据点十二里。村北有一个岗楼，有一条从蠡县通往高阳的公路。村里应敌，采取的是“两面政策”。过去敌人占领时，是不允许群众给他们送粮食的，如送粮罪名是“资敌”。凡是从据点里出来的人，都被认为是敌人。这样一来，敌人总是突然出来烧杀抢掠，事先一点儿消息也不知道，使群众遭受了巨大痛苦。为此，党决定采用“两面政策”，就是允许群众给敌人送东西、做工作，在敌人内部建立联络员，支应敌人。这样，敌人的一举一动，我们都能及时掌握，极大地减轻了损失。

梁斌有时在南沙口四姐家住几天，有时到辛兴镇大姐家住几天，有时住自己家。

经辛兴到黄家庄有条小路，他有时还经过这里去找刘纪。在日寇统治之下，梁斌对于这样的游击环境早就习以为常。有一天，梁斌正在家里，大杨庄金耀东来找他，手里提着支盒子炮。他是金耀华的兄弟，大绅士金老松的儿子。中午，梁斌的妻子包了饺子，刚吃上，只听门外有人大喊：“敌人来了！”仓促之间，两人每人端一碗饺子，出门往东跑，由东街口进入青纱帐中。对于这样的危险，二人早就习以为常，躲到邻家的瓜园里，从容地坐在小窝铺上把饺子吃了。邻家大叔见他们来了，也很高兴，摘了几个甜瓜作慰劳。等敌人闹腾过了，两人又若无其事地回去。梁斌在家里住了一段时期，时至 7 月，从敌人扫荡以来，梁斌两个月没刮过一次脸，蓄着三寸长须，穿上家常便服，看起来就和普通农民一样了。

◎ 梁斌在梁庄老家的故居

血洒平汉线

这时，周小舟派人通知梁斌，让他设法带一些社员迂回到路东，梁斌立刻集合人员，赶往白洋淀。路上，不时听到有战友在敌人扫荡中牺牲的消息，他心里翻上倒下，既为死去的同志悲痛，又为眼下社员们的生命安全担忧。他们面对着的，是白洋淀纵横四五十里的大苇塘，地理、民情完全生疏，没有地道、没有渡船，如果敌人来袭，众人如何隐蔽？最后，在梁斌的老同学、时任冀中公安局科长的王冀农的帮助下，剧社一行人才平安渡过了水淀。岸左岸右，是金色的野菊、蓝色喇叭花。在生满野树和苇坨的小洲间行船，沿途风景虽美，人们却无心欣赏。饿了，只能吃块自制的饼干；渴了，喝不上一口开水；水边蚊虫密集，更是令人不堪忍受。上了岸，大家的喉咙烧灼欲裂，但也没有人碰一下老百姓种植的甜瓜。梁斌的腿关节受了潮气侵袭，每走一步都会揪心地疼，他用毛巾把腿绑紧，又拄根棍子，依然带领社员们一天跑百八十里路。时间仓促，看到车沟里有星星的影子，他赶忙俯身饮水——那只是一个水洼，梁斌事后回忆起来，也不知那是雨水还是马尿。当时滋味，没有经历过的人是很难想象的。

队伍开到铁路边上，还是被敌人发现了。双方展开了激烈交火，为了躲避，人们只好跳到铁路旁的大沟里。这条沟有一房多深，梁斌已经没有力气了，试了几次，怎么也爬不上来。他没有慌，看见有人蹬着树杈往上爬，他就跑过去一手撑住树枝，一手拉住那人的脚，借力爬到地面上。梁斌一上沟就尽力快跑，在黑暗之中，眼看着左边倒下了一个人，右边又倒下了一个人……脚下是沙土地，跑起来特别费力。猛地，梁斌自己也扑倒在地上，此时他还很清醒，知道离车站已经远些。他镇静精神，伸手摸了一下腿，并不潮湿，嗅了嗅也没有血腥味，只感到脚脖子有些疼。坐起来用手一摸，原来是抽筋了！他使劲用手一扳，“咯吱”一声，脚脖子又弯过来了。就这样，梁斌站起身又朝前跑去，把敌人甩在了身后。

不多远就是一个小村庄，村口积水成河，有大腿那么深。一边蹚着水，梁斌一边用手捧起水喝，一直喝了个饱。走过大街时天已放亮，抬头一看，庄南有一座岗楼，南边不远就是封山的大沟。队伍一直朝岗楼走去，岗楼上也没有动静。交通员到岗楼里看了看，没有人。把梯子背出来，叫大家过大沟。梁斌等人刚上了梯子，伪军从西边跑过来，向他们开枪了。奔波了一夜的队伍又加速行进起来。上了沟，是一小片高粱地，李耀之同志实在走不动了。

“政委！快走吧！敌人来了！敌人来了！”警卫人员劝他。

可是说什么他也起不来了。走不多远，就是一座八里高的山梁。走上山坡，梁斌也实在走不动了。火线剧社的音乐教员张刃先同志说："梁斌同志，来，我给你提着这个小包袱吧！"张刃先同志给他提着那个小包袱，梁斌手里提着一件蓝布小夹袄，就是一件小夹袄，此时也很有分量——他实在是太累了。

走到半山腰，远千里正睡在一块大石头上。一个战士走过去踢了他两脚，说："他妈的！正打仗呢，你睡觉。"苏禄同志笑着说："老梁！看，就剩下我们俩了！"梁斌一看，人们都上了山，只有他们两人压后阵了。当然，山下还在打仗，部队得掩护他们上山。一步一坎坷，他们好不容易才爬到山顶，向下一看，人们都已经下山了。俗话说，上山容易下山难。梁斌拄着棍子一步一步地往下移，右腿疼痛难忍，好不容易走下山，已经是早饭时分。山下有个小村庄，他拿出一角钱买了五个鸡蛋，喝了下去。太阳升起时，人们一群群地走向集合点，路上还是饿着肚子，浑身酸软无力，已是极度疲惫了。晌午时，队伍走到义县的北水峪村才停下脚。梁斌屈指一算，从前一天的黄昏走到此时，一共走了一百四十里路。新世纪剧社的齐祖耀同志在过沟后体力不支，被敌人俘虏了，押到东北挖煤，一年后才得以脱身。

社员们在敌人的大扫荡中，各有各的不同遭遇。张震混在群众中，伏在麦田里。敌人鱼鳞式的包围圈使他们无处可走，结果被敌人一起兜了去，轰到一个大院子里，由几个伪军看守。大家无可奈何，趁伪军不注意的时候，张震大喊一声："跑哇！"众人四散，他也跑了出来。杨庆卫和有位姓赵的同志都被敌人抓了去，杨庆卫因为年纪小被释放了，姓赵的是被村干部取保释放的。最后过来的是林岩带的小鬼队，当敌人反复扫荡时，他们正在献县，在广大群众的掩护之下，经过严峻的考验，他们辗转到了白洋淀。后来跟着送电料的商人，经过保定南大桥下的小路到了山里。孩子们见了梁斌一齐拥上来，有的牵着他的手，有的搂着他的脖子，高兴得哈哈大笑。林岩却不然，他跺脚大哭起来，说："你们都回家了，我们在敌人反复扫荡下，好不容易过来了！"说着，鼻涕眼泪地痛哭了一场。梁斌在一旁看着，也觉得很为难——当时认为那几个村是空隙，谁又知道来了十万鬼子兵！十万鬼子兵扫荡冀中的中心地带，哪里还有空隙？

大队人马在康县的北洪城、冀中区党委的后方住下来。进了山，就没有敌情和危险了。但山中年景惨淡，群众生活非常困难，目睹这样的情景，梁斌感到很心酸。村中的粮食是按两敛来的，同志们捋一些榆树叶，和玉米面拌在一起蒸"苦力"吃。新玉米面拌上嫩榆叶，搁上大蒜，也怪可口的。吃两碗"苦力"，再喝一碗开水，一顿饭也就算吃饱了。火线剧社的人也回来了。

这是新世纪剧社第二次来华北联大，联大的同志对他们非常热情，都关心着冀中的"五·一"大扫荡。边区政府对冀中过来的人格外优待，吃饭时给加一点儿菜。10月，经冀中党委和军区决定，新世纪剧社与火线剧社合并，调华北联大的崔嵬任社长。梁斌回冀中深入生活，准备创作。五年的社长工作胜利完成，梁斌在联大与崔嵬握别。

二、从短篇到中篇

1942 年 10 月新世纪剧社合并到火线剧社以后，梁斌来到边区文联，沙可夫主任热情接待了他。梁斌汇报了新世纪剧社五年来的工作，沙可夫主任对他全力以赴投入抗战所取得的战果大加赞赏，并给他安顿了住处，让他先休整一段时间。

梁斌的屋子不大，有门，没窗户。一张桌子，一个凳子，一张床。睡在里面，能听见门外小河潺潺的流水声。一觉醒来，他被这安静与流动的旋律所感染，进而感叹生命之宝贵，抑制不住创作的欲望，匆匆起身，向文联要了笔、纸，找出以前的短篇小说《三个布尔什维克的爸爸》，开始了重新修改。不知是经历的沉淀，还是环境的感染，他笔下生风般地驰骋在思绪的波动里，一连数日，忘我创作。他终于停笔了，在原短篇的基础上充实成为五万多字、十三节的一个中篇，又经过几番修改，他满意了，随即拿去请孙犁看。孙犁看完，惊讶其笔端的工夫，笑眯眯地问他说："老梁！你身上带着钱了吗?"他一说，梁斌就明白了，赶忙说："我请你吃肉！"得到孙犁的肯定，说明他成功了！几年来的探求终于初见成效——从写剧本到写小说，梁斌初步掌握了人物的典型化和群众语言的提炼运用，写出了他理想中的那种富有民族气魄、紧贴现实生活内容、有艺术魅力的东西。改后的中篇情节上做了较大幅度的调整。写朱老忠一生走南闯北，下过关东、沟过金，见多识广，对朱老忠的刻画力度大大加强，人物的坚强个性得到了多方面的展示，它标志着梁斌已经找准了创作的切入点。朱老忠的长子大贵在大革命时期入党，在“四·一二”反革命政变中被捕。朱老忠去济南探监，并见到大贵临刑时在汽车上高呼口号，英勇就义。朱老忠把极度的悲痛化作力量，继续支持儿子们参加革命。另外，中篇小说里，增加了严知孝这个同情革命的士绅形象。朱老忠给严知孝家打长工，严知孝那正在保定第二师范学校读书的儿子，因“七·六”学潮，被军警围困在学校里，不能回家。得知此消息，严知孝委托阅历多、见识广的朱老忠去保定探望在二师学潮中被军警围困的严家少爷。朱老忠急奔保定，因而参加了二师学潮的援助和营救工作。在血与火的拼搏中，朱老忠看到严知孝的儿子和其他青年学生被枪杀时不畏强暴、勇于献身的壮举，他被年轻人的精神所震动，被他们的革命激情所鼓舞。从保定回来以后，即投入高蠡暴动的硝烟之中，他也扛起铡刀随军出征。……在辛庄会战失败后，朱二贵不幸被捕，被押在保定行营里，在审讯时，他慷慨陈词，大义凛然，死而无怨。三贵的事迹基本是依照宋汝梅的经历，没有太大变化。反面人物有冯贵堂和李德才。李德才之女珍儿在冯家当丫鬟，与三贵是一对恋人，但仗势欺人的冯贵堂想霸占她，于是引起了纠纷……

1943 年这篇小说改名为《父亲》，在《晋察冀文艺》上连载。为了表示庆祝，梁斌买了炖肉，请孙犁、田间一起吃。梁斌回忆，这时吃肉真正觉出肉的香味来了。不知是因久未吃肉还是因成功而喜悦，抑或二者兼而有之？

从《三个布尔什维克的爸爸》到《父亲》，不仅是篇幅的扩展、故事情节的增加，人物性格的刻画也发生了变异。朱老忠一改被欺压、被奴役的传统农民的愚昧形象，变成了一位不仅见多识广、勇敢强悍，而且能扛着铡刀，跟在儿子的后面去革命的人。这一步的跨越，使中国农民形象得到了质的提升。梁斌塑造了一个冲破传统旧观念、具有宽阔胸怀的新型农民形象。另外，《父亲》里新增了一个人物——同情革命的士绅严知孝，这个人物的增加与梁斌在新世纪剧社接触过的李树屏先生一家人有关系。

据刘光人、段森、刘敬贤、李万钧等人介绍：李树屏是博野县庄窝头村的开明士绅，他家在保定经营着大型同兴养蜂场，远近闻名。他非常重视教育，不仅让自己的男孩女孩都上学，而且自筹资金办乡村学校，资助村里的孩子们上学。很有意思的是，他不仅花钱请来好的老师，还让自己的孩子到各家劝说和动员大一点的孩子都来学校上学，学校不收学费，不要为农活耽误了孩子上学。他要从改变人们的观念开始改变农村面貌。于是，连附近村庄的孩子都被吸引到这所学校来上学。抗日战争开始以后，他就积极地搞抗战宣传，在村子里刷大字标语，组织学生演抗战戏。而且，第一个送自己的大儿子参军。他被选为“文化抗战建国会”的会长。而后，他又支持他的两个女儿李敬忠（字穆苓）、李莉（字穆修）和三儿子李万钧，参加了新世纪剧社，而且都是剧社的骨干演员。穆苓是新世纪剧社的优秀演员，是女演员们的好大姐。梁斌把她介绍给了远千里，二人成为夫妻，后来穆苓不幸在一次突围中以身殉国。为了掩护新世纪剧社和抗战队伍，李树屏还失去了另外一个儿子（二儿子）。这样为抗战的胜利他前后牺牲了两个孩子，尽管如此他支持抗战的决心没有丝毫动摇。在他身上，梁斌看到了中国知识分子的进取之心、爱国之心以及“感时思报国，拔剑起蒿莱”① 的忧国忧民的远大

①陈子昂：《感遇》三十八首之三十五。

抱负和崇高品德。那时，剧社演员们经常住在他家里排戏、演戏。刘敬贤、刘光人回忆说：“队伍每次来到这里就像回到自己家里一样。李树屏大伯和魏志琴大娘见到我们的到来，总是忙前忙后地不停脚。李大伯是忙于腾屋子扫炕安排我们的住处；李大娘一幅慈祥的面孔更是忙着烧水做饭，往往是见到我们来了，就一手端着水，一手拿着干粮，不停地像照顾自家孩子似的招呼着我们。冬天到了，就先是给我们煮上一锅白薯，看着做熟了就一笼子一笼子地送给同志们吃。等我们炊事员老姚把饭做好，大家的肚子已是早早地垫了底吃了个半饱了。她还拿出被子给我们盖，帮我们拆拆洗洗，缝缝补补，真是把我们当亲人对待。早晨我们出完操，吃过早饭，开始进行排练。李树屏大伯已是早早地把院子拾掇得干干净净，把桌椅板凳拉出来等着我们。排练时他把自己家的立式大风琴、胡琴、口琴等乐器给我们用，甚至他也时而参加到乐队中敲锣打鼓，兴致勃勃地蛮有精神。”

段森说：“曾记得有一次离开李大伯家时，我、张彤、张逊仁三个人病了，就留在了李家。李大伯忙着给我们去抓药，李大娘则忙个不停地给我们熬药。三个人的药，熬了一锅又一锅，累得满头大汗的，真是太辛苦了。每天不但要给我们三个做好三顿饭，还要想着法儿地给我们换着样地改善伙食。在那个艰苦的年代保证了我们每天一定要吃上一顿细粮。一直到我们都痊愈归队。那时候是多艰难的年代啊！他们为我们付出的太多太多……”特别是反扫荡时，连李树屏在保定的姐姐家都成了新世纪剧社的联络点，不仅提供吃住，而且还为他们提供抗战经费。像李树屏这样热心抗战的士绅阶层，在冀中有相当一部分，特别是新世纪剧社有相当多的小演员的家庭是这一阶层的，他们对孩子的鼓励、对抗战的贡献、对新世纪剧社的支持，让梁斌感动。笔者在采访中，见到当时的演员们，他们已经高龄，但是在回忆新世纪剧社时，都说：“那时，梁斌的家、刘光人的家、穆苓的家、刘纪的家、傅铎的家、薛坚的家，还有闫大嫂的家，都曾是我们新世纪剧社常住的家，他们不仅要拿出自家的粮食、被褥，腾出住房供养我们，而且冒着杀头的危险呐!……”梁斌觉得是他们成就了新世纪剧社。所以他在小说《父亲》里不仅增加了有文化知识的士绅严知孝这一形象，而且让严知孝也有一个为革命牺牲的儿子。这个人物的塑造蕴涵着梁斌对支持新世纪剧社的众多亲如手足的同胞们的感念。能做这样的修改，十分清楚地说明梁斌忠实于生活的创作态度。在民族矛盾上升时，民族的共同利益高于一切，在这个共同利益下，考虑得失、权衡利弊，是每一个有良心、有理智的中国人的自觉选择。作家能从这一角度考虑问题，进行取舍，表现出他所具有的眼光和睿智，也意味着他必将创造出承载更多历史内容，可读、可信、可跨越不同时代的佳作。这正是梁斌尝试小说创作，走向《红旗谱》所跨越的第一个台阶，也是不容忽视的关键一步。

三、不懈的追求

在梁斌潜心创作时，沙可夫主任来到他的房间，看他正在忙着写作，就说："休息几天吧，你们辛苦了。"然后，他抬头看了看房间自言自语道："唉，山里的房子也就是这个样儿！"看到梁斌一直不抬头跟他搭腔，转了一圈，悄悄地把一本最新出版的《在延安文艺座谈会上的讲话》放在他桌子上，就离开了。写作告一段落，梁斌长舒一口气，无意间拿起书来，发现是毛泽东同志刚刚发表的讲话，顿时被吸引住了，放下笔，停止了写作，拿起书跑到屋外，坐在河边的大石头上，全神贯注地一口气读完。

当他合上书，抬头凝视远方时，蓝天、白云、重山带他进入了一个新的境界。他自言自语道："好书，这是一本新颖的书！"翻来覆去，看了好几遍。就像这奔流的河水，梁斌的思绪回到十几年前：那时他十七岁，也读到了一本让他兴奋的书，是美国作家辛克莱的《屠场》，写屠宰场的工人生活，他觉得很新鲜，捧着书去找丁浩川老师，说："老师，这本书很好，我很受感动！"老师抚摩着他的头，说："《屠场》是本好书！"并向他介绍了作家辛克莱的情况。辛克莱祖上是名门贵族，传到他的父亲时，家境已经破落。父亲以卖酒为生，收入微薄。后全家迁居

◎梁斌画作《纪念〈毛主席在延安文艺座谈会上的讲话〉》题款曰：『一九四二年，敌寇以八万兵力扫荡冀中区，剧社分组活动集中于白洋淀。我的老同学十八团长李跃之以三连兵力护送，以夜一百四十里速度到达义县北水峪，途中打了两仗。把人送到华北联合大学，我住边区文联牛棚村，稍事休息即写中篇《父亲》。沙可夫同志给我一本油印《毛主席在延安文艺座谈（会）上的讲话》，此已八月，汗流夹（浃）背，我两手捧着坐在一棵大柿树下小溪的大石头（上），捧着清冽的溪水洗净手脸，反反复（复）阅读，吃透了「生活是文学创作的源泉」，即回冀中人民战斗中去。』

纽约。辛克莱为了写好书，写好工人形象，到工厂、矿山观察生活，了解他们，所以才写成那么好的书，还获得了诺贝尔文学奖。“喔，书是这样写出来的——必须观察生活！”在梁斌的心里，“观察生活”从此就扎下了根，无论是到什么地方，即使在监狱，即使在反扫荡中，也不忘“观察生活”。他一直带在身边的三个笔记本，都是用来把观察到的“生活”记录下来以备后用的。现在，毛泽东又提出了“深入生活，参加火热的斗争”，这就不只是站在旁边看，拿笔来记了，而是要深入到生活里面去“参加”。是不是只有这样才能创造出真正具有革命者优秀品质的文学形象来呢？他根据自己的经历，揣摩书里的意思，努力去理解。

他还回忆起自己在北平“左联”时期也曾在报刊上看到过一场关于“大众文艺”的论争，参与论争的左翼理论家们也谈到类似的观点，他们认为：文艺必须深入大众，拥有大众乐于接受的形式。这是革命任务的迫切渴求。理论家们不约而同地谈到了方言、民谣、戏剧、绘图本小说、漫画、木偶戏、连环画这些活跃于民间的艺术形式，都是值得借鉴的。左翼理论家们对于“五四”以来的白话文成就也颇有微词。在他们眼里，汉语现状的最大问题还是不够通俗，这种白话文依旧保持了知识分子式的腔调，需要在大众化过程中有所改变。当时，梁斌对这场论争的观点很赞成，特别是关于文学语言存在的问题给他留下了很深的印象。所以在以后他领导新世纪剧社时，坚定不移地在戏剧语言民族化方面进行了艰苦卓绝的努力，竭尽全力地寻找最能让农民接受，最大众化、艺术化的语言形式。因为，抗日战争是全民性的，只有让大众语言艺术化地出现在舞台上，台下的大众才能被感染，产生共鸣，才能有一致报名参加抗战队伍的宣传效果。他运用了左翼理论家们提出的适合于大众的艺术形式，利用戏剧、方言、民谣等在舞台上展现要宣传的抗战内容；另外，用标语、漫画在村庄的墙上做宣传，鼓动大众。这些都收到了很好的效果，使新世纪剧社的工作迅速影响到整个冀中。

今天，《在延安文艺座谈会上的讲话》是在延安整风这个特定的历史环境之中出现的，作为延安整风的一个组成部分，梁斌应该怎样理解和运用呢？一向善于理性思考，喜欢更多地了解革命理论的他，此时的思维像变焦镜头，推过去，回忆历史，又拉过来，着眼现实及放眼未来，最后抓住了一点——深入生活。

这时，太阳渐渐落下去了，远处一个人影越来越近，是沙可夫主任。梁斌一阵高兴，说："你来得正好，我有问题拿不准。"沙可夫说："那咱俩算是碰着了！"两个人顺着河边，一边散步，一边交流着对这本书的看法。沙可夫肯定了梁斌的看法，认为：现实生活永远是艺术创作的源泉。贴近现实，表现生活，以有限的舞台去展示无限的生命空间，这就是戏剧的生命力，也是一切艺术的生命力。所以，当艺术家在现实生活中获得了对生活的真切感受，并意识到自己的历史责任感与作为该民族后裔的使命感时，他就会寻找到一种适宜于表达时代强音与人民心声的独特艺术形式。那么，在当前抗日战争的特殊时期，艺术家应该到人民中去，与他们一起赢得这场伟大的反侵略战争的胜利……

梁斌是个一旦明白了道理，一分钟也不耽搁，马上就要行动的人。他想：现在冀中人民正在抗战，我怎么能在这里住下去呢？我要深入生活。第二天，他就收拾东西，回到北洪城见周小舟同志。这次领导分配给他的任务是先到冀中，然后到北平做上层工作，和敌人上层人物交朋友，了解有关情况。

梁斌又回到了阔别多日的家乡。因为是两面政权（伪政权的编制，又为共产党做事），环境又熟悉，梁斌就在村里住了下去。虽然足不出户，但乡里乡亲，形迹也是瞒不了人的。老梁家在村里是大户，梁斌四哥在村公所工作，消息也很灵通。梁斌在村里弄到了居住证，合法存

◎梁斌画作《阜平大黑山》题款曰：『一九四三年在太行山反扫荡，自牛棚（村）出发，迤逦北行，一日夜至大黑山。在此山下休息一时，复北行过北台下到繁峙郭县。西出太原转保定回根据地。在敌占区惊险欲绝，一生难忘。』

在，“非法”活动。特务们出来扫荡，他也安然地在屋里读《红楼梦》，写文章。因为里院挖了地洞，可从容不迫地隐藏起来。

但事出意外，有一天晚上，城里的特务来抓前任农会主任常明。他不在家，没有抓住。常家就住在斜对过的东胡同里，离梁斌家很近，为小心起见，他把被褥搬到后院，门口堆上高粱秫秸。冬天酷寒，梁斌就守着洞口睡觉、读书、写文章。此时常来的人，有刘纪和刘田。他们一块儿研究敌情、探讨工作。梁斌有时也去四姐家住，有时到黄庄刘纪家去，有时还住在大姐家里。梁斌是这样回忆自己那时的心情的：“当时共产党的干部和党员，受了党的传统教育，是有坚定信心的，生时是共产党的战士，不幸遇害，则成共产党的烈士，我就是这个主意。在冀中平原战斗的人们也都有这种信念，不然在极端残酷的情况下，敌人占领区的工作就无法坚持了。”① 一次薛坚来梁家躲避，恰好伪县政府的王士奎来访，这个人是个特务，以前是梁斌的同学。他是冲着梁斌来的。他们便顺通道的梯子爬上房顶，弯着腰跑过七八座接连着的房顶后爬下。但王士奎看到桌上多出来的筷子，知道梁斌在躲他，有些不高兴，而且以为这里就是敌工部。等王士奎走了，梁斌他们又顺着房顶原道跑回来。自此，梁斌不得不另辟蹊径：经黄庄向北走四五里，去大杨庄梁斌姥姥家。此时，几家人都已沦为贫农。梁斌对二舅印象很深，《红旗谱》中朱老明的形象，就是以他为模特写的。梁景文表兄是党员，在村公所工作，他家也是常住干部的堡垒户。表嫂是村妇救会主任，一个聪明的人，能说会道，对梁斌十分欢迎。这时，王士奎又追到此，要求和他见面，梁斌想：见见也无妨，万一能做通工作，利用他为抗战服务，不是更好吗？他们就在三哥屋里见了面。寒暄了几句，王士奎表示对他和路

---

①梁斌：《生活・写作・语言》，载《梁斌文集》，人民文学出版社 2005 年版。

一皆无歹意。梁斌跟他讲了世界大战的形势和苏德战场的情况，希望他弃暗投明，做些工作。即使不能过来，也不要干坏事，做个朋友，留条后路。王欣然接受。

1943年夏天，党的敌伪军工作、城市工作，已经初步深入敌人内部，有了影响。在伪人员中，皆以有个八路军的关系为荣，敌我力量的对比在起着变化。但恰在此时，梁家庄所在区的副区长被敌人俘虏。一天，梁斌正睡着，忽听得有脚步声走进梢门，探头一看，有伪军走进院子，这时已无处躲藏了。他想爬梯子上房，然后越墙逃走，但刚爬上房檐，伪军站在北边屋顶上大喊："哪里跑!"说着就跑过来把他抓住。此时，他神情泰然自若，从容不迫。伪军中有一个人问："怎么你在家里?"梁斌把居住证给他看，说："我早就不干了!"原来，这人叫张敬文，曾经参加过剧社。他认出是梁斌，就说："不要紧，我给你说说!"

原来这队伪军也是押着被俘的区长到西邻老堡垒户家找地洞的，梁斌就在一旁看着，思索着，想找空儿逃走，但不得机会。经过张敬文花钱和他们周旋，敌人临走时终于把梁斌放了。伪军队长看了看他，点点头，笑着说："你真能!"这件事让梁斌感激不尽，但是至此他也彻底暴露了，必须离开家乡，别无选择。

1943年初，和九地委宣传部长郭春园接过头后，决定让梁斌离开家乡，去北平。在开往北平的火车上，梁斌与一个日本军人坐在一起。他感到很滑稽，自己像孙悟空钻进了牛魔王的肚子里。在车声隆隆中，他细心观察男男女女、老老少少每一位乘客，猜测着他们在想什么，看看敌占区的人们跟解放区的人们到底有什么不同……

到了北平，他雇了一辆人力车，来到二姐家。开门的是二姐夫，一见到梁斌，他哈哈大笑说："哈！我以为是谁，六兄弟来了!"二姐夫依然那么精神。二姐也高兴地把他让进来。这个院子里，有三间小北房，摆设比较简陋，已经失去了过去的讲究和气派了。为补助生活，不少家具都变卖了。梁斌说："早就想来看看，几年不见，都还好吧?"寒暄之后，问姐夫："您怎么不找点儿事儿干?"二姐夫叹了口气说："不行！不行！日本人的饭咱不吃，饿死也不吃!"二姐做好了饭，端上来。一碟炒青菜，高粱面和小米面的煎饼。大米、白面也没有了。姐夫一边吃，一边聊天，原来他的老同学齐燮元当了华北治安军司令；刘彤刚当了伪冀东保安司令；杨子函、何湘泉等都在齐燮元手下做官。还有个老同学在伪天津市政府当秘书长……梁斌说："您也可以找一点儿事儿做啊。"姐夫说："日本官咱不做。他们叫我到集贤馆去……我还不至于饿死，不去！别看他们耀武扬威，将来有人饶不了他们!"老人越说越气愤，可以感到他的民族自尊心极强，而且度日艰难。他的儿媳妇是蠡县城里四大绅士之一王风盈的孙女，因目前家境日趋萧条，这个儿媳妇已经跟他儿子离婚了。即使这样，儿子也决心不给伪政权做事。二姐夫问梁斌来北平的目的，然后帮他介绍了一些朋友，让他换了装束。除了在北平四处联络以外，梁斌还到大侄子那儿去住了一段时间，大侄子在天津的长芦盐运署工作，经过一个多月的北平、天津的走访，梁斌完成任务，返回路西。

为向领导汇报工作，他来到周小舟家，做了详细的汇报，周小舟让他先休整一段，等候新的工作。那时周小舟刚刚结婚，正是新婚燕尔，梁斌不好多打扰就走了。梁斌想起新世纪剧社以来，身边的战友不少人结婚或有了自己的心上人，如高铁英、青季等，自己不免有些感触。自从与萧林分开以后，再也不愿触动这根神经，虽然不少女青年都曾有所表示，但都被他拒绝了，想起来真是"一朝被蛇咬，十年怕井绳"啊！可现在毕竟是抗战时期，不想也罢。

安顿好住处，到孙犁那里看望老朋友，他们一起吃饭，一起聊天。

孙犁把最近几期《晋察冀文艺》拿给梁斌，说：“行了，老梁，都好了！”打开一期指给他看，梁斌眼前一亮。原来是他的中篇《三个布尔什维克的爸爸》，被孙犁发在《晋察冀文艺》上了，发表前改名为《父亲》。梁斌十分高兴和感激孙犁为自己所做的这一切。孙犁告诉他：“你现在可是咱边区闻名的作家了，大家对这篇小说反映很好啦！下一个是什么？”

说起梁斌与孙犁的友情，还得从1938年春他们在烽烟战火的冀中相识时谈起。那时，孙犁在河北蠡县组织人民武装自卫会，梁斌正在新世纪剧社任社长。1941年，孙犁从阜平这块号称“穷山恶水”但给他留下许多美好记忆、写下《山地回忆》的地方，回到冀中平原，参加编辑《冀中一日》。从那时起，他们的接触逐渐多了起来。1943年，孙犁在繁峙县境内坚持了三个来月的“反扫荡”，在战争间隙，还翻越了几个山头专门去看望梁斌。漫漫人生路，悠悠战友情，孙犁和梁斌都是“为革命而文学，也可以说是为文学而革命”的“同时代的人”①，所以，他们相通，相知。如果了解后来他们的君子之交，会感到此时他们的交往只是一个良好的开端而已。

梁斌又住到了牛棚村，沙可夫住西屋，梁斌住东屋。这样他们更便于探讨问题。特别是沙可夫作为大戏剧家，梁斌盼望能从他那儿学到更多的艺术理论，而且特别喜欢听他讲他与众不同的艺术见地。

一天，梁斌在聚精会神地看书，是他刚托人从天津买回来的巴尔扎克的《欧也妮·葛朗台》和《贝姨》。梁斌喜欢巴尔扎克笔锋的犀利，能入木三分地解剖、挖掘恶习；他尊崇巴尔扎克的现实主义风格，对巴尔扎克在严肃的创造中遵循细致求实的精神，甚至连艺术想象都建立在

①孙犁：《〈方纪散文集〉序》，《方纪散文集》，人民文学出版社1979年版。

◎ 梁斌画作《牛棚村小景》题款曰：“一九四二年反扫荡到边区文联，住太行山之牛棚村，在这小屋中完成中篇《父亲》，读了毛主席的《在延安文艺座谈会讲话》，仍回冀中深入战地生活。”

认真调查基础上的创作态度感到很敬佩。巴尔扎克经常出入于各种场合仔细观察，为描写上层沙龙的生活可以站在舞场、牌桌旁几个小时凝视，因此写出的贵妇的言语和行止是那样逼真。为了描写农夫生活，巴尔扎克有时还在夜间钻到肮脏的院落里，曾被人当成窃贼殴打……这位大作家创作出的现实主义作品，真是深入生活、呕心沥血的结晶……

“哐当”门被推开了，崔嵬走进来。老朋友见面格外亲热，崔嵬问：“看什么了？”说着坐下来翻开书，看来看去，爱不释手，问：“还有吗？”梁斌说：“还有这本。”实实在在地把《贝姨》也拿给他。崔嵬又翻了翻，然后，他把两本书合起来，往胳肢窝里一夹，站起来就要走，一副迫不及待的样子。梁斌也不加制止，笑着任这个老朋友把书拿走，只说了一句：“又扛走一个翻译官！”走到门口的崔嵬听了，回过头冲梁斌哈哈一笑，便仰着头走了。原来，梁斌这句话的后面是有一个真实故事的：在华北联大时，有一次，聂荣臻司令员要来看演出，恰巧新编的戏中有一套鬼子军服搞不到。当时，演出服装都是东拼西凑的，可正宗的呢子大衣哪里有呢？崔嵬自有办法，他扮作一卖西瓜的庄稼汉，独自一人推车去卖瓜，有意从敌人炮楼前经过。一声吆喝，吊桥放下，里面走出个翻译官，见这家伙一身鬼子打扮，崔嵬心想来得正好，乘翻译官砸开西瓜大啃大吃时，崔嵬一脚正中那小子裆下，说时迟那时快，他丢下西瓜扛起昏倒的翻译官就跑。岗楼里的鬼子闻讯想开枪又怕伤了那个翻译官，等放好吊桥追出来时，人高马大的崔嵬已跑进了青纱帐，不用说，军装连同手枪一同缴获，随手还带了个俘虏。数日后，根据翻译官提供的情况，我军不伤一人端了炮楼，崔嵬自然立了头功。这以后，崔嵬名声大震，都知道他不但戏演得好，而且智勇双全。① 所以，梁斌看到崔嵬夹着书就走的样子，想起当年他抓鬼子翻译官的事来，所以爱慕地说了那句俏皮话。

依照梁斌的性格，在边区文联是待不长的，在他的请求下，1944 年他被派往蠡县，以帮助工作为名深入生活。在此期间，他专门对高蠡暴动的前后经过做了详细访查。他请一个老乡带路，专门来到高蠡暴动的发生地——玉田村进行实地考察。

一个隆冬的黄昏，梁斌跟着老乡出发了，尽管风不大，可飕飕刺骨，好在急行军似的速度冲破了地冻天寒的包围，暮霭降临时分就到了村边。趁着大街上炊烟弥漫的掩护，他们走进一个小栅栏院子，房东也在烧火做饭："二哥！客人到了！"声音未落，走出一个四十多岁的人，老乡对他说："给你送了一个客人来，这就算交到了。我回去了，天也黑了！"说着，他就返回去了。房东领着梁斌进屋，坐下问：

"您从哪儿来？有什么事？有事晚上办，白天不方便。村旁边就是岗楼。"

梁斌说："我就是咱地委的，先找支书谈谈吧。"

"好，那咱先吃饭，吃了饭，我去叫她。"说着把饭端上来，一起吃。饭后叫来支书，是一个姑娘。她开门见山地说："虽然兵荒马乱，可到了我们这里就是到了家，有什么该说、该做的您尽管吩咐！咱村是根据地，高蠡暴动的时候，这里闹起过一个红军大队，打了土豪，分了粮食。抗战一开始，这里就又建立起了一个游击二师，师长是段石曾。可不知道为什么，来了一股抗日军，把段师长枪毙了！"不愧是支书，

①中华人民共和国成立后，崔嵬导演的电影《小兵张嘎》，其中脍炙人口的情节——"巧逮翻译官"，就是他自身经历的再现。

不仅口才好，还敢于提出问题，是久经世故的女将。梁斌表示知晓此事，可今天不谈这个：“我来是为了了解高蠡暴动的经过。能否帮忙？”

她痛快地答道：

“那好说，我先给你找个女的来，你也许认识。”

不一会儿，听见窗外有脚步声，人还没进来，说话声就传过来了：“来了个梁同志，我看看！”说着走进一个五十岁左右的妇女。

“哎哟，真是老梁啊！你怎么不到我家去？”

“你怎么会在家里？”梁斌惊讶地问。

“就是因为这‘五·一’大扫荡呀！我脚小，行动不方便，也上了年纪，就回家来了。这不，家里还种着几亩地，人多事情也多。”

“您还是谈谈这大暴动吧。”女支书说。

“大暴动？咳！那个威势啊！枪也没收了！粮食也分了！群众也发动起来了！可就是蒋介石他不抗日，辛庄大战，把红军镇压了！”

“谈谈您在暴动时做了什么？”梁斌说。

“一听说要暴动，就买了很多红布，做红旗、红袖章，每天做。暴动那天，队伍打上红旗、戴上袖章就出发了。红军向辛庄开去，听说伪军也到那里去了。为了减少伤亡，上级来了信，叫我们把这个消息给红军送去。这兵荒马乱的，让谁去呢？就让我假装走亲戚，去送信。我叫孩子套上车，我们去追红军。没想到，半路上遇见伪军，把牛都牵走了……”说到这儿，她哭起来：“我们没逢好运呀！情报没送到，红军就被伪军给打散了！”说到这儿，老太太哭得更厉害了。

“别哭了，叫人怪难受的。”女支书一边劝，一边自己也哭起来。

“湘农司令要是还在人间，你睁眼看看我们吧！日本鬼子压得我们喘不上气来呀！为打日本拿了多少草粮、死了多少人呐！”老太太边说边哭，实在说不下去了。

“您别太伤心，今天就说到这里吧。”梁斌说。

她们就此告辞了。梁斌送走她们，在夜色中陷入沉思。她们的一席话使他心潮澎湃，激动万分！回屋以后，他通宵不眠，把送情报一事记录下来，后来写在《播火记》里。连续几天在村里走访，梁斌被村民们的情绪感染着，他们见到梁斌好像见到了当年的湘农司令员，说：“你可来了，自从大暴动以后，我们多盼望你们能来看看我们呀！……”如果不是梁斌说明是因为要把高蠡暴动写出书来，让世人知道暴动的真情，不少农民都不愿意再提起那叫人愤怒、悲伤的往事。农民杨万轮是一个脾气倔强的中年人，一提起高蠡暴动，就表现出一脸的悲伤，脸上的肌肉在不断地抽搐，说：“过去十年了，失败了！谈它做什么?!”当梁斌说明了来意后，他说：

“这么说，你是个写家？那可好，憋屈了这么多年，我也想找个人替咱说说，可往哪去找呀！好！那咱就谈谈！”他让自己的情绪平静一下，开始了沉痛的回忆：

“那时我们听到布置大暴动是这样说的：举行暴动是为了迎接红军北上，把鬼子赶出去。自从‘九·一八’事变，日本鬼子侵占了东三省，人们心里一直憋着一股火，后来又失去冀东十八县，眼看就到家门口了！上面一说暴动，人们立刻就起来了。”他喝了口水，继续说：

“那是 1932 年的 8 月底，我们玉田村就是一个区委，书记是王慎志，在这里拉起了一个大队。暴动时间一到，就先缴了地主的枪，分了粮食。接着，又到刘家营，打死一个地主，缴了枪，分了粮食。这时红军司令员湘农也过来了，政委是贾振书，他叫我们跟他一起到辛庄去，同去的有第一大队，队长是宋洛曙。大队人马，浩浩荡荡，直奔齐家庄，在那里又打了一仗。”

“过了河，来到辛庄。辛庄的警察分局长王韬是个党员，他迎接我们到事庄学堂（高小），在那里吃饭安歇，等待各路人马的到来。刘双泗大队还在路途中，清苑李学敏也没赶到，安新、博野、饶阳等各路人马都未赶到。就在这时，驻在安国的国民党骑兵十七旅突然扑向我们，在辛庄展开了一场混战。王韬带的那个大队真能战，有十几个训练有素的警察。我们只有一挺机关枪，我把机关枪支在门楼上，和他们一起反击，敌人几次冲锋，都被我们打了回去。”

“这时湘农司令员带我们往外冲，想往北去，与翟树功大队会合，可高阳的保安队赶到了；打了一阵儿，我们又向南去，想到蠡县老根据地去。不巧，肃宁县的警察保安队也赶到了，又打了一阵儿。这时刘双泗才赶到。刘双泗大队与敌人交锋，让我们撤离。正当人们回学堂吃饭时，敌人又攻了上来，湘农司令员叫把北墙打开，突围出去。”

“一路拼命地跑，突然，遇上村武装迎头打来，我们不能蛮干，只好化整为零，这一来红军就散了。路上遇到湘农司令员，我带着他过了河，在一个坟地歇下来，没吃的就烧玉米毛豆。这时又集聚了十几个人，湘农司令员说，你们各自在本地坚持，我要回北平去，向省委汇报。你们告诉各路同志：站稳脚跟，和敌人斗争到底，我还要回来！”

“红军被打散了，我们也不便强留他，一个五大三粗的人走向前去，说：‘司令员，我保护你从前面出去，万无一失。’说着拿起手枪，拉着湘农司令员走出高粱地。人们不由得流下眼泪，准备、盼望多时的大暴动大势已去了。我看了看手里的机关枪，一颗子弹也没有了，就把它埋在坟堆池，各自回家了。”

杨万轮止不住泪流满面，梁斌也感动得眼含热泪。高蠡暴动经过五天的激烈战斗，红军游击队和保定特委损失很大，不少同志在暴动中光荣献身。此次暴动共牺牲四十七人，整个游击队被全部打散。至 9 月 4 日，高蠡暴动以失败告终。这场震撼全华北的大规模的农民武装斗争，是在敌强我弱的形势下创建红军、建立苏维埃政权的一次尝试。这次暴动虽然失败了，但在这块沃土上撒下了革命的种子，给后来动员民众进行抗日战争和解放战争打下了良好的基础。

几天来梁斌通过个别访问和集体座谈，走访了村庄所有的知情人，对这场大暴动的惨痛失败以及在人们心灵上留下的深刻阴影，感同身受。一种悲壮、一种责任深深地埋在他心底，激励他下决心，一定要利用了解来的这些真实细节，生动地写下这段历史，以回报这里的父老乡亲！

1944 年延安整风传到晋察冀地区。党校分编成九个队集中整风。晋察冀边区在程子华同志的领导下，整风运动进行得还比较平稳。

不久，程子华同志到党校做了一次讲话，宣布干部们大多数是好的，只有极少数有问题。被审查的同志心中有了底。整风也进入了最后一个阶段——甄别。干部们在乡村里打游击惯了，现在关门整风，都有些倦了，于是分局就叫他们排戏：由抗敌剧社帮助化妆、制作服装和搭建文武场。梁斌发现，这里会唱戏的人还真不少！第一出唱的是《法门寺》，王焕如演老生，王琢演花脸，他和王林都演配角。第二出演《失街亭》，接下来又演了《空城计》、《斩马谡》，王焕如演诸葛亮，蔡维新演马谡，居然演得不错，干部和领导同志们都愿看。于是，分局决定让一部分有文艺特长的学员把郭沫若的《甲申三百年祭》编成剧本演出，更好地活跃气氛。

总编剧是邓拓。由梁斌、王琢、王焕如、韩庄每个人各写一段，最后邓拓汇总编写。先由邓拓主持大家一起讨论总体思路，大致决定人物、分场、化妆、服装等，然后，大家分头去写。时间不长，剧本写好了，剧名是《李自成》。导演是丁里。角色分配如下：刘流演李自成，王焕如演李岩，梁斌演牛金星，王琢演顾君恩，路一演宋路令，丁一岚演红娘子，蔡维新演刘宗敏，韩庄演宋献策，曹德全演吴三桂，娄宁先演吴三桂的父亲，高朋演多尔衮，高铁英演多铎。阵容铺开了，真是众星济济一堂。经过认真排练，终于在抗敌剧社的帐篷里演出了第一场，而且收到了意想不到的效果。随后，司、政两部，边区政府、团体、党校九个队分别观看了演出，演出受到一致好评。从此，《李自成》就成了保留节目，不管有什么大事，都让他们演出。分局开干部大会，让他们到边区礼堂演，因为在室内演出，效果更好。后来，耿飚同志从延安带美国视察组的人来边区参观，并发表讲话，会后也观看了他们的演出。梁斌演反派人物，唱得好，做戏也入情入理，博得了观众的掌声。然而，这也是梁斌最后一次演戏，从这以后就再也没有机会了。

不久，梁斌收到一个邮包，是个用粗布缝制成的口袋，里面装着梁斌在深北坚壁起来的那批稿子，有《爸爸做错了》、《血洒卢沟桥》、《堤》、《抗日人家》、《五谷丰登》几个剧本，还有小说《烧桥》、《三个布尔什维克的爸爸》等。他紧紧地抱着邮包，激动得泪水滴滴落在上面。他从心里感谢为他坚壁保管剧本的老朱。经过“五·一”大扫荡他能给保留下来，这是多么不容易呀！而且，那时没有邮局，由秘密交通站传递信件，都是用身背肩扛，不知经过多少交通员、交通站的传递，也不知要穿过多少封锁线，遇到过多少次风险，才能到梁斌的手里呀！他想：为了这些作品，老乡们付出的代价自己该怎样报答？只有好好写出他们盼望的声音才对得起这些父老乡亲，对得起这块养育了自己的土地！

四、"兵运" 先锋

1945 年抗日战争胜利了。王冀农同志告诉梁斌："张国坚同志一直很欣赏你的才干，他说等解放天津以后，要把你调到天津公安局当秘书长。你赶紧去他那儿报到吧。"于是，梁斌赶到胜芳报到。其实，梁斌早想过了：当了秘书长，也算是个官儿了，而且还得学点儿经济。天津市公安局是多么大的局面，工作起来会十分紧张，那他还怎么写文章、写书？他对当官没有兴趣。所以当国坚同志告诉他这个想法时，梁斌没表示出高兴。但国坚同志确实待他很好，过去为了帮助新世纪剧社的工作，曾给过梁斌一批绸缎，用来做戏服，还给了梁斌一匹白马。办两期培训班时，国坚同志还派过三个人帮助梁斌工作。现在他让梁斌担当重任，梁斌怎能说不干呢？可是从文艺转到公安，是九十度的大转弯，他一时真的难以适应。

国坚同志一直很热情，一天三顿饭叫梁斌跟他一块儿吃，每顿饭四菜一汤。不过，梁斌的心情还是好不起来，只好在大街上走走转转，看看市面。胜芳是津南重镇，距天津八十里，有一千多户人家，商业繁荣，农作兴旺，有陆有水，是鱼米之乡。时值秋末，蓼红芦白，水阔秋深，正是稻黄蟹肥季节。梁斌在去看望原冀中抗联会管理员杜郁同志时，第一次吃到了鲜嫩肥美的河蟹——正当时令，持蟹把酒，叙旧情。几天来，国坚看他总无悦色，就告诉他，这个秘书长还要帮助局长工作，作为局长助理。梁斌也明白，这是给权呢，说明他和别的秘书长不一样。天气渐渐凉下来，公安局给他做了里外三新的被子，蓝色直贡呢面，这也是不错的待遇。但他还是高兴不起来，创作的欲望在催促着他，使他几乎无心他顾。见他总是闷闷不乐，国坚同志又问他：是否愿意搞侦察？梁斌还是不答话，一天价不说也不笑。终于，在一天吃饭时，国坚同志当着夫人的面说："你不爱这一行，你干别的，心里别闷着，你在党校一年不容易，不要弄出病来！"借此机会梁斌终于说出了要到新区工作的愿望。国坚同志则让他到蠡县去。这么一说，梁斌的脸上豁然开朗。国坚同志也哈哈大笑了，说："他妈的！弄不了你这小子！"①

太阳西下，梁斌到了蠡县北关，从大街上走过时，一个农民站在路旁看见他，对旁人说："这是一个老干部！"他似乎认识梁斌。是的，自1937年，梁斌和路一、廷华、知吾就出入于北关小学，那时他们正在努力恢复党的组织。时间飞逝，但梁斌对于这里、这里对于梁斌，都有着一份挥不去的情结。县委，就安置在原来新世纪剧社的那所房子里。不过中间盖了一座岗楼，前院后院盖了两幢大楼，中间多了一道高墙。杨国林同志走出来笑着迎接他。

梁斌被任命为蠡县宣传部长，转年又被提为县委副书记。这时，刘耀奎在北平生活窘困，这个人日本官不做，国民党的官也不做，致使生活无着落。梁斌记得1943年去北平时，他就只剩下三间住房了，吃的是杂和面，现在更是每况愈下。二姐夫一直靠近共产党，支持抗日，现

①梁斌：《一个小说家的自述》，中国青年出版社1991年版。

在年岁大了，是否应把他接回家来住？经过与领导商量，梁斌决定把刘耀奎一家接回蠡县老家来。

梁斌派刘耀奎的侄子去接二姐夫一家回家，几经周折终于搬回来了。梁斌特意去看二姐夫和二姐，给他们买了一些实用的东西。刘耀奎回来以后非常满意，二姐也很高兴。由于他们的大儿子在黄埔军校时因“四·一二”政变至今杳无音信，村里按烈属对待，给他们安置得很好。三间北房、两间西房，小院也很干净。梁斌问刘耀奎：

“您回来有什么打算？”

“有什么打算？回到家啦！务农为本呗！这几十亩地已经够种的了。”他说。

“您这么多年没干农活了，又上了年纪，能行吗？”梁斌问。

“行！我干不了的，玉田能干。场里地里，重活不用咱干，拾掇拾掇还行，庄稼人出身啊！”他越说越兴奋，忍不住唱起京剧来，扭头问梁斌：“听出来了吗？这可是汪派呀！”梁斌哈哈大笑说：“您也喜欢汪笑依啊！”

二姐也笑着说：“就爱唱，时不时还要呢！”像是得到了提醒，他拿出宝剑，要了几个式子，威武潇洒，梁斌为他鼓掌助威。看着他健壮、开朗的样子，梁斌不由得想起他常说的：“我没做坏事，心地坦然，吃饭痛快，睡觉香甜！”是啊，跟他在一起的官僚中，像他这样一辈子不干坏事的并不多见啊！

听说刘耀奎回来了，三哥磨了一笆斗白面，又拉了一车棉花柴来看他，过去只要去北平，就在二姐那儿又吃又住的。南沙口外甥女小花提着一笸箩鸡蛋也来看他们。亲戚朋友都前来帮助，过去不是托二姐夫办过事情，就是在他家住过，人们互相支撑着，这院子里里外外好不热闹。梁斌是在二姐家住的时间最长、得到姐夫他们帮助最大的一个，看到姐姐、姐夫生活安定，他心里也感到欣慰。从此梁斌一有时间就来看望或求教于二姐夫，三哥也常去跟他聊聊天，免得他苦闷。

不久，地委来信，叫梁斌马上回机关有要事。他来到地委机关，领导介绍他见一个人，是晋冀鲁豫中央局城工部的工作人员。此人中等身材，浓眉阔目，胖胖大大的，他说：

“我是来拜访你和刘耀奎老先生的。请问，你认识李振清吗？”

梁斌心里暗想：“我认识李振清，他怎么会知道？”那个人又笑着说：“这是区党委告诉我的。”梁斌不好意思地回答道：“咳，那是十几年前的事情，那时他当营长，我做过他手下的文书工作，其实是他的私人教师，给他讲中学的国文、算术、历史等课。这个人很要强。”他说：“所以我们来找你，请你帮忙。详细情况是这样：李振清现在是国民党四十军的军长，驻在安阳，我们以重兵包围，他说什么也不投降，希望你能请出刘耀奎老先生，让他劝说李振清投降，避免双方伤亡。”梁斌欣然接受了这个任务，请来人吃了饭，第二天一早，就带他回蠡县，跟刘耀奎见面。他们在刘耀奎门口下车，梁斌带客人进去，小院静悄悄的，刘耀奎刚吃过早饭，正坐着休息，梁斌说：

“姐夫，有客人来！”

“哪里来的客人？”刘耀奎向前走了一步说。

“我是晋冀鲁豫中央局来的，专程来拜访您。”来人回答。

“客人贵姓？”刘耀奎向前握手说道。

“我姓王，叫王伯平，是晋冀鲁豫中央局城工部的。有一件事想请您帮助。请问，您和李振清熟悉吗？”

“李振清？”刘耀奎停了一刻，又说：“我当团长的时候，他给我当马弁。后来，我提拔他当连长……”

王伯平喜出望外，说：

“所以，我来找您。希望您能说句话。现在他在四十军当上军长了，驻在安阳，我们以重兵包围，他说什么也不投降……”

“他当了军长，重兵在握，就不投降了。维周你说呢?”刘耀奎问。

“十三年前，他当营长时，还不错，这人出身挺苦的。”梁斌说。

梁斌向王伯平介绍了刘耀奎的情况：刘耀奎出身中农家庭，前清时期，毕业于保定武备小学堂，是老同盟会员，曾参加滦州起义。国民三军时当团长，后来当过保定警察厅长。反袁护法时在滇军，和刘云辉在一起，当副官长，曾和朱总司令同事。当王伯平听说他曾和朱总司令同事时，大吃一惊，赶紧站起身来点头说：

“您是老前辈，晚辈失敬了!”刘耀奎哈哈笑了说：“好说，我向来对八路军共产党有好感的……”说着，刘耀奎叫家里人弄饭吃，王伯平说：“不必麻烦了，我要回去了！办事要紧!”说着，向刘耀奎老先生告辞，走出屋门。梁斌送王伯平上了车，看着他走远。

吃了午饭，下午董杰来了。他是北平工作委员会的工作人员，在北平做地下工作，他和刘耀奎是表亲，来求他介绍几个关系。刘耀奎让梁斌代笔给史祝三写了封信。史祝三十三年前是四十军的团副，现在是国民党军的华北供给支部主任，兼监护团长，监管枪支、弹药、汽车等军用物资。从国民党军队退伍后，住北京太庙。这个人在国民三军时是刘耀奎的老部下。刘耀奎自到了蠡县，一点儿也不清净，不断有人找他，他也高兴能为大家做点事。

作为县委副书记的梁斌每天工作很紧张，没有时间搞创作。一天，接到区党委组织部长的电话，要调动他的工作。在蠡县工作了几年，人也熟了，工作也熟了，他实在不愿离开。同志们也都舍不得他。当天晚上，周刚就打了酒买了肉，与梁斌促膝长谈至深夜。第二天，梁斌回到家里，换了换衣服，拿了些零用钱，就去看三姐，对她说：“你还得帮着照看一下孩子们，我要出远门了！”三姐流下眼泪说：“怎么又出远门？孩子们还小啊！”梁斌点点头，已经成习惯了，他告别了三姐，出发了。

梁斌到了区党委宣传部，见到金城同志，他说：“你离开这个工作吧！有更重要的工作等待你。你不是给李振清当过私人教师吗？叫你和刘老去做他的工作……这是林政委和张君决定的。”一说是上级的决定，梁斌坚决服从。随即赶回去，求得刘耀奎的支持，就把他接到河间，住在交际处。交际处处长李子寿，是海内名流李锡九的侄子，刘耀奎和李锡九又是老朋友，因此谈得很投机。区党委请刘耀奎吃了饭、金城同志和他谈了话。刘耀奎虽然已六十多岁，但对所做工作毫不退缩，他说：“只要有用得着我的地方，尽管说话，万死不辞。”梁斌心里也一块石头落了地。区党委给梁斌做了一身夹衣，行署副主任刘建章给那里的朋友写了信。交际处写了介绍信，信上标注了刘耀奎和梁斌的身份。金城同志还给晋冀鲁豫中央局书记薄一波写了信。带上警卫员海丰，梁斌带了一把盒子枪，海丰背一杆大枪，以防不测。区党委派了一辆大车，把他们送到衡水。正是阳春天气，麦秀青青，聊着天，不知不觉就到了衡水专署。梁斌把刘建章同志的信交到专署。他们被安置在一个清幽的地方。

“你们一路辛苦，先好好休息吧！”专员说。

“好说，为了工作，劳累一点儿没关系。”刘耀奎说。

“您老和朱总司令共过事？”专员同志敬佩地说。

“那是在滇军的时候，正是反袁护法……”刘耀奎说。

“您可认识周恩成，周老？”专员同志说。

“老朋友了嘛，小武备的老同学。就是很久不见了。”刘耀奎说。

“您去看看他吧，就在附近。”专员同志又说。

“那太好了！”刘耀奎高兴地说。

转天，吃过早饭，专员同志派了一辆大车，把他们送到高级军事学校。一听说是周老的朋友来了，人们赶快通知周恩成，他亲自出迎，紧紧握住刘耀奎的手，眼里含着泪花说：“老朋友啊！你也到八路军里来了，真是人世沧桑啊！”

刘耀奎也握紧周老的手说：“人们都拥护共产党，我们也来了，这是值得庆幸的！”当天晚上，学校摆席宴请刘耀奎。学校的头面人物都出席了。当天晚上，两位老人回忆风华正茂的年代，谈到老同盟会时代如何跟着孙中山闹革命……直到三更时分。

第二天，行署派了一辆汽车把他们送到邯郸市，从邯郸市又辗转到了涉县的会窝村，那里是晋冀鲁豫中央局所在地。下了车，先到组织部交了介绍信。然后，到王伯平那里去。王伯平一见他们，就像见到老朋友一样，说：“我虽然提了意见，想不到你们真的大驾光临。刘老一路烦劳，实在是过意不去啊！”刘耀奎说：“万般只是为了工作，没有说的。”王伯平带他们到了一个四方小院，叫他们住在东房里。屋子虽然小，但收拾得很干净。靠南有一条小炕，靠西墙放着一个方桌、几把椅子。这在山里来说，就是讲究的房子了。

住了几天，中央分局的城工部长孔祥祯等同志来访过。后来，滕代远和薄一波同志也来访过。而后，梁斌他们坐汽车到了安阳的双沟镇，这个村距安阳城不远，这是城工部的前方。同住的有东北军的一个旅长，也是来做四十军的工作的。国民党四十军就在安阳城里，城外有八路军重兵包围，四十军只靠飞机空投物资过日子，不时会有国民党的飞机空投米、面、粮草。为了行动方便，决定由刘耀奎带海丰去见李振清，梁斌在此等候。转天早晨，吃了早饭，套了一辆小驴车，一个老农赶着车，上面坐着刘耀奎和海丰直奔安阳城。

刘耀奎走后，梁斌一个人住在镇上等着他们。梁斌很担心他们的安全，禁不住想起十几年前，自己一个人第一次深入四十军搞“兵运”，做李振清工作的情景。

那是1933年下半年，梁斌正在北平读书并参加“左联”的活动。越看中外书籍，越觉得自己需要看的书太多了，自己需要做的事也太多了。有道是：好男儿志在四方。生性富有燕赵风骨的梁斌，不甘于长久居于宁静安逸的书斋。他逐渐不满足自己整天把思想埋进书堆里的单调生活，仅仅通过写文章来抒发心中的炽热情感已经不能让他尽兴，他需要的是一个更开阔、更直接，对于他的人生和才情更具有挑战性的新环境。在动荡的年代里，作为万千赤色青年的一员，萦绕脑际的政治理想和文学之梦，都激励他勇敢拓展，造就了他个性的乐观、坚韧和百折不挠。他希望像心目中的偶像高尔基那样漂泊四方，在最艰苦的境遇中磨砺自己的意志，增进自己的学识。他经常暗暗憧憬着未来：“去吧！漂泊去吧！少年时代的高尔基、卢梭，不就是漂泊了半生吗?”正巧，一天遇到二姐夫从前的下属和知己李振清来找二姐夫，李振清表露出同情抗日和接受进步思想的愿望，和梁斌聊天以后，觉得很谈得来，就约梁斌到他那里去帮助自己补习文化，梁斌感到这是一个可以锻炼自己的机会，经过请示上级同意，便欣然应邀前往。

当时的战争形势是：1933年上半年，爱国将领冯玉祥同共产党合作，与日军在冷口和喜峰口展开激战，吉鸿昌将军的部队也收复了多伦。朱庆澜等第三派人士在北平城里组织后援会，为义勇军筹办伤兵医院。但国民政府以同盟军妨碍中央政令为名，调集军队围攻同盟军，使刚刚出现一丝转机的抗战形势再遭重创。蒋介石许以四十军军长庞炳勋察哈尔省主席之职，下令四十军进攻同盟军。旅长陈春荣提出反对，被庞撤职。当时，四十军的军官陈春荣、李振清和史祝三都是刘耀奎在孙岳军中当团长时的老部下。李、史二人同情陈春荣，也不想干了，因此到刘耀奎家拜访并一起商谈对策。谈话间，二姐夫刘耀奎劝说他们继续在部队干下去。在国共关系和反抗日寇侵华的问题上，梁斌同这几个人都很谈得来。和他们接触，梁斌切实感到，不少国民党下级军官对国家民族的存亡是心存忧患、富有正义感的。这才有了梁斌向李振清宣传进步思想和去其军中小住的一段经历。

与此同时，梁斌的二姐夫也渐渐对共产党的政策有了好感，叫梁斌给他讲社会进化史和辩证唯物论。梁斌了解到刘耀奎曾经参加滦州起义的历史，也通过他认识了刘云峰、李锡九、李梅、杨子函、何湘泉等许多老同盟会会员、民主人士。四十军移防察哈尔后，营长李振清派人接梁斌去龙门坡，梁斌和路一都认为机会难得，可以借机开展四十军的工作。临行前，梁斌反复思考着工作的原则和方法，为保险起见，决定先突破一点，着重做李振清的工作。

在军营，梁斌为李振清补习中学功课的同时，有的放矢地启发他读报，重点放在讲时事、讲进步的社论上。他订了两份报纸：《大公报》和天津《益世报》。当时《益世报》对抗日救国问题还敢讲几句话，有进步社论梁斌就仔细讲……梁斌常鼓励李振清进步，他是贫农出身，每次谈到农民问题，他都心领神会。梁斌也注意到，营部人员虽然不多，但这里面的关系却又有些错综复杂。过去在保定驻防，开拔时，委任李振清为留守司令，李振清将半车皮面粉运到北平刘耀奎家中，这在旧社会不过是一点儿小意思。既有这种关系，梁斌认为就可以大胆地向他做工作。在营部中，贾副官是李振清的知心人，与刘振东（李振清所在营的营副）、杨书记长、刘医官之间，似有些隔阂。据刘医官讲，他太太的伯父和刘耀奎是老朋友。无论怎么样，梁斌觉得来此做工作，只可以利用，决不参加他们之间的争斗。有一次，梁斌刚给士兵们上完课，中央派来的政训员王建魂就来请他吃饭，这个人也是刘耀奎过去的部下。在同他的对话中，梁斌已敏锐地觉察到一些危险的征兆：

“上的什么课?”王建魂问。

“算术课。”梁斌答。

“你还要上政治课呦!”他又说。

梁斌没有说话，毫不犹豫地跟他去了，很有些单刀赴会的意思。不过，这只是对方的一次试探，毕竟有惊无险。

梁斌是个有心人，即使是生活中一些零落的细节，他也像沙里淘金般地一一滤过，不放掉一丝一毫有价值的东西。在和同乡白上士的相处中，梁斌对他的言行便多有留意。这个叫白上士的因为和梁斌是同乡，知道村里的一些情况，所以梁斌尽量回避他的那些敏感的话题，比如白上士问：“你也还是想着四处闯呀!”梁斌不回答他。他还说徐永昌骂过刘耀奎等，从此梁斌也就知道了他当兵多年及其秉性。这时《红旗谱》中的冯大狗这个人物逐渐在梁斌心中形成。塞外天寒，李振清给梁斌买了一件毛衣，刘振东也给他买了一条线毯。军官们日常的书帖往来，梁斌也都尽力相助。接触多了，他发现李振清和贾副官为人正派，烟酒不沾，并且反对军人吸大烟、讨小老婆。但已娶了亲的刘医官，却借故调戏房东家的姑娘，装着逗孩子玩儿，把她的戒指拿到手里，好多日不给人家。梁斌就用这个素材，写成了短篇小说《塞外樱花》。

是时，四十军即将移防河南，梁斌抽时间回到北平，向路一汇报了工作。此后，梁斌也随军去了河南，但工作继续起来却并不顺利。先是李振清长时间不学习了，让梁斌心里感到不安；不久又有人打电话询问李振清身边有没有共产党，他虽然坚决否认，但梁斌的身份可能已引起了他的怀疑。再待下去，就有暴露的风险。梁斌果断地提出辞行，表示要回家过年。李振清希望他留下当中士，但见梁斌去意已决，也只好表示同意，派白上士护送他回到了北平。回北平不久，梁斌就被捕入狱了……

海丰回来了，打断了梁斌的回忆。“刘耀奎呢？”梁斌问。

“李振清用飞机送他回北平去了！”海丰向梁斌汇报说：“那辆小驴车，一直拉我们到安阳南关董振堂旅部门口，刘耀奎走了进去，见到董振堂，董振堂马上给李振清打了电话，用汽车把我们接了进去，住在一个面粉厂里。刘耀奎把意思跟他说了，说是来成全他。李振清叫刘耀奎老师，他告诉刘耀奎这里的特务太多啦，他们是不会让他听刘耀奎的话的，表现出很无奈的样子。于是，他给刘耀奎做了衣服，给了钱，用飞机送刘耀奎到北平去了。”海丰还说：“李振清还打听你呢！刘耀奎说，维周他还在城外等着你呢。”看来李振清已经没有松动的可能了。梁斌把这个结果跟领导作了汇报。

五、随军南下

回来后，按照领导安排，梁斌和同志们一块儿去博野搞土改。这在当时是一项很重要的工作，他也是第一次尝试，很用心。第二天，县区干部们在黑马张庄集合，浩浩荡荡直奔博野而去。一路上梁斌都在想着，怎样才能做好呢？所有的干部被分到十二个村，这就是“冀中区党委博野十二土改试点”。梁斌被任命为北淹村土改队长，兼支部书记。北淹村是一个中等村庄，张君同志也住在这个村。土改队到村，开了一个会，张君同志讲了话，主要讲立场问题：搞土改运动，要站在贫下中农立场。然后讨论土改怎样开始，讨论的结果是先访贫问苦，发动贫农和下中农。

梁斌走进村东的两间小屋，屋里有个老太太和一个青年农民，四壁皆空，只有几件农具和一个水缸。院里没车没牛，看来是一户贫农了，梁斌说：

“老大娘，你好！我是土改队的，来看看老大娘！”

“土改队的同志，你忙坐下！”老太太笑着说，顺手拿过一个草墩子叫梁斌坐。

“你们有几亩地？”梁斌问。

“两亩地。”她说。

正说着，走进一个老大爷，很瘦，浑身上下被太阳晒得黝黑。他弯着腰，背着一个锄，见了梁斌，眉开眼笑，说：“是土改队的同志来访贫问苦，你算问着了，我又穷又苦。”

“你说说你的苦劲儿，我就是爱听这个。”梁斌启发他说。

老大爷说：“好！你爱听，我就说说。俺爹娘在的时候，就穷得揭不开锅，吃了早晨的，没有晚上的。我自幼跟着一个老先生学医、卖药，也赚不了几个钱。我想，饿死在家里还不如闯关东呢！我背起药囊，就闯了关东。还好，关东直隶人多，亲不亲当乡人，到哪儿哪儿有饭吃。不是给人家割豆子砍高粱，就是卖药，也就只能吃碗饭啊。我在关东的大草原上走来走去。我想到黑洞里打鱼，没有网。我想到海兰泡去淘金，远，我怕回不来了。我想上山剔参，也不是那么好剔的，剔不着啊。正在这时，我的老朋友病了，他腹泻，把我带的药都吃完了，也没给他治好。朋友死了，我心里难过，穷人到了哪里也是个穷，我只好又跑回来种我这二亩地，我们穷人好难活呀……”

说着，老大爷失声哭起来，老太太也哭，那个青年农民也哭。

“莫哭，莫哭！咱土改队来了，要贫下中农平分地主的土地房屋，平分浮财……”梁斌说。

“真的吗？”老大爷两手把膝盖一拍问。

“真的！共产党不说谎话。”梁斌说。

“要是那样，我就去当八路军！”青年农民说。

“好哇！咱们再说说怎么样才能分好土地？”梁斌说。

“要咱贫下中农当家做主！”老大爷跳起来说。

“既然这么说，咱贫下中农就得串联起来，亲戚串亲戚，朋友串朋友……北淹村的地主有几个？”梁斌又问。

“两个，朱绞谦和吕老配！”老大爷答道。梁斌问过他的姓名，老大爷又伸出大拇指头说：“朱老堆！你一说朱老堆，无人不知，无人不晓！”

梁斌告辞了老大爷，出来发现这家人家有院子没有墙头，连大门也没有。这次访贫问苦中得知的朱老堆的真实经历，成就了日后《红旗谱》中的人物朱老忠闯关东的经历。

对于土改应该怎样做，梁斌希望能得到系统的说法。张君同志给了梁斌一本油印的小册子，是中共中央1933年的两个土改文件。他觉得这本书很重要，反复地看，体会土改的总路线：依靠贫雇农，团结中农，中立富农，消灭地主阶级。土改的几个阶段，是访贫问苦、拘留地主、诉苦、分浮财、分土地、扩兵、庆祝胜利，特别提出以贫农团为领导。梁斌根据自己的理解和从组织上不断得到的指示，认认真真地在北淹村搞了七十多天的土改工作。通过访贫问苦、拘留地主、诉苦、分浮财等一系列活动，贫下中农都分到了家具、被褥、衣服。没粮和少粮的贫下中农分得了粮食，没房的分了房。青年们踊跃参军入伍，奔赴前线。村里唱了几天大戏，庆祝土改的胜利。梁斌站在台上，代表县委讲了话。在北淹村的日日夜夜，使他认识了地主的秉性，交了很多贫下中农的朋友，广泛接触了群众，积累了大量而丰富的群众语言。

华北土改基本完成。不久，第一批干部南下新区工作，梁斌也想去，但王夫同志和张君同志都不同意。此时梁斌打算开始写《红旗谱》这部书了。但是，他觉得生活中好像缺了一点儿什么东西：从抗日战争开始，自己就搞剧社工作，乡村中合理负担、减租减息、统一累进税、增资、大选举这些运动，他都没有亲自参加过。南下新区工作，刚好可以从头做起，补上这段生活。想好之后，梁斌给区党委书记林铁同志写了一封信。过了一些日子，刘健来找梁斌说他的要求被批准了。听得这句话，梁斌眉开眼笑，心上的一块石头总算落了地，连声说：“那就好！那就好！”

临行前，梁斌去看望在导报社当秘书长的杨循同志。杨循当时不同意梁斌南下，但见他去意已决，说：“既然如此，叫朋友们给你凑个钱儿吧！”过了几天，他给了梁斌一万块钱（当时的边币）。梁斌又去看了看方纪等几个朋友，他感叹道：“自此之后，一南一北！相见也难啊！”

出发的那天，大风扬起漫天黄土，梁斌和警卫员王景云徒步赶往辛集。这次南下的干部共一百多人，宣布赵毅民同志为大队长，梁斌为参谋长。第二天，队伍向衡水进发，在那里上火车，掌灯时分到达石家庄。这座城市街道宽阔，但行人稀少。他们几个人进了一家冷食店，第一次吃到冰激凌。按计划，南下之前，先在华北局学习三个月。当时华北局书记是薄一波同志，组织部长是刘澜涛，宣传部长是周扬，陈鹏同志在组织部做秘书长。

这个阶段，大家学习了毛主席的《目前形势和我们的任务》等几个文件。中间考了一次试，把干部们集中在一个大院里答卷，梁斌仅用十五分钟就答完了，结果得了八十五分。人们很奇怪，诧异道：“他答了没有十五分钟，怎么……”

这一时期，邓拓同志在中央政策研究室当主任，听说梁斌要随军南下，就派人来要梁斌去中央工作。陈鹏同志找到梁斌谈话，让他到中央工作。在这样一个难得的机会面前，梁斌却笑着表示自己还是愿意南下，做新区的工作。此后吴立人同志也希望他到石家庄工作，梁斌还是没有承情，因为他一心向往着新区的天地，他要在那里体验新的生活，找寻创作的灵感。

第六章
征程江南

襄阳——作为梁斌的第二故乡，是一座山清水秀的古老城镇，温润毓秀的南国风光，给这个历经凛冽朔风，怀着文学大志的北方汉子注入了些许温情与灵气，还有那蓬蓬勃勃的精神像常绿的生命，伴着他在完成身兼数职政务的同时，孕育成熟了他殚尽一生精力而铸就的文学篇章。

一、深山剿匪

中国人民解放军取得辽沈、平津、淮海三大战役的胜利，继而千里跃进逐鹿中原，基本上实现了全中国的解放。正是在这个时候，梁斌奉命进城。

此时的梁斌，是奉命前来接管这座城市的，是以党的高级领导干部和小说作家双重身份进城的。进城以后，斗争的现实使梁斌不得不收起要痛痛快快地将自己在革命斗争中所经历的生活倾泻笔下的想法，开始全力以赴地投入到艰巨而繁忙的政务之中。他深知自己肩上担子的分量，他知道自己面临的城市是一座饱经战争沧桑的古城，欢庆解放之后急需的是柴米油盐，急需进一步肃清潜伏的国民党残余敌对势力，改造资产阶级，恢复生产，实行土地改革……医治好战争的创伤，巩固和完善新生政权。同时，作为战争胜利者的共产党人自身也面临着一场新的考验，这当然也包括梁斌本人在内。

华中局组织部原打算安排梁斌到中原大学去做领导工作，但是由于梁斌南下还有下基层体验生活的打算，于是，经中共江汉区党委副书记刘建勋提议，将梁斌安排到湖北襄阳地委宣传部担任部长。梁斌如愿以偿地得到了一个既能深入基层、亲身参加革命，又能兼顾自己为创作积累素材、感受生活的工作。他非常高兴。

交通不便，阴雨连绵——1949 年春节一过，梁斌便走马上任。从襄阳西门进城，在襄阳军分区所在地——襄阳天主教堂门口，梁斌受到了军分区司令员张廷发和地委书记杜景云的热烈欢迎。张司令员对梁斌的“文气”，早有所闻。梁斌上前跟他握手，他亲切而信任地拍着梁斌的肩膀说：“伙计！有你这知识分子当宣传部长，我们襄阳的宣传工作一定会搞得很出色。”也就从这个时候开始，在张廷发的大力支持与热情帮助下，梁斌打开了襄阳地区宣传工作的新局面。

襄阳以地处襄水（今汉水）之阳而得名，汉朝初年建城。它雄踞中华腹地，扼守汉水中游，地理位置非常重要，有“七省通衢”之称。三国时期的政治家、军事家诸葛亮，唐代大诗人孟浩然，宋代书画家米芾等，都在这块土地上留下过非凡的足迹，更增添了这座古城的文化韵味。一落脚，梁斌便深深地喜欢上了这座古城。襄阳气候温暖湿润，一年四季山青水秀。在梁斌这位敏感多情的作家眼里，这里的一切都带着诗情画意。

襄阳地委原属桐柏山区，后划归江汉区党委领导，下设襄阳、光华、谷城、保康、南漳、洪山、枣阳、宜城八个县委，老河口及樊城均为地辖市，设市委。解放初期，在战火硝烟尚存的情况下，襄阳地委宣传部除了日常工作外，还担负了很多具有临时性和特殊性的工作。梁斌上任后的第一个应时性的中心工作便是：发动群众，配合襄阳军分区剿匪反霸。

国民党在襄阳地区统治了二十二年，势力根深蒂固，1948 年 2 月蒋介石又亲派复兴社首领康泽在襄阳建立国民党第十五绥靖区以对抗解放大军的到来。康泽把当时的襄阳第五中学的校舍作为司令部，使出全身解数，把党、政、军、警、宪、特大权集于一身，整顿军队，调整布防，修筑工事，大搞军训，并成立了特务营、宪兵连，还组织了五千人的保安旅。1948年春，刘、邓大军挺进大别山，建立鄂豫皖西革命根据地，7月中原野战军解放了襄阳，俘虏了康泽。但是襄阳边沿区域仍有占山居要的股匪和隐蔽于各处的散匪，潜伏于大山的特务机关亦未受到致命打击，复兴社分子还到处流窜，他们手中还掌握着枪支，大小匪首仍在四处继续活动；各地的地主、恶霸亦与土匪串通一气，相互勾结；各种封建迷信反动组织也还控制着大批群众。他们以分散隐蔽、定期集合、夜出明宿等方式与新生的人民政权为敌。

面对襄阳民心不稳、土匪活动猖獗的局面，襄阳地委、襄阳军分区在大力加强基层武装、民兵组织和公安派出所建设的基础上，又组织了工作队、飞行队、便衣组，实行互通情报，配合行动。他们依靠当地群众的配合，采取“军政并重，军事为主，政治为辅”与“以政治为主，驻剿、搜剿为辅”两阶段相结合的剿匪方针。为配合剿匪行动，襄阳地委宣传部还开展了强大的政治攻势：组织工作人员大力宣传剿匪胜利形势和共产党的政策，指明土匪“抵抗者死，投降者生”；组织开明绅士给土匪写信，动摇、瓦解土匪队伍；对土匪家属进行反复的争取教育等。这些措施，对分散潜藏的土匪起了很大的打击与限制作用，形成了“民兵参战，群众反霸”的高潮。

1949年秋，梁斌受襄阳地委书记、襄阳军分区司令员张廷发的委派，带队到襄阳县欧庙区刘家庙村、水洼村发动农民群众开展清匪反霸工作。剿匪工作是梁斌以前没有做过的，所以他格外用心，经过一段时间，他积累了一些经验，并不断地记录在自己的本子上。深秋时节，襄阳地委接到密报，说有一股流匪分散进入了襄阳。张司令员立即委派梁斌带队深入保康大山剿匪反霸。在一个大清早，整个襄阳古城还沉浸在睡梦中，梁斌带着一班战士悄悄出发了。在向导的带领下，梁斌率领队伍按照密信中指示的路线深入到了保康大山之中。经过一片密林之后，梁斌和战士们来到了一处山涧旁。要到达伏击的山头，必须要通过这道山涧，而涧上只有窄窄的一座独木桥，两边悬崖峭壁，涧底溪水飞流急湍，稍有不慎，跌落涧底就是粉身碎骨。梁斌虽然多次出生入死，但是当他踏上这座独木桥，看到两边的深渊，心里也不免打战。可当时的情景他只能向前，不能后退。过了山涧，走了两天两夜，到达指定地点。结果，在此一蹲就是五天五夜，饿了啃口自带的干粮，困了就在草丛里、树窠子里轮流打会儿盹儿，终于等到了从郧阳流窜过来的两名土匪特务。梁斌带领战士们从草丛中一跃而起将其中一人抓获，另一人试图逃跑时被战士开枪当场击毙。这次伏击俘获两名土匪，手枪四把，子弹四十发。这是梁斌战斗生涯中最漂亮的一次伏击战，受到了张司令员的表彰和信赖。不久，张廷发又担任了襄阳地委书记，他们的配合更加默契，了解和友谊也更加深厚，用梁斌的一句话说就是："我如果有什么心事，怎么也瞒不过张廷发同志，他总是那样及时、热情地开导我、帮助我。"

在这次剿匪返回途中，再次经过密林时，战士们意外地发现了一只虎仔。这只虎仔大概刚刚一个月，温顺可爱，虽虎头虎脑，却有猫咪的性格，不显虎的雄风。它离开母虎好像有一两天了，战士们扔给它的干粮它饥不择食地叼在了嘴里。梁斌蹲下来捋了一把它的脊背，小虎仔抬头望了望他，又伸出舌头舔了舔他的手。梁斌抱起小虎仔，爱惜地抚摸着小虎的头。这个似乎被丢弃的小虎一下子触动了梁斌心底温柔多情的心弦，他的思绪飞回到了童年。他幼年时养蝈蝈是多么着迷啊，只可惜后来戎马倥偬，这些都顾不上了。但是眼下这只小虎瞪着澄清的眸子看着他，让梁斌舍不得把它扔下就走。警卫员王景云了解梁斌的心思，开口说道："首长，咱们把它带走吧，扔在这儿，兴许会饿死它的。您说呢?”这话正合梁斌的心意，他把小虎递到警卫员手上，把手一挥说:“走，出发!”

回到襄阳地委大院，听说梁部长剿匪不仅抓住了特务，还从大山里带回来一只小老虎，地委大院里的干部们都争着来看稀罕，周围的老乡们也跑来看热闹。梁斌找铁匠做了一个结实宽敞的铁笼子给小虎仔做家。为了让小虎仔有可口的饭吃，梁斌常常把干部灶供应不多的一些肉食分给小虎仔食用，甚至有时候自己就光啃干粮。地委大院里的同事们也非常喜爱这只可爱的小虎仔，大家不仅争着把肉菜节省下来给它吃，而且工作、劳动之余，年轻的警卫员们还常常到田野里打野兔子、野鸡给它吃。老乡们挖着了田鼠，打死了老鼠也送过来给小老虎解馋。傍晚，把地委大院的门关上，梁斌常把小虎放出来在院子里玩耍。这是梁斌最开心的时刻，警卫班的战士们也跟着一块儿跑来跑去。和小虎追逐玩闹时，严肃干练的梁部长似乎又回到了他的童年，他常常爆发出发自内心的响亮而爽朗的笑声，高兴了，顺口就给大家来两句铜锤花脸的戏文。时间长了，每天傍晚的欢乐时光就成了警卫班战士们最盼望的时刻。小虎的到来给肃穆的襄阳地委大院带来了活泼的气氛，梁斌对这只小虎非常珍爱。

在梁斌的精心饲养下，小虎仔茁壮成长，不久，最初的这个铁笼子就变得狭窄了，梁斌又做了个比小虎的身长大出三倍多的铁笼，以供他自由活动。由于从小就在家中饲养，这只长大了的华南虎并不可怕，对梁斌尤其显得亲近，偶尔梁斌会用手摸摸它的头，只要有时间他定要亲自去喂食。这只虎仔一直由梁斌饲养，后来带到北京，又带到保定。因那年夏季骤降暴雨，这只成年的华南虎受到惊扰冲开笼子跑了出来，梁斌怕它伤人，就把它赠送给了保定市人民公园——后更名为“保定市动物园”。老虎送给人民公园以后，一连好几天梁斌割舍不下，天天到公

◎ 梁斌妻子散帼英（前排左二）与襄阳地委的工作人员以及进山剿匪所获的虎崽合影

园去看它，而这只斑斓大虫，看到梁斌来了也常会咆哮几声，在笼子里急得走来走去，恨不得撞笼而出。

在担任宣传部长期间，梁斌干练、雷厉风行的工作作风受到上上下下的一致好评，他好读书、擅长写作、勤于总结的长处更使得他做起宣传工作来得心应手。作为襄阳地委党校校长，梁斌常常到党校讲课。梁斌平时沉默寡言，不爱谈笑，可是一讲起课来就来了精神，一则因为他对党的政策熟悉，二则因为工作经验丰富，又是搞文艺出身，所以深奥的道理经他一讲就容易明白多了，严肃的话题经由他大量实例的列举也显得生动活泼了。他的课深受学生欢迎。

不仅如此，梁斌还担任了襄阳地委共青团的第一任书记，他坚持用列宁的话“青年的任务是学习”来指导团的工作，一上任就建造了码头工人图书馆，盖了一个在当时看来很讲究的舞台。针对教育系统经费不足的情况，梁斌提出了“艰苦建校”的设想。在梁斌的推动下，教育科把所有师资聚拢起来，成立了联合中学，紧接着又成立了师范学院，培训中学教员，为恢复各县中学作准备。梁斌还向组织部提出应从基层调来两个有工作能力的老党员主抓国民教育。梁斌这一套切实可行的做法推动了当时襄阳地区的中小学教育。

根据湖北省委要求各地委创办党报的指示，襄阳地委任命梁斌兼任《襄阳日报》社社长、总编辑，由他来组建报社。梁斌凭借做新世纪剧社社长的经验，认为要办好报纸，必须依靠一批有觉悟的知识分子。于是他通过调查摸底，发现襄阳县委宣传部部长王育民曾在华北冀南六地委办的《运河报》当过编辑，南漳县教育科科长江津在重庆的《新华日报》干过新闻工作。于是他就建议地委立即将此二人调来当副总编辑。襄阳县泥嘴区区长张先迪，文化水平较高，但是家庭出身不好。梁斌认为：张先迪的父亲张文伯是襄阳的名士贤达，其书画篆刻造诣闻名于湘

◎ 保定动物园

鄂，是“鄂北四杰”之一，老先生曾经不畏国民党反动派的威胁，毅然支持儿子革命，很像在新世纪剧社时遇到的士绅李树屏老先生，这是巩固红色政权不可多得的依靠力量。随后他立即将张先迪调入报社，让他担任编辑组代理组长。梁斌慧眼识珠，启用了一大批知识分子，使《襄阳日报》办出了特色。

由于梁斌的努力和他所具有的才能，襄阳地委的宣传工作、共青团工作、党校工作、《襄阳日报》工作等都搞得有声有色。梁斌以自己在知识分子中的影响力，在襄阳团结、吸引了大批知识分子投身到革命的行列中来。当解放军南下路过襄阳时，在他的指点和鼓动下，不少襄阳青年学生弃笔从戎，积极参军参战。直到现在，不少人一提起参加革命之事，无不感激梁斌这个引路人。梁斌充当了党与知识分子联系的桥梁。

当时的第四野战军十三兵团司令员程子华十分了解梁斌，也十分关心梁斌。1949 年夏，程子华同志率部队南下，行军路过襄阳，在百忙之中还特意接见了梁斌等人，传达了毛泽东同志在七届二中全会上的讲话，要求梁斌认真学习毛泽东同志的重要指示，正确处理进城后的各种复杂关系，防止资产阶级糖衣炮弹的攻击。他关切地询问了梁斌的工作情况、生活情况以及同志之间关系相处情况等。离别时，程子华还谆谆告诫梁斌："你要谨慎呀！进城以后要注意搞好团结，八路军越多越好！"领导的爱护与提醒是极大的鞭策和鼓励，梁斌不负众望，开拓了新的工作领域，取得了更加出色的成果，并在工作中注意不断改造自己。

梁斌总是在完成各种政务工作的同时，再给自己加上为文学创作搜集素材、体验生活的任务。战争年代都能这么坚持下来的做法，如今已经成为他独特的生活习惯，甚至可以说是一种生命需要。他善于把繁重的行政事务和文学追求糅为一体，工作再忙碌，也不能阻止他对创作的时刻惦记。他的大脑像是有多层空间，当一件事发生时，他在从政务角度处理的同时，就会顺便向那个创作空间输送一个信号，将这个事件作为信息储存到那个空间里，等一有空闲就会悄悄整理、归类为有效信息。他还乐此不疲地通过宣传部门，向各县委搜集有关材料，将各县的古今名人记在笔记本上，有时间就去寻访古迹。《三国演义》中刘备跃马处的檀溪，张飞喝退十万曹军的长坂坡，诸葛亮居住过的古隆中，唐代诗人孟浩然曾隐居的襄东鹿门寺，都曾留下梁斌探幽访古的足迹。

二、南国之恋

说起南国，自然会想起红豆，笔端直滑向自然，于大千世界寻找与心灵相通的情感，只能用心灵倾听，悄无声息。即使作为政治家的梁斌，在寻找情感相通的伴侣时，仍需要静静地等待那心灵颤动的一刻。“百年修得同船渡，千年修得共枕眠”，也许还能多多少少体现当时梁斌的感觉。

梁斌的第一次婚姻是因一场误会而致，婚后又因战争而离多合少，每次难得回家的机会，却又因前妻与家人不尽如人意的关系搅和得家中龃龉不断，无幸福可言。梁斌饱尝了无感情的婚姻带来的痛苦与无奈。后来，他与萧林短暂而热烈的爱情又因种种不幸而告终。解放以后生活趋于安定，工作也取得了可喜的成绩，不少年轻女同志曾以不同形式向他表示过爱恋之情，却没能打动他的心。也许以前的教训给他的打击过重，也许他的择偶标准太清晰，也许他太严苛，也许他在这方面太执拗、冷静了，身边同志们的热情帮助无一奏效。1950 年春天，省委派给襄阳地委一批女干部，江津同志把其中一个很出色的女孩介绍给梁斌，可是因其出身不好，又擦肩而过。看来固执的梁斌绝不轻易迈出这一步，他在冷静中寻求值得追求的目标。

湖北省第一届团代会在武汉召开，作为青委书记，梁斌带领襄阳所属各区的团干部参加会议。团代会上一位女青年出色的发言引起了梁斌的注意：这位来自城关区的团委书记叫散帼英，看上去不到二十岁，她连稿子也没拿，就站在台上面对着一千多人的会场作汇报。她汇报的内容是：城关区团委如何扩大组织建设，发展团员；如何进行团员的思想教育和文化学习；如何组织青年团员们业余劳动，为了恢复新的政权建设发挥作用，为改变人民的生活现状起到青年的先锋带头作用，以及他们的工作得到了当地政府和乡亲们什么样的评价等。面对台下来自各区、县、市、省的团干部和各级领导，散帼英神采飞扬，侃侃而谈，连贯的思路、清晰的话语、独到的见解和对问题的深刻认识，使她的发言显得不同凡响，讲话一结束，会场爆发出热烈的掌声。不一样的感觉让梁斌怦然心动，台上轻盈的脚步伴随着她的身影消失了，梁斌的脑海里却抹不掉那年轻漂亮、聪明活泼的跃动，他不能控制快速跳动的心，散会以后，即主动邀请散帼英出去散步。

南方的风景秀丽迷人，树影婆娑，肥硕的芭蕉叶垂托在田边，细密的草莽中长出细高的树木，秧田混合在山间的植物里分不清界限，乳色的雾气浸住远处，融化了山的一边……梁斌背着双手，大步走在蛇山的小路上，散帼英满脸愉悦地快步傍在他的身旁。两个人谈论着工作、形势和革命理想，以及人生追求。梁斌直率地赞扬了散帼英出色的发言，表达了自己对她的好感。散帼英为能得到领导的表扬而兴奋，更为他对自己坦诚的感情表达而感到幸福。这是多么难得啊！他们偶尔也谈及自己的过去和家庭，似乎很平淡又很随便。有时停一会儿，梁斌站在那里，威武有力，凝重的脸色给人以力量，一举一动都会让人感到不平凡；散帼英漂亮，行动敏捷，一头乌发梳得整整齐齐，闪亮的大眼睛和紧抿的嘴唇使她五官秀丽、线条分明的脸显得十分庄重。那时，他们虽然从区、县到地委，隔着两个级别，可是一点儿也没有拘束，和解放区的官兵关系一样，人们相处时，比较淡化职位和等级。真挚、热情、情趣相投的交流，让两个人彼此相知，时间也变得那么欢快，匆匆而过。梁斌送散帼英回去的路上，仍有说不完的话……

那时散帼英刚十七岁，正值青春妙龄，回到宿舍，她的心久久不能平静。梁部长的心迹已经全部传递给她，这来得太突然的爱、太多的意外怎么能承受得起啊！自己该怎么办？她陷入了难眠的沉思。

她回忆起自己的身世。多灾多难的社会环境使她从小就备尝艰辛。父亲当过兵，参加过武昌起义，在大革命时代加入了中国共产党，后来为躲避迫害回到家乡，在码头上当了一名搬运工。母亲是普普通通的劳动妇女。为了一家人的生计，父亲起早贪黑搬运货物。有时候要扛着二百斤的大包，弯着腰一鼓作气从河下走到大堤上。家里就帼英一个独生女，所以父亲宁肯多吃些苦，也要送孩子读书。而帼英从懂事起就知道心疼父母，及至长大些就帮助母亲在家里洗洗涮涮，缝缝补补，有时候还帮着老父亲一起搬运货物。一辆满载货物的虎头小车，老父亲推着，帼英在车前拴条绳子拉着，父女二人共同送货。送完货，取了工钱回到家，母亲再上街买吃的。

在父亲和老师的影响下，帼英在学校时就参加了青年团，常常参加团队的活动。艰苦的生活环境造就了她吃苦耐劳、泼辣能干的性格。十三岁时，村子里有个地主看上了她，找父亲说要给很多彩礼，还许诺说在城里买房子养活他们老两口，对他们生养死葬。作为只有这一个孩子的父亲，听到这门亲事，心里比较满意，这样老了算是有指望了。尽管满心欢喜，他还是没有马上答应对方，他要听听女儿的意愿。当父亲眉开眼笑地与母女俩说出这桩婚事时，帼英却不同意。父亲万万没想到，气得直跺脚。她第一次惹父亲生气，致使父亲很长时间不理她。襄阳解放前夕，父亲患病去世，只剩下她与母亲相依为命。

就在团代会召开前不久，一个很富有的裁缝托人向母亲提亲，还给帼英做了一套漂亮的旗袍送到她们家。母亲愿意这门亲事却也不敢做主，果然又遭到了帼英的拒绝。已经是团委书记的她，对事业的追求越来越成为她择偶标准的倾斜重心，怎么能以金钱、嫁妆打动女儿心呢？如今她视野开阔，各方面能力超人，她的自信使她不甘于任何束缚，一心想找志同道合的人作终身伴侣。虽然已经有同事向她表示过好感，但是她没有向任何人吐露过芳心。

帼英想道：这个梁部长很早就参加了革命，经历过残酷战争的考验，有气魄，是真正的革命者。这不正是自己参加革命以来盼望已久的人吗？而且他还是保二师毕业的学生，参加过“左联”，领导过新世纪剧社的工作。可见他有文化，精明能干，是个地地道道的知识分子。在方方面面他都比自己高出一筹，时时处处他都是自己的老师，又是自己的领导，和他在一起，我们的差距太大了，当然也包括年龄。自己虽然想找一个志同道合的革命同志，可这个梁部长的官儿也太大了点儿吧？以后不要叫人家说我攀高枝，是不是自己应该找身边的男青年啊？她觉得好累啊……

解放初期，自由恋爱还是新生事物，有文化的年轻人追求自由婚恋是很时髦的事情。省团代会以后，一次梁斌给基层团干部作形势报告。那天帼英来得特别早，坐在第一排，掏出笔记本和钢笔，准备认认真真地听，仔仔细细地记。会议大厅里坐满了人，梁部长走上台，全场响起了热烈的掌声。

她不是第一次听他作报告，可今天却感觉离得这么近，看得这么真切。他的制服上打着补丁，没扎裹腿，脚穿黑布鞋。额头很宽，一双炯炯有神而智慧的眼睛，向人们投来坚毅慈祥的目光，她感觉他那时而挥动的大手那么硕大有力。帼英真是有些激动了！她也使劲地鼓掌，直到梁部长开始了演讲，她的心还不能平静下来。她抑制住兴奋，全神贯注地听报告。

她听得很费劲，记得也很费力。好在梁部长竭力讲得浅显易懂，有时还插入引人发笑的例子，使人听得很入神。她拿着笔，不停地在笔记本上记。她时而认真听，时而以手支颐思考梁部长讲这句话的含义，当她想通了会高兴地快速写在本子上。两个多钟头的报告结束了，帼英感到又紧张又疲劳，她的注意力太集中了。

听完报告，她怎么也轻松不起来。过去她自以为已经懂得了不少了，现在她感到自己简直像个小学生，肤浅得很，简单得很，贫弱得很。中午她顾不得休息，找个僻静地方独自整理了笔记，发现还有问题不得其解。她决定去找梁部长问个明白。

梁斌见到帼英来了，非常高兴。他平易近人，态度温和，让帼英坐在自己的对面，开门见山地说："你提的问题很深刻，说明你学习得很认真，这是其他同志没有提到的问题，我很高兴和你一块儿探讨。"听到表扬，她的心怦怦地跳。尽管来的时候，勇气十足，当真正单独面对这位梁部长时，还是不由得有些紧张，毕竟自己只是个普通的团干部，才十七岁，在梁部长面前还是个无知的小学生。为了培养帼英善于思考的能力，梁斌又给她提出了几个问题，启发和考验她。她想了想，愉快地、清晰地、满怀感情地回答了梁斌的提问。梁斌听了感到十分满意。他很欣赏她的聪明好学，肯定了她的思维敏捷和打破砂锅问到底的精神。他更动情于她那双会说话的眼睛。时间过得真快，秘书说到点了，该去开会了，他们才恋恋不舍地握手说"再见"。梁斌希望她有什么问题随时来，那时的干群关系就是这么融洽、亲切而自然。

回到家，第二天一大早，警卫员王景云骑着梁部长的高头大马，给帼英送来了一封信。帼英打开一看，是情书！梁斌热切地称赞她“是天空的朝霞给我带来黎明的希望，是带露的鲜花给我带来生命的感动……”还充满深情地写道：“遇上你是我的缘，守望你是我的歌……”一连几天，每天一大早，帼英都会收到梁部长一封热烈而痴情的信。从此，干部灶如果有什么稀罕东西，梁斌也想着把自己那份省下来给帼英送去。星期天有时间还常常一起散步、聊天。遇上梁斌有什么工作，不能休息，帼英就陪在他身边，或帮助他抄抄写写，或帮他洗洗涮涮。

一天晚上，梁斌找到城关区区委书记朱震和他的爱人徐健，想请他们作介绍人，向帼英提婚。朱震夫妇欣然接受，他们说：“我们就盼着这一天了！放心吧，包在我们身上了！”他们找到帼英的母亲提亲，母亲从心眼儿里高兴，不住地感谢区委领导对女儿的关心。女儿有那么大的福气，多亏了党组织的栽培啊！说着流出了感激的热泪。

自那以后，在闲暇时间梁斌常到城关区去找帼英。工作忙时，帼英就自己从城关区委走到地委大院来看梁斌。有时，用花手帕兜着些樱桃，坐在梁斌的宿舍里，梁斌最爱看她吃樱桃的样子，看着看着竟会看入了神，引来帼英一阵爽朗的笑声。这一阶段梁斌工作起来更有精神了，他思路开阔，业绩突出，多次受到领导的好评。

与帼英的恋情赋予了梁斌以勇气和灵感去热烈地描写爱情、赞美生活。因此，在解放初期革命题材作品忌讳爱情描写的潮流中，梁斌却以大胆细腻的笔触生动勾画了三对青年的爱情：严运涛和春兰，严江涛和严萍，张嘉庆和芝儿，这是《红旗谱》能够永葆青春魅力的秘诀之一。

入夏的时候，征得母亲的同意，梁斌和帼英准备结婚。在地委大院的宿舍，梁斌翻开自己所有的家当，找出南下时带来的一个紫花被面，请人用它做了一床新被子，以作新婚庆贺。两人坐上小船到樊城去照了一张结婚照片作纪念。组织部长尹笠夫代组织出面办了四桌酒席，工

◎ 1950 年与夫人散帼英

委、农委、妇联、共青团各部门的负责人以及朋友、相知都前来庆贺，婚礼办得热热闹闹的。

和帼英的婚姻给予了梁斌极大的满足与鼓舞，他自十七岁就漂流在外，如今有了帼英，生活上起了很大变化；有时一进门，桌子上有桃子，有时有瓜，时时的关心体贴，让他再也没有孤独感了，革命多年，算是有了幸福生活。一次警卫员王景云来找他，碰巧没有人在屋。他在纸上写了几个字："首长！你翻了身了！……"

工作起来，梁斌总是那么投入，把握上级精神，创造独特的方法，有效地开展工作是他的特长。在土改工作的准备阶段，梁斌曾与地委书记杜景云为工作发生了争执，梁斌不愿意让工作受到半点损失，抑制不住自己的情绪，站起来就要去找他。这时帼英劝住他说："你别着急！工作上的问题有时需要慢慢说清楚。虽然你是对的，但现在时机不对，他还不能理解到这儿，且正在气头上，他不接受也没用。不如等一等。在同一地委工作的同事千万不要闹矛盾，别只顾眼前……"妻子温柔体贴、入情入理的劝解，说得他心服口服。

为了缓解梁斌在工作上的不快，帼英又陪他坐船渡江到樊城散心。船在江中，两岸青山如画，迎面扑来温馨的微风，梁斌心在荡漾。啊！南国的山，南国的水，南国的俊秀融化了他心中的郁结。梁斌突然觉得自己被妻子感化了，她好聪明，让自己避免了一次错误。凡是和梁斌在一起工作过的同志，对梁斌都有这样一个看法，那就是：书生气足，爱认死理。虽然有些事情他所坚持的是正确的，但由于方法欠妥，往往会造成当时的僵局。帼英看到他面目表情的变化，放下心来，指着秀气温润的山峰及后面的小村庄，给他讲起她们母女俩艰难度日、相依为命的一段往事，说着说着，禁不住流下泪来。梁斌紧紧握住妻子的手，替她擦去眼泪，把妻子紧紧地拥在怀里，两相依偎在静静行进的渡船上。此时梁斌感到：生命，是一个美丽的过程；而她，则是让自己整个过程闪烁的灵魂。

为了照顾梁斌，组织上把帼英调到地委宣传部工作。暑去冬来，光阴如梭，转眼一年过去了。一天傍晚，夕阳把余晖洒满了梁斌的小屋。帼英坐在床上整理衣物，梁斌坐在椅子上看书。忽然，帼英抬起头来，双目注视着丈夫，带着羞涩的笑容问道："你喜欢小孩子吗？"梁斌抬头看着妻子说："你……"不由得笑了。他站起身，走到床边，把妻子轻拥在怀，爱清如水，浴过全身，使他感受到人生的幸福。

在土改运动开始的时候，作为一名党的领导干部，梁斌十分清楚这次土地改革工作对于新生的红色政权的巩固发展的重要性，同时也感到作为一名作家，反映这场划时代的农民革命运动是自己的神圣使命。下农村之前，梁斌曾对帼英说过："在长期的农村工作中，我认为对封建土地制度的改革，不仅对中国革命有着深远意义，同时也是具有国际意义的重大题材，这个题材，将来我要写，这次土改运动，我要亲身去体验！"她听了非常兴奋，笑着说："你还要写？那，我也要去搞土改运动，将来我帮助你写！"帼英从不示弱，把能为丈夫分担重担看做是莫大的幸福，而且是自己在丈夫指点和引导下取得进步的重要表现，她把丈夫的事业和梦想作为自己的人生追求。为了实现自己的人生价值，她请求组织把她派到土改第一线锻炼，也希望得到丈夫的支持和理解。梁斌深深地感到了志同道合的意义，感到了在妻子高涨的革命热情里满含着对他的爱，他现在已经变一个人努力为两个人共同努力，他对未来充满了自信和力量！

可是，当襄阳县委开始安排散帼英去襄阳县参加土改时，她却有了身孕。按常理，他们可以说明情况不下乡。可是帼英的性格一向是自强、自信、绝不退缩。她一再表明自己没有问题，完全能够下乡，而且还要把那里的土改工作做得比别人好。梁斌虽然有些不放心，最后还是顺从了妻子的愿望，按照组织安排去乡下做土改工作，不提任何困难。

梁斌派警卫员买来背包带，手把手教妻子打背包。第二天临出发前，梁斌亲手替妻子打好背包，把她送出地委大院。组织安排散帼英到泥嘴区搞土改，还担任了一个村子的土改队长，她高高兴兴地出发了。梁斌到底还是不放心，没过几天，就叫警卫员备马，带上一些营养品亲自去看望已有身孕的妻子。到了那里，看到她很健康、乐观，工作很有起色，不免为自己的妻子感到骄傲。梁斌的突然到来让帼英深感意外和惊喜，在对他的崇拜中更多了一层信赖和鞭策。

1951 年冬天，帼英在襄阳医院生下了梁斌一生中唯一的一个女儿。梁斌非常高兴，买了新脸盆、新毛巾，到医院看望妻子女儿。到了病房，老岳母眉开眼笑："孩子大人都好，快看看吧！"梁斌掀开被子，孩子白白胖胖，正溜着两只黑眼珠看着爸爸呢。"散家门里人口孤单，这孩子就姓散，叫襄霞吧。"梁斌为孩子取了名字。老岳母高兴得拊掌大笑："我们散家有了后代了！"这样好的女婿让老人家感激不尽："这共产党的大干部就是好哇！对咱们母女俩真是无微不至啊！还得说咱这女婿有文化，做出事情来就是跟别人不一样！……"梁斌把仅剩的几块银元交给岳母，嘱咐她给帼英买些有营养的东西吃。从医院大门出来，梁斌长长地出了口气，看到孩子大人都好，他一颗悬着的心才终于放平稳了。

帼英出院了，添了一个孩子的家多了一些忙乱，却也变得更有生气了。照顾孩子、家庭，还要参加工作，帼英逐渐地锻炼成了一位成熟的母亲。在以后的日子里，散帼英既是一位贤妻良母，充当着梁斌的贤内助，又是一位非常有魄力、极具开拓精神的女干部。生活的长河证明，梁斌的选择是正确的。

不久，帼英从梁斌那已经离婚的前妻的来信中得知，老家的日子很艰难，希望得到一些帮助。饱经生活磨难的帼英非常通情达理，主动向梁斌提出：“把三个大点的孩子接来我们抚养吧。”梁斌非常感激妻子，立即给前妻写信转达此意。由于二儿子不愿离开家，就把大儿子和三儿子接来了。帼英让他们和自己的母亲住在一起，还给他们请老师辅导功课，供他们一直上了大学。两个孩子跟着他们一起生活，直到结婚。帼英对于郭氏充满了同情，梁斌给家里寄抚养费，她不但没有怨言，还非常支持丈夫的做法。当梁斌忙着工作、写书无暇处理家事时，每月寄抚养费的事就都由她代办。有这样贤惠的妻子，梁斌心里感到十分幸福，对妻子充满了感激之情。

三、第二故乡——襄阳

在中国人民翻身求解放的革命战争中，中国共产党始终把解决农民的土地问题作为农村革命的首要任务来对待。解放战争打响后，随着解放区人民政权的建立，对解放区进行土地改革，让无田和少田的农民获得土地已经成了当时的一项重要工作。在剿匪反霸、巩固新生政权的工作基本完成之后，随即在全国开展了轰轰烈烈的土地改革运动。襄阳地区在剿匪工作完成后，也步入了土改的准备阶段——减租减息。

作为地委宣传部长，梁斌积极配合地委开展减租减息工作。他经常到所辖各县察看减租减息工作的进展情况，及时协助县、区干部的工作，并了解情况，向地委提供基层工作进展情况和工作中出现的问题。在这场急风暴雨似的土地改革运动中，梁斌在执行党委决议、完成工作任务的同时，以一个作家的锐利眼光观察身边的人和事，并把这些素材记在随身所带的一个小本子上。襄阳地委在农村开展减租减息运动。有些地方执行政策过头，处置地主恶霸时不讲政策，杀人过多，引起阶级报复，造成一些地方出现反复。梁斌到南漳、宜城两县做了大量的纠正工作。一次，他到宜城县检查工作，该县县委书记杨守高汇报工作时，谈起了在减租减息运动中所发生的一起杀人案件。这一案件听起来让人毛骨悚然，说的是，一天深夜，两妇女干部开完会回家的路上，在路过一片松树林时，突然从一棵大松树后面窜出一个人影，抛出一把飞刀将其中一个妇女干部砍倒在地。另一位妇女干部就大声呼喊："快来人啦！有人杀人啦！"顿时，犬吠人动，民兵们扛着枪、提着刀，包围了松树林……梁斌在小说《翻身记事》中以很大的篇幅描写"砂锅子杀人"的情节，其素材就来自这位县委书记的汇报，所以这一部分写得生动、细致，读起来让人身临其境。他们经常把工作中出现的一些新鲜事讲给梁部长听，有时梁斌当场就记下来，有时回到地委，凭借印象再重新仔细地整理一遍。他把这个看做是"补课"，其实就是创作的素材积累。

1951 年初春，减租减息工作还没有结束，襄阳专区在地委书记杜景云的领导下，开始了土地改革运动。由于没有经验，运动一开始就将地主、富农、中农的所有财物一齐平分，造成了一些混乱，另外也没有按照党中央的土改路线及步骤进行。凭着在华北土改的经验，梁斌看出襄阳土改运动过程中出现了问题。

4 月份，湖北省委宣传工作会议召开。当省委向大家征求对土改工作的意见时，梁斌是个爽快人，他不忍心看到国家和人民的利益受损害，所以，不计较任何个人利害得失，像竹筒倒豆子似的把对襄阳土改的意见一股脑儿说了出来。省委领导不时点头表示赞同。

梁斌刚回到襄阳，江汉军区党委副书记刘建勋就来了，召集地委委员们开会。在会上，刘副书记发表了对当时土改势头的讲话，说到土改要按政策进行，切不能蛮干。刘副书记的讲话，是针对当时全省土改运动谈的，无疑也含蓄地批评了襄阳地委。

早在 1947 年，梁斌就已经参加了华北冀中区的土改工作，担任了蠡县北淹村土改队长兼支部书记。在冀中区党委博野十二个土改工作队的汇报会议上，当代表们对于中农问题莫衷一是的时候，梁斌提出了

"中农是团结对象"的观点，全场哗然。冀中区党委组织部长张君点头同意梁斌的观点，代表们才服膺。梁斌的观点是有根据的。因为此前梁斌已经将中共中央 1933 年有关划分农村阶级成分的两个土改文件认真学习、研究过，透彻地领会了全部精神，并从这本小册子中归纳出当时的土改总路线是：依靠贫雇农，团结中农，中立富农，消灭地主阶级。这就是作为知识分子的梁斌，在革命工作中，不管干什么都喜欢下工夫潜心钻研，理性地把握上级的每一项政策，科学地、实事求是地面对自己的工作对象，按照自己的理解客观地拿出适合本地的一套工作思路。所以他总有与众不同的工作业绩，表现出独特的领导才能。

他从图书馆借来《联共党史》，他看到《联共党史》上也谈到土地改革，谈到中农问题，苏联的政策是不能伤害中农，但是中立富农的政策是中国共产党比苏联明智的地方。为了把襄阳的土改搞好，江汉分区司令员张廷发找到梁斌，征求他对土改的意见，并把土改工作移交给梁斌主管。

梁斌总结自己在华北冀中区土改运动的经验，详细分析当时襄阳地区的形势，参照党的有关土改政策文件，亲自动手写出了土改的措施和步骤。尔后他找到组织部长尹笠夫请他从各县调干部，每县两人，要聪明、干练，能接受新鲜事物又担任过区委书记或者副书记。梁斌的意思是由这些有经验的干部组成一个土改工作组，先找一个村子作试点，然后总结土改经验，再向全区推广。尹笠夫按照梁斌的意见，组成工作组，两人共同商量选定襄阳城南十五里的欧庙区刘爷庙村作试点。

出发的那天早晨，尹笠夫向公安局要来一班战士，组成一个警卫班，跟随梁部长率领土改工作队下乡搞土改。警卫班的班长叫刘洪发，是一个忠厚老实的年轻人。刘洪发从幗英手里接过梁斌的行李，背下楼去，搭在马背上。这时，土改工作队员和警卫班的战士们都已排好了队，梁斌一声令下，队伍出发了。

到了刘爷庙村，梁斌带领一班人马绕着村子转了一圈，仔细察看了村子的形势。村子不小，从建造的房屋来看，中富农也不少，梁斌决定就在这个村子开始土改！

为了便于开展土改动员工作，梁斌要求大家分散住到农户家里，吃派饭。而为了指挥方便，梁斌就住在村东一个叫刘爷庙的大破庙里，刘爷庙村就是因这座庙而命名的。刘爷庙建于唐朝，据说是为了纪念刘备而建。庙前面有个大出厦，进了门，是一个大四方院子，坐北朝南是一座大殿，殿前有东西厢房。刘爷庙太破旧了，连座神胎也没有，墙上的壁画因长期风吹日晒也模糊不清了。院子里长满野草，大殿屋顶残破，地上厚厚一层尘土，布满了鸟兽走过的痕迹，破败、荒凉、肮脏。前厦坐北朝南阳光充足，因常有人来，还比较干净。梁斌安排警卫班战士给他在前厦墩铺，在厦前椿树底下挖地灶支锅做饭，警卫班的战士在前厦住几个，东厢房住几个。梁斌率先垂范，住在最艰苦的地方。第一顿饭，大家得到村子里去吃派饭。地委秘书姓韩，大高个儿，四十多岁，精明干练，人称“大老韩”。他知道梁部长的脾气，便给梁斌安排了一户贫农吃派饭。

看得出房东特别作了准备，但端上来的菜仍很粗粝：一小碗炒干萝卜条，一碟炒红薯叶，一碟咸菜，一碟炒鸡蛋。房东说：“听说地委要来，我也没有什么好吃的！”说着，掀开锅，盛上几碗热腾腾的大米饭。梁斌说：“我们是来发动贫下中农起来进行土改的，不要什么好吃的。我们的目的是要土地还家，贫雇农组织起来，领头干就行了！”吃着饭，说着家常话儿，梁斌就做了土改的动员宣传工作。

离开小院慢慢走回去，梁斌给老韩说：“老韩！我们不要吃人家的大米。”老韩不急不躁微笑着说：“部长！南方和北方不一样，这儿的主食就是大米呀！”听了老韩的话，梁斌恍然醒悟，刚才他忘了这是在南方，主食和北方不一样。想到这些，梁斌放心地笑了，然后又叮嘱老韩说：“请你给队员们交代好，不能到地主、富农家里吃派饭！我们要到贫下中农家里下户吃饭，要跟贫下中农交朋友，对他们多进行土改宣传，为建立贫农团做准备。”

两个人说着走回刘爷庙。警卫班和土改队员们也都陆续到了。梁斌坐在大石头上，把第一次吃派饭、做宣传讲了一遍，又让大家选举了土改队长和副队长。然后布置大家安排好住处后，及时向房东做宣传，并把土改工作的组织纪律以及一些经验先交代给大家，工作布置得井井有条。

下午，梁斌让秘书大老韩把马送回地委大院，亲自指挥警卫班在前厦大椿树底下挖了个土灶，又到村里借来锅、碗、瓢、盆等生活用具。傍晚，夕阳的红光洒在西山上、村子里，反射出柔和的橙色光芒。农民们，牵牛的、扛锄的，顺着庙前的大道走回来，一边走，一边说着土改。土改队来到刘爷庙，好像巨石投川，溅起很大的波澜，成了人们的话题。领导土改队的官儿住在大破庙里，这更是全村群众所不理解的。上了岁数的村民看见过各式样的过往旧军队，要吃要喝，要钱要粮，欺压良善，甚至偷鸡摸狗，奸淫妇女，军官耀武扬威，对士兵动辄打骂。而现在共产党的队伍却全然没有这些陋习，他们对老百姓，特别是对穷苦人那么好，说话客气，还要为穷人撑腰，打土豪分田地。解放时，解放军对老百姓好；现在共产党掌了权，他们对老百姓还是那么好，这自然赢得了老百姓的心。

吃了晚饭，梁斌叫警卫班长刘洪发跟他到村里去。刘洪发叫了三四个战士背着枪跑上来。刘洪发喘着气说：“部长！咱这里是新区，和老解放区不一样！还是要小心些才好。土改队一到村，地主富农，土匪恶霸们，就乍翅了！地主阶级不是那么好倒的。部长要小心呀！”初来乍到，又是晚上活动，况且刘爷庙离村子也有一段距离，考虑到这些，梁斌接受了刘洪发的意见。走到村里，已是掌灯时分。梁斌一个一个地查看了土改队员们的住处，队员们非常遵守纪律，他们都和贫下中农住在一起了。梁斌很满意，鼓励大家说：“大家觉悟很高，做得很好，我们应该和贫下中农住在一起，交交心，多了解他们的想法。再向他们交交底，土地分不好，我们决不离开这里！”梁斌把土改队长刘鼎、副队长李焕章叫在一起，嘱咐他们要注意做深入的思想工作，把农民发动起来。

第二天，梁斌派人找来村子里的保长，从保长嘴里了解到这里有一股旧保安势力，约有十二个人、十二条枪。梁斌听了不禁有些后怕，暗暗责怪自己太粗心大意了，他立即做出反应，收缴了他们手中的枪。

进行了几天的宣传摸底工作之后，梁斌召集土改队员们开会，建立了工作责任制。梁斌依据此时党中央的土改路线制定了此次土改试点的方针政策：土改路线和中央保持一致；依靠贫雇农，对他们做深入的思想工作。接着，梁斌给大家部署了到一个村开展土改工作的具体步骤和做法：第一步访贫问苦；第二步建立贫农团；第三步搞清本村的阶级情况，把特殊身份的人，包括地主、恶霸、流氓、土匪找出来；第四步拘留地主；第五步没收地主的牲畜、农具、车马、财物，把地主的仓库粮食封起来；第六步吐苦水，让苦大仇深的穷苦人上台诉苦；第七步划阶级定成分；第八步分浮财；第九步分土地；第十步开庆祝大会。十个步骤循序渐进，布置得非常妥当。

这天下午，梁斌要到刘爷庙大街上去看看。一说要上街，刘洪发就叫人背着枪跟了上来。可梁部长又让这几个人回去了，他觉得跟着警卫没必要。天气很好，万里无云。路旁的庄稼绿油油的，微风吹来，庄稼叶子迎风舞动。刘爷庙三条大街，七八百户人家，穷人多，住高房大院的中农富农也不少。中大街上，有几家木板搭成的简易铺子，是一些杂货店，卖油盐酱醋等生活用品，还有一家药铺。

梁斌在村子里转了一圈，几条大街都看了看，中街最长，店铺也最多。梁斌走着走着，走到队长刘鼎的住处。他们正在堂屋里开会，谈论土改的一些政策精神。刘鼎看梁部长来了，主动把竹椅让出来，请梁部长坐。梁斌没有坐，蹲在一边，问："怎么样？你们在谈什么？"副队长李焕章接过话茬说："我们讨论土改政策。梁部长来了太好了！您是文化人，能不能再给我们讲讲到底土改该怎么干？简单点儿！"梁斌说："好，首先我们不能操之过急。刚才我在大街上又仔细看了看，这个村还比较富有，店铺不少，还有药铺，也许还有手工业……我现在再向大家特别强调一个政策原则：不许动工商业！也就是不要把药铺砸了，要保护医生！要是把药铺弄个乱七八糟，把医生斗了，人们病了，到哪里去请医生？到哪里买药？"梁斌说完，有一个土改队员提出意见："那，如果药铺是地主的呢，人们对他没有仇恨吗？医生要是个地主呢？地主要是兼工商业主呢？"梁斌笑了，说："那也不能动！"大家对此有些不理解。梁斌又解释道："这是中央的既定政策，一定要执行。为什么呢？你们想一想，不管你是贫农还是地主，都是人，都会生病，不能没有医生，医生是应该被保护的，这是自然的道理。如果贫下中农有意见，那就晓之以利害，耐心说服教育。这也是土改工作的一部分，要教育农民。土改不光是斗地主，分田地。如果我们在这些问题上处理不好，肯定会有乱子，老百姓会不满意我们……"梁斌依据中央精神，及时地根据新区的实际情况做出了土改政策的调整和补充，这和后来中央文件所下达的土改政策竟然不谋而合。知识分子所具有的文化素养和善于理性思维、不盲目服从的种种特点使梁斌在对党的政策的理解上总是有一定的深度。如果自己一时不能理解，他决不盲动，而是求教于各种书籍和党的文件。再加上他丰富的革命战斗经历和雷厉风行的工作作风，练就了梁斌对党的政策准确把握的能力和对形势与工作状况的出色的分析判断能力，并形成了他果敢的领导风格。

访贫问苦阶段，土改队挨门串户一直工作了七八天。经过访查，梁斌感觉到这地方的封建势力很厉害，比冀中严重得多。国民党统治此地二十二年，加上反动组织复兴社的势力，情况很复杂，不下大力气，农民是不能翻身抬头的。

一天上午，梁斌正在前厦廊子上散步，队长刘鼎一路小跑着来到刘爷庙，一见梁部长，没来得及说话，刘鼎先“扑哧”乐了，喘了口气，才说：“部长，这村里出了件稀罕事。”“什么稀罕事？坐下，慢慢说。”梁斌让他坐地铺上，刘鼎不坐，搬了两块砖坐下。

“部长，你也坐下。我给你汇报，这村里有一奇。”刘鼎慢慢说着。原来他们访贫问苦，偶尔听到一些老百姓说村子里有一个有名的恶霸。经过再三追问，他们终于搞明白了这件事：原来村子里有个年轻恶霸，经常干走动衙门从中牟利的事，而且横行乡里欺男霸女，谁家要有个漂亮姑娘，休想逃脱他手，就连他的亲生妹妹也不能幸免于难。妹妹刚上了一年高中，这个恶霸就强迫妹妹回到村学当了一名教师，还鼓动村学的校长两人一起长期霸占这位不幸的女子。恶霸的父亲是这一带有名的肉头地主，只管自己抽大烟，对儿子的胡作非为不闻不问。提起这个恶霸，村里从上到下没有一个人不骂他的，说他是猪狗不如的畜生，甚至一些富农地主都骂他，说他灭绝人伦，不是人。这个恶霸和土匪还有来往。梁斌专心地听刘鼎汇报完，从地铺上站起来说：“好，我们的对头找到了！看来我们选这个试点村选对了，内容很丰富呀。”

吃过午饭，稍事休息。警卫班长刘洪发随梁斌走下山坡，要去村学

◎ 1949 年至 1951 年梁斌在襄阳工作期间读过的文件、书籍及所写的工作报告等

了解情况。到了十字街，正值太阳平西，夏天的骄阳把大街照得通亮。出了西街口，靠南方向，一带矮墙围着一个大院落，正是村学。走进学校，院子里静悄悄的，学生们正在上课。梁斌径直走到校长室。校长正趴在桌子上办公，见梁斌进去，神色有些慌张，连声说：

“请坐，请坐，梁部长请坐。”

“你怎么知道我是梁部长？”

“土改队一到村，好像是天兵天将来了，谁不知道呀。梁部长，我不是地主，我叫刘进福，是这学校的校长。”

“不是地主不要紧，不要有罪行！”

“我没有罪行，我教了几年书，从来不乱说乱动。”刘进福点头哈腰，非常谨慎。

梁斌步步紧逼，穷追不舍，气势逼人：“不乱说乱动不要紧，不要欺男霸女！不要当复兴社！”

刘进福紧张得浑身打战：“不是欺男霸女，我们这些从旧社会过来的人，改造得不彻底，有点儿不正当的男女关系……”

“你是地主成分，这是我们的工作重点。”正在这时候，下课了。

刘进福把教师们召集到会议室，先逐个做自我介绍，基本情况介绍完之后，梁部长开始宣讲土改精神：“学校在土改运动中要起宣传队的作用，老师们要带着学生宣传土改。土地改革优待教员，即使是地主家庭出身，也按一个工人计算。只有光吃剥削饭、不劳动的才是地主。教师、学生应该站在贫下中农一边，要和地主分清阵营，你们是知识分子，要教好学，带好学生，带领学生一起宣传土改，配合土改。”教师们，尤其是那些出身地主富农家庭的教师们，听梁斌这么一说，心里开始放松下来。随后，梁部长又把土改政策向老师们进行了简单讲解，发动大家宣传土改，投身土改，地主家庭的教师要勇敢地脱离家庭，要配合工作队向地主阶层多做些工作。那位叫刘素华的不幸的女子心里似乎也有所动，似乎看到了脱离苦海的希望。

薄暮时分，梁斌才从学校里出来。一步步走回刘爷庙，上土坡的时候，他竟然觉得有些吃力。工作一天，确实有些累了。

第二天，梁斌召集土改工作队队员们开了全体会，交流情况，展开讨论。大家一致认为，可以成立贫农团了。当天晚上，大家又聚在一起分片讨论了贫农团的候选人，决定过两天召开农民大会，选举出贫农团。

梁斌在刘爷庙一住就是一个多月，工作大有起色。群众也发动起来了，刘爷庙成立了贫农团，拘留了地主分子、土匪、复兴社特务及一些社会渣滓。这里的老百姓盛传“梁部长带的土改队伍真是棒”。穷苦百姓闻听莫不眉开眼笑，交口称赞梁部长。正在梁斌忘情地投入到下一阶段的工作时，机关来信，叫他把试点村的工作交给土改队队长回机关。

这太让他感到突然了。自己一手发动起来的工作，正在紧要关头，怎么能丢下就走呐！不情愿也得服从组织的安排，他郑重地向两位队长交代了工作。然后，又开了一次全体会，大家为他送别。即使在这个会上，他又把土改运动的每一段怎么掌握，会出现什么问题，嘱托给大家。土改队员们被这个一心扑在工作上的领导深深感动了，多么不愿意让他走啊！梁斌拿出自己积攒的一块大洋，叫刘洪发买了几只鸡，请大家吃了一顿好饭。饭后，秘书老韩从机关牵来一匹马，刘洪发帮梁斌把衣服被褥装在马褡子里，放在马背上。梁斌把警卫班交给刘鼎，叫警卫班长刘洪发跟他一块儿回去。

临走那天，大家都来相送。梁斌翻身上马，回身拱了一下手说："再见了！同志们！"梁斌此时此刻的心情，就好像他在舞台上演的姚期离开草桥关一样。① 土改工作中有些人物是将来写作用得着的，梁斌觉得自己还没看个始终，就不得不离开了，心里有些遗憾。

刘鼎队长跟在马旁，一边走着，梁斌又把刘爷庙的事情嘱咐了一遍：（一）要注意培养干部。（二）对地主阶级，要叫他们有饭吃，不要搞得太左……一直过了小山梁儿，刘鼎才停住步，说："你放心吧，梁部长！有问题，我去找你！"梁斌说了一声："好吧！"然后抖了一下缰绳，用脚跟磕了一下马肋，那匹马一溜风跑下去了。梁斌也有些惦记家了，离家一个多月，虽然距离不远，可是他一次也没有回去过。

---

①见京剧《草桥关》。剧情梗概是：东汉光武帝刘秀，中兴汉室，灭除王莽，全赖后世所传云台二十八将之力。海内既平，诸功臣皆封爵赐土，在朝伴帝，唯姚期虽然年迈，因威望素著，尚坐镇草桥。草桥关是当时备边重镇。一日，刘秀忽思念姚期，遂令吴汉、岑彭、杜茂等奉诏往代，去召姚期进京。

当梁斌的马跑进襄阳城，走在石板路上时，一个贫民老大爷迎面走来，张开没了牙的嘴，哈哈大笑着说："梁部长！你到刘爷庙去搞土改啦！天兵天将呵！……"梁斌弯腰下马，拉着老大爷的手说："是呀！以后的日子，你老人家就放心吧！"梁部长带领土改队员在刘爷庙搞土改试点的事，不胫而走，一时成为襄阳城，乃至整个地区的头等大事，全城上下都在谈论着土改。土地改革牵动了各个阶级、各个阶层的心。

过了几天，梁斌在樊城河滩做了一个土改工作成果的时事报告，地委直属机关、襄阳和樊城的干部都来听讲。梁斌痛快淋漓地一口气讲了两个多小时。报告会后，刘爷庙村的土改工作经验在全区推广开来，整个襄阳掀起了土改运动的热潮。

盛暑时期组织上安排梁斌到光华县视察工作，光华县委书记刘汉勋接待了梁斌。这个县里的视察工作，使梁斌获得了更多的写作素材。当他视察一个大村子时，村子里搭着台子，正在开诉苦大会。来的人很多，诉苦也很沉痛。一个老农民痛苦地哭诉道："……我借了他一百块钱，驴打滚，利滚利，怎么也还不起他了！只有舍弃我的二亩地啊！……"台上老农的倾诉使他想起了自己的父亲，为了守护好自己的土地日夜劳作，辛苦了一辈子；他还想起了村里的梁老宠没有土地，做了一辈子长工；他想起了更多的农民，他们就像眼前这位老人一样。梁斌抑制不住感情的波动，立刻掏出小本子，记下了当时的感想。梁斌从自己的切身感受出发，从参加、领导土改运动的亲身经历出发，更能深刻体认党所确立的革命目标："解决农民的土地问题，是中国民主革命的基本内容之一。"致使以后梁斌在《红旗谱》及《翻身记事》等作品中反复表现了这样一个主题：土地是农民的基本生产资料，只有在共产党的领导下，农民才能获得梦寐以求的土地，才能翻身求解放，才能在自己的土地上安居乐业。

《红旗谱》的开篇即是一场惊心动魄的土地争夺战。锁井镇上的恶霸冯兰池为了霸占滹沱河堤上的四十八亩官地，要砸毁大钟，引起了四十八村村民的公愤，展开了一场持续几代人的斗争。《红旗谱》出神入化地描写农民与土地的感情，使我们感到中国农民对土地的爱之深，是极其独特的。《红旗谱》中写严志和为了凑钱，去监狱探视儿子，被迫卖了两亩“宝地”后，带着病，夜晚去跟“宝地”告别的情景，其描写是非常精彩的：

> 严志和说：“这是你爷爷流下的血汗，咱们一家人依靠它吃穿了多少年，像喝爷爷的血一样呀！老人家走的时候，说：‘只许种着吃穿，不许去卖。’如今，我成了不孝的子孙，把它卖了，我把它卖了！今天不是平常日子，我再去看看它！”
>
> ……
>
> 严志和一登上肥厚的土地，脚下像是有弹性的，发散出泥土的香味。走着走着，眼里又流下泪来，一个趔趄步跪在地下。他匍匐下去，张开大嘴，啃着泥土，咀嚼着伸长了脖子咽下去。江涛在黑暗中，也没看见他是在干什么，叫起来：“爹，爹！你想干什么？你想干什么？”
>
> 严志和嘴里嚼着泥土，唔哝地说：“孩子！吃点吧！吃点吧！明天就不是咱们的土地了！从今以后，再也闻不到它的香味了！”
>
> 江涛一时心里慌了，不知怎么好。冯老兰在父亲艰难困苦里，在磨扇压住手（困难得没法解决）的时候，夺去了他们的“宝地”，这是一辈子的深仇大恨，他异常气愤，说：“爹！甭难受了！我们早晚要夺回它来！”
>
> 严志和听了，瞪出眼珠子，看着江涛问：“真的？我们还有夺

回来的一天?”说着，冷不丁地又趴在地上，啃了两口泥土。

江涛一时愣住，眼泪顺着鼻沿流下来。脊梁冻得难受，像有一盆冷水，哗啦啦劈头盖脸浇下来，浇在他的身上，前心后心都浇凉了。

梁斌塑造了当代文学作品中一个独一无二的视土地如命根子的农民形象。他以“吃土”这一异常举动来刻画严志和对“宝地”的情感，刻画他的被逼无奈，刻画他的走投无路，这足以让读者的心灵为之震颤!北京鲁迅博物馆副馆长孙郁研究员在《泥土里的诗》中曾评价说：“当下的作家有许多地方超过了前人。但就认识中国乡村社会的深度而言，青年一代，有许多是落在梁先生后面的。”

写于1976年的《翻身记事》则直接集中地反映了农村的土改工作，作品讲述了县大队长周大钟带领工作队到官渡口村搞土改，最后穷苦农民在党的领导下分得了田地、翻身做了主人。周大钟这个人物形象有着襄阳土改中梁斌的影子。他在官渡口村的工作步骤就是梁斌曾经总结的土改工作十条，其中的一些细节也大都出自梁斌自己的生活。比如下乡前，队员们劝周大钟骑马，周大钟说：“骑什么马?下农村骑马怎么接近群众?不嫌叫群众笑话?”刘爷庙土改工作队长刘鼎、副队长李焕章、地委秘书大老韩、警卫员刘洪发以及刘爷庙村干部刘和清、贫农刘黑子、老尼姑、小学校长刘进福、教员刘素华、肉头地主、连保主任等各阶层人士的喜怒哀乐、音容笑貌都可在《翻身记事》中找到影子。

梁斌不虚南下之行，既大胆地在刘爷庙搞试点，为襄阳地区的土改立下了汗马功劳，又切实地投身到土改运动中，得到土改运动的清晰表象，获得大量丰富的写作素材，在作品中塑造出一个个鲜明的人物形象，了却了自己的创作夙愿。

四、《新武汉日报》社社长

1952年春节以后，细雨霏霏，不久，全国上下开始了“三反”、“五反”运动。新解放区党委制还没有建立起来，有关“三反”、“五反”运动的中央指示还没做更深入的传达和讨论，运动就开始了。运动开始以后，不管白天黑夜，只要有运动对象，地委的会议室就热闹非凡，批评、自我批评，做工作、写材料，喧哗之声不绝于耳。对于机关的运动形势梁斌并不满意，可是没有人通知梁斌参加运动，其他工作又都停止了，他只好利用这段时间去读书。虽然尘嚣日上，但是梁斌一拿起书来，一想到他的创作，他的心便立即就能获得平静，他要为创作做好前期的准备。他重读法捷耶夫的《毁灭》，托尔斯泰的《战争与和平》、《安娜·卡列尼娜》，法国作家梅里美的书，梁斌也找来读。《红旗谱》的人物、故事已开始在他的脑海里跳跃、呼之欲出，创作之前的名著重读为这部长篇的写作获得了灵感和创作时的突破点。

然而那是一个“树欲静而风不止”的年代，不久，梁斌也被卷进了“三反”、“五反”运动中。事情的原委是这样的：

解放初期，地委办公条件比较差，地委委员们都没有钢笔用。梁斌作为宣传部长，负责干部学习。于是从他负责主办的《襄阳日报》社印刷厂提出了二百块钱给委员们每人买了一支派克钢笔。钢笔非常好使，委员们都感谢梁部长。梁斌自己也觉得钢笔确实不一般，自从写文章以来，他还没用过这么好的钢笔。地委委员们感到用这支笔写字漂亮、清楚，用着它工作都有精神。看到工作中传递的文书字面效果有了改观，梁斌非常高兴。他还是老作风，工作起来就一个劲儿地向前冲，追求高水平，为了开创工作的新局面，不管什么困难都不在话下，一门心思只想工作，至于其他事情他毫不顾忌，只要解决了问题，工作有了起色就行了。谁知“三反”、“五反”运动中却有人拿出这件事情来作为“三反”、“五反”揭发的问题，把整个地委都告了。

在梁斌看来，给干部发支钢笔，如同给战士发支枪一样，完全是必备的武器。作为知识分子的梁斌，深知没有钢笔用的痛苦，办公桌上来往的文件不整洁、不清楚，有可能会使工作受损失。“当时工作需要我这样做，我就这样做了，这能算什么?”他好像根本没考虑自己要承担什么风险，也从来不积攒这方面的警觉。就像黄敬所喜欢的他那略带缺点的优点——工作起来就什么都不管不顾，一门心思。但是，这次却不同往常了，他没有想到，报社印刷厂的经费是省里划拨的专款，不能随便挪用。如果使用应该请示报告有关领导批准。所以在“三反”、“五反”运动中，这件事被组织作为一个问题进行追查。此事在当时地委领导班子中引起了矛盾，意见不一致，不少人认为这不能作为“三反”、“五反”的问题进行追查，可是已经列为问题之一了，谁也没有办法。于是，关于这件事情的议论便纷纷扬扬传开了。处于这种矛盾之中，梁斌的情绪一度十分低落。他怎么也想不明白：这个错误有必要这样大张旗鼓、兴师动众吗？自己又没有把钱掖到腰包里，账目是清清楚楚的，只是因为当时没弄清楚有关的制度，缺少必要的手续而已。妻子也为丈夫感到委屈，那么多人当时都用了笔，都说好，可到这时又都指责丈夫，她每天想尽办法安慰他也不管用，梁斌深深地感叹：“革命怎么这么难呀！”

在这个关键时刻，时任湖北省委书记、省政府主席，并兼任武汉市委书记、市长的李先念同志听说了事情的原委，出面将他调离襄阳地委，任命他到武汉担任湖北省委党政机关报《新武汉日报》报社的社长。据《襄樊日报》的释贵明先生回忆说：当时湖北省委书记李先念、副书记刘建勋等同志对梁斌都是十分关注的，他们认为这是一位难得的知识分子，对他一是理解，二是任用。结果梁斌不仅没有被降职，还被安排到更适合他的重要岗位上。

释贵明先生说：“梁斌是作为党的领导干部和作家的双重身份进驻襄阳的，在颠沛流离的战争生活中梁斌始终眷恋着写作，他是多么渴望能有一个安静的写作环境呀！进城以后，梁斌一直是以一个党员领导干部的身份一心一意搞好党的中心工作的。现在走向新的工作岗位，他想也许距离他的创作夙愿更近了吧。”

听说梁部长要离开襄阳，襄阳地区的老革命余益巷副专员组织教育界人士，摆席为梁斌送别。梁斌曾经工作过的地方，也都邀请他再最后聚一聚，叙叙友情，欢送他赴任更重要的工作。

离别的那天早晨，天刚破晓，满天的云霞还没有放亮，机关的人们就前来送行。年轻的小伙子们帮着搬运行李，一直把梁斌一家送到西门外汉江码头。散帼英的母亲边走边掉泪，舍不得离开自己的故乡。梁斌登上船板，扬起手来对岸上送别的人们频频致谢，心中也不胜眷恋。在襄阳虽然才只两年时间，可是这里是心爱的妻子的故乡，是襄阳赠予了他爱情与幸福；也是在襄阳，使他获得了更为丰富生动的写作素材，这里是他创作的新起点……襄阳是他的第二故乡！梁斌后来写过多篇回忆文章，晚年还寄情丹青，以画梅花、芭蕉表达对襄阳的深切思念之情。

◎ 襄阳地委的同事们欢送梁部长并一起合影，第二排左二为梁斌

此时，如果在汉江的大背景下看梁斌，又是另外一幅景色：他犹如风流潇洒的骑士，任大江南北驰骋，用纸笔在大地上写下翩翩风采；他有梦想，却快乐地耕耘着这片贫瘠的土地，认认真真地付出辛劳，为了那新兴的城市和政权。他从来都是勇敢无畏的，在纷乱复杂中保持自己信仰的纯真与虔诚。

到了《新武汉日报》社，梁斌一家人暂时住在江西招待所。他是社长，应该派人给自己安排住处，甚至还可以为自己安排得舒服一点儿。可是，梁斌的权力意识非常淡薄，在生活、工作条件上习惯听从组织分配。后来，报社打算在宾馆里租房给他住，条件很好，是一个大套间，他一听说每月租金八十元，嫌贵，不愿搞特殊，就又回到江西招待所。他一贯坚持朴素的生活作风与谦和的生活态度。

听说梁斌到了，武汉市委书记李先念约请梁斌到他这里相见。李先念了解了他已经安顿下来的情况后，就开始向梁斌了解襄阳地区的土改情况。梁斌一五一十地做了汇报，还谈到了华北土改的情况。李先念频频点头，表示满意。停了一刻，李先念谈起了《新武汉日报》社的情况，嘱托道："你去了要提高他们，把报纸办得更好……"李先念话语朴实，态度诚恳，虽为省级领导，但是一点儿官架子也没有。谈话结束，李先念执意邀请梁斌留下来吃饭。

饭菜很简单，三个菜，一碗煮鸡蛋，两小碗饭，一大碗汤。李先念招呼梁斌说："来，吃饭吧!"他拿了一个鸡蛋，放在梁斌的面前，说："吃吧!"李书记非常随意，梁斌也不拘束。

按照李先念书记的指示，梁斌到《新武汉日报》社走马上任了。夫妇二人在报社附近找了两间房子，报社给配了家具，新家给他们带来了别样的感觉。

《新武汉日报》的前身《大刚报》在解放前是进步报纸，著名报人陆天虹、诗人曾卓就是在《大刚报》社成长起来的。武汉解放后，武汉市委尚无机关报，因而武汉市委决定从改造私营进步报刊《大刚报》着手，逐步创造条件创办机关报。1951 年 9 月，《大刚报》内部改组，12 月 28 日起连续三天刊出《新武汉日报》创刊、《大刚报》停刊的启事，宣称："《大刚报》已呈准于本年底结束，原有机构改组为完全公营的市级报纸《新武汉日报》，定于 1952 年 1 月 1 日创刊。"1953 年适逢中南局机关报《长江日报》停刊，《新武汉日报》遂再易名为《长江日报》出版。①

报社把曾在这里居住的武汉市委宣传部长李尔重的办公室和卧室给了梁斌。梁斌是社长兼主编，副主编陆天虹、曾卓做他的搭档。两人都

①转引自《长江日报 50 年》，《长江日报》报史编委会主编，武汉出版社 1999 年版。

是很有修养的知识分子，有着丰富的办报经验，梁斌一见到这两位伙计，心里十分高兴。三人商量了工作分工：陆天虹管报道，曾卓管行政，梁斌负责清样。三人合作非常愉快。

作为市委机关报社社长，梁斌得出席市委的会议，参加社会活动，到各机关做学习报告，参加演讲，工作非常忙。报社的年轻人还常请他作报告。整个报社有三百多人，十三个党员，著名人士有黄邦和、严问天，还有一些大学生。领导一个有这么多人的机关，不是一件容易事。梁斌抽时间，挨个儿和年轻人谈话，了解他们的思想状态，鼓励他们塌下心来为国家多做贡献。他还给报社员工开读书报告会，鼓励大家多读书，读好书。对于从旧社会过来的知识分子，他一方面要求他们学习马列主义，改造世界观；另一方面，他又能区别对待。有一次，一位报社的女同志找到梁社长谈话，还笑嘻嘻地问梁社长对她有什么看法。梁斌早就听说过这位女同志作风不严谨，乱搞男女关系，但他并没有深究，也没有批评她。他认为，对于这些从旧社会过来的知识分子要有耐心，不能急于求成，工作上绝不含糊，其他方面的改造不是一朝一夕的事，要多教育多帮助，而不能盲目地批评打击。

由于负责报纸的出版工作，梁斌每天晚上上夜班。他要看四版清样，然后签字，出报纸。无论是正文还是小专栏，他都一行行地看，一行行地改，有时改得还很多。他连广告都看，广告中有错误也绝不放过。对于这项工作，梁斌非常小心谨慎，生怕出一点儿差错。

武汉的暑天炎热逼人，书桌、床都是热的，办公室里有一台小而旧的台式电扇，可吹出的风也是热的。晚饭以后，梁斌和妻子常出去逛逛，马路两旁摆满了竹床，人们都到马路上乘凉、睡觉。江边茶馆很多，有躺椅，两角钱一杯茶。江风吹来，有些凉意，直到上夜班的时间到了，他们才回去。

报社食堂里没有夜宵，遇到暑热天气，前半夜没有清样送来，梁斌就扇着蒲扇，走下楼梯，到大街上去吃小吃。武汉的小吃全国闻名，到了晚上大街上更是热闹非凡，小吃摊子随处可见，米酒汤圆、窝子面、糖炖莲子、馄饨……名目繁多。有时饿了，梁斌就去小桃园喝汤，鸡汤、排骨汤、八卦汤，品种丰富。喝汤吃芝麻烧饼，梁斌觉得别有风味。对于武汉的小吃，梁斌有着很深厚的感情。到了晚年写回忆文章，梁斌还情不自禁地对武汉小吃流露出向往之情。

每天晚上看四版清样，但是每版之间相隔时间很长，看完一版得等好长时间另一版才能送来。梁斌常常熬到深夜，有时凌晨两三点钟、四五点钟才睡觉。刚睡下不久，窗外的叫卖声响起来，他就睡不着了。时间一长，身体有些吃不消。

1953 年春天，梁斌出现了高血压的迹象，到医院，却没有治疗的药物，大夫叫他自己多注意休息。妻子劝他多活动，闲暇时间就常拽着他一起游蛇山。蛇山位于武汉市武昌区长江南岸，又名黄鹄山，绵亘蜿蜒，形如伏蛇，头临大江，尾插闹市。蛇山并不太高，从山脚到山顶的行程也不过两千米，名胜古迹很多，驰名的亭台楼阁有二十多处，崔颢、孟浩然、李白、王维、陆游等均曾登临游赏，吟诗作赋。梁斌游览其中，抚今追昔，不胜感慨。这天，夫妇二人登上黄鹤楼，眺望滔滔江水，梁斌情不自禁地自语道："逝者如斯夫。我的创作不知道什么时候才能开始啊！"说完，长舒一口气，脸色凝重。帼英劝慰他说："那也不能连轴转呀。晚上在报社那么晚才睡，休息不好，白天还接着上班、看书，谁也受不了呀。身体是革命的本钱，别着急，慢慢来吧。"梁斌感叹道："话虽如此，人物、故事在我的心里跳动，我恨不得一口气写出来。手上工作那么多，总是没时间，我心里着急呀！"

据释贵明先生回忆说：由于梁斌的创作进入佳境，自己控制不住，即使在李先念身边工作时，一时兴起，也动笔写作，一写作就忘掉了自己的本职工作，完全沉浸在小说的情节中，有关领导也拿他没法，只好听之任之，并为他从事专业文学创作提供、创造条件，于是又将他从《新武汉日报》调到市扫盲委员会当主任。

第七章 生命之歌

少年时代曾梦想写一本关于家乡农民生活的书，从此，梁斌就认定这条路一直走了下去。漂泊的文学青年生活也好，炮火硝烟的战争年代也好，繁忙的政务琐事缠身也好，都没有让他犹豫过，动摇过。经历了几十年的磨砺、积蓄，1953 年他终于动笔了！利用工作的空余和休假日，挤尽所有可以利用的时间和空间坚持写作。他不被常人理解，携带书稿，在北京、武汉、保定之间寻求可以创作之地，已经达到忘我之境。1957 年 11 月《红旗谱》出版了，轰动中国，影响世界。这是他竭尽一生心血的生命之作。

一、碧云寺缜密构思

1953 年，中共中央下达干部休养条令：每个局级干部一年有两个月的休假。梁斌和妻子商量，打算 6 月份带着孩子一同去北京休假。帼英没有去过北京，梁斌也很长时间没有去北京了，他们都很兴奋。这年夏天，梁斌和妻子带着长女襄霞一同到了北京。在北京，夫妇俩带孩子游览了故宫、中山公园、颐和园，痛痛快快玩儿了几天。然后散帼英带孩子回了武汉，梁斌请二姐夫帮忙在西山碧云寺找了一个可以进行创作的地方住了下来。

碧云寺，位于香山东麓，坐西朝东，依山势，从山门至寺顶共六层院落，层层殿堂，依山而叠，松柏参天，浓荫蔽日。这里山水清幽、建筑宏丽华美，为北京西山诸寺之冠。碧云寺始建于元至顺二年（公元 1331 年），清乾隆十三年（公元 1748 年）进行了大规模修整和扩建。20 世纪 50 年代的碧云寺满院都是古老的松林，寺院中的五百罗汉堂等古庙，也少有游人、香客，清幽、安静、凉爽。住进碧云寺的第二天早上，梁斌一觉醒来，天刚蒙蒙亮，玻璃窗上映出鱼肚白色的亮光。梁斌看着窗外的松林，小说里的人物朱老忠、严志和、朱老星、伍老拔……逐渐浮现在脑海里。起床后，打开门窗，一股清新的空气扑面而来，他感觉头脑格外清醒。打开箱子，拿出稿纸、墨水、钢笔，孕育多年的文章就要动笔了！他突然一阵激动，不由得站起来向窗外望去，双手紧握在一起，长长地舒了口气。

梁斌信步走到院子里，漫步在松林之下，两耳细听松涛阵阵，涧水淙淙。他不时扬起头来，透过跳跃在茂密松枝间的晨曦，仰望蔚蓝的天色。啊！生平第一次得到这么好的创作环境，他感叹能置身于这高槐大柳、松柏参天之中，构思从少年时就期盼的作品，是多么激动人心啊！眼前一片辉煌……成就一部文学作品从何而起呢？此时此刻，他的脑海里隐约浮现出《红楼梦》中“大观园结构图”、“荣国府图”、“宁荣二府人物谱系图”……《三国演义》中“三国鼎立图”、“东汉末年群雄割据形势图”、“赤壁之战示意图”……是啊！人们常说，看《三国》不能没有图。不管是作者原创，还是后人附会，大部头作品的结构图、人物关系图对于创作和阅读都是必不可少的，如果是作者原创，那么这当是创作这些不朽名著的一个方便法门。

想到这里，梁斌急速回到屋里提起笔，开始了创作的第一步——为人物搭建起一个活动的舞台。

故事发生在中国北方滹沱河畔千里堤北岸的锁井镇。锁井镇的中央有一个很深的大水塘，水塘周边是一片片的苇子地，南面还有一大片梨树林，这一美丽的自然风景，将锁井镇分为东、西两部分，亦称为“二锁井”。西锁井有一片古老的平房大院，这片青灰色的老宅是冯家大院。离冯家大院不远处是周围四十八村隔三差五有集的聚集地，每到年节这里还搭戏台唱戏，非常热闹。东锁井是朱老忠一家和其他中小地主家族聚居的地方。村东北角是大严村，靠南是小严村，这是严知孝、严志和家族居住的地方。伍老拔住在锁井镇村东的大堤上，借助几棵大树搭建了两间土坯小屋。从东、西锁井往南是一条锁井大街，十字大街口有许多店铺。顺着大街再往南走，就是千里堤，河岸上有一座小桥，过了桥走不多远，就可以进城了。另外，靠河南岸，还有一个常受水涝的小村庄李家屯，是李德才家族居住的地方。锁井镇西是大刘庄、小刘庄。这幅地图，梁斌已经构思多年，成竹在胸。谁家院落是什么布局，住在哪条街，哪条巷，从这家到那家怎么走，是什么路，路上有什么景物，梁斌一一做了标注。

锁井镇之于《红旗谱》恰如水泊梁山之于《水浒》、宁荣二府之于《红楼梦》，建构起了一个写作的宏图，设定了众多人物活动的空间，一切表演将从这里拉开序幕。

小说创作的主题一直让他激动不已——自古“燕赵多慷慨悲歌之士”，到了20世纪二三十年代，梁斌在自己耳闻目睹、亲身经历中“发现了旧中国时代这些宝贵的东西”。“从我少年时代开始，就从故乡人民的精神面貌中，窥视到这种伟大的性格。于是我把这种伟大的性格，尽量赋予我所敬爱的人们，形成他们之间的共性。”① 进而，一部写农民由本能的自发反抗、个人复仇，寻求生存之路，逐渐演变为选择跟着中国共产党进行革命，走自觉的自我解放、自我觉醒之路的农民革命的主题确定了。

那么，“怎样才能把那些伟大的典型性格写出来”呢？梁斌做了三件事：“开始长篇创作的时候，我熟读了毛主席的《在延安文艺座谈会上的讲话》，仔细研究了几部中国古典文学，重新读了十月革命后的苏联革命文学。”②这三件事对创作《红旗谱》的作用至关重要：

第一件是“熟读了毛主席的《在延安文艺座谈会上的讲话》”。梁斌

①②梁斌：《我怎样创作了〈红旗谱〉》，载《梁斌文集》第六卷，人民文学出版社2005年版，第254页。

从1943年第一次读这个讲话时，就感到像是找到了知音般的兴奋，20世纪30年代中国农村围绕土地而展开的农民和地主这两个阶级的斗争十分突出和激烈，它不仅仅是在梁庄，而是在整个中国。于是，他发现要把在自己脑海里已经“生活了不下一二十年”① 的人物写出来的夙愿，其创作意义远远超过——为家乡父老而写的初衷。它已经上升为为中国的广大农民而写的高度。当他动笔之前再读这个讲话时，这个超乎寻常的意义更使他激动不已，并变成他的一种强烈的自觉，“我写这部书，一开始就明确主题思想是阶级斗争”②。通过阶级斗争这条主线，展示中国农民翻身求解放的悲壮图景，勾勒出农民在民主解放斗争中的曲折历程，从而讴歌中国共产党的领导和人民群众的英雄气概，谱写黄钟大吕般的时代主旋律。他还认为：文学作品“不像枝上的花朵，开过就完，它要开在人们的心里永不凋谢”③。因此，只有明确的主题思想还远远不够，他把它落实到三代农民的奋斗历程中：第一代农民朱老巩的故事是梁斌听母亲讲的；第二代农民朱老忠和第三代农民运涛的故事是他亲身经历到的。特别是写运涛和江涛这一代农民的成长历程和在农民革命运动中的领导作用，在《红旗谱》中所占笔墨很重，他们中的一些代表人物已经从原有概念中的农民走向有知识、有文化、追求自由恋爱的革命知识分子。这一代农民革命者倾注了梁斌一生所追求的理想人格和理想婚恋观念，在他们身上浓缩着作者真挚的爱和希望。

第二件是“仔细研究了几部中国古典文学”。在构思过程中，梁斌

①梁斌：《漫谈〈红旗谱〉的创作》，载《梁斌文集》第六卷，人民文学出版社2005年版，第260页。

②梁斌：《我怎样创作了〈红旗谱〉》，载《梁斌文集》第六卷，人民文学出版社2005年版，第254页。

③梁斌：《文学作品的民族形式问题》，载《春潮集》，上海文艺出版社1980年版，第157页。

暗暗产生一种期望，那就是要树立自己独特的风格，有自己的创作个性。要实现这个愿望，就要通过加强地方色彩使作品具有民族气魄。他认为："书是这样长，主题思想是明确的，但是要让读者从头到尾读完，确实不是一件容易的事情，于是安排了一些场景的描写，扩充了生活内容。"① 那么，除了通过增加民俗风情、生活细节、具有地方色彩的场景描写以外，对形成民族风格、民族气魄影响最大的就是小说的语言，包括作品的叙述语言和人物语言。显然早期的欧化、洋味语言不能用，日常所搜集、摘录的群众语言与书本语言当然也不能照搬。在这方面，新世纪剧社时期成功改造戏剧语言的经验给了他很大的启发，他决定从中国古典小说中汲取丰富的中华文化之源。梁斌对自己平时的大量阅读进行了回忆和整理，尤其欣赏《水浒传》以山东的群众语言写农民起义；《红楼梦》用北京官话写贾、王、史、薛四大家族的贵族生活；还有《西厢记》、《金瓶梅》中对俚语及方言的运用也值得借鉴。梁斌以这些经典名著作为文学创作的语言范本，立志把作品写得通俗易懂，晓畅明白，要让"识字的人看得懂、不识字的人听得懂"。而人物的语言，一定是"什么人说什么话"，反过来，人物的话语就能体现他的性格特征，让读者一看就能猜出出自谁口。后人有对其《红旗谱》语言进行评论说："用笔中多方言土语，可背后却是文人的词章，有时能觉出其中的韵致。"② 在当代文坛上，梁斌是明确提出追求通俗、晓畅文风的作家之一，他将此作为自己的创作宗旨，从另一种意义上来说，也是实践延安文艺座谈会上提出的文艺为人民大众服务的创作要求。

人物有了，语言有了，怎样讲述故事呢？梁斌认为中国传统小说的

---

①梁斌：《漫谈〈红旗谱〉的创作》，载《梁斌文集》第六卷，人民文学出版社 2005 年版。

②孙郁：《泥土里的诗》，载《梁斌新论》，百花文艺出版社 2004 年版。

故事性太强，很多作品注意到了情节的引人入胜，却忽视了人物形象的塑造，而国外的一些小说却又描写太多、心理活动太多，他想要取长补短，要写得比“外国小说粗一些又要比中国小说细一些”。在符合中国读者喜欢看故事这样的大众心理的同时，也要注意塑造典型，创造个性鲜明的人物形象。

第三件是“重新读了十月革命后的苏联革命文学”。20 世纪 30 年代是世界范围内的“红色时代”，苏联的影响空前扩大。苏联模式所主张的人民主权论也传到中国。正像朱老忠听说的那样：“苏联的无产阶级掌政，打倒资本家和地主，穷苦人翻起身……你要是扑到这个靠山，一辈子算是有了前程了！”梁斌在县高小上学时就开始读高尔基等苏联作家的作品，后来在保二师、北平图书馆越来越喜欢读，而且越读越多。为了创作重新再读，他收获颇多。当时的苏联在国内战争、卫国战争及其以后，曾经出现过很多革命历史和革命战争题材的文学作品，如法捷耶夫的《毁灭》、《青年近卫军》，绥拉菲莫维支的《铁流》，富尔曼诺夫的《恰巴耶夫》，拉夫列尼约夫的《第四十一个》等。这些作品在保卫红色政权、反法西斯、弘扬爱国主义和革命英雄主义的思想内容中，始终贯穿着人道主义精神，成为不朽的传世佳作。梁斌对作品在战争题材中注重描写普通人的日常生活和内心世界极其赞叹，他为自己终于找到避免单纯歌颂一场革命战争的颂歌文学的有效途径而兴奋不已。于是他可以在关乎国家意识形态支配的宏大叙事中，不断展示出比较个人化的小型日常叙事，在这里他可以抒情、可以追求个性化的写作。这样在他心里孕育了几十年的各色人物就可以写活了，写出真实可感的不同个性，写出只有自己家乡才具有的淳朴与天然，写出真正属于他自己的人物。当时梁斌的激动难以抑制，甚至达到了顾不上工作和一切生活，必须马上写作而且一写起来就“心跳”、“肚子打战”的境地。从中我们可以感到作家对这一发现寄予的期望有多大！难怪后来有评论说："正是那些抒情文字在某种意义上提升了作品的艺术品位，赋予作品一种在革命历史小说中不多见的诗性特征，因而与更富传奇性通俗性的一类革命历史小说有了明显区别。"① 然而，不可否认的是，作品离梁斌当时追求的目标可能还有一定的距离，梁斌的大胆尝试和所有努力虽然获得了不俗的成就，但那毕竟不是多元写作空间，他不能不受到一定的限制。

无论如何，以上三件事作为创作的第一步，也是极其重要的一步，为《红旗谱》奠定了基调，找准了方向。最后的结果证实，梁斌通过以上三方面的良苦用心确实给他的小说带来了意想不到的效果，北京鲁迅博物馆副馆长孙郁看过《红旗谱》后说：同样是讲农民革命，"但梁斌的说教有着真诚……我眼里的梁斌，是个修养很深的人。他的语言颇有工夫。古文与方言的学识很精，白话文运用得亦恰到好处，有诸多出神入化处"。读了他的小说，"好像自己也走到那片赤贫的土地。虽黑暗惨烈，可那里人性的温度却让人觉出无边的暖意。……曾经沧海的人，才会有那样的笔触"②。

带着创作思路日益清晰的畅快和创作欲望日益强烈的升腾，梁斌理智地再次将众多人物梳理后列出了一个人物系列表。

主要人物朱老忠在前期的短篇、中篇小说及戏剧等艺术创作中已经基本成型。在将要创作的这部长篇里，梁斌打算进一步丰富朱老忠的形象，把这个人物所具有的善良、侠义、明辨是非、为朋友两肋插刀等优秀品质和傅铎的亲戚宋老桂的刚强不屈、积极乐观的特性结合起来。同时，进一步拓展朱老忠的生活经历，增加他到天津织毯、闯关东的广阔

①杨鼎川：《梁斌的意义》，载《梁斌新论》，百花文艺出版社 2004 年版。
②孙郁：《泥土里的诗》，载《梁斌新论》，百花文艺出版社 2004 年版。

阅历以提高他的远见，增强他的战斗性。

围绕朱老忠这个人物，还要创造形形色色、多彩多姿的农民形象，如勇敢地和地主打了三年官司的朱老明；讲义气、善良又有点儿稀里糊涂的朱老星；背着一屁股债，仍然嘻嘻哈哈不知道发愁的乐天派伍老拔；还有狭隘、孤僻、愚昧落后的老驴头以及受了一辈子压迫仍然浑然不觉的长工老套子。

再就是从自己的母亲、姐姐、嫂嫂以及左邻右舍的妇女们身上所提炼、概括、凝缩出来的旧中国农村中劳动妇女的形象：贵他娘、朱老星家的、春兰、春兰的母亲、严萍……在这个人物表上详细写明了每个人的年龄、性格、生活方式、爱好、口头语，以及其所经历的事件。梁斌把人物活动、故事情节聚集在锁井镇地图上，能收得拢，又能放得开。多少人物多少故事，尽在胸中。

在每一个创作构思的专题之下，梁斌都不断地写下目标、设想，甚至包括灵感来临之际，突然想到的一些具体事件或某些细节。在这样的苦思冥想中，两个月的假期转瞬即逝。他绘制了详细的锁井镇地图，写出了各色人物图表，制订了系列长篇的结构框架，明确了每一个创作目标的要求和具体实现的方法，基本完成了长篇小说的创作蓝图。

二、倾注痴情写初稿

1953年8月，两个月休假结束，梁斌从北京返回武汉。人虽然回来了，可是心却再也回不来了，创作激情迫使他必须立即着手系列长篇的写作。梁斌不顾一切地开始了，在思维的惯性驱使下，一下笔就非常顺利，文思汩汩，遏不能止。不管是在家里还是在单位上班，他都不能停笔。有时候，他沉浸在小说的情节中就忘了自己还在上着班，别人跟他说话，汇报工作，他似乎在听，却又不知道别人说的什么……

武汉黏湿的空气令人烦躁，到处没有一点儿凉意。低头写作，汗滴常会打湿稿纸。梁斌本来就体胖怕热，武汉这个“火炉”，再加上不断涌动的创作激情，他觉得实在热得受不了，有时索性泡在澡盆里，蜷缩双腿，腿上垫一个硬纸夹子，把稿纸放在膝盖上创作。

虽然有着醒目的创作主旨和明确的创作构架，但是在系列长篇的初稿写作中，梁斌还是不自觉地掺入了更多的自身经历和体验，融入了自己强烈的情感。回想起往事，梁斌有时会情不自禁地掉泪，而有时会按捺不住情感的激荡，在房间里不住地走来走去，为了把这澎湃汹涌的激情变成纸上跃动的文字，他不得不停下笔来平复自己的心情。

那段时间，最让他感到疲惫不堪的是创作与工作的矛盾，他不愿工

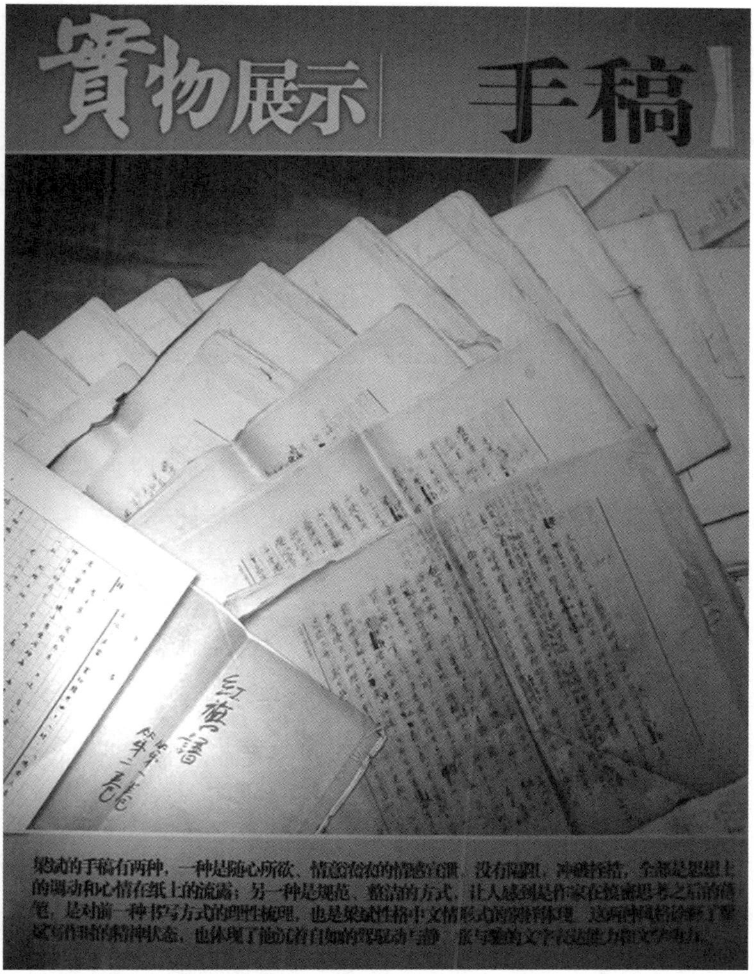

◎ 梁斌写作《红旗谱》等作品的手稿

作受损，却又不能停止创作。为了写好《红旗谱》，最后决定辞掉官职，专心写作。他主动向组织提出了请求，于是，他被调动到北京中央文学研究所。梁斌悬着的心终于安定下来。当时的中央文学研究所，是一座四层楼的大院。所里给梁斌在西院讲室的楼上安排了一间卧室兼办公室的住房，创作环境相对来说得到了很大改善。梁斌觉得最为满意的是文学研究所里藏书甚丰的图书馆。无论写作间隙，还是当创作受阻、思路不畅时，梁斌都喜欢到图书馆阅览典籍，从中受到启发。

灵感的冲动，使他觉得只有全部写出来才痛快。梁斌一面应付着工作上的事务，一面尽最大努力投入到创作中来，每天的工作时间都在十小时以上。一个多月以后，散帼英带着女儿襄霞、刚满八个月的儿子襄军，还有前妻的两个孩子和老母亲一起到了北京。正在创作中的梁斌，尽管不愿意分心，可是，家人也必须得安置。他向文学研究所申请了两间房子，给妻子、岳母和孩子们住。

1954 年年终，梁斌一气呵成，写就了三十多万字的系列长篇初稿。这部初稿用倒叙的方式讲述了一个农民与地主矛盾冲突的故事。

> 朱老星的儿子庆儿和二贵在高蠡暴动后都被冯贵堂霸为人质，在冯贵堂家里扛长工，由于过去积下的阶级仇恨，冯贵堂诬陷庆儿偷了他瓜园的瓜，指挥狗腿子吊起庆儿毒打，要他招出是跟朱老忠和朱老明同伙偷瓜。有人把这事告诉朱老忠，朱老忠便出头干涉，要拉冯贵堂进城打官司。因为证据不充足，冯贵堂没有立即跟他一块去。朱老忠和朱老明进城找江涛（这时江涛已回县做县委书记代理）商量对策，在商量事情的过程中，朱老忠追述了当年朱老巩大闹柳树林的英勇故事，追述了他下关东受尽辛苦，为了报仇又从关东跑回来，哪知回来后仍受着冯兰池的欺压。①

在这部初稿里，反面人物冯兰池、冯贵堂、刘二卯、李德才都已登场表演。贵他娘、春兰、严萍的形象也比较丰满。开明绅士严志孝的形象也已经出现。这部“初稿”蕴含了《红旗谱》、《播火记》、《烽烟图》

①梁斌：《漫谈〈红旗谱〉的创作》，《梁斌文集》第六卷，人民文学出版社 2005 年版，第 60 页。

三部长篇的最初胚胎。

初稿完成后，梁斌没有停顿，立即开始修改，边改边写，一连修改了几遍。为了完成朱老忠、朱老明、朱老星、伍老拔的典型化，又增加了一些必要的情节，越写越丰富。又是两个月辛苦的劳动，梁斌觉得基本满意了，就想把初稿拿给老战友、老朋友们看看，听听他们的意见。于是，他就用一块紫花包袱皮把书稿包好，出门坐车到了北京火车站。此行他走访了十几位朋友。

梁斌先到天津找到孙犁。梁斌比孙犁小一岁，他们是河北人，都在青年时期投身革命。家乡的历史文化背景和山水风物人情孕育了他们各自创作的地域特色和艺术审美风格，影响了他们一生的文学探寻之路。革命斗争的经历又赋予他们的创作以深刻的社会内涵与鲜明的时代风貌。梁斌与孙犁的创作艺术风格迥异，文学思想却又是相通的。他们都坚持现实主义文学道路，他们的现实主义又都具有理想色彩。他们是战友也是朋友。1949 年以后，孙犁在《天津日报》社做编辑工作。梁斌找到《天津日报》社孙犁的宿舍，把稿子交给老朋友，吃完午饭就又坐车到唐山看望病重住院的同乡好友路一。路一是梁斌高小时的同学，1927 年两人同时加入共青团；1933 年，同在北京“左联”工作，一起过了一段时间的文学青年的生活；1937 年又一同回蠡县故乡开展抗日救亡工作……两人有着二十多年共同工作、战斗的友情。晚饭后，梁斌跟路一讲起了《红旗谱》，当他谈到作品中的人物和故事时，竟忍不住大哭了起来，路一受到感染也痛哭不止。他惊讶老朋友的魄力和文笔，感慨地说：“你的书很有意义，这是一部《静静的顿河》，你一定要把它写好……”护士闻声赶来，批评梁斌不遵守医院规定，影响病人情绪……从此“梁斌挥泪写书”的故事在民间传开。

第二天，梁斌返回了天津。午饭后，孙犁让梁斌到日报社招待所休息，那本初稿他还没有看完。傍晚，孙犁拿着稿子来找梁斌。

一进门，孙犁就说：“行了，老梁，这是一块敲门砖！”

“怎么样？你谈谈吧，谈要害处！”

孙犁说：“为了看你这三十多万字的原稿，一夜未睡！”

梁斌一听，乐了：“你慢慢看哪，着什么急？”

“我放不下呀……人物有了，语言不一般，就是有一样，大窝脖，倒卷帘太长了，不合乎中国的民族风格，不合乎读者的习惯……”孙犁坐在凳子上，侃侃而谈。

“那可怎么办？我为了把朱老忠塑造成典型人物，才回叙到高蠡暴动、二师学潮……”

“你看，《水浒传》、《三国演义》、《红楼梦》都是从头说起……”

梁斌有点儿着急，说：“说吧，那可怎么办？”

“你铺直了写，写一部《水浒》！”孙犁鼓励他说。

“那可费事了！”

“不，你语言有了，人物有了，你有生活，怕什么？”

孙犁的话有道理。可是业余时间好不容易写成的稿子，把它们拆了，再重新组合，重新安排事件、刻画人物……梁斌有些舍不得。创作的艰辛使他犹豫不决。

第二天中午，孙犁又为梁斌约请了老朋友方纪、王林一起到周家食堂吃饭。席间，方纪、王林两位老朋友都对梁斌的创作感到震惊，忍不住赞叹道：“……老梁！下决心吧！不写一部《静静的顿河》就写一部新《水浒》！”梁斌用坚毅的目光注视着大家，一字一句地说：“改！重来！语不惊人死不休！”

回到北京，一天梁斌正在研究所宿舍走廊下沉思，一抬头妻子带着女儿微笑着走进来。磨不过小襄霞的一再恳求，夫妇俩只好带孩子到中山公园玩。梁斌买了票，拉着女儿走进公园。沿着长廊，走过花室，梁斌在一个茶摊上买了瓜子、花生米给孩子吃着。一家三口一边散着步，一边欣赏着园中景色。身在中山公园的梁斌，心却被朱老忠占得满满的。此时，他好似是在关东平原上徘徊的朱老忠，想起自己的老爹，想起屈辱而死的老姐姐，志和，严老奶奶，于是他把脚一跺，说："回去，回去，他冯老兰拿铜铡铡我三截，我也要回去报这份血仇……"梁斌情不自禁地说出了声，看到他那坚定、严肃的神情，散帼英无奈地笑了，说："看看，你在想什么？你就不能休息休息？……"

梁斌的大脑高度兴奋，已经不能从文学创作的故事中跳出来进行正常的生活与工作。他想到自己完成这部书所要付出的巨大劳动，恐怕不是短时间所能结束的。为了不让工作受损失，也为了能竭尽全力完成自己几乎一生为之奋斗的生命之作，他冷静地分析了自己目前的处境，决定离开文学研究所，去小说背景所在地——河北省专门从事创作。

梁斌向组织提出调动工作。华北局组织部长陈鹏就安排他到天津当副市长。梁斌明确表示自己无意做官，不愿意接副市长这个担子。黄敬的夫人、《北京日报》社社长范瑾给他提供留在《北京日报》社工作的机会，也被梁斌一口回绝了。朋友们都搞不明白别人调动工作是为了升迁，梁斌怎么放着这么多好地方不去，非要回河北写书呢？打下天下按说应该有一个像样的职位，这是应该得到的，不是什么非分之想，可梁斌却不要！特别是，在这以前，他从来没有写过长篇小说，客观地说，这次是否能成功，并没有十分的把握。写小说不了了之的也大有人在，更何况他还有妻儿老小，为什么要背水一战？

这是常人所不能理解的，也是梁斌所独有的性格——他一旦选择了奋斗的目标就不顾一切地拼命去做，甚至包括生命、家庭等个人利益。在战争年代他为革命曾这样拼过、干过，如今他仍然是那股子韧劲，为了创作他付出精力、放弃利益、承担各种风险……这源自作家内心深处的一种情结——对“故乡”的追寻。

因为那里有他的童年和少年，那是一个从他刚刚能够理解这个世界的时候，便感染他、熏陶他、日积月累形成他最初的，也是最基本的地域文化心理的地方。那里也是小说主人公的家乡，他们从冀中平原走来。有人说：一个作家最美的文字，大多都是和故乡有关的，从那里他能找寻到自己心灵的乐园！故乡的自然风光、乡俗人情、历史遗迹、文化传统，这所有的难割难舍都有作家更深挚的乡土之思、之恋、之爱存在，它甚至可以伴随人的一生。在农业文明时代，“少小离家老大回，乡音无改鬓毛衰”。几十年之后，当他重新置身于故乡时，那种感觉恍如梦境。意大利人用他们的美声咏叹：“啊——美丽的故乡啊！”这是一种乡心的共鸣，一种乡愁的慰藉，一种人情的泻导。

即使是生活在今天，作家们也都会因古老的故乡在现代化进程中变得面目全非而痛心疾首，故乡的迅速消失，也成了那些住在“地球村”里的人的一桩共同的心病。即使如此，人们也会把故乡的记忆残片凝固起来，变成记忆中最珍贵的私人收藏物，成为美化“故乡”的原料和心理根据。作家们或将它置换为一个“符号”，比喻为“母亲”，占据道德制高点；或成为《乡愁》中的邮票、船票……所以，“故乡”是文学的一个永恒主题。

梁斌放弃仕途的升迁和一切利益，为写成一部小说一定要回到故乡，他这种对故乡的追寻、理解和表达可以说是一种特殊的“寻根”形式。他要重新回到故乡，闻着故乡土壤的芬芳、听着亲人柔美的乡音、感受着乡村生活那独特的韵律和节奏，去唤起童年的记忆和对那块土地更浓、更深的情感。他认为，只有这样才能创造出《红旗谱》独特的意象。

“我如果写不好这部书，无颜见家乡父老……”他把浓浓的乡情，升华为一种更高的责任感和历史使命感。可见，梁斌要完成的已经不仅仅是一般意义上的文学作品，还是一种使命，他要用这部小说为家乡的农民、为牺牲的同志们树起一座永远的丰碑。

带着这样的信念，带着厚厚的初稿，带着朋友们的殷切期望，梁斌回到了故乡。这里曾经是他梦想开始的地方，这里又将是梦想实现的地方！

河北文联在保定古莲池书院西行五百米处。尽管这里的条件非常艰苦：他住的这间房子要说小，也实在小，可称斗室，只能容下一桌、一凳、一张床板，但梁斌却感到从未有过的安心，专心创作，再无政务之扰；需要采访，坐上文联的吉普车，立即就可以下乡。

过了一段时间，河北文联副主席林漫建议梁斌跟他一起到北戴河干休所去写作，因为距离休假期还有几个月，那里现在没有人，梁斌当然高兴。两个人简单收拾书稿和必带的衣物，第二天就到了那里。干休所在海边，因天气寒冷，几乎看不见人，只有一群群的小楼，静静地矗立在海边。他们安排好住处，听着阵阵海浪声，梁斌迫不及待地开始了第二次长篇创作。

梁斌从三十万的初稿中，拿出倒叙的十章共七万字，从头展开来写，书名定为“红旗谱”，并将之作为系列小说的第一部。严格说来，这才是真正意义上震动中国文坛的《红旗谱》。

第二次动笔之前，梁斌先给自己制订了创作要求：

1. 创新，不一般化。

2. 突出自己的创作个性，在作品中体现民族气魄，民族化风格。

3. 句子要短小，洗练；章节要精悍。识字的人看得懂，不识字的人听得懂。

4. 人物要典型化。即便是一个小人物，只要在作品中出现就要给人以深刻的印象。①

……

随后人物、事件、情节、细节、语言一件件再次详细构思勾画。童年、少年时代的生活也在吸引着他：十三岁入团、北伐战争、“四·一二”反革命政变、反割头税运动、二师“七·六”学潮、高蠡暴动……一个事件，又一个事件，历历在目。梁斌反复咀嚼着，回忆着，一个人物一个人物地琢磨，重新编排故事，概括更大的社会面，把经历的战斗生活尽量都糅进去。

因为准备充分，整个写作过程非常顺利。梁斌文思泉涌，势不可遏，整部作品写得行云流水，自然流畅。因此即使是初稿，有些章节都使梁斌为自己的文笔而自豪。比如朱老忠带严江涛到济南探监，隔着铁窗见到严运涛的情节，读到这里，梁斌被自己所创作的情节感动，不禁潸然泪下，联想起自己在“左联”被捕的经历……《红旗谱》结构设计由三卷组成，第一卷以朱老忠和江涛探监结束。

正在这时，肃反运动开始，省文联让他回去参加运动。正沉浸在创作中的梁斌只好收拾文稿回保定。他白天参加运动，晚上独坐斗室，继续写作第二卷——“反割头税”运动。就这样，直到肃反运动结束，第二卷才完成。

《红旗谱》第三卷保二师学潮的写作时间，正处在盛夏，梁斌的创作也达到了高潮。黎明起床，略作洗漱，即开始写作。早餐时间已到，创作正在兴头上，他不愿意放下笔。而当写完一个段落，想起吃饭时，

①梁斌：《一个小说家的自述》，中国青年出版社1991年版。

已经到中午了。午餐、晚餐无不如此。有时写着写着，觉得饿了，却分不清哪顿饭没吃，哪顿饭该吃了。他的生活规律全部被写作进程所安排，为了抓住灵感保持创作的顺畅，梁斌只得离开食堂到小餐馆中用餐。保定的夏日温度极高，他那间小屋似蒸笼一般。低头写作，汗珠常滴满稿纸，汗水浸湿稿纸使得字迹模糊不清。梁斌不得不设法降温，赤膊工作，把被单沾上凉水挂在屋中，打一盆冷水来，泡上一块毛巾，实在热了，就用冷毛巾擦头、擦洗身上。还是不能解决问题的时候，索性把冷水盆放在桌下，两脚蹬在水里。在小餐馆中用餐，能吃到一些可口的东西，但是梁斌还总想方设法省一点钱。因此，他常到保定西大街槐茂酱菜园对过去吃罩火烧或者到天华市场南头的小馆儿吃勺拌面条。

后来，创作进入紧要关头，连这样简单的吃饭方式，梁斌也嫌浪费时间。于是他常常买个大西瓜，一张大饼，两瓶汽水。渴了喝瓶汽水，比喝茶节约时间。饿了，吃几口西瓜，把大饼泡在西瓜里，搁上一点儿白糖，吃起来既解暑又解渴、解饿，花钱不多又节约了时间。

这样，梁斌的创作达到了惊人的程度，平均每天写七千字，有时高达九千字，而且文章质量很高。1955 年秋天，《红旗谱》初稿完成了。

最初的系列长篇初稿中没有严志和这个家庭。在第二次动手重新写作时，增添了严志和家族，把朱老忠一家分成了两家，把朱老忠家大贵的事情分给了严志和家的运涛。朱老忠从关东回来，严志和帮他重建家园。按照情节的发展又写出了反割头税、二师学潮、高蠡暴动等故事。为了突出人物的形象，加进了脯红事件，生动地描写了家乡的捕鸟风俗，而且使第二代人物活跃起来，表现了世代相传的朱家和严家的友情，还丰富了春兰这个人物。这一节描写别出心裁，摆脱了一般作品中催租逼债的阶级冲突描写藩篱，增强了作品的乡土气息，彰显了民族风格。

这部作品完成时是五十万字。梁斌觉得太长，于是又把关于高蠡暴动的八万多字的内容去掉，这样，脯红事件、反割头税斗争与二师学潮三个相对独立而又集中的故事情节构成了《红旗谱》。

这时的《红旗谱》每章约一万至一万七千字。梁斌考虑到农民的阅读习惯，不能太长，又毅然把每章改成了六七千字的短小精悍的形式。梁斌这种为农民大众而写作的创作心理在古今中外的文坛上也是不多见的。

《红旗谱》的初稿完成之后，梁斌接连修改了两遍。几十万字的初稿，修改一次，需要一个多月的时间。每天从早晨开始一直工作到夜间十二点钟以后，中午从不午睡，创作激情的冲动使他睡也睡不着。有时激动起来，肚子打战，心跳，手抖得笔都握不住。这时他已经有了高血压的征兆，可是他并不知晓也不知道关爱自己。他咬着牙，一定要写出一部新时代的《水浒》来。

一直到初冬，升起了炉子，梁斌才不得不改变了工作时间。每天凌晨三点钟起床，打开炉子，捅旺炉火，稍作洗漱，就坐在椅子上开始工作，一直到午饭时间，去食堂用餐。这样他就可以节省一点儿时间不用到外边去吃饭了。下午通常看书，略作休息，七八点钟即开始入睡，趁着劳累，他可以足足地睡一大觉。

两次修改完成后，梁斌拿出其中一些成熟、精彩的章节，如《棘》、《朱老忠济南探监》单章发表，然后就把这部稿子暂时搁置起来，让作品进入到一个创作的沉淀期。

梁斌开始着手《红旗谱》系列小说的第二部《北方的风暴》的创作。他把从《红旗谱》中截下来的写“高蠡暴动”那八万字的内容展开作为第二部长篇的基本框架。此书在1960年连载时，更名为《播火记》。1963年出版长篇小说《播火记》。

为了写好高蠡暴动，梁斌再次进行了走访和素材的再收集。1956年春节刚过，梁斌就到国家建筑委员会拜访了革命老前辈曹承宗，详细了解高蠡暴动的始末。高蠡暴动时，曹承宗是蠡县公署的财政局长，高蠡暴动后援会的负责人。曹承宗和高蠡中心县委书记宋洛曙是同乡。梁斌通过他了解了四个问题：宋洛曙的身份以及在高蠡暴动中的英勇行为；起义红军唯一的一挺机关枪是怎么弄来的；打死张福奎这个大贼头的人，究竟是谁；刘双四有没有党籍。

紧接着，梁斌又到中央财政部办公厅拜访保二师老同学、二师“七·六”暴动的幸存者蒋东嵎。通过蒋东嵎，梁斌了解到更多的高蠡暴动及二师“七·六”学潮的细节。关于高蠡暴动，河北省河间冀中烈士陵园、保定烈士陵园中都有纪念碑，中共河北党史记载如下：

> 1932年7月，中共河北省委决定在高阳、蠡县地区发动游击战争。8月，派军委书记湘农到保属特委指导工作，并组成了以黎亚克为首的“保属革命委员会”，作为高蠡暴动的领导机关。8月27日，在湘农和中共博蠡县委书记宋洛曙的领导下，暴动在蠡县宋家庄发起。游击队伍收缴反动武装枪支，张贴保属革命委员会布告和游击队十大纲领，斗地主，砸盐店，风暴席卷高蠡大地。8月30日晚，暴动队伍在高阳县北辛庄成立了高蠡地方苏维埃政府，湘农、宋洛曙分别为正、副主席，并正式成立了河北省红军游击队第一支队，湘农任支队长。这时，队伍发展到了300余人，有120多支枪。8月31日，暴动队伍被安国驻军白凤翔部包围，由于敌强我弱，突围时，队伍被打散，宋洛曙等17人牺牲，9人被捕。坚持5天的高蠡暴动虽然失败了，但它在河北人民革命斗争史上写下了光辉的一页，给后来动员民众进行抗日战争和解放战争打下了良好的思想

基础。

梁斌创作之时，距离高蠡暴动已经二十多年了，高蠡暴动的人物和故事，在民间也流传了二十多年。经由民间传说，刘双四的传奇色彩更加浓厚。梁斌在创作时考虑到，要在尊重历史事实的前提下进行艺术的提炼和加工，于是，为刘双四加入中国共产党一事，梁斌特别翻阅了中共第三次代表大会决议，他看到了决议中有这样一条："在民团、宪兵、土匪中建立党的支部。"梁斌为刘双四入党找到了确凿可靠的政策依据，于是才有了《播火记》中的李霜泗。

为了写好李霜泗这个人物，1956年春天，梁斌三至白洋淀，在白洋淀的渔村中小住几天，体验生活，收集素材。每天清晨，梁斌必至淀边，雾中的荷花朦胧俏丽；雨中的白洋淀，雨水打在芦苇、荷叶上，潇潇有声；清早，渔民们忙着打鱼、装船、赶集市；傍晚夕阳西沉，橘红色的晚霞投射在水面上，泛起层层金波，渔民们修补渔网，做着第二天捕捞的准备工作，芦苇掩映的村庄炊烟袅袅。白洋淀的风光清秀俊美，这里的风土人情又是那么古朴淳厚，这一切都使梁斌着迷。于是梁斌把所看到的白洋淀风情搬进了作品中，为土匪出身的李霜泗设定了一个特定的生活环境，这种环境烘托了李霜泗儒雅风流、神秘莫测的侠士气质。房东的女孩子，活泼而俏丽，梁斌把她的一些性情移植在李霜泗的女儿芝儿的性格中。这卷书写成之后，梁斌给它取了一个颇具侠义的名字——《绿林行》，单章发表了。

《绿林行》这卷书是写高蠡暴动的准备阶段，后面还有高蠡暴动的崛起和失败，为此，他于1956年4月，又到高阳县南、北辛庄去采访，亲自查看了敌我双方会战的战场。

梁斌找到北辛庄曾参加过高蠡暴动的老同志蔡如松、蔡宝三。两位老人带领梁斌去看了烈士遗体合葬的肉球坟、两军会战的战场。在北辛庄高蠡暴动烈士陵园，一看到肉球坟，蔡宝三老人“扑通”一声就跪了下去。梁斌也跪倒在地上，泪流满面。陵园修得不算太好，周围只有短墙、树林，杂草丛生，也没有人管理。一行人迈着沉重的脚步，走出陵园去看敌我会战的原址。出了陵园大门口，没走多远，蔡宝三抬起头来，指着眼前一大片庄稼地说：“这就是人们常说的辛庄会战的地方……”说着老人又流出泪来。

实地走访，使梁斌获得了详尽的资料，幸存者激动的情绪使梁斌深受感染，他们的期许更使梁斌感到责任重大，甚至觉得如果不写出这一段历史，如果不把故乡人民的英勇事迹传闻世间、流传后代，自己就无颜见家乡父老，自己就对不起牺牲的战友们！梁斌曾经多次说：“不写出来就是欠了人民的债，写不出来的时候，就像有一根鞭子在背上擂。”强烈的责任感和使命感，是梁斌成功的重要原因。

回到机关，梁斌心中久久不能平静。他在屋里走来走去，考虑着《播火记》人物的塑造，故事的穿插，以及细节的安排。文学作品绝不能是历史的记录，它既要反映历史，更要深化历史。

第二部长篇的创作过程变得相对容易了，人物形象催促着故事情节的产生，推动着作品的发展，生活在熟悉的地方，生活又推动文章扩展。人物在鼓噪，生活在呼唤，梁斌的笔下匆匆，不容迟缓，更不能停留。在《红旗谱》初稿中砍下来的八万多字的基础上，融合了原初稿中相关的部分，继续扩展写作，用了八个月的时间，完成了五十多万字的《播火记》初稿。在梁斌一生的写作生活中，这是写得最快的一部书。

三、《红旗谱》的修改与出版

1956 年的春天，中国青年出版社编辑萧也牧来保定找梁斌约稿。萧也牧看了《红旗谱》的书稿非常高兴，当即肯定了这部书，激动地说："诗，这是史诗。咱们订合同，千字十八元，三万册一个定额……"他两手掂着书稿，笑着说："我要带回去，出书！"他睁大了眼睛，微笑着，期待着梁斌的答复。

哪一个作家不盼望自己辛辛苦苦写出来的文字早点儿和读者见面呢？何况《红旗谱》的写作从酝酿到完稿经过了长达二十三年的时间，并且第二稿从系列长篇初稿中抽出一部分扩展而成，写成之后，一连修改三遍，非常不易！但是梁斌却没有轻易答应，而是说道："你出书可以，这部书稿，我还要修改！"

萧也牧皱紧眉头，说："怎么？你还要修改？"

梁斌肯定地说："还不够味儿，还要修改！"

萧也牧拍拍梁斌的肩头说："梁斌同志，了不起呀！我们的大作家！"梁斌严肃认真、精益求精的创作态度使萧也牧受到感动，他立刻从皮包里掏出约稿合同，请梁斌签字。

写完了《播火记》，梁斌又接到萧也牧催稿的来信。梁斌不得不把

《红旗谱》一书定稿。

1956 年秋天，梁斌带着《红旗谱》书稿到了北京，住在黄化门大街锥把胡同一号——河北省驻京办事处。这是一处古典的平房大院，三层大院相连，方砖铺地，垂花回廊。梁斌住在这里对《红旗谱》进行了出版前的最后一次修改。梁斌想：中国古典文学都有个楔子概括全书，自从新文学流行以来，也就不写楔子了，就整部《红旗谱》来看，还是有个楔子比较好。这个想法已经孕育有半年时间了，现在这次修改终于决定把它写出来。于是，梁斌就开始写腹稿已久的朱老巩大闹柳树林的故事。在定稿前夕，梁斌创造出朱老巩大闹柳树林的激烈场面并把它放在《红旗谱》的第一章，以概括全书。这一节故事延伸了《红旗谱》中所表现的农民革命，使得它一开始以传统家族复仇的形式表现出来。而随着故事的展开，朱老忠渐渐领悟到他与冯老兰之间的仇恨带有一定的普遍性，运涛、江涛的革命宣传使他意识到，以他为代表的贫苦农民与地主冯老兰的矛盾就叫阶级矛盾，他们所要打倒的不只是一个冯老兰，而是千千万万个冯老兰，这就是革命。以朱老忠为代表的贫苦农民正是从身边的具体事例中，从切身的感悟中一点点觉醒，从自发反抗走上了自觉的斗争。梁斌所要着力表现的正是这样一个农民觉醒、抗争的过程。

这个楔子写完，梁斌又补写了老驴头和老套子杀猪这个富有戏剧性的故事，既丰富了“反割头税”的重要情节，又使老套子的麻木不仁，老驴头的狭隘自私、不觉悟跃然纸上。这一节既深化了老套子、老驴头的性格，又含蓄、委婉地对小农经济基础上产生的农民的落后和愚昧加以批判。

定稿前，梁斌毅然决然而又非常迅速地补充了这两章的内容，如果不是长期在农村生活中摸爬滚打，如果没有丰富的生活积累和长期腹稿的反复揣摩，一般作家恐怕难得有这样的创作直觉和如此神速的创作速度。

已是初冬，他再次修改这部原稿。寒冬的夜晚，玻璃窗外飘着雪花。梁斌用湿毛巾贴了一下前额和双眼，又捅了捅炉火，坐到桌旁，继续进行着《红旗谱》头几章的修改。算来这已是近第二十次的修改了。如何描写朱老忠回乡后和严志和见面时的感情和行动，苦苦地折磨着他，使他一连几夜离不开写作的桌子。平时，他“写不出来的时候，就像有一根鞭子在背上擂”，现在他又有了这样的感觉。他提着笔凝思着，笔尖上的墨水已不止一次干涸了，还是落不下笔。当他写出朱老忠在严志和告诉他冯老兰更霸道时，放开铜嗓子说了一声“好！他更加厉害了”，才觉得这样能充分地表现出肯定地相信“出水才看两腿泥”、饱经风霜的朱老忠，有了“拿铜铡铡我三截，也得回去报这份血仇”的决心。当他写完这几句话，站起身来，只觉眼前发花，两脚已经冻麻，抬头一看，天已破晓，玻璃窗上已结满一层层冰花，室内的火炉早已熄灭了！……①

就这样，梁斌一边修改一边由中国青年出版社刻纸油印。这天，梁斌突然感到有点儿力不从心，心里发抖，手在打战。他不得不停下来稍事休息，然后继续修改。修改好一部分，梁斌再送到萧也牧那里，萧也牧说：“要是早交稿，这部书也早就出了！”面对萧也牧的不断催促和惋惜，梁斌什么也不说，还继续修改后边的内容直到全部完成。

油印稿子印出来了，萧也牧亲自给梁斌送来，让他校对。看得出油印稿是一个生手抄写的，标点符号常有错误，也有丢落字现象，梁斌校

①潮清：《作家的劳动和生活——梁斌同志访问记》，《梁斌文集》，人民文学出版社2005年版。

对起来很费事。一连几天梁斌不能入睡，坚持把油印稿看完。稿子看完后第二天一大早，梁斌饭也没吃，用那块紫花小包袱皮把油印稿包好，走出胡同，坐上汽车，去出版社送稿。在鼓楼换车时，梁斌感到肚子饿了，就坐在一个小摊上，喝了一碗面茶，喝完站起来就走了。他坐上电车到了东四牌楼，还没有下车，突然发觉小包袱没了，稿子不见了！梁斌慌忙下了电车，又坐车回到鼓楼。他仓皇地走到卖面茶的小摊跟前，问掌柜的："我丢在这里一卷稿子，你见了吗?"那位老掌柜善意地笑了笑，说："交给组长了，我给你要去!"

不一会儿工夫，老掌柜走了回来，笑着把稿子交到梁斌的手上。梁斌一眼看到那个熟悉的紫花小包袱，一颗悬着的心才放松下来。他接过包袱，打开看了看，没错，是自己的稿子！梁斌笑着对老掌柜说："没错，是它！我一辈子的心血呀！谢谢啦!"

梁斌抱着小包袱走回车站，再次乘电车到了中国青年出版社。在会客室见到萧也牧，梁斌把稿子递给他，说："这部书，我算交稿了!"萧也牧说："你早交，这部书也早出了。这样，也只有排在后面了!"梁斌说："我想尽可能弄得好一点!"

"我知道，你在冀中工作，是一个老作家，搞了十几年文学了，不同一般!"对于梁斌精益求精的写作态度，萧也牧打心眼儿里钦佩。

稿子交上去了，梁斌却病倒了。长期亢奋写作，体力透支，营养不良，梁斌患上了失眠、神经衰弱，还有高血压。听从家人、朋友的劝告，梁斌不得不到北京天桥苏联红十字医院住院治疗。

1957 年 11 月，《红旗谱》出版。萧也牧带着书来看梁斌，一进门就说："老梁！没白住了医院，这本书真不一般啊!"时值岁末，《红旗谱》的出版，使梁斌感到非常高兴，病情似乎也得到了缓解。

梁斌一直想用手中的笔记下故乡人民英勇斗争的历史，一直想把他

◎《红旗谱》出版后夫妇合影

们再现在文学作品中，经过《夜之交流》、《三个布尔什维克的爸爸》、《千里堤》、《父亲》以及《抗日人家》、《五谷丰登》等小说、剧本多种艺术形式的尝试，不断积累自己的阅历和写作经验，现在终于把这些故事熔铸成了鸿篇巨著。梁斌倾尽英年心血，三易其稿，修改多遍，才付梓交稿。现在《红旗谱》终于出版了，为实现写作的梦想，梁斌以健康作为代价，可他了却了一桩心愿，感到有说不出的轻松愉快。

四、当代文学史上的里程碑

《红旗谱》出书，梁斌如释重负。梁斌的老师丁浩川从东北大学（丁浩川时任校长）给他写信说："你将受到全国人民的尊敬……"

果然不出丁老师所料，宣传部长周扬在上海、北京谈到《红旗谱》时都做了肯定性的发言，甚至在国外的一些演讲、谈话中，说到《红旗谱》时也是赞誉有加。茅盾讲到《红旗谱》的风格时说："……从《红旗谱》中看来，梁斌有浑厚之气，而笔势健举，有浓郁的地方色彩，而不求助于地方语言。一般说来，《红旗谱》的笔墨是简练的，但为了创造气氛，在个别场合，也放手渲染；渗透在阶级斗争场面中，始终是阶级斗争高亢嘹亮的调子，这就使全书有浑厚而豪放的风格……"①

《人民日报》、《光明日报》、部分省市报纸及刊物，纷纷发表对《红旗谱》的评论文章。中国作协副主席邵荃麟评论说："作者从几十年来的中国农村重重苦难和前仆后继的农民革命斗争过程中，从农民自发到自觉的过程中，从无产阶级先锋队深入农村与农民群众相汇合，从而

①茅盾：《争取社会主义文学的更大繁荣》，作家出版社1960年版，转引自《梁斌作品评论集》，百花文艺出版社1997年版，第6页。

领导了农村革命斗争的曲折过程中，深刻地描绘出中国贫苦农民的坚韧、强毅、朴直和善良的灵魂和性格。……写出了他们那种斗争韧性、他们的希望、欢乐和梦想。……这部小说可以说是比较全面地概括了整个民主革命时期的中国农民的生活与斗争，在艺术上达到了相当深度与高度的作品。”①

著名文艺评论家李希凡指出《红旗谱》把“革命现实主义与革命浪漫主义”进行了巧妙的结合，“对于旧中国革命农民来说，朱老忠作了一个形象的总结，而对于二十世纪二十年代的革命农民来说，朱老忠又显示了一个新的起点。朱老忠是继阿 Q 之后出现的中国文学史上新的农民形象”。“应该说，在当代文学作品所创造的革命农民的英雄形象里，具有如此历史深度的性格，朱老忠还是第一个。”李希凡写了许多有关《红旗谱》的评论文章，如：《谈〈红旗谱〉中朱老忠的形象创造》（《人民日报》1959. 8. 18）、《朱老忠及其伙伴们——〈红旗谱〉艺术方法的一个探索》（《文汇报》1961. 12. 23）、《文学作品中的英雄形象——革命现实和革命理想的结晶》（《文艺报》1959. 3）、《革命英雄典型巡礼》（《文学评论》1961. 1）、《典型、个性和群像》（《解放军文艺》1961. 4）、《梁斌文学创作的时代意义》（《梁斌新论》），《人民作家勿忘农民》（《梁斌新论》）等。他曾说：“我是梁斌作品的忠实读者，也可以说是热心的鼓吹者。在当代小说里，我写评论文章最多的，就是《红旗谱》。”②

文学艺术领域的领导、著名评论家对《红旗谱》的赞誉，推动了《红旗谱》的迅速传播，很快形成了全国范围内的对《红旗谱》的评论、

---

①《邵荃麟评论选集·文学十年历程》，人民文学出版社 1981 年版，转引自《梁斌作品评论集》，百花文艺出版社 1997 年版，第 6 页。

②李希凡：《梁斌文学创作的时代意义》，《梁斌新论》，百花文艺出版社 2004 年版。

研究热潮。

各大报刊一连发表了数十篇评论文章，探讨《红旗谱》的思想艺术成就。其规模，其声势，为解放后八九年间中国文坛所罕见。可以毫不夸张地说，1958 年到 1959 年是中国文坛的“《红旗谱》年”。

1958 年 2 月 26 日，《文艺报》主编侯金镜召开《红旗谱》座谈会，邀请当年参加过斗争的老同志曹承宗、臧伯平、张金锡、常明座谈；1958 年 4 月 17 日，河北省文联召开《红旗谱》座谈会，梁斌的老战友、老朋友胡苏、远千里、路一等纷纷发表评论、感想。《红旗谱》出版仅仅两年，《文艺报》就在全国范围内收集评论文章，于 1959 年年底编辑、出版了《革命英雄的谱系——〈红旗谱〉评论集》，从而也迎来了《红旗谱》研究的第一个高潮期。此一时期的评论、研究除关注《红旗谱》的时代背景、主题、历史意义及其人物形象之外，对于作品的艺术风格、创作过程、语言艺术等方面也有初步、宏观的关注。如：《谈〈红旗谱〉的语言艺术和创作方法》（张学新《介绍长篇小说〈红旗谱〉》，高等教育出版社，1959. 5）、《试论〈红旗谱〉的创作过程》（贾文昭《新港》，1962. 5）、《漫谈〈红旗谱〉的情节提炼》（徐文斗《山东大学学报》，1962. 1）、《继承・革新・创造——试探〈红旗谱〉在民族化方面的成就》（严云绶《合肥师院学报》，1962. 2）等。

《红旗谱》相继被改编成各种文艺形式在全国各地传播。北京评剧团改编、演出了评剧《红旗谱》，写信约梁斌看戏；承德京剧团到天津演出了京剧《红旗谱》，名老生贯盛习演朱老忠，梁斌应邀出席观看，剧终梁斌与全体演员合影留念。改编较好、影响较大的是河北省话剧团编排的话剧《红旗谱》，该剧由鲁速、亢克、村里执笔，蔡松龄执导。

1959 年元旦，河北省文化局长、梁斌的老朋友路一带省话剧团到天津公演。路一和鲁速到二五九医院看望转院治病的梁斌，谈了他们改编、演出的经过。当日晚间，梁斌在医生的陪同下到天津第一工人文化宫观看演出。鲁速饰演朱老忠，蔡松岭饰演朱老明，演得非常成功。闭幕以后，在后台召开现场座谈会，梁斌不顾医生劝阻来到后台，激动地谈了他的感想：“看戏后出乎我的意料，话剧是那样深刻地表现了乡土习俗，地方风光，保持了原小说的艺术风格，你们在话剧民族化探索方面做出了成绩，这真让我佩服！”河北话剧团在天津连演五天，每天演出三场，场场爆满。同年10月，他们又以话剧《红旗谱》进京参加国庆十周年的献礼演出，应邀两次在怀仁堂演出，首长们报以热烈掌声。朱德元帅祝贺话剧《红旗谱》演出成功，时任全国人大常委会副委员长的彭真在怀仁堂亲自会见话剧《红旗谱》的演员。文艺界专家林默涵、田汉、夏衍、老舍等都对该剧给予了高度评价。田汉为话剧《红旗谱》一剧题诗一首：“清流碧血忍凝眸，廿载归来恨未休。苛税不除人不散，红旗飞满古城头。”

话剧《红旗谱》演出历时五年（1959年~1963年），进行了十五次修改，共演出二百九十八场。1961年上海美术出版社根据舞台演出剧照出版了《红旗谱》连环画，后又被改编拍成了电影。话剧《红旗谱》被文艺界誉为“在话剧民族化、群众化方面做出了突出贡献”，是“具有中国气魄的一出好戏”。

电影《红旗谱》是作为天津电影制片厂的开门红作品、由著名导演凌子风执导的。后来北京电影制片厂加入，把电影《红旗谱》作为国庆献礼片拍摄，于是两厂联袂，组成了一个强大的摄制组。长篇小说《红旗谱》改编成一个多小时的电影在内容上要有很大的改动，凌子风导演把增加的内容拿给梁斌看，征求他的意见。梁斌看后说：“没意见，如果我改，也这么加，而你加的像我写的。真是不谋而合。”凌子风回忆说：“一部大小说，有删、有加，梁斌同志同意，没有任何大作家的架

◎ 崔嵬饰演的电影《红旗谱》中的朱老忠形象

子，真是天助我也。我兴奋得恨不得马上开拍。”1959 年，四十二岁的凌子风和四十七岁的崔嵬投入全部心力，将《红旗谱》搬上了银幕。凌子风、崔嵬在电影《红旗谱》上倾尽了心血。

电影《红旗谱》上映后，观众反响很大，引起了电影界人士的观摩学习，报纸、杂志纷纷发表文章大力宣传，有人称它是“影坛盛开的一枝新花”。据凌子风导演回忆说：“当时在电影界正经刮了一阵旋风。我也成了新闻人物，记者采访跟踪而至。”崔嵬的表演更让人记忆深刻，朱老忠这个角色使他获得首届“百花奖”最佳男演员奖。电影《红旗谱》在 1962 年获第一届《大众电影》最佳摄影奖，在中国电影史上占有极为重要的地位。同时，朱老忠的形象也因此在中国百姓的心中留下了真实可感的印象，当时，“朱老忠”的名字家喻户晓，人人皆知。正如林默涵先生所述："中国文学史上有众多农民典型，唯朱老忠是第一位有如此深度和魅力的革命英雄典型。朱老忠的形象交流着历史和现实的深刻经历，是作家发掘了中国农民不甘屈服的斗争传统在新的革命斗争形式下创造出来的，他跟鲁迅先生笔下出现的农民和农村姑娘有联系，但又完全不同了……梁斌笔下的朱老忠写出了鲁迅先生寄予希望的'刚强之气'，这是梁斌同志对中国文学事业的一大贡献。"①

1959 年 9 月《红旗谱》第二版由中国青年出版社出版，同时人民文学出版社出版第一版《红旗谱》。同年 10 月，《红旗谱》中"砸古钟"和"反割头税"两部分，分别作为《农村图书室丛书》的第二、第三辑，由上海文艺出版社出版单行本。

《红旗谱》出版后，唐山市评书演员陈清波等即试说了评书《红旗谱》的部分章节，后又将全书分成"反割头税"与"二师学潮"两大部分，并以"反割头税"为加工重点。20 世纪 60 年代初，河北省曲艺工作室组织陈清波与梁斌两次见面，就陈清波所发展的部分整理成细"梁子"（艺人说书的提纲，一般都是通过口传心授得来的）的曲目听取梁斌的意见，得到梁斌的肯定。陈清波根据原著加工改编的《三世仇》与《闯关东》成为评书《红旗谱》的重要"柁子"（说唱艺术作品中的主要情节，是多种矛盾、多种线索的纽结点）。"反割头税"则分成《宝地风云》（又名《三上公堂》）、《鸟的风波》、《巧遇贾湘农》、《春兰革命》、《济南府探监》、《张嘉庆出世》、《秋收夺粮》、《年关杀猪》、《县城斗争》等多个细目，每个细目都可以独立演出。陈清波还根据原著中的"二师学潮"改编了一段以江涛、严萍为主人公的"巧计送粮"故事，这个细目曾作为保留节目多次到中小学演出。著名广播艺术家关

①林默涵：《大地之子·序》，中国青年出版社 1997 年版。

山、连凯和著名评书表演艺术家袁阔成等都曾多次播讲《红旗谱》。在20世纪50年代末甚至在80年代初，《红旗谱》通过无线电波以评书、小说连播的形式走向了中国的千家万户，贴近了普通老百姓的心灵。1958年蠡县梁庄的党支书梁万来给梁斌写信说："你写的书，我们听到了，生产队挂着高音喇叭，每天歇工的时候，我们都听你写的书。书写得好，我们听得非常入迷，干活也更有劲儿了！"

《红旗谱》通过多种文艺形式走向民间，走向人民大众。全国上下到处都在谈论朱老忠，一时间几乎无人不知《红旗谱》，梁斌的名字也随同《红旗谱》一起走进了千家万户。梁斌实现了他"识字的人能看懂，不识字的人能听懂"的创作初衷。"他的《红旗谱》把文学的思想性、政治性、艺术性和群众性完美地统一起来，得到文学界的好评，也受到广大读者的欢迎。1957年至1997年间仅中国青年出版社就再版《红旗谱》（第一册）三十四次，出版一百八十七万六千九百四十册，在当代文学史上，一部文学作品出版达到如此盛况是不多见的。……"①1964年4月，中国青年出版社出版了由郭沫若题字、黄胄设计封面的版本，至此《红旗谱》已是第十六次印刷。部分省市出版社出版《红旗谱》，大都给梁斌少量稿费，有寄三百的，也有寄五百的。《红旗谱》在各地不知道出版了多少册，也无法计算出版了多少本。天津梁斌文学馆陈列室展出的木板刻印小人书《红旗谱》、襄樊市图书馆收藏的简写本《红旗谱》等即是一个个明证。2000年《红旗谱》入选国家百年百种经典图书，此时的印量前后共计有六百多万册。《红旗谱》影响了一个时代。

与此相应，各种外文译本也纷纷面世。为了了解有关《红旗谱》各

①林默涵：《大地之子·序》，中国青年出版社1997年版，第4页。

种译本的真实情况，我们专门请有关专家做了核查，对《红旗谱》不同版本的书籍进行了收集，对其翻译情况进行了考察，基本情况知下：

（1）最早是莫斯科外国文学出版社（Издательство иностранной литературы）于 1960 年将梁斌的《红旗谱》译成俄文，译者是 Н. 巴哈莫夫（Н. Пахомов）和 Н. 扬诺夫斯基（Н. Яновский）。《红旗谱》的俄文译本名为 Три поколения，译名是《三代人》。很显然，俄文译本是从《红旗谱》中的家族仇恨切入主题的，进而表现了革命的传承性。译者在翻译的过程中尽量直译，以保持原作的文学风味，把原文的艺术境界传达出来。由于原作与译作生存于两个不同的文化语境中，原作者和译者以及两种文本的读者们的观察视角自然也就不同，有时甚至大相径庭。译者根据俄、汉两种语言的特征，采用增加、注解、替代等翻译手法，而且译文中很多地方都使用了俄语口语、俚语、成语和惯用语，增强了译文的感染力，具有生动、贴近本国读者的特点。如：

◎ 俄文版《红旗谱》

“一块儿待熟了”译为“Он всё время вместе с их Чунь-лань. Водой не разольёшь”（意即“［他俩］用水泼都泼不开”，这里运用了俄语的惯用语表达）。

“出水才看两腿泥”译为“Веревочка вьётся – конец всегда найдётся”（意即“不管绳子如何缠绕，总能找到它的头儿”，这里用俄语成语表达）。

◎ 越文版《红旗谱》

（2）1961 年越南文化出版社出版《红旗谱》越文译本 DƯỚI NGỌN CỜ HỒNG——译名为“在红旗下”。此译本是根据中国青年出版社 1959 年版的《红旗谱》直接翻译的，分上下两册，13cm×19cm 开本，印刷量八千五百八十册。译者是陈文迅、惠连、阮大。这三位译者精通越南语、中文两种语言，对翻译颇具造诣，他们对《红旗谱》的翻译很到位，竭力保持了原著的风格和特色。如：

“好汉不吃眼前亏”翻译为：Tránh voi chẳng xấu mặt nào，意即“躲避象不是丢脸”，这是越南语中的成语。大象在越南是经常看到的动物，但是对人的生命又有威胁。所以越南的成语里就有上述说法。

“咱小人家小户的”翻译为：mình thấp cổ bé miệng，意即“脖子低矮，嘴小”，这是越南语口语中的惯用语。译者感受到原著作者深深地爱着《红旗谱》中的每一个人物，受这种情感的感染，在翻译的时候他们也力图传达出这种感情。

特别是当时越南的很多翻译作品都是根据其他语种的翻译文本进行转译的，而《在红旗下》却是根据中文《红旗谱》做的直接翻译。在翻译过程中，翻译者们很幸运地得到梁斌的直接指导，他们曾多次和梁斌通信请教有关问题。所以越南语译本 DƯỚI NGỌN CỜ HỒNG出版之后，受到越南国内读者的热烈欢迎，得到了读者和文艺评论者的高度评价。依笔者浅见，当时在越南被分为南北两个部分的背景下，越南文坛一方面要引进优秀作品推动越南文学的发展，另一方面则是为抗战救国服务，陈文迅、惠连、阮大翻译《红旗谱》体现了他们高度的社会责任感和历史使命感。

（3）“一九六一年，松井先生从东京来了一封信，表示他要翻译《红旗谱》，要我把简历寄给他，并要一张相片。……一九六二年又接到他的来信，说日文本《红旗谱》已经出版。不久，至诚堂的负责人也来了一封信说，我们出版了你的《红旗谱》。”[①] 日本东京都立大学教授松井博光把《红旗谱》翻译成日文，1963 年由北海道至诚堂出版社出版。日文版《红旗谱》，译名“燃えあがる大地”意为“燃烧的大地”。译者松井博光是日本著名的汉学家，生于1930 年，于 1957 年毕业于东京都立大学人文学部研究生院中国文学专业。除《红旗谱》外，还译有《中国古代神话》、《茅盾评论集》等作品，对中国文学在日本的传播做出了巨大的贡献。关于译本题目，译者采用了根据原著改编的电影名《燃烧的大地》

◎ 日文版《红旗谱》

①《笔耕余录——和翻译家、出版家在一起》，《梁斌文集》第六卷，人民文学出版社 2005 年版。

为题。除此之外，译者还参考了 *Chinese Literature*（Peking）上连载的英译本 *Keep the Red Flag Flying*。在《红旗谱》中有大量的长句，虽然能够给读者一气呵成的感觉，但是如果完全按照中文翻译，日译本就会出现让读者难以理解的句子。另外，由于中、日的思维方式不尽相同，中文的动词等主要部分出现在句子的前半部分，而日语的“文末决定性”决定了它的主要部分出现在句子的最后。译者在翻译过程中做了很好的处理，利用简洁明了的日文进行翻译，达到了突出句意的目的。

国外对于中国畅销名著的引进、翻译、出版反过来又促进了国内的翻译热潮。以出版外文书著称的中国外文出版社利用本社优势和人力资源组织一批专家专攻翻译《红旗谱》，先后出版了《红旗谱》的英文、法文、西班牙语译本。

◎ 英文版《红旗谱》

（1）英文译本由著名翻译家杨宪益的夫人戴乃迭（Gladys Yang）——一位在中国出生、四岁回国的英国传教士的后裔翻译。1961 年，外文出版社以《红旗飘扬》（*Keep the Red Flag Flying*）出版后，引起很大反响。1964 年外文出版社又出版了英文修订本，1980 年英文本又再版。《红旗谱》英文本是版本最多、传播最广、影响最深的外文版。三个英译本的正文前都有一个人物列表，对书中提到的主要人物进行了简单的介绍。正文后都有一部分关于作者的简短文字，介绍了梁斌的生平经历。人名全部采用了汉语拼音，地名除了个别的采用了意译的手法外，大部分也是用汉语拼音表示的。

戴乃迭先生的翻译忠实地遵循了原文，基本上是逐句翻译，只是在某些段落划分上有些变化，或是两段合成一段，或是将一段分开，但并不影响对文章的阅读和理解。在此，需要特别提出的是，《红旗谱》是非常具有民族特色的作品，尤其是语言方面，地方色彩非常浓厚，这就给翻译造成了很大的困难。戴乃迭先生在译本中对于这些语言作了平常化的处理，虽然生动的方言韵味有所减弱，但基本上传达了原作的思想。

◎ 法文版《红旗谱》

（2）法文本《红旗谱》译名为 *La Lignée rouge*，意为《红色的谱系》，1964 年的初版本、1980 年的再版本上的封面、封底均无译者署名，笔者推测可能是由外文出版社组织多位专家合作翻译而成，因此只标明是黄润华插图。法文本总体上语言比较流畅，但错译、漏译现象比较多，直译和意译的把握也处理得不是很得当。例如："本来一句话说完的事情，他就得说半天" 本义指严志和天生慢性子，而译文 "s'arrêtant un moment après chaque phrase" 则表示 "他每说完一句话都要停顿一会儿"。这样便会造成读者在理解上的偏差。笔者推测可能当时受工具书以及相关资料匮乏的影响，因此翻译的准确度没有那么高。而后来法文本也没有得到必要的修订，确实是一种遗憾。

◎ 西班牙文版《红旗谱》

（3）西班牙语本 *Estirpe insurgente* 意为“抗争的血脉”。由智利人路易斯·恩里克·德拉诺（1907—1985）于1980年翻译并由中国外文出版社出版。路易斯·恩里克·德拉诺是智利著名的作家、诗人、艺术家，智利国家新闻奖获奖者。

德拉诺的译本忠于原著的基本精神和表达方式，总体把握是比较得当的。由于译者本身在其一生的写作生涯中，也曾经致力于政治题材的小说的创作，并把其经历过的智利暴力统治下社会的不公正、人民与统治阶级的对抗作为其小说的主题，因此，从这个意义上讲，德拉诺和梁斌的创作思维是基本一致的。译著中，译者对主人公形象的描述基本符合原著，不带有译者个人明显的褒贬倾向。译著也突出地刻画了中国共产党旗帜下的农民英雄朱老忠的形象，以及用生动准确的词汇描述了朱老忠与其死对头——地主冯老兰的斗争。

至于译文的语言风格，也基本上保持了原文的风格，语言流畅，简单自然，通俗易懂。因为原著的叙述语言具有明显的冀中地方色彩，大量的河北方言，对于一个国外的译者来说，是很难翻译到逼真传神的程度的。德拉诺在译文中，或使用与方言含义相似的词语，或通过标注解释的方式使小说内容完整。

（4）少数民族语的朝鲜语版《红旗谱》译名为**홍기보**，在1962年12月由吉林延边出版社出版。朝鲜文译本的译者是李东桤。译文几乎接近原著本意，文笔很美，使用了很多朝鲜文固有的比喻手法。如：

◎ 朝鲜文版《红旗谱》

原文“如今老霸道还是无事生非”，译文为：**로궁 아저씨까지 세상을 뜨고나니 지금 악패들은 심사가 놀부인지라 쩍하면 생트집 잡아 날 못 살게 구는구나**，意即“现在的土豪就是**놀부**（诺尔夫）”。

놀부（诺尔夫）是朝鲜传统故事当中的一个非常贪心、非常偷懒的人的典型。另外，译者翻译地名的时候采取了直译的方法，而翻译人名时采用了音译的方法。现代韩国语中韩国人喜欢用音译来说地名或人名。由此可见在20世纪60年代译者用音译方法翻译人名具有超前性。

哈萨克语本的《红旗谱》译名为**شەجىرەسى**，1981年由新疆人民出版社出版，译者为哈孜木别克。

◎ 哈萨克文版《红旗谱》

总之，《红旗谱》先后被译成八种语言出版发行，影响盛极一时。

在翻译过程中，翻译家们与作者不断进行沟通与交流，即使国外翻译家也认真地对作品和作品所反映的中国文化进行充分理解后，力争准确地将《红旗谱》介绍给目的语国人民。苏联译者给梁斌写信，问他的书为什么叫《红旗谱》。梁斌解释说，过去中共北方局曾出版期刊《北方红旗》，而他的书写的是北方农民在中国共产党的领导下闹革命的故事，是英雄的谱系故事，因此就命名为《红旗谱》。梁斌为作品起的名字非常形象生动，不仅吻合他这一部书的内容，而且具有深广的内涵：中国人民求解放的过程正是一代代英烈的鲜血谱写的红旗之歌啊！

1958 年 6 月《红旗谱》系列长篇小说第二部《北方的风暴》一至十三章开始在河北省的文学刊物《蜜蜂》上连载。1960 年，《北方的风暴》更名为《播火记》，分别在《蜜蜂》、《新港》、《人民文学》上同时连载。这年夏天，茅盾外出开会路过天津，警备区方致中司令员请茅盾吃饭，邀请梁斌、田间作陪。席间谈到《红旗谱》，茅盾禁不住再次赞叹说："《红旗谱》是里程碑式的作品，《播火记》也是里程碑式的作品！"后来，在省委宣传部召开的作家会议上，他也对梁斌作品赞不绝口。

1961 年夏末，梁斌到北京参加全国第三次文艺工作者代表大会。作为主席团成员，梁斌再次见到周扬。周扬非常高兴，做报告时特邀梁斌和王朝闻相陪。周扬在大会的长篇报告中谈到《红旗谱》的时候，说道："作家、艺术家把自己的理想，熔铸在英雄人物的创作上。在艺术作品中，表现了新的世界，新的人物，新的思想。从近年来的创作中，可以看出一个新的趋势：作家对于人民群众改造世界的精神，宏伟的气魄，描写得越来越鲜明、深刻。对人物性格的刻画，也越来越细致、丰满了。我们在《红旗谱》中看到了在漫长的黑暗统治年代老一代的革命

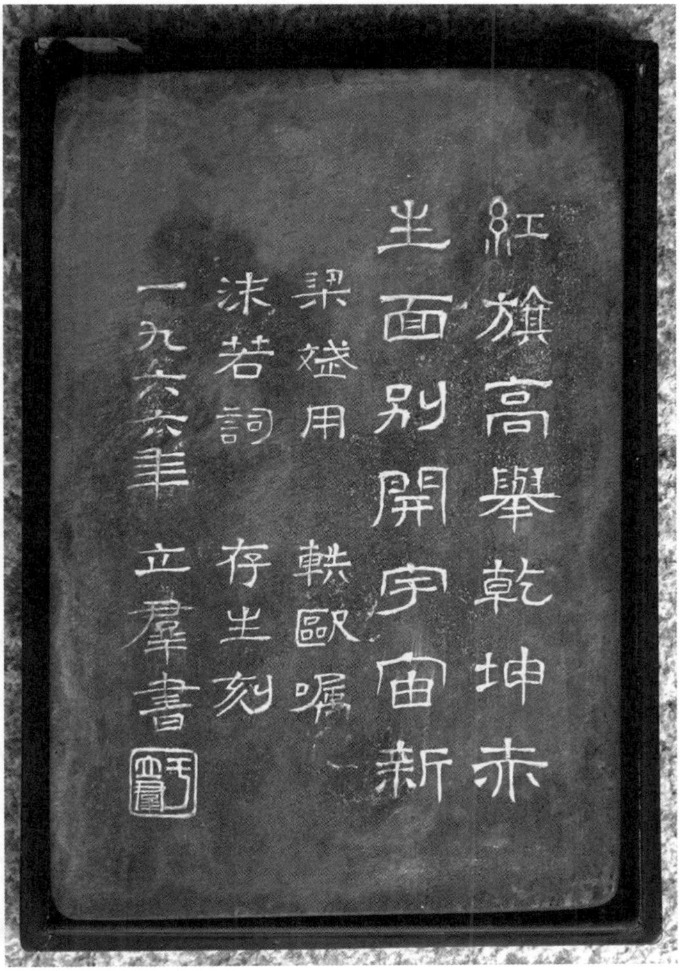

◎ 郭沫若送给梁斌的砚台

农民同反动势力冲锋陷阵的悲壮历史。在朱老忠身上，集中地体现了农民与地主的世世代代的阶级仇恨，体现了为他所启发、所鼓励的农民革命的要求……”陈毅元帅在大会上讲话，谈到《红旗谱》的时候，也赞不绝口。

为了写《红旗谱》，梁斌花费了二十多年的心血，现在终于有所成就，有所创新。郭沫若说《红旗谱》是“红旗高举乾坤赤，生面别开宇宙新”，他把这几个字让夫人于立群书写了，镌在砚台上，送给梁斌。梁斌把这块砚台放在书案上砥砺自己，但从不示人。

自从《红旗谱》出版，各方面发表了很多评论文章，梁斌和他的《红旗谱》获得了很多殊荣。梁斌却都暂时不看，把这些存在抽屉里。

谈及新中国十七年的文学成就，学者多用“三红一创”来概括，这已成为不争的定论。20 世纪 90 年代初之前的中小学教材多节选《红旗谱》作为优秀典型的作品教育下一代；现在在大学的中国当代文学史的教学中，梁斌及其《红旗谱》仍是这一时段的重要内容；即使在针对外国留学生的中国现当代文学教学中，无论怎样简化，梁斌及其《红旗谱》总是被作为革命历史题材的长篇小说经典来介绍。事实证明，“许多平庸的革命历史、革命战争题材作品逐渐被人遗忘了，真的成为‘历史’。然而，优秀的革命历史、革命战争题材作品由于具有较深厚的思想内容和较完美的艺术形式而常读常新”。“《红旗谱》是中国当代革命历史题材创作中的一面不褪色的红旗，是一部经得起反复阅读和长久传播的文学经典。”①

1999 年，北影、天影于 20 世纪 60 年代合拍的电影《红旗谱》被评为建国五十周年舞台影视艺术精品。

2003 年秋，电视连续剧《红旗谱》由天津电视台和中央电视台合作拍摄，在北京开机。贺龙将军的女儿贺捷生将军一直关注《红旗谱》电视连续剧的拍摄。当初梁斌写成中篇《父亲》的时候，曾得到过贺龙将军的首肯；话剧《红旗谱》在怀仁堂演出结束后，贺龙将军和演员们

---

①张学正：《革命话语与人性话语——重读〈红旗谱〉及对当代革命历史、革命战争题材创作的再思考》，载《梁斌新论》，百花文艺出版社 2004 年版。

◎ 2006 年笔者在保定街头拍到的“老驴头快餐连锁店”，可见《红旗谱》中的人物“老驴头”家喻户晓

亲切握手祝贺演出成功，几十年过去了，贺捷生将军几次提议将父亲喜爱的《红旗谱》改编成电视连续剧，在她的倡议和推动下，这个愿望终于变成了现实。2004 年国庆前夕，作为国庆特别节目，电视连续剧《红旗谱》在中央电视台黄金时间播放，《红旗谱》和梁斌又再次引起世人的关注。而且，《红旗谱》里的人物也走进了街头巷尾。保定这个地方卖驴肉的店铺很多，我们在保定采访的过程中，有一个店铺让我们的眼前一亮，高高的牌匾上写着“老驴头快餐连锁店”，可见《红旗谱》里的人物“老驴头”也备受人们喜爱。因为这里离保二师很近，所以这个店叫“红二师分店”。在这个快餐店里我们品尝了梁斌最喜欢吃的“驴肉罩火烧”。

2005年为纪念抗日战争胜利六十周年，弘扬爱国主义精神和民族精神，由天津市第一工人文化宫、市职工文化协会和王莘歌曲创作奖励基金会共同策划了大型清唱剧《红旗谱》。2006年，在红军长征胜利七十周年的系列纪念活动中，梁斌和《红旗谱》被列入十个纪念作家、十部纪念作品、十部纪念电影之中……

《红旗谱》的成书过程则成为梁斌著书精神的集中体现，这种精神被有远见卓识的教育家拿来教导学子。2004年10月24日下午，著名数学家陈永川教授（南开大学副校长）在南开大学组合数学中心的座谈会上为大家带来了一篇文章，是刊登在当月22日《新民晚报》上的周润健的《肝胆著华章》，主要讲述了作家梁斌在艰苦的条件下创作《红旗谱》的故事。陈永川教授在座谈会上宣读这篇文章的主旨在于：要用梁斌披肝沥胆著书的精神，激励在座的师生发扬这种敬业和艰苦奋斗的精神搞好科研。他说："我们做研究也要有这种坚持不懈、吃苦耐劳的精神。我们的信仰就是组合数学，就是在组合数学领域取得国际领先的成果，就是使组合数学中心成为国际上最强的组合数学机构之一。只要坚持不懈我们就能实现自己的理想。组合数学中心现在面临很大的发展机遇，我们有可能创造出奇迹。我对此很有信心！"可见，梁斌对事业、对信仰的执著感动的不仅仅是那一代人，而是世世代代。

与此相应，有关《红旗谱》的研究也走过了半个世纪的历程，受到了中国文坛的关注，形成了三次研究高潮。第一个研究高潮始于1958年，一直持续到"文革"前期，其特征已简略表述于前。"文革"结束后，《红旗谱》研究迎来了它的第二个高潮期。

"文革"结束，对《红旗谱》及梁斌在"文革"中的遭遇，研究者给予了一定的关注，初始阶段是一个重新认识、重新确认的阶段，紧接其后，随着文艺政策的调整，评论者对于《红旗谱》及其作者的研究形成了一个真正的“百花齐放，百家争鸣”的局面。在《红旗谱》研究第一个高潮期所取得成果的基础上，研究视野更加宽阔，研究层面更加多样化，理论批评趋向于客观、冷静，文本分析趋向于深入、细致。这一时期的研究成果最为丰硕，以《中国当代文学研究资料·梁斌研究专辑》（刘云涛、郭文静、李杰波、倪宗武、唐文斌编著，海峡文艺出版社 1985 年版）、《梁斌作品评论集》（温超藩、张金池、宋安娜编著，百花文艺出版社 1997 年版）为代表。随着学术研究领域的解冻，学术研究观念的更新，各大学学报、学术期刊有关《红旗谱》的研究文章也逐渐丰富起来，如：《〈红旗谱〉的语言艺术》（李保均，《四川大学学报》1980 年第 3 期）、《论〈红旗谱〉的民族特色——重读梁斌同志的〈红旗谱〉》（徐荣街、叶维四，《山东师院学报》1978 年第 5 期）、《略论〈红旗谱〉情节的丰富性和生动性》（左振坤，《社会科学战线》1979 年第 4 期）、《从〈红旗谱〉看典型创造》（冯健男，《文艺论丛》1979 年第 6 期）等。而郭文静的《〈红旗谱〉新旧版本的比较》（《河北师范大学学报》1983 年第 3 期）则针对中青社 1957 年初版、1978 年第四版的《红旗谱》做了详细的分析对比，举例翔实，分析透辟，意见恳切。董健所作《对〈红旗谱〉思想和艺术的再认识》（《新文学论丛》1981 年第 3 期）也针对《红旗谱》的第四个版本谈了其修改的得失，谈了对这部“早有定评的优秀作品的思想和艺术的再认识”。此一时期颇受研究者关注的，还有英国评论家乔·C. 黄（Joa C. Huang）在他的作品《作为生活反映的中国当代小说中的正反面人物》（1974 年英国伦敦出版）的第二章《早期农民革命斗争》中有关《红旗谱》的论述（见刘云涛、郭文静等编著《中国当代文学研究资料·梁斌研究专辑》，海峡文艺出版社 1985 年版，尹惠珉译）。此文针对常明、冯健男、胡苏等人提出的初版《红旗谱》存在的两点重要瑕疵——“党的领导作用写得不够明显”、“朱老忠入党以后的思想和性格缺少发展、变化”（见常明在1958年《文艺报》座谈会上的讲话以及冯健男《论〈红旗谱〉》、胡苏《革命英雄的谱系》），提出了自己的看法和认识，并对梁斌的创作表示了由衷的肯定和赞叹。他在引述了常明关于江涛、贾湘农的评论之后说道：“这种评论，显然是出于一位熟悉党的工作规律但并不熟悉艺术标准的干部之口。梁斌本人也是高级干部，他不会忘记党的工作规律。但作为艺术家，他又必须遵循塑造人物的逻辑。”“作家非常明白：如果朱老忠的性格在整个故事中是始终一贯的，他作为党员的角色就只能减低到仅在根本品质上表现。梁斌忠诚于他的艺术感，用让朱老忠的党员角色不太突出的方法，坚持了朱老忠一贯的英雄形象。”

新世纪伊始，随着各个领域的百年回顾，《红旗谱》荣列中青社“百年百种优秀读物”，《红旗谱》研究也迎来了它的第三次研究高潮。这一时期的研究更加审慎，也更加大胆，更加丰富和精彩。研究视野进一步拓展，对于文本的解读更加深入、细致。如：耿传明的《植根乡土的“革命叙事”——〈红旗谱〉与20世纪乡土中国的革命》，王科、王连英的《魅力与超越：民间叙事和政治话语的自然结合——对〈红旗谱〉的重新解读》，阎立飞的《民间生活场景、阶级斗争主题与民族国家想象——〈红旗谱〉的叙事策略》，陈慧娟的《论〈红旗谱〉叙事的细节描写》（以上四篇文章均见宋安娜主编的《梁斌新论》，百花文艺出版社2004年版）。

《〈红旗谱〉：一种契约范型——〈红旗谱〉的叙述学分析》（陈思广，《乐山师范学院学报》2004年第4期）、《叙述“成长”——试论〈红旗谱〉叙事的现代性》（胡军，《乐山师范学院学报》2006年第2期）则从叙事学角度论述了《红旗谱》的情节构成。

《从〈红旗谱〉看中国农民文化心理的二重性》（王洋，载《梁斌

第八章 风雨兼程

《红旗谱》、《播火记》出版后，梁斌名震寰宇。然而，“文革”的政治风暴突起，《红旗谱》、《播火记》一夜之间被打倒在地，梁斌也从人民作家变成“走资派”、“黑五类”分子。诬蔑、批判、劳动改造成了生活的全部。梁斌感到迷茫、不解、怀疑、动摇，然而这位从炮火硝烟中走过来的硬汉子，到底经受住了这场浩劫的考验。动乱的时局、错误的批判、莫须有的罪名并不能摧毁他对文学创作的执著追求，更不能动摇他对党的坚定信任。相反，却锤炼出了他更加坚忍不拔的意志，即使在失去自由的强制性劳动中，他仍然对党和国家的未来充满希望，从 1974 年初，梁斌便开始偷偷地创作《翻身记事》。

一、傲雪斗风霜

1966年5月，《五·一六通知》的出台标志着席卷中国的“文化大革命”全面发动。

1966年夏，就在河北省委的几位党政要员受到批判的同时，保定裕华路三十五号河北文联二楼会议室的一次常务会议上几位大作家还在谈笑风生地议论姚文元的身世。

梁斌心宽体胖，慈眉善目，活像一尊笑口常开的弥勒佛。由于写书而落下的高血压、失眠等病症经过几年的住院治疗虽有好转，但他仍需服用药物，每天药不离口。对常人来说，身体的长期病痛常常带来心理上的疾患、性格的变异，但梁斌却非常乐观。每天以慢走、练气功活动身体，用练大字、画画来养生。梁斌常说：“听医生的话，每天坚持吃药，锻炼身体，就能延长写作寿命。”此刻，梁斌操着浓重的蠡县乡音说：“听说姚文元是姚蓬子家小子。”李满天接过话说：“姚蓬子可是个大汉奸！”田间哼哼哈哈地说：“是呀，是呀。”“文革”已经开始，姚文元被任命为中央“文革”领导小组成员，而三位大作家还有胆量说出这样的话，他们似乎没有意识到这场政治风暴会波及中国的各个领域、每一个角落。做会议记录的文联秘书尧山壁听到议论吓得出了一身冷汗，手中的笔停住多时。

这似乎是一个轻松的序曲，然而时隔不久，灾难便迎面而来。1966年8月15日，河北省机关革委会在保定宾馆开处级以上的干部会议，命令作家们都必须参加。会议传达了中央工作会议的报告，华北局会议的工作部署等议程。这边开着会，宾馆北院那边就搭起席棚，贴起大字报来："×××是走资派"，"×××是修正主义分子"……机关革委会发出炮打小司令部的号召，一声令下，各机关来的人将自己单位的走资派揪斗出来，戴上高帽子，游街示众，一群群一伙伙。梁斌也被拉出人群，戴上牌子游街，罪名是写农民暴动、为王明树碑立传。

从历史上看，1931年9月到1932年9月是王明路线在党内占统治地位的时期。《红旗谱》中的保二师"七·六学潮"和《播火记》中的高蠡暴动也正发生在这个时期。梁斌在作品中歌颂了广大工农群众、青年学生、革命知识分子轰轰烈烈的抗日救亡运动，歌颂他们针锋相对地反对蒋介石投降卖国政策的英勇斗争。但是"文革"小组把王明路线的影响绝对化，谁要是写了这几年中的事件、工作、人物——无论是党员、干部、英雄人物还是中间人物、落后人物，以至于此期间的战斗与生活，就都成为"歌颂王明路线"的了。他们把保二师"七·六学潮"和当时抗日高潮的时代背景割裂起来看，说不应该在城市里闹革命。因此，在"文革"中，即有人抓住这点不放，批判梁斌写了王明左倾路线，把《红旗谱》、《播火记》称做大毒草，说"《红旗谱》写黑谱，《播火记》点鬼火"；把梁斌当做封资修典型来批判，并称他为"中国的肖洛霍夫"①。梁斌和他的《红旗谱》一夜之间被打倒在地。

①当时把《静静的顿河》定为宣扬阶级调和的作品，肖洛霍夫被认为是修正主义文艺的鼻祖。

中华人民共和国成立后，天津和河北曾有过密切的关系。1958 年 2 月天津划归河北省并成为其省会所在地，河北省委及直属机关各部门也随之搬到了天津。1958 年年底，梁斌举家定居天津。1967 年 1 月，天津成为直辖市，河北省委又搬回保定。梁斌的工作关系、组织关系跟随河北省文联也回到了保定，但家人却没有跟着一起搬迁。梁斌就经常往返于天津和保定之间。1967 年春天，河北省文联要求在天津居住的梁斌回保定接受隔离审查。

接到命令，梁斌回到保定接受隔离审查。他和文联的其他领导、秘书等一起被关在文联大院西二楼的小屋里。梁斌、李满天、张庆田住外屋，田间、何健平、田亚夫等住里屋。因田间、梁斌、李满天是河北文联主席、副主席，“文革”时被称为“三巨头走资派”。“文革”初期的一次批斗会上，造反头目问田间：“田间，你那《赶车传》走的是什么路？”

田间答：“赶车主人石不烂走的是社会主义路啊！”

“胡说，明明走的是资本主义路嘛！”造反头目斥责道。又问梁斌：“梁斌，你那《红旗谱》打的是红旗还是黑旗？”

梁斌答：“要我说是红旗，你们说是什么旗就是什么旗呗！”

“真不老实，跟造反派耍肉头！”造反头目推搡了梁斌一把，瞪了他一眼。又问站在梁斌身边的李满天，“李满天，你那《水向东流》是红书还是黑书？”

李满天点头回答：“黑书、黑书，是黑书。”

“啊，李满天态度还算老实，能说实话。”造反头目表扬了李满天一句。

待批斗会散了，三个人回到牛棚，梁斌忍不住问李满天：“林漫（李满天过去的笔名），你说的是真话吗？”田间也瞧着李满天等他回答。

李满天笑了，说：“你们呐，真是死脑筋。这叫‘戏法好变，各有各的手法’，何必跟他们斗嘴呢！”

田间听后哈哈大笑起来。

梁斌却说：“还是你林漫有办法，我的脑子不好咧，拐不过弯儿来哩！”革命了一辈子的梁斌突然间成了革命对象，他的《红旗谱》、《播火记》成了反动小说，并遭到不断地批斗、审问。对此，他不理解、不服气，有着一肚子的委屈，感到无处说理。这个书生气足、爱认死理的人即使在“文革”期间，也是这个脾气，让他改变战术，顺从错误的，他怎么也做不到。

梁斌的脾气的确很倔，倔得硬气、刚烈。据散帼英回忆，一次，河北文联造反派对梁斌进行批判，让梁斌跪在文联图书室拿书用的一米多高的高脚凳子上，声色俱厉地逼迫梁斌承认自己写了错误路线。梁斌只说：“我没有写，也无所谓承认。”随后闭紧嘴巴，两眼望着前方，对造反派看都不看一眼。造反头头觉得自己被这个倔老头的不理不睬弄得威风扫地，顿时火冒三丈，走上前去，一脚踹翻了凳子，梁斌直挺挺一个跟头栽了下来，重重地摔在水泥地上，当下摔坏了半个膀子，摔得鼻青脸肿。那个造反派问他：“让你嘴硬！你承认不承认！”梁斌从地上爬起来依然坚定地回答：“我没写！”一副大义凛然的样子。

可让人吃惊的是，当同事刘真、司丁他们挨了整，向梁斌恳求保护时，梁斌竟冒着危险、顶着压力去找有关领导，为同事申辩，请求领导保护他们。那时，梁斌就像佘太君一样拄着拐杖去找远千里（“文革”期间河北省委的领导）。梁斌任新世纪剧社社长时，远千里曾是他的部下。因此，梁斌来说情，远千里总是尽可能地给足梁斌情分，曾有位老战友形象地说：“老梁的手杖一戳地，远千里就哆嗦。”虽然有些夸张成分，但却可从中看到梁斌任新世纪剧社社长期间所树立的威信和部下对他的敬重。那两个同事得到了保护。可是，事后有人说："梁斌保护牛鬼蛇神，罪上加罪！"跟他要好的朋友赶紧私下劝他，道："你自己都保不住性命，还是少管闲事吧。你也不看看这是什么时候！"梁斌梗着脖子，坚持着自己一贯认为正确的做法，让朋友无可奈何。这就是梁斌！让多少同事、朋友、亲人在心里暗暗地为他担心，同时也敬佩他那"自己站在雪地里，却为别人送温暖"的无私无畏的高尚品德！

"文革"开始时，河北省文艺界的领导是远千里和简明，运动还是比较平稳的。但后来简明因得罪了人，被拉下台来，关进牛棚批斗，远千里也被关进牛棚。河北省文艺界的批判和斗争愈演愈烈。

这天，一个歪戴着帽子、手里掂着一条皮带的革命小将，一踏进他们居住的小屋，就横眉立目地向大家问罪。问到的人都承认了，唯独梁斌死活不承认，而且拒绝"交代问题"。他这样的态度被拿到当时的报纸上批判，说："梁斌来到学习班后，仍是软磨硬抗，态度十分恶劣，拒不低头认罪。"不仅如此，梁斌还常常借写检查、写认罪书的机会为自己声辩，对各种侮蔑的言论、莫须有的罪名表示自己的愤慨、抗争。"文革"时期有些人为了家庭、为了孩子迫于无奈，说了一些违心的话，做了一些违心的事；有些人却是想借这场政治运动达到某种不可告人的目的而顺潮流行事，煽风点火，推波助澜；更有些人为求一己之苟安，信口开河，无中生有，诬陷亲友，出卖良知；但是，也有些人宁折而不弯，梁斌就是其中之一。

谈到"文革"时的艰难处境，梁斌曾把那些张牙舞爪的人比喻为狸子。他说道："那些人是不把我们当人来看待的。他们希望我们变成猫，他们却充当了这狸子的角色。"这种比喻来自一个民间传说：猫儿一见了狸子，就浑身发抖，馁下精神来。于是，这狸子一龇牙，猫儿就顺从地跟随狸子走到小河边。狸子一龇牙，猫儿就摁下头去喝水，喝一会儿水，狸子再龇牙，猫儿就向外吐水。这样，反复多次，直到把肠胃洗干净，在狸子的龇牙瞪眼之下，猫儿驯顺地躺在沙坡上，任凭狸子把它吃掉。[①] 梁斌用批判的眼光来抒发自己——一个坚韧、宁折不屈的共产主义战士的胸怀和铮铮铁骨。

1967 年夏天，天津的造反派发起了一个叫做“天津市业余作者革命造反总部”的群众组织，这个“总部”也不过七八个人，其“革命”的目标一是创办一份属于业余作者自己的刊物，二是借造反组织的权力，以批斗老作家为名，对他们进行保护。据这个组织的负责人滑富强回忆说，梁斌的老战友王亢之（时为天津市革委会筹备会的成员）听说梁斌等老作家在保定遭批斗很厉害，就偷偷地找到他们暗示说：“你们去把河北省文艺界的一个大走资派抓回来，我们天津的革命群众要批斗他们。”第一次是王树仁、董阳去了，结果被河北文联的造反派察觉又把梁斌给夺了回去，只带回了田间。这一次抢夺走资派的风波过去之后，省文联造反派害怕再有人来抢梁斌，就把梁斌和李满天“坚壁”到河北农专去了。于是，滑富强、董阳和十八中的一个学生第二次去保定。

到了保定正是中午，他们不敢耽搁，立即直奔关押梁斌的保定农专，恰好是一个学生在值班。滑富强说：“梁斌是一个大走资派，在天津市放了好多毒，我们天津要肃毒，要批斗他们。我代表天津市文艺界的革命群众请求你们把梁斌交给我们。”值班的学生派人把正在地里干活的梁斌叫了回来，后边还跟着李满天。出现在滑富强面前的梁斌黑多了，也瘦多了。他们故意呵斥梁斌：“赶紧收拾衣物回天津！”梁斌不敢怠慢，即刻动手。滑富强（时任天津市文联秘书长）等带着梁斌和李满

①《集外文——永不消逝的友情》，《梁斌文集》第七卷，人民文学出版社 2005 年版。

天直奔保定火车站。怕在北京倒车时发生意外，他们坐了一趟南下的火车，从石家庄经德州到天津。直到火车开出石家庄，滑富强才把来意告诉梁斌。在德州倒车，各个旅店都客满为患，没有办法，滑富强找到一家客栈的经理说："麻烦你们帮助解决一下困难，写《红旗谱》的大作家要在这儿住，这是天津的'要犯'，出了事，你们可得负责。"经理一听，写《红旗谱》的大作家到了自己的小店，不敢有丝毫松懈怠慢，店里虽然已经住满了人，他竟把经理室腾出来，架上临时床，让这一行人住下，还一再应承保密。天气炎热，滑富强买了两个大西瓜给大家解渴。第二天一早，梁斌说："你们请我们吃西瓜，我请革命小将吃德州扒鸡。"梁斌买了两只德州扒鸡给大家吃。

滑富强押送梁斌、李满天到天津后把他们送到天津市第一工人文化宫后楼图书馆的顶层藏了起来。这时在他们手中的有四个人：天津美协主席、著名版画家马达，河北文联的梁斌、田间、李满天。滑富强对外声称让他们四人互相监视，学习毛主席著作，每天写检查，实际上是把他们保护了起来。

1968 年春天，河北省革委会向省文联下达指令，要求押解这批"黑帮"到刚刚设立的河北省会石家庄参加学习班。在省委大院待了几个月之后，1968 年 8 月，梁斌、田间、李满天这几位从天津遣送回河北的"巨头黑帮"首先被转移到石家庄西郊的三二零省直文艺学习班学习。在这个日军侵华遗留下来的军营里，梁斌又遭受了严厉的批判。

开班那天，工宣队给"黑帮"们来了个下马威。梁斌、田间、李满天等被倒剪双手押上舞台，受到了工宣队激烈的批判。批判结束，工宣队点火焚烧梁斌等的模拟像，高声大喊："让'黑帮'和他们的保皇派见鬼去吧。"从此，梁斌他们便成为学习班上经常遭批判的对象。面对这种狂热和愚昧，梁斌只有苦笑和愤怒！

后来工宣队把梁斌等人又从三二零学习班下放到河北省栾城县后小枚村“五七”干校劳动改造，要看表现给党员重新登记。工宣队在后小枚也搞了几次近似闹剧的批判会。

一天下午，工宣队派人监督梁斌等人给黑豆地拔草。地垄很长，拔到地头，人们都累得直不起腰来，便抓把净草坐下，歇一歇，喘口气。大家刚坐下，梁斌忽然嘿嘿笑了两声。这使人们感到有些意外。田间问：“老梁，笑什么?”梁斌不答话，反而又笑了两声。当时在场的人思维似乎迟钝了，只有李满天会意到梁斌的心思，对着一片豆叶吹了一下。大家才猛然醒悟了梁斌笑的原因。

原来中午在街口吃饭时，省文联的两位近视眼干部把从街口吹来的一片干枯、蜷缩着的豆叶当成了老鼠。其中一位拿身边的草帽去扣，结果没扑住，豆叶反而被草帽扇到天上随风刮走了。这位近视眼抓着草帽，瞧着飘去的豆叶发感慨说：“嗐，哪里是老鼠，原来是一只麻雀!”大家哄堂大笑，笑者中也有梁斌。

眼下，梁斌被中午的小闹剧触动，不能自控地联想起一次又一次是非颠倒的批斗会，情不自禁笑出了声。恰好一个工宣队头头也在场，听到梁斌莫名其妙的笑声，就斥责他说：“梁斌，你又在编小说了，脑筋不转弯儿，看你还恢复不恢复党籍!”

果然这天晚饭后梁斌被宣传队的头头叫到一间屋“清洗”头脑。

梁斌回到住处，田间、李满天关心地问：“老梁，给你上什么课来?”梁斌似乎已经习惯了，笑着伸胳膊弹腿，摆出唱“黑头”的架式，拉出长腔：“叫俺小心行事——别误了党员——登啊——记!”三个人捂住嘴偷偷笑了好一阵子。

这次整改，中层干部基本上都通过了“党的考验”，恢复了党的生活，但是梁斌却被挂了起来。

在后小枚没待多久，因为发生了排演样板戏挤死、挤伤人的事件，工宣队就急令梁斌等人连夜回到石家庄西郊三二零学习班取行李，然后坐汽车到河北邢台唐庄农场接受劳动改造，时值1969年春天。

在唐庄农场，除了在农田劳动，梁斌还负责给锅炉担水。因为出自农家，又从小参加劳动，梁斌并不厌恶劳动，他还把劳动看做是自己多年伏案写作缺乏运动的补偿，当做锻炼身体的机会，因此，诸多艰苦的劳动，他不以为苦反而从中寻找到许多乐趣。在劳动中他体现出农人的本色，耕、种、锄、耙，样样拿得起来，令田间、李满天等刮目相看，都说："老梁，你行啊！"连工宣队监工的都说："奇怪，这个冯兰池倒像长工出身。"

1969年4月1日，停刊近半年的省革委机关报《河北日报》复刊。在"大批判开路"、"七亿人民要做批判家"等错误口号指引下，报纸一次又一次地组织大批判宣传报道。1970年1月22日，当天的《河北日报》头版头条以"向反动小说《红旗谱》、《播火记》开火"为题，发表评论员文章，开始了对《红旗谱》、《播火记》及其作者梁斌的批判。

其实在此之前，河北省早有了个大批判组，对《红旗谱》及其作者的情况，印发了准备批判的小册子。1970年1月16日夜里，《河北日报》社领导小组传达省革委主要领导人的指示，让马上开始对《红旗谱》、《播火记》的批判。因准备不足，推迟到22日见报。省革委要求连续发七块版，以制造气势，并明确规定以评论员文章和署名"冀红文"的文章为口径，不得违背。

1月22日、23日、24日，接连三天，《河北日报》都在头版刊登大批判文章，以省市权威报刊、舆论导向领头羊的姿态发出"向反动小说《红旗谱》、《播火记》开火"的号召，从此一发而不可收，从1月份开始，一直到11月份，《河北日报》连篇累牍地刊载批判梁斌的文章，共

1970年1月23日　星期五　第二版　河北日报

彻底批臭为叛徒王明路线翻案的两本反动小说

——邯郸汉光机械厂革命职工和支左解放军怒斥《红旗谱》《播火记》

一场批判反动小说《红旗谱》《播火记》的战斗打响了！邯郸汉光机械厂广大革命工人和驻厂解放军支左人员，满怀对伟大领袖毛主席的深厚无产阶级感情，带着对叛徒刘少奇、王明之流的深仇大恨挥戈上阵，口诛笔伐，对准反动小说《红旗谱》《播火记》猛烈开火。下面是部分工人和驻厂解放军支左人员在批判会上的发言摘要：

一场严肃的政治斗争　有着极重要的现实意义

厂革委会领导成员、工人代表刘连进：《红旗谱》《播火记》是为叛徒王明树碑立传的大毒草。小说卖劲地为王明这具政治僵尸招魂，就是为大叛徒刘少奇复辟资本主义效劳。这两本黑书出笼后，流毒中外，危害极大。在报刊上开展批判，非常必要。这是我省在思想文化领域里高举毛泽东思想伟大红旗，继续横扫资产阶级和一切剥削阶级思想影响的一件大事，是进一步声讨大特务、卖国贼、苏修豢养的走狗王明，并肃清其错误路线流毒的一件大事。当前，苏修叛徒集团抬出王明这具政治僵尸，猖狂反华。我们对这两本黑书进行彻底批判，就是对叛徒王明及其黑主子的当头一棒！我们工人一定要站在这场斗争的最前线，向《红旗谱》《播火记》猛烈开炮！向刘少奇、王明之流的机会主义路线猛烈开炮！把他们批倒批臭，让他们永世不得翻身！

老工人王桂英、谢万和：在伟大的七十年代第一春，开展对《红旗谱》《播火记》这两本黑书的批判，打一场人民战争，我们坚决支持，积极参战。这场斗争反映了我们工人阶级的要求，说出了我们心里要说的话，我们拍手叫好。

《红旗谱》《播火记》是彻头彻尾的为叛徒王明错误路线扬幡招魂的大毒草。它闭口不谈王明路线给中国革命所造成的极大危害，而且胡编瞎造，把叛徒王明的罪孽掩盖起来，还极力加以美化，厚颜无耻地说暴动失败是因为“众寡悬殊”“缺乏经验”，公开为叛徒王明开脱罪责，完全歪曲了中国革命的斗争历史。

从《红旗谱》《播火记》这个反面教材中，我们进一步认识了一个伟大的真理：“被推翻了的资产阶级采用各种方法，企图利用文艺阵地，作为腐蚀群众、准备资本主义复辟的温床。”我们决心以战斗的姿态，投入革命大批判，彻底肃清《红旗谱》《播火记》的一切流毒，用毛泽东思想把文艺这个阵地永远占领下来，彻底改造过来。

打的是王明路线的黑旗　播的是王明路线的鬼火

老工人和保元、曹运兴：王明是个什么东西？世人皆知，他三十多年来，从极“左”到极右，从献媚国民党反动派到投靠苏修叛徒集团，一直是出卖革命、绞杀革命、反对革命的历史罪人。如今，他叛党叛国，摇黑笔，写黑文，恶毒攻击伟大的无产阶级文化大革命，猖狂污蔑我们伟大领袖毛主席。我们对叛徒王明这个坏蛋，早就恨透了！

但是，《红旗谱》《播火记》却对王明错误路线大加歌颂，说它“象一颗火种”“经风一吹，又会冒出火焰”。到底是什么火？我们说，播的是王明路线的鬼火。

伟大领袖毛主席早就对王明错误路线作了最深刻、最有力的批判。王明和一切“左”右倾机会主义者的铁案谁也翻不了！这是历史的结论。

老工人张连义，我是高阳县人。王明“左”倾机会主义路线在我们冀中犯下的罪行，我们是永远也不能忘记的。王明错误路线把我国革命引入歧途，使我党长期艰苦奋战积蓄起来的革命力量，遭受了极其严重的损失。我的家乡北辛庄的烈士塔下，至今还埋着被王明错误路线葬送的革命烈士的尸骨，这就是叛徒王明罪行的铁证。《红旗谱》《播火记》竟敢为罪恶累累的王明路线歌功颂德，树碑立传，真是反动至极！

大立毛主席革命路线　彻底砸烂这两本黑书

驻厂解放军支左人员李加森：反动小说《红旗谱》《播火记》在资产阶级右派向党猖狂进攻的前后出笼，这决不是偶然的。正如伟大领袖毛主席教导我们的：“在现在世界上，一切文化或文学艺术都是属于一定的阶级，属于一定的政治路线的。”“红旗谱”和“播毒记”就是为王明“左”倾机会主义路线涂脂抹粉，为刘少奇复辟资本主义鸣锣开道，把矛头直接指向毛主席的无产阶级革命路线。难怪它一出笼，就受到大叛徒刘少奇及其在文艺界的代理人周扬之流那样拼命地吹捧。“凡是敌人拥护的，我们就要反对。”我们要高举革命批判的大旗，彻底批臭《红旗谱》《播火记》，把它扫进历史的垃圾堆。

青年工人桑文杰：围剿反动小说《红旗谱》《播火记》，是一场捍卫毛主席无产阶级革命路线的战斗。为了实现毛主席关于“无产阶级必须在上层建筑其中包括各个文化领域中对资产阶级实行全面的专政”的伟大指示，我们工人一定在这场革命大批判中冲锋陷阵，口诛笔伐。

毛主席的无产阶级革命路线是我们党的生命线，是引导中国革命从胜利走向胜利的路线。《红旗谱》《播火记》颠倒历史，狂热地歌颂早已被历史宣判死刑的王明“左”倾机会主义路线，恶毒攻击毛主席的革命路线，是可忍，孰不可忍！我们一定奋起毛泽东思想千钧棒，把《红旗谱》《播火记》这两本王明路线的黑家谱砸个粉碎！

（汉光机械厂革委会报道组整理）

向反动小说《红旗谱》《播火记》猛烈开火

这一仗打得好！

工农兵论坛

清河县油坊公社贫下中农评论组

批　黑　书　锄　毒　草

把错误路线扫进历史垃圾堆

《红旗谱》《播火记》为叛徒王明错误路线翻案，其罪恶目的就是反对毛主席的无产阶级革命路线，为叛徒、内奸、工贼刘少奇复辟资本主义制造舆论。

我们党的历史证明了毛主席的路线无比正确，粉碎了形形色色的机会主义路线，拯救了革命，拯救了党。在毛主席革命路线的指引下，人民革命的风暴，摧毁了压在中国人民头上的三座大山和一切反动派，使我们走上了社会主义的光明大道，取得了今天的伟大胜利，并将指引我们永远从胜利走向胜利！而《红旗谱》《播火记》[illegible]王明的错误路线[illegible]，绝不是什么《红旗谱》，而是地地道道的「黑旗谱」，所谓《播火记》，「播」的是叛徒王明错误路线的鬼火。让我们高举革命批判的大旗，把这两本反动小说连同刘少奇、王明之流的「左」右倾机会主义路线，统统扫进历史的垃圾堆！

原省直学习班平山指挥部　大批判小组

不许污蔑农民武装

《红旗谱》《播火记》是极力为大叛徒王明“左”倾机会主义路线翻案的黑标本！它颠倒黑白，混淆是非，恶毒地攻击毛主席的无产阶级革命路线。在梁斌的黑笔下，农民革命武装不是执行毛主席“在乡村聚集力量，用乡村包围城市，然后取得城市”的正确路线，而是“一哄而起，一哄而散”，盲干、蛮干。这是梁斌站在资产阶级的反动立场上，和伟大领袖毛主席的军事思想唱反调，为被历史宣判死刑的王明“左”倾机会主义路线扬幡招魂的罪恶铁证！

伟大领袖毛主席早就指出：“没有贫农，便没有革命。若否认他们，便是否认革命。若打击他们，便是打击革命。他们的革命大方向始终没有错。”毛主席领导我们闹革命，得到了解放，我们对毛主席的无产阶级革命路线最亲，跟得最紧，对形形色色机会主义路线我们最痛恨最反对。梁斌利用小说反对毛主席，污蔑工人阶级可靠的同盟军贫下中农，我们一千个不答应，一万个不答应。我们一定奋起毛泽东思想千钧棒，彻底批判大毒草《红旗谱》《播火记》。

峰峰反修矿工人　反修兵

在路线问题上没有调和的余地

毛主席教导我们：“不是东风压倒西风，就是西风压倒东风，在路线问题上没有调和的余地。”梁斌打着写“农民斗争”的幌子，企图混淆两条路线的斗争，为错误路线翻案，这纯粹是痴心妄想。我们贫下中农是沿着毛主席的革命路线走过来的，我们对毛主席最热爱，最忠诚。谁胆敢混淆两条路线斗争，攻击毛主席的革命路线，我们就打它个落花流水，让王明、刘少奇之流的错误路线统统见鬼去吧！

巨鹿县苏营公社苏二大队贫下中农

丑化劳动人民决无好下场

看了《红旗谱》《播火记》，把我们的肺都要气炸了。毛主席说：“没有贫农，便没有革命。”两本反动小说，把我们贫下中农丑化成王明错误路线的忠实信徒，而地主阶级却成了大慈大悲的“救世主”，“美德起家”的“劳动者”，真是反动透顶！这同大叛徒刘少奇美化资本家哪里的是一个调子。这是妄图叫我们贫下中农重新回到旧社会的老路上去，再受地主的压迫和剥削，重吃二遍苦。这是绝对办不到的！

平乡县田付公社　石书明

平乡县海河指挥部　郝俊仁

贾湘农是怕死鬼

反动小说《红旗谱》《播火记》，拼命美化叛徒王明的错误路线。在梁斌的笔下，错误路线不但无罪，反而有功，真是反动透顶！

小说中的那个贾湘农，根本不是什么“英雄”，而是一个地地道道的王明路线的代表人物。几次失败，几次逃跑，充分暴露了他的机会主义嘴脸。尽管梁斌给他戴上一顶堂皇的桂冠，贴上金色的招牌，但是，怕死鬼无论如何打扮也变不成英雄。

伟大领袖毛主席尖锐指出：“利用小说进行反党活动，是一大发明。”梁斌就是利用小说进行反党活动的黑干将。我们要高举毛泽东思想伟大红旗，坚决把《红旗谱》《播火记》批深批透，肃清流毒！

献县小辛大队卫东兵报道组

彻底批判《红旗谱》《播火记》

◎“文革”期间报纸上的批判文章

发出四十个版面。从这些报刊文章来看，对于梁斌及其作品的批判大概划分为三个阶段：

1 月 22 日到 3 月 21 日，为批作品阶段。对作品的性质，作品中的人物、主要情节进行了批判。“文革”批判小组把《红旗谱》、《播火记》定为反党小说，认定作品描写了王明“左倾”错误路线。朱老忠是假贫农、错误路线的拥护者、资产阶级的市侩、叛徒王明的走狗，春兰与运涛、严萍与江涛、大贵与金华的爱情是“爱情至上”等。

3 月 25 日到 7 月 13 日，批判进一步升级，由批判作品开始了对梁斌的人身攻击。说梁斌是周扬的部下、学生、同事，与“四条汉子”（指周扬、田汉、阳翰笙、夏衍）是一个阵营等。

7 月 13 日到 11 月 7 日，《河北日报》又喊出了“梁斌是肖洛霍夫的门徒”，“梁斌的翻案绝不仅仅是他一个人的活动，它代表的是……一伙子机会主义者”等口号。

由于《河北日报》打头，一时间形成了对梁斌及其作品从省、地、市、县，直到公社、大队、各机关、工厂、学校全面批判的局势。

今天，当我们重新翻阅这些资料，在感觉到非常可笑的同时，也从反面看到了《红旗谱》诞生后，文坛给予它极高评价的活生生的历史真相，以及梁斌和《红旗谱》对中国当代文学、当代社会的影响。下面引《河北日报》的评论，如：“小说一出笼，文艺黑线的总头目周扬就大加吹捧，封为建国以来第一部‘优秀的作品’。”（2 月 19 日）“这个‘朱老忠’，曾被反革命修正主义文艺黑线吹捧为‘十年来文学创作中第一颗光芒最明亮的新星，第一只羽毛最丰满的燕子’。”（3 月 8 日）“周扬之流吹捧他是建国以来‘最成功的闪闪发光的英雄形象’，是‘我们这个世纪劳动人民的典型’，是‘贫雇农民的旗帜’。”“梁斌炮制的反动小说《红旗谱》、《播火记》一出笼，立即博得文艺黑线头目周扬及夏衍、田汉、阳翰笙这‘四条汉子’的欢心。他们狂热地叫嚷：‘是十年来我国文学创作的突出的收获’，‘特别值得注意’。”“和‘四条汉子’一样，梁斌早在三十年代就膜拜王明路线。……远在1935年，梁斌就抛出了第一部歌颂王明错误路线的反动作品《夜之交流》。到了1942年，梁斌又相继抛出了《三个布尔什维克的爸爸》、《千里堤》、《五谷丰登》等歌颂王明错误路线的反动作品。”“周扬之流对严志和这个形象也是推崇备至的。他们说，‘严志和也是成功的典型’。”（6月2日）

当时造反派、工宣队把梁斌和周扬、夏衍、田汉、阳翰笙四位文艺界的前辈放在一起，诬蔑其为“四条汉子”的忠实走卒。据当时的报道来看，事情的本末是这样的：1957年，梁斌曾把小说《红旗谱》的清样送给周扬，这被造反派们看做是“邀功请赏”；《红旗谱》出版，被改成话剧，刊登在田汉、阳翰笙主编的戏剧刊物上，并发了专论，这被造反派看做是“四条汉子”反党集团别有用心的吹捧；《红旗谱》被改编成电影，被说成是夏衍所控制的电影界别有企图；甚至当时的中央宣传部副部长、文化部副部长林默涵亲笔写的对于《播火记》后记的意见——“这篇文章，叫青年读者看了，会有益的”，也被造反派指责为黑理论的毒草、在周扬指挥下的阴谋举动。1970年4月4日的《河北日报》的副标题明确标注说：“本报已收到批判文章一千五百多件。”可见批判已经铺天盖地。舆论的残酷折磨，并没有使梁斌屈服，只要有机会就去辩驳、去抗争，这是他一贯的性格体现。这种行为里既有着中国知识分子“可杀而不可辱”的传统精神，也有着共产党员坚定信念的支撑。

听说远千里自杀了，这对梁斌的打击太大了。他们在保二师时是同学、北平一起加入“左联”、在新世纪剧社又是出生入死的战友。据刘光人回忆，“解放后，老远在河北省委宣传部任副部长管文艺工作，和老梁交往甚多。‘文革’期间，老远被迫自杀，自杀之情之况，惨不忍睹”。按照梁斌的性格，他肯定是要痛哭几场的，“但他从不提起这件事。我看出他是隐藏着巨大的痛苦的。他感情丰富，常常感情外露，喜形于色；但他又常常自己舔着伤口。一个人的两面，又矛盾又统一”[①]。那时，刘光人对梁斌非常担心，是啊，看到这样的好人含冤而死，梁斌怎么会不心痛啊！他不说什么是不知道说什么，因为像这样的事情不止这一件啊！

梁斌有时候几天吃不下饭、睡不好觉。他忧虑的并不只是自己和自己的战友，他时时感到迷茫，“文革”如此搞下去，党的生命、国家的前途令人担忧啊！

1971 年林彪事件以后，李满天、田间、张庆田等河北文联领导班子的成员大都获得“解放”，先后回到河北省革委会文艺组工作，可是梁斌却又被押解到天津汉沽芦台农场继续劳动改造。

在芦台农场，梁斌给河北省革委写信，表达自己希望能有工作自由的急切心情：“北国风寒，农场草衰。……”在信中，梁斌十分真诚地阐述了自己的观点：《红旗谱》第一卷写脯红事件，第二卷写反割头税运动，第三卷写二师学潮，这都没有问题。《播火记》写高蠡暴动，已经是日寇大军进抵长城沿线了。日本侵略者到了家门口，农民起来暴动迎接红军北上抗日，是没有错误的。他感到：“‘文革’十年，时光全浪费了，耽误写多少文章啊。我从夏天盼到冬天，又从冬天盼到夏天。希望能早日获得自由，能早日用我手中的笔继续为人民写作。”

然而梁斌的真诚不仅没有换来平反昭雪，反而被省革委会领导认为这是右倾翻案。在 1975 年年初批判邓小平、反击右倾翻案风的运动中，

①刘光人：《在历史的台阶上》，群众出版社 2001 年版。

对梁斌又来了个重新“批判”。

一天，梁斌正在芦台农场劳动，却意外地见到了李万钧。“这不是小狗子吗!”梁斌惊讶地喊起来。“梁社长……”李万钧看到又黑又瘦的梁斌再也说不出话来。梁斌把他领到自己的房间，李万钧告诉梁斌他是到天津712厂帮助工作，费了好大劲儿才找到这里的。他看到梁斌的居住和生活条件后心里很不是滋味，决定在这儿陪梁社长住几天。吃了饭，梁斌就带他到外面拣了一些砖头和门板，在梁斌的单人床旁边又搭了一张床。然后，梁斌又从自己的床上抽出一床厚褥子和被子，安排李万钧住下了。李万钧在那儿住了六天。在回忆当时的情景时李万钧老先生禁不住眼含热泪地对我说：“我看到梁社长的每一个动作都勾起我对三十五年前往事的回忆。那时我到新世纪剧社时是小孩儿，梁社长怕我对艰苦的生活不适应，就只让我在他身边做一些勤务和学习。每天晚上他劳累一天了，顾不上休息给我上文化课，然后，一起睡觉。有一段时间我们俩不仅在一个床上睡，还合盖一条被子。夜里我打滚，又踢又踹，梁社长被弄醒了，就给我盖好被子，不让我受凉。三十五年后的今天，这一幕又重现，一股暖流涌上心头，像到了自己的父母身边一样，把自己全部的苦水都倒给了梁社长。”李万钧从小就很聪明，在新世纪剧社就能用子弹壳制作钢笔，梁社长就曾鼓励他努力学习，等将来和平年代上大学学科学技术知识，为祖国建设做大贡献。

后来他真的成为国防科工委的一位科技人员和高级军官。但是“文革”中因遭受诬陷被强迫复员、开除军籍。“梁社长听了我的遭遇竟因心疼我这个小鬼而流下了眼泪，而他自己遭受了多大的委屈却只字不提，我心里非常明白。他随即拿出二百元钱硬塞到我手里，紧紧地扳着我的肩头坚定地嘱咐我：你一定要挺住，要好好帮助712厂克服技术难关，不要让国家财产受损失。一定要坚信我们的党，我们的国家，总有一天会还你一个公道的。永远都不要放弃！……在梁社长的激励下我重振精神，工作取得了出色成果，后来也恢复了军籍。每当想起这些事情我都万分感激梁社长，他是我的好领导、好老师，我永远敬重他的人品和才能……”

二、罹难见情真

尽管批判梁斌和《红旗谱》的呼声不断，可是群众自有他们的主张。很多到河北文联串联的人都争着去看梁斌，他们想看看写了轰动中国文坛的《红旗谱》的大作家梁斌长得什么样。这些人中有好奇者，也有真心惦记梁斌的人。就在红色风暴刮得最厉害的时候，还有人从新疆写信给梁斌，称赞他的《红旗谱》。唐山一个青年来串联，还虔诚地管梁斌叫老师。梁斌家乡的红卫兵来串联，有人煽动去斗梁斌，这些红卫兵却说："人家是老革命！不能斗他！"在栾城后小枚村，边劳动、边搞"整党"时，梁斌同社员一起掐棉花尖。有个小青年凑在他身边，边给他擦汗，边趴在他耳边悄声问："您是咋写《红旗谱》的？"梁斌马上摇手悄声说："这阵不能说，工宣队该说我放毒了。"

"可是我特别想知道……"

梁斌又悄悄地说："等过了这样的日子，你去我家，我一定全都告诉你……"

造反派的大批判也罢，没完没了的劳动改造也罢，外界的纷乱与喧嚣，并没有影响家人对梁斌的爱与关怀。在这场动乱中，散帼英对梁斌的关怀和信任使他们的感情在患难与共中升华。

1967年10月中旬，天津市业余作家革命造反总部通知散帼英把梁斌接回家中。不时有造反派找上门来，一拨儿刚走又来了一拨儿，都说梁斌是“黑作家”，都要求亲自批斗他。在抄家、来访、大字报等的轮番“轰炸”下，梁斌夫妇和孩子们在精神和生活上都受到很大打击。面对社会上的混乱情况，面对梁斌时时都有意外发生的现实，散帼英急中生智想出一个办法，对外谎称：“梁斌已接到河北文联造反派的指示，只能在家悔过自醒，不能自由行动。”这样，梁斌果然免遭更多的皮肉之苦，显得相对安全了。这件事的成功启发了散帼英，她又做了进一步的发挥：她把梁斌的一些书画、文物集中保存在他的书房里，然后以“河北文联造反派”的名义贴上了封条。这样，每当天津造反派来抄家，散帼英都对他们说：“哪都可以翻，什么都可以拿，这封条你们可千万别动，这可是河北文联造反派的指令，谁也动不得！”从而保护了梁斌认为最宝贵的书稿、文物，避免了更大的损失。有时候，为了躲避来路不明的造反派，散帼英干脆就把丈夫关在有封条的屋子里看书、休息。梁斌有一个习惯就是喜欢在屋子里踱步，并且一边走一边不时地清嗓子、咳嗽。家人嘱咐他要小心，不要出声，可是梁斌有时陷在书的情节里就忘了这些。一次，一拨儿造反派来搜查，散帼英说：“他已经被革命群众拉去批斗了，不知道在哪儿。”这些造反派从楼梯上走下来时，突然听到好像从楼上书房传来咳嗽声。造反派们停下来抬头看了看，问怎么回事。十三岁的大儿子散襄军赶忙解释说：“这是隔壁邻居家病老头儿咳嗽的声音，透过木结构的房子传过来的。”造反派这才骂骂咧咧扭头走了。

梁斌被关押在保定文联接受隔离审查时，造反派害怕“黑帮”们自杀，经常搜查他们的物品，不允许他们使用安眠药。梁斌当时虽然可以每周到医院去看一次病，但是医生却不给开安眠药。失眠症的折磨，使他离开安眠药就无法入睡。为了给丈夫弄到安眠药，散帼英就找到在医院工作的老朋友，让他们帮忙积攒安眠药片。这个三片、那个两片，攒一个礼拜，然后她就给梁斌送一趟。红卫兵搞串联使得坐火车成了一大难事，从天津去一趟保定要付出相当大的努力。在北京倒车买不到票，散帼英经常求人家、跟人家说好话。买了票上不去车，有时就从车窗爬进去。散帼英经常周六赶到保定，晚上住在梁斌与前妻的三儿子家里，周日一大早再赶到马路边约好的地方，等在梁斌出来去医院的路上，问候一下，把积攒的安眠药片偷偷给他，当天再坐车赶回天津。这样往来一直持续了半年多时间。

保定文联造反派向“黑帮”们征集宣传费，向梁斌要一万。不交不行，梁斌只得给散帼英写信说明情况。没隔几天，散帼英亲自到保定文联把钱送到梁斌手里。当梁斌接过用小手绢包得整整齐齐的一万块钱时，同屋的“黑帮”们感叹说：“帼英待你真不错，能从天津给你送钱来，这可不大容易啊！”“嗨嗨！我对不起人家呀！”梁斌突然动了感情，想到多年以来对妻儿的歉疚，忍不住眼泪纵横地哭起来。平时在家因为忙着写书，孩子、家务，事无巨细一概由妻子料理。多少年来，因为写书他牺牲掉了多少陪伴妻子儿女们的时间。而散帼英为了照顾他写书，常常单独给他开饭。有多少次啊，妻子亲手做了饭菜给他端到书房，过一会儿看看还没吃，凉了热、热了凉，一顿饭有时候折腾好几次，妻子从没有过怨言。有时候看他闲下来，妻子就给他念叨一些家事，征求他意见的时候，他却沉浸在自己的作品里，“啊——啊——”地应付着，根本不知道妻子说了些什么。他出门的时候，只要散帼英在家，就会亲手给他准备好要带的纸、笔、书包、手绢……梁斌是一个重感情的人，他不是不知道妻子的爱。作为丈夫、父亲，他欠妻子儿女的实在是太多了。可是写书不但没能封妻荫子，在“文革”风暴中，反而就是因为写书让妻子儿女跟着一块儿受罪。思前想后，梁斌泪如雨下。

梁斌在河北邢台唐庄农场劳动改造，散帼英又跟随到唐庄农场去看望丈夫，有时候还带孩子们一块儿去。有一次恰逢是冬天，散帼英和孩子们到了农场的时候，只见梁斌穿着黑棉袄、棉裤，腰里系着麻绳，头上戴着大棉帽，正在地里挖土。孩子们一见到梁斌，没等妈妈说话，就都跑上前去和爸爸紧紧地拥抱在一起。此情此景让在场的“黑帮”们感动不已，都说梁斌有福气，养育了几个懂事的孩子。与此形成鲜明对比的是，当时一个老作家的女儿到了农场，爸爸等着女儿拥抱呢，女儿却走到距爸爸几步远的地方站住了，手指着这位老作家说：“我告诉你，你再不交代自己的问题，我就和你这个反动作家划清界限。”“划清界限”是当时使用频率较高的一个词：夫妻之间划清界限，孩子跟父母划清界限，亲友之间划清界限……贴大字报，当面批判、谩骂指责的也大有人在。在社会上受到的侮辱、委屈也就罢了，如果连家人的理解和信任都失去了，一个人生存的希望也就微乎其微了。当时有很多人就是因为生存的最后一丝希望断绝，心中的最终牵系——亲人的爱和信任失去了，才走上了不归路。散帼英非常清楚这一点，她以最大的努力、最大的智慧去爱自己的丈夫，爱自己的孩子。她在危难关头，以果敢的行动坚定了丈夫生存下来的信心。

在交通不便、社会治安混乱的情况下，散帼英费尽周折带着孩子们千里迢迢去看望梁斌就是想让他感受到家庭的温暖，让他感受到妻子儿女没有因为他被认为有问题而冷淡他。散帼英还宽慰梁斌，向他解释说现在整个社会都如此，并不是你一个受到批判，没必要灰心丧气，要坚定信心，事情终会真相大白的；社会情况不好，但是你还有个温暖的家。妻子的话如春风般吹开了梁斌心中的郁结，对比周围一些同事的遭遇，梁斌心里的感激之情油然而生。

在唐庄农场，好几个人睡一条大通炕。都是男人，都没管过家务，更不会做饭。帼英去了就给大家做几顿好饭吃。她临时借来老乡的锅，在地上挖个坑当灶，买来老乡的香油、鸡、鸡蛋。在这个简易锅灶上，给大伙儿炖鸡，煎鸡蛋，做一些简单的饭菜。有一次田间一口气吃了十个炒鸡蛋，连连夸赞帼英好厨艺。大家也非常羡慕梁斌有一位能干又善解人意的好妻子。

有一段时间，由于营养不良、血糖低，梁斌经常闹头晕，帼英知道后，特意托朋友买来牛奶糖用木箱钉好给梁斌寄去。同事中有人见到后就说："梁斌现在受批判，你不和他划清界限，还给他寄东西，你的立场有问题。"散帼英回答说："梁斌被批判是说他写的小说有问题，又没说梁斌这个人有问题。"对丈夫的了解，使帼英坚定地相信丈夫是清白的，作品的问题迟早会澄清。因此，在全国上下都在鞭挞、诋毁《红旗谱》时，帼英却和孩子们一起把梁斌的手稿小心翼翼地封存起来。一部分放在家中顶层的阁楼上，另一部分用油纸小心封好，然后撬开楼梯地板，藏在了地板的夹缝中。

散帼英的爱和家庭的温暖坚定了梁斌活下去的信心。回看梁斌的落难与被救，我们不能不对散帼英肃然起敬。她的理解和宽容成就了梁斌，她的智慧和坚毅保全了梁斌，她的关心和爱护坚定了梁斌生存下来的信心。

"文革"这场政治运动，使人与人之间充满了猜疑、忌恨。揭发、批斗、划清界限代替了人世间的温情和友爱。夫妻反目、父子成仇的大有人在，何况平时的朋友亲戚？然而梁家的孩子却在不断受到惊吓的同时，也感受到了人世间最稀有、最宝贵的真情。

"文革"期间因政治运动使生产停滞，市民吃菜都很困难，菜店门前总是排着长长的队伍。"文革"后期，梁斌在干校劳动改造，散帼英受到牵连也被关押在报社接受审查，家里的孩子只有外婆一个人照顾，有时候一家人连菜也吃不上。胡同口菜店的师傅看到梁家的孩子在菜店门口望了望又走开了，便知道他们有了困难。晚上夜深人静了，菜店师傅偷偷地把菜放在大篮子里给梁家孩子送了来。这以后梁家的孩子就经常收到菜店师傅偷偷送来的菜。有时候早晨一开门，不知是菜店的哪个师傅偷偷地从外面塞进来一些青菜。孩子们明白，一定是过去爸爸的朋友——菜店的师傅们送来的。“文革”前梁斌有很多好朋友，有菜店的师傅、粮店的师傅、邮递员、扫马路的清洁工、公园的园丁等。他特别喜欢跟他们聊天，关心他们的生活，替他们向领导反映问题。现在梁斌遭难，他们怎能坐视不管呢？他们在竭尽全力帮助他的家人和孩子，尽心尽力想办法替他照顾老人和孩子们。

送煤的工人师傅有一次问梁斌的儿子散襄军说：“小弟，家中有煤吗？”散襄军说：“没有。我们没有钱买。”“没有钱？我给你垫上。”第二天，送煤师傅给他们送来了几筐煤。造反派生气地质问这位师傅说：“你怎么给这种人送煤？”师傅说：“梁斌人好，我愿意给送！谁也管不了。”原来“文革”前这位送煤师傅给梁家送煤，每次梁斌都热情地请这位师傅到客厅坐，这位师傅说：“不进去了，身上都是煤黑，挺脏的。”梁斌说：“坐沙发上，沙发不就是让人坐的吗？抽根儿烟，快喝杯茶，休息休息再干。”

清洁工人朱大爷是一位孤寡老人，梁斌经常送一些钱和粮票给他。在“文革”时期，朱大爷就成了孩子们的保护神。梁家时常有老干部藏身，朱大爷在胡同扫大街，看到有什么不妙的情况就赶快跑到梁家通风报信。有一次著名爱国将领杨虎城的儿子杨拯民（原天津市副市长）藏在梁家的阁楼上。这天晚上，朱大爷看到胡同口开来了三辆军用大卡车，都坐满了造反派，手持棍棒，气势汹汹。他想准是冲着梁家来的，

◎ 梁斌在天津的故居，《播火记》、《烽烟图》写就于此

估计又有重要人物在梁家藏着。情势危急，朱大爷掉转身疾步走进梁家邻居的院子里，重重踹了三下梁家院子的墙壁。这是和小弟约好的暗号，紧急情况就踹墙三下。散襄军知道又有造反派来抓人了，赶紧跑上杨拯民藏身的阁楼告诉他，这一次恐怕躲不过了，先出去避避吧。杨拯民知道造反派又再次返回梁家来，肯定是得到了什么消息，如果被造反派抓到手，不仅自己要受难，还会连累了这几个年幼的孩子。他握了握小弟的手，来不及说什么，就通过二楼半小间的门走到外边的小露台，攀上邻家的墙头跳了下去。散襄军刚关好门窗，就听到楼下造反派大声嚷嚷着问："人呢？都到哪儿去了？"他故作镇静跑下楼梯："来了，来了。"造反派们扑了个空。

梁斌任冀中新世纪剧社社长时曾经救助过一个孤儿，教他认字，还把他送到延安学习，这个孤儿长大后任济南装甲师师长。"文革"中这位师长到北京开会，途经天津，专程找到梁家看望梁斌的子女。他对孩子们说："要是没有你们的父亲，我只能沿着村子要饭，也许会冻饿而死，更不会有今天。现在批判你们的父亲，你们不要害怕，要相信党，终有一天会真相大白。你们的父亲他是一个好人。"第二天这位师长让孩子陪同他去日报社看望被关押的散帼英。临走时他把身上所带的二十斤全国粮票、四百元钱全部留给了孩子们，并表示一定会去保定看望梁斌。

梁斌在农村爱那里的农民，与他们生死与共；在城市爱这里的工人，与他们相融相助。他关注平民百姓之心已经成为一贯的思维定式而一成不变。作为父亲，梁斌给予下一代的也是这样一种人与人之间的关爱和相知相助。因此，他家的孩子不仅没有因为父亲蒙受不白之冤使他们受到连累而产生种种忌恨，反而从父亲身上看到了共产党人应有的气节，学到了人世间什么是最珍贵的东西。

三、秘密创作《翻身记事》

梁斌从邢台唐庄农场回家，散帼英到车站去接他，迎面走来的却是一个地地道道的“农民”：穿着家纺粗布做的棉袄棉裤，挑着扁担，一头装着行李，一头装着从老乡家买的小米、香油等物。回到家打开行李一看，里面还藏着他在农场偷偷写作的小说文稿——《翻身记事》。梁斌是一个把文学创作视为生命的作家。他手中的笔，时刻不愿停歇，即使到了不能动笔写作的时候，他的思想、他的心灵仍是为着写作而生存，而活跃。

1972 年，梁斌还戴着“黑作家”的帽子，《红旗谱》、《播火记》还属于禁止出版的黑书，梁斌就偷偷地开始构思《翻身记事》。这在当时实属罕见。他一直想写一部反映农村土改的小说，农家出身的他切身体会到土地对于农民的重要性，两次参加土改的经历使得他深深感受到是党的土改政策使得无地和少地的农民重新获得了生存的权利。多年以来，他一直留意党的有关农村政策，并精心保存着他从事农村工作的有关土改的总结报告。1973 年在汉沽芦台农场，管理他们的组长是一个外省人，思想还比较开明，对梁斌睁一只眼闭一只眼。让梁斌写检查，他不写，却用要写检查的纸笔写起小说来，这就是《翻身记事》的开端。

1974 年，梁斌正式动笔写作《翻身记事》，当时天津的一位老朋友闻听此事，立即谈虎色变，传话给散帼英说："告诉他，别找麻烦！……"梁斌听不进朋友的忠告，他犹如一位已经跨上战马的将军，丝毫不考虑自己的安危，只有一个念头——一定要写出来！哪怕有生之年不能出版，以后也可以让儿子给出版。好朋友不忍看他再遭不测，劝告他说："……你要学会现在通行的创作方法。"但是梁斌慢慢放下眼睑，合紧嘴唇不置一词。对于朋友的建议他并没有表示反对，但是内心的不认可却写在了脸上。

1976 年，梁斌身体虚弱，散帼英找到汉沽农场，请求他们放梁斌回家养病。梁斌被解救回家，谁知又遇上唐山大地震。地震发生的这天晚上，梁斌躺在床上辗转难眠怎么也睡不着，索性起床走到书房，打开灯，看起书来。突然，房子颤动起来，两个巨大的书柜开始摇摆。梁斌赶忙抢上前去，扶住将倒的书橱，抢出他未写完的书稿。当时书柜里还有他多年收藏的近三百幅珍贵名画，但他第一时间想到的唯有手稿。"爸爸，地震了，快跑！"儿子散襄军急切地喊道。"书稿，我的书稿！先把书稿带好！"性命危在旦夕，梁斌还是从柜子里扯出紫花小包袱皮把手稿包好，然后抱着手稿跟随儿子一道跑了出去。

住进了地震棚，梁斌还不忘创作。梁斌一家在民园体育场搭了个窝棚，但是人多地方少，只有睡觉的地方，没有写作的空间。恰巧熟识的作家辛一夫在一个公园里圈起一个小院，梁斌就在他那里的大树下放了一张小桌子，每天吃完饭，梁斌就把稿纸放在兜里，走到辛家的大树底下继续他的创作。在巨大的灾难面前，人心惶惶，可是梁斌却按时作息，每天按部就班地"上下班"，外界的纷乱与恐慌也没能使他手中的笔停歇。1976 年 10 月，长篇小说《翻身记事》原稿完成，正值"四人帮"覆亡。梁斌画了一幅《正西风》的画，直抒胸臆："正西风，落叶

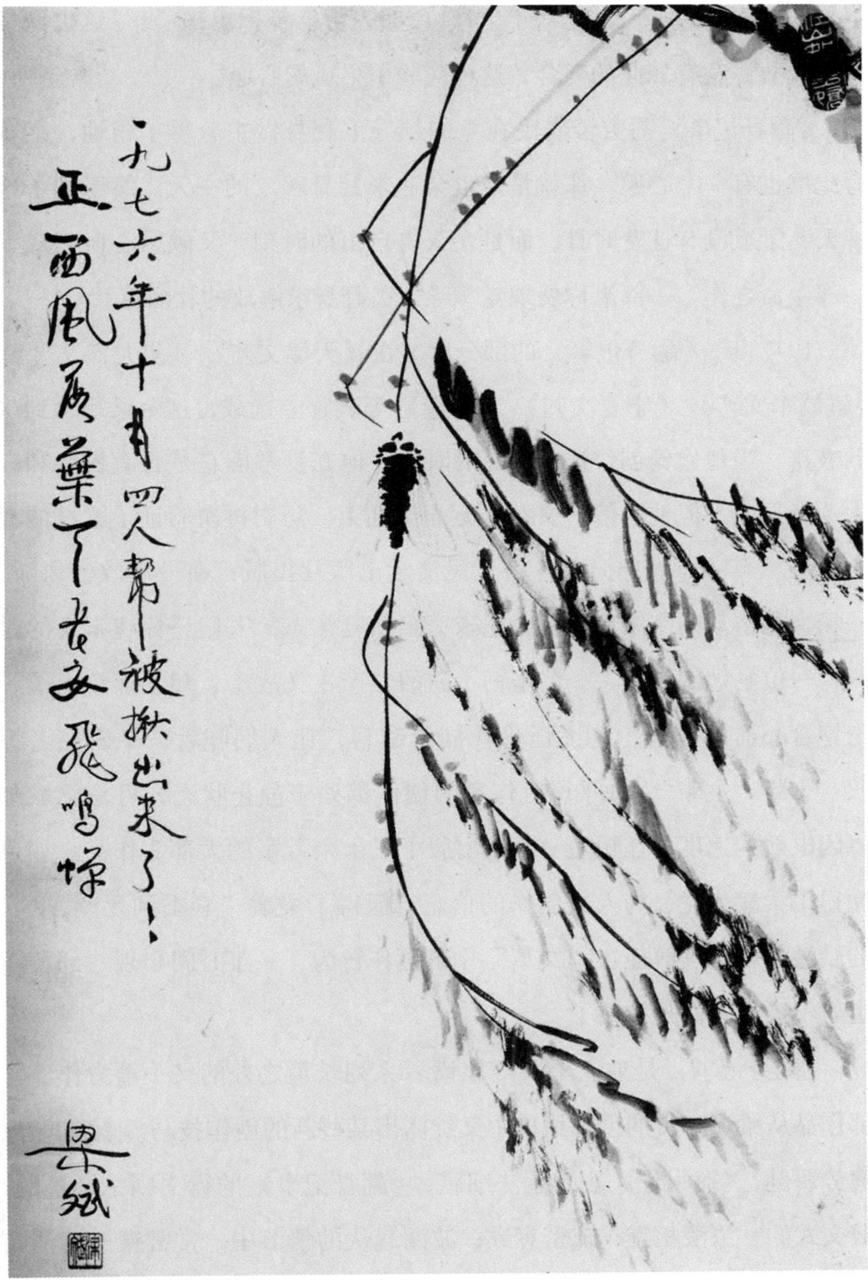

◎ 梁斌画《正西风》，题款曰：“正西风，落叶下长安，飞鸣蝉。一九七六年十月‘四人帮’被揪出来了！”

下长安，飞鸣蝉。一九七六年十月，‘四人帮’被揪出来了!”这也许是一种天数，竟有如此的巧合，这也应验了梁斌的心愿。

《翻身记事》写穷苦农民在党的领导下翻身做主分得了田地，梁斌写此书也有一个心愿，那就是他也会迎来翻身解放的一天。终于到了这一天，梁斌没有枉费时日，而是在获得自由的时刻，又倾尽心血完成了一部生命之作，一部堪称展现党领导人民翻身求解放的壮丽篇章。

1977年，《翻身记事》的部分章节在《天津文艺》、《黑龙江文艺》、《解放军文艺》、《宁夏文艺》、《新港》等刊物上选载，这令梁斌感到欢欣鼓舞。当他偷偷创作这部作品的时候，他并没考虑它是否有机会和广大读者见面，但他坚信“文革”迟早会结束。历史再次验证了梁斌的直觉。1978年，《翻身记事》由人民文学出版社出版：在一场政治风波、一场文化浩劫刚刚结束，社会还未完全恢复常态，人们还惊魂未定的时刻，一位勤勉的作家、一名坚韧不屈的共产主义战士，却立即拿出了一份饱含心血的作品，这无怪乎让同行刮目，让人们咋舌，令研究者惊叹：十年“文革”，几乎所有作家的创作都处于静止状态，可是梁斌却以闪电般的速度，在短短一年内出版了三十余万字的大部头作品。如果懂得了梁斌为党、为人民创作的信念，懂得了梁斌“春蚕到死丝方尽”的勤勉，就会理解他在“文革”中的创作行为，一年时间出现一部长篇也就不会被看做是神话了。

《翻身记事》是独立于《红旗谱》系列长篇之外的又一篇力作。这部作品从梁斌一贯的创作风格中又绽露出某些新的创作技巧。《红旗谱》笔势矫健，《播火记》表现手法细腻，《翻身记事》的行文则是轻松的，散文式的，浓淡相宜，疏密有致；波澜起伏的情节中，常常镶嵌着清新的场景，优美的画面。

梁斌曾多次谈到，《红旗谱》的开场借鉴了美国作家辛克莱的小说

《屠场》开篇的写法。梁斌在《翻身记事》的开篇则沿用了中国古典小说传统的静态描写技法，采用心理刻画的方式细致交代此部长篇的核心人物县大队队长周大钟的内心矛盾。通过周大钟与工作队副队长李蔚的矛盾和斗争表现了土改运动的艰巨性与复杂性，揭示了农民取得这场斗争胜利的历史必然。这部作品是梁斌在华北、华中地区六个年头的土改以及剿匪反霸、减租减息的长期斗争生活中积累的一部杰作。

四、重见天日

“文革”中期，运动愈搞愈烈的时候，不时有人因受不了运动中的种种冲击而自杀，文人自杀事件尤其多。河北省宣传部副部长、诗人远千里自杀了，写《敌后武工队》的冯志自杀了，还有省文联的副秘书长何健平……大家曾经在一起开会、工作，受批判、劳动改造也还在一起，可是有一天他们先走了。多年以后回忆起“文革”，梁斌说，他当时想，如果自杀了，《红旗谱》、《播火记》就会被认为罪名属实，就不会有人再为《红旗谱》翻案，它将永远蒙受不白之冤。他说道：“我写的朱老忠都知道忍一时之辱，出水才看两腿泥，我一定要等待问题解决，等待真相大白。”他坚信自己写的不是错误路线，农民跟着共产党翻身求解放没有错误，历史会证明一切。他也曾想到自杀将使妻子儿女永远蒙受不白之冤，可是放在第一位考虑的仍然是浸润着心血的生命之作《红旗谱》的命运。家人的爱和关怀，梁斌坚韧的性格以及他对党、对人民的无限热爱、无限信任使他忍辱负重活了下来。

可是“四人帮”倒了，《红旗谱》却还趴着。甚至梁斌参加了全国政协会议，《红旗谱》还是不让提。河北省文联的领导对于《红旗谱》是否写了错误路线仍然没有明确的态度。有人觉得不公，要为梁斌鸣不平。《河北文艺》的一个副总编写了一篇文章，批判文艺黑线专政。文章中写到受文艺黑线专政影响，有很多作家和他们的作品还在受苦受难，尤其《红旗谱》受非难最严重。文章发排，已经付印了，但是上边审查时命令务必去掉《红旗谱》。最后这篇文章被迫抠掉了《红旗谱》几个字，这期刊物就带着这篇开了“天窗”的文章面对读者了。然而，此时，中国青年出版社要再版《红旗谱》，河北省话剧团正在重新排练话剧《红旗谱》。

“文革”结束，可是梁斌在“文革”中遭受不公正待遇的问题仍未得到澄清。许多文艺界人士关心着梁斌、关注着《红旗谱》的命运。新华社记者马杰特意采访了梁斌，并在内参上发了一条消息，报道了著名作家梁斌在“文革”中受尽屈辱，可是“文革”结束了，梁斌受到的不公仍然没有得到解决，造反派抄家抄走的一些书稿、书画到现在仍然下落不明等。这条消息引起中共中央政治局的重视。中央政治局常委、国家主席李先念在《情报动态》上亲笔批示说：“《红旗谱》写的是人民群众的生活，党领导人民群众翻身求解放是正确的，应予以平反。”这样，由中共中央政治局直接出面，才解决了梁斌在“文革”中受到的不公正待遇。

1977 年夏梁斌被予以彻底平反，梁斌思绪万千，挥笔写下“辟席敢闻文字狱，著书非为稻粮谋”的对联，题款曰：“‘文革’中，‘四人帮’以《河北日报》为战场围歼《红旗谱》、《播火记》，连发四十个版面，‘文革’后平反后书此。一九七七年季夏于津门。”

大约又过了一年左右的时间，文艺部专门组织了中国社会科学院文学所的两位著名评论家写了重评《红旗谱》的长篇文章《重评〈红旗谱〉——驳所谓“专写错误路线”的谬论》（载《文艺报》1978 年第 3 期），才从根本上纠正了“文革”中对梁斌和《红旗谱》的错误批判。

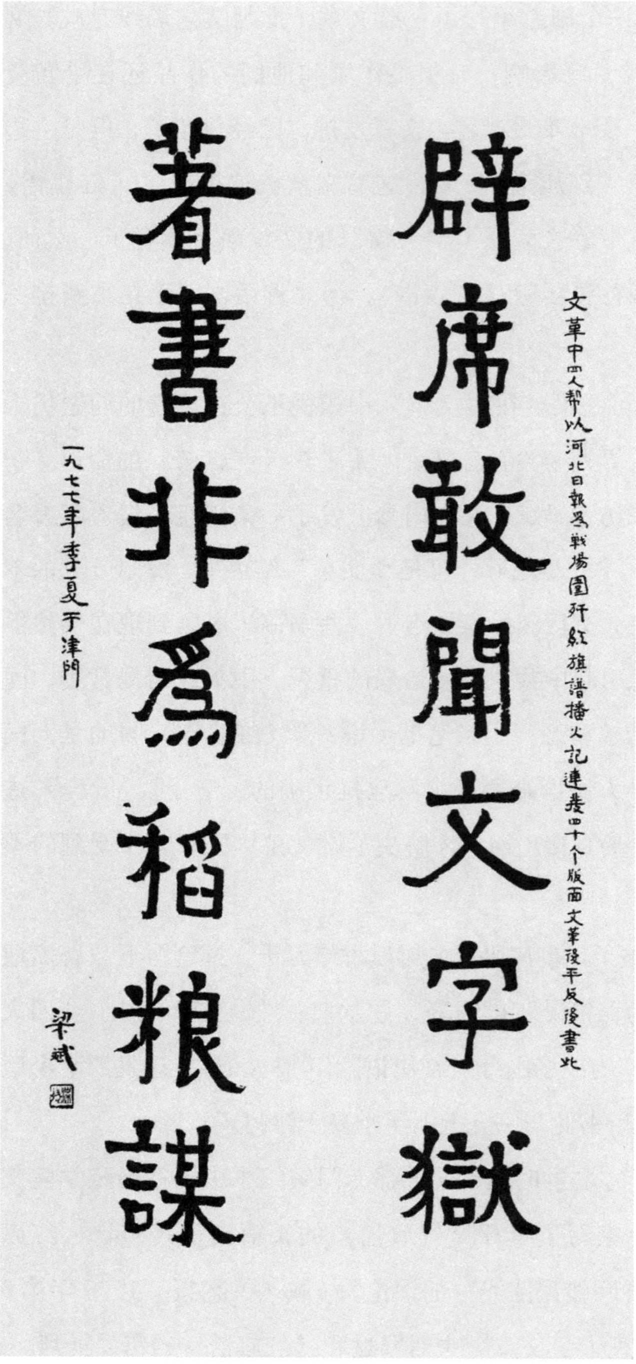

◎梁斌的书法作品，叶毓中（原《美术》杂志主编、中央美术学院副院长、国画家、美术教育家）评曰：『气势凝重，结体谨严，仅此一件，就可称为一代书家。』

河北省也表了态，纠正了“文革”时期对梁斌的错误批判。1978年8月21日的《河北日报》第二版整版刊出了署名郑定、华献的文章《革命红旗砍不倒 英雄谱系割不断——喜谈〈红旗谱〉重新出版》。文前大段的编者按语否定了“文革”中《河北日报》对于《红旗谱》、《播火记》的错误批判，并声明发表此文正是要对这两部作品予以平反。十天之后，在8月31日的《河北日报》第三版上又发表了著名评论家冯健男的长篇文艺专论《重读〈红旗谱〉》。该文批驳了“文革”时期对《红旗谱》及其作者的诬蔑之词，从作品的主题、主要人物形象、创作方法等方面重新对《红旗谱》予以了肯定和赞扬。

对于自己的问题，梁斌信心坚定地等待着真相大白，可是等他稍有人身自由可以自由走动的时候，他不顾自己还没有平反昭雪就立即拖着病体、拄着拐杖为蒙受不白之冤的老同志王亢之、远千里等四处奔走呼吁，请求给予公正解决。1973年初春，作家杨润身走过复兴公园时恰好和梁斌相遇。由于受到“文革”的批判，杨润身当时心情郁闷、身体虚弱，梁斌却仍精神矍铄，把批判看得很淡，他安慰、开导杨润身说：“别把江青的点名看得太重，历史是公正的。保重身体，留得青山在，不怕没柴烧。”此后，作为原河北省文联领导班子里唯一没被结合的成员，梁斌被分配到“干休所”里。但他的心情却十分旷达。挥笔在尺幅扇面上写下了“月华洞庭水，兰气潇湘烟”的诗句，背面写了一行蝇头小字：“一九七六年夏日转干休所，自此身心安顿，写《翻身记事》”。宠辱不惊，是梁斌的性格，只要能拿笔写作，他就觉得自己获得了整个世界。

在全国拨乱反正、清查“文革”中的错误时，组织上要对当年踢倒凳子的造反派头头——那个险些要了梁斌性命的人进行处理，在向梁斌收集证据时，梁斌却说道：“他是犯了错误，这没错。但他是一个年轻人，今后的路还长，我看只要他认识到自己的错误、改正了就行了，不要再对他进行处理了。时代环境如此，并非他一人之过。如果你们要处理他，我就不说。”事情过后，这位年轻人专程从保定找到天津向梁斌登门谢罪。梁斌从二楼书房走下来，步入一楼客厅，那位年轻人一见到梁斌就“扑通”一声跪倒在地，泪流满面地说：“梁老，我对不住您呀。那时我年轻不懂事，犯下不可饶恕的错误。可是现在您不仅没有记恨我，反而替我说好话。叫我怎么报答您呀!”梁斌摆了摆手，扶起那位年轻人，请他坐下，语重心长地指点他，还留他吃了一顿饭。梁斌明辨是非，疾恶如仇，但是对于年轻人他关心爱护，一点儿也不计较个人恩怨。正如他对一位在“文革”中受到折磨，一直对此抱怨、牢骚不断的朋友说的一席话：“怨气的话还是少说吧，‘文革’中咱们是受难了，可是党也受难了，百姓也受难了。”这位朋友当时有些惊怔，他想不到，在“文革”中挨批挨斗比他还严重的梁斌竟能说出如此宽宏大量的话来。1977 年秋《河北日报》记者韩晓春到天津梁家采访。梁斌用徐缓的语调谈着《翻身记事》的创作，问候河北的老朋友，唯独没有提一句“文革”中受到的不公正待遇。梁斌的心胸是宽广的，他对党的感情是深厚的，他对党的信任更是坚定不移的。用他的话说是“六十年一贯制”，对马列主义、对党的信仰、对人民的信任，他从没有过丝毫的怀疑，任何时候也没有动摇过。

1976 年，梁斌听说大儿子入党了，非常高兴，鼓励孩子继续努力。1989 年春夏之交的政治风波中，梁斌对当时正负责天津团市委工作的散襄军说：“党是伟大的，你们不要遇到一些困难挫折就动摇这种信仰，一定要跟党走。任何时候都不要动摇对党的信念。”父亲的形象、父亲的言行著述是给儿子最大的财富。

五、《烽烟图》手稿失而复得

《翻身记事》的出版激发了梁斌完成《红旗谱》系列长篇小说的愿望。一想起此事，又激发了梁斌的一块心病："文革"中，《烽烟图》书稿丢失了！这对一位作家来说，无疑是最为痛心的。

《烽烟图》的原稿，是梁斌1954年年底完成的系列长篇初稿的一部分。1955年初夏，梁斌拿出长篇初稿中的八章扩展成了《红旗谱》，又拿出其中的一部分写成了《播火记》，这部原来长达三十多万字的初稿最后只剩下了五卷，梁斌把它分装成上下两册。后来，梁斌将其中比较成熟的章节整理修改后以"战寇图"为名在《新港》等杂志上刊出，没有来得及整理的部分就装订在一起存放起来。这就是后来易名为《烽烟图》出版的《红旗谱》系列长篇第三部的原稿。

"文革"中，群众勒令作家们把原稿交出去，梁斌也只好交出《烽烟图》的原稿及报纸刊发的部分。这时正是1966年的7月。

审查过了作品，到了11月的时候，梁斌想起他的原稿，就向机关群众询问。问到当时的一个造反派头头，谁知他红着脸说："我不知道。"有的群众也说："没有下落了。"梁斌闻听此言，血压立时高了起来。书稿凝结着作家的心血，尤其这部书稿是在武汉的酷暑炎热中顶着很大的压力写成的，业余时间写几十万字，非常不易。后来有的造反派对他说："还有，李某某拿着。"他想：李某某这人还不错，书稿不会丢了的。造反派的推托之词，梁斌竟信以为真。

1970年春天，情况略有好转，梁斌的心思又回到《烽烟图》原稿上。他向群众询问《烽烟图》原稿的情况，不问则已，一问又惹出乱子来。管牛棚的小组长说他犯了错误，反攻倒算！开小组会，强迫梁斌做检讨。这让梁斌感到他的问题似乎很严重。书稿的事情没有问出个所以然，反而在思想上又背上了沉重的包袱，梁斌心里像坠了一块石头，惴惴不安。

1972年，"文革"中的抄家物资部分被退回。当他再次追问《烽烟图》原稿时，工宣队说是在石家庄大批判组里。大批判组的人回答说："用完后已送回唐庄指挥部。"梁斌感到书稿的事已不是这些人回答得那么轻巧了。他连忙给省委写了几封信。指挥部把所有抄来的箱子都打开，《烽烟图》原稿却杳如黄鹤，已不见了踪影。

梁斌这才明白：这一来一往，不过是两派互相推托责任。工宣队说："你交给谁了找谁去，我们不管！"实在没有办法，梁斌只好忍痛割爱。

作家丢了原稿，可以想象，就像母亲丢了孩子一样难过。尤其是《烽烟图》还没和读者见面，原稿就丢失了，梁斌的心痛楚万分。原稿中的人物和情节，尤其是那些动人的情节，如影随形地追随着他，甚至在梦寐之中，也使他不安。一想到作品，梁斌的心头就惊怔不止。梁斌几次下定决心，要凭借记忆重写，但是又谈何容易？

时至此刻，《烽烟图》原稿离开他已经十二个年头了，除了一些比较动人的情节还记得，其余部分已经烟云模糊。尤其是不写则已，一写起来，他就又想起写《烽烟图》初稿的不易；想起为寻找原稿而听到的令人伤心的、刺耳的话语。梁斌几次拿起笔来重写这部书，但是每次拿起笔来，他的手都在发颤，十数年辛酸重上心头，不能成文，他不得不放下笔。为了写书，梁斌心上受到的煎熬，是常人难以想象的。

1978 年秋天，新华社记者马杰采访梁斌，询问老作家的近况，梁斌把重写《烽烟图》的计划告诉了他。马杰了解到梁斌的苦衷，非常理解他，下决心帮助他寻找丢失的原稿。回去后，马杰以“拼将热血展红旗——访作家梁斌”为题写了一篇专访。新华社为此发了专稿，发表在 1979 年 1 月 24 日的《人民日报》上。访问记写道：

> 当我来到他的书房的时候，梁斌正戴着老花眼镜，埋头桌前，全神贯注地写作《红旗谱》第三部《烽烟图》。提起这部作品，他气愤地说：“这部书本来在写《红旗谱》第一部时已经完成了初稿。林彪、‘四人帮’横行时，底稿被遗失了，现在只保存下过去发表过的章节，有许多章节必须重新补写。”

从几十年革命斗争中走过来的梁斌，向记者谈起前几年的遭遇时，抑制不住感情的激动，有时落下泪来。

全国十五家报刊转载了这篇访问记，也引起了文艺界的高度重视。张家口市委办公室的张瑞林见到这条新闻后，心里很不安，因为两年前就是他亲自把此手稿转交给战友后就退伍了的，现在手稿在哪儿，他也不知道。老作家写出一部稿子是多么不容易啊！出于文艺工作者的责任心，张瑞林当即给马杰写了封信，详细回忆了自己见到、保存、转赠《烽烟图》手稿的经过：

张瑞林曾在 38 军第 113 师 337 团当兵，是二营炮兵二连的文艺骨干，担任着连队新闻报道员的工作。由于工作的关系，他经常到《保定日报》送稿子。1975 年春天的一天，当他又像往常那样到报社编辑部送稿子时，他发现编辑的桌子上放着一本厚厚的用线绳串起的手稿，大16开，牛皮纸封皮，上书三个大字：战寇图。他把手稿拿在手里，一看扉页上写着“梁斌”，心里不由得一阵激动。因为他也是保定人，也喜欢文学，是看着《红旗谱》、《播火记》这些作品长大的。现在亲眼看到仰慕的老作家的手稿，心情非常激动，也非常好奇。他问编辑能不能拿回去看看。这位编辑是临时来支左的，在当时那种情况下，就随口说：“拿去看吧。”张瑞林兴奋地拿了手稿就走了。回到部队，他连看了三遍，可是等到他再想还给那位编辑时，那位编辑已经不在那里了。张瑞林想，与其放在编辑部搞丢了，还不如自己拿在手中，也许还有机会还给那位编辑。自此，无论走到哪儿张瑞林都把手稿带在身边，甚至换防、拉练也不忘带着，就这样一直保存了三年。1978年5月，张瑞林要退伍了，和战友们分别之际，他考虑再三，恋恋不舍地把这部手稿留给了所在连队的班长李向前以作分别纪念。当他看到马杰的新闻报道之后，才知道，原来在他手中的手稿竟是自己敬仰的老作家唯一的底稿。可是现在手稿在哪儿，他也不知道，肯定应该先找到李向前询问。

马杰把张瑞林的信拿给梁斌看。梁斌看完来信当即派儿子散襄军和马杰一起根据信中的线索到保定寻找手稿。在老朋友们的帮助下，他们找到了还在部队的战士李向前。原来这部手稿一直由他和副指导员金贺喜保存，后来战士们知道他们手中有手稿，就在部队里竞相秘密传着看，当马杰找到他时，他手里只剩下了下册，传来传去上册不知道传到哪里去了。有可能还在部队，也有可能已经被退伍兵带回了老家。

三个月后，经过多方寻找，原稿上册仍没有消息。为此马杰又发了第二个消息：

据新华社天津四月九日电　新华社记者马杰报道：我国著名作

家梁斌没有发表过的长篇小说《红旗谱》第三部《战寇图》原稿，遗失十三年之久，最近找到了。作者已经着手修改这部刚刚找回来的原稿。《红旗谱》第二部《播火记》早于一九六三年出版，《战寇图》可望于明年同读者见面。

在38军当过兵的战士段文昌，已转业回到山东掖县老家在公社里工作。他在《光明日报》上见到这个消息，立刻给《光明日报》编辑部写了一封信，说明此稿的上册尚在他的手中。《光明日报》的编辑告诉了梁斌这个消息，不久又把这册原稿送还到梁斌手中。凭借新闻报道的力量，在文学爱好者和朋友们的帮助下，《烽烟图》的原稿终于完璧归赵了。好像母亲见到久别重逢的孩子，梁斌“扑簌簌”地流下了热泪。

重新回到梁斌手上的这部书稿由于多人多次翻阅，纸张都翻出了毛毛边儿，但是其中的书页却一页没丢。不仅如此，也不知是谁，还精心地给书稿又装订了一层牛皮纸封面，上面还画了一丛郁郁葱葱、充满生机的翠竹。

《烽烟图》手稿完璧归赵，对梁斌来说，对中国当代文坛来说都是一件幸事。如果没有这部原稿，也许年迈多病的梁斌就不会再写出《烽烟图》，《红旗谱》系列长篇就不会是完整的三部曲，而中国文学史也就会少了一部精彩的作品，那对梁斌来说，对《红旗谱》系列长篇来说，都将永远是一个遗憾。因此，当经过多方努力，这部手稿终于回到梁斌手中时，梁斌不顾自己体弱多病下定决心一定要努力尽快写出来，让这部作品赶快和读者见面，以便对读者有个交代，从而也了却自己写《红旗谱》系列长篇的愿望。

经过两年辛苦的创作，1981 年 8 月 31 日，《烽烟图》的最后一章结束，梁斌终于为《红旗谱》的系列长篇创作画上了一个圆满的句号。初

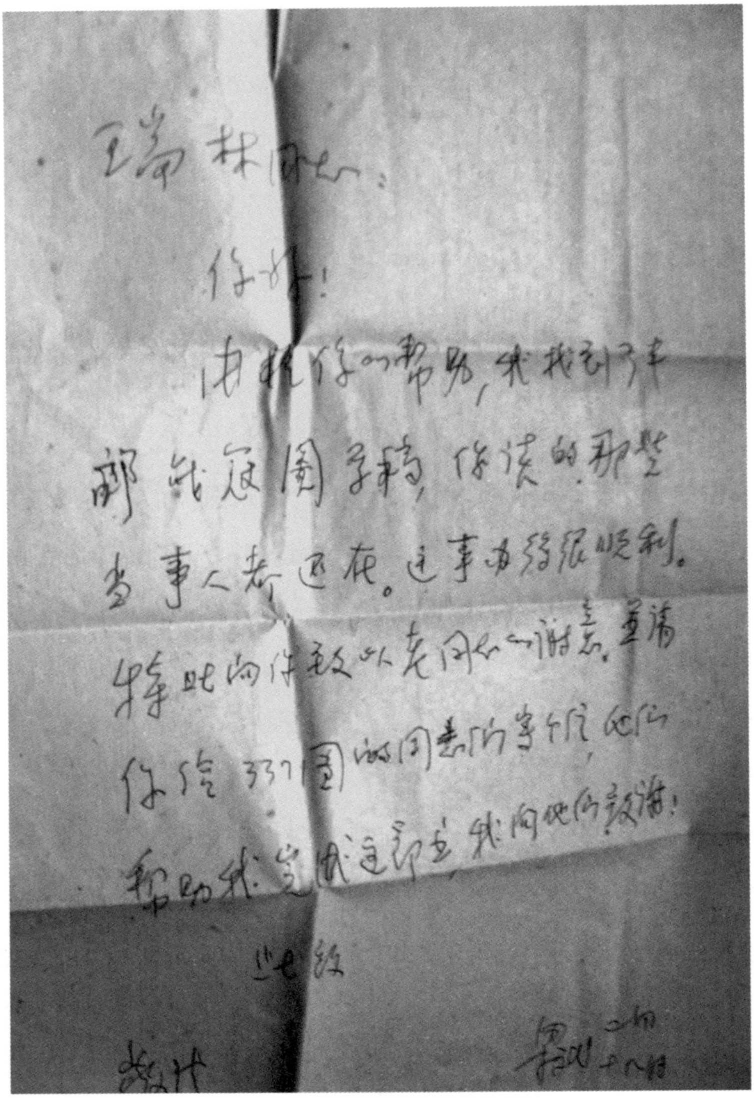
瑞林同志：

你好！

由于你的帮助，我找到了本部烽烟图手稿，你谈的那些当事人都还在。这事办得很顺利。特此向你致以衷心的谢意。并请你给337团的同志们寄个信，他们帮助我完成这部书，我向他们致谢！

此致

敬礼

梁斌 二月十八日

◎ 梁斌给张玉林的感谢信

写《烽烟图》原稿时，梁斌才三十九岁，及至此次修改，梁斌已年逾花甲，心情、体力都有所不同。写完最后一笔，梁斌长叹说：“这部书写得好不易呀！”1983 年《烽烟图》由中国青年出版社出版。

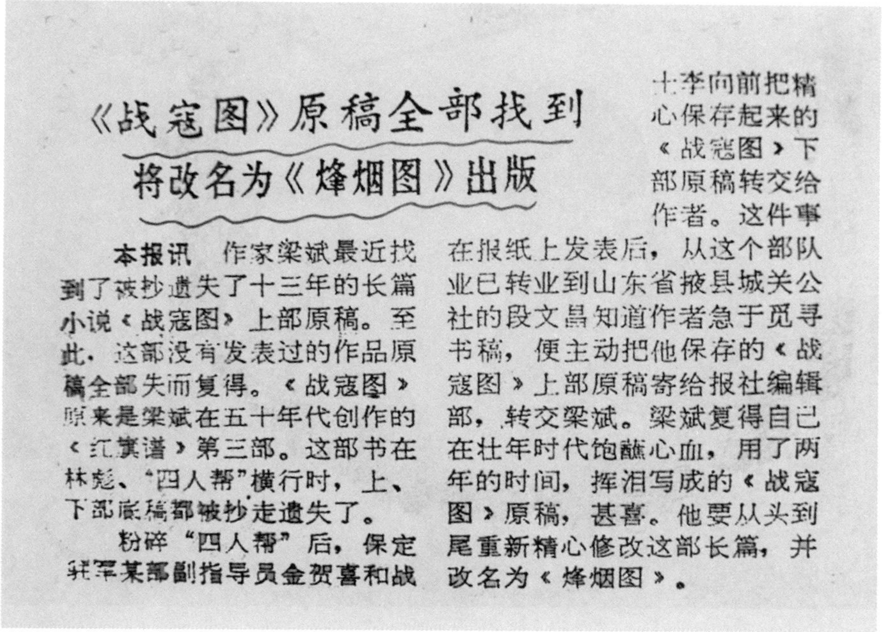

《战寇图》原稿全部找到

将改名为《烽烟图》出版

本报讯 作家梁斌最近找到了被抄遗失了十三年的长篇小说《战寇图》上部原稿。至此，这部没有发表过的作品原稿全部失而复得。《战寇图》原来是梁斌在五十年代创作的《红旗谱》第三部。这部书在林彪、“四人帮”横行时，上、下部底稿都被抄走遗失了。

粉碎“四人帮”后，保定驻军某部副指导员金贺喜和战士李向前把精心保存起来的《战寇图》下部原稿转交给作者。这件事在报纸上发表后，从这个部队业已转业到山东省掖县城关公社的段文昌知道作者急于觅寻书稿，便主动把他保存的《战寇图》上部原稿寄给报社编辑部，转交梁斌。梁斌复得自己在壮年时代饱蘸心血，用了两年的时间，挥泪写成的《战寇图》原稿，甚喜。他要从头到尾重新精心修改这部长篇，并改名为《烽烟图》。

◎《光明日报》刊登的梁斌手稿的消息

《烽烟图》经历了二十九年的坎坷岁月，经过了十年动乱，终于和读者见面了。如果从 20 世纪 30 年代梁斌创作《三个布尔什维克的父亲》开始，到此时《烽烟图》的出版，《红旗谱》三部曲从酝酿到完稿历时近五十载，浸透了梁斌一生的心血。

作为《红旗谱》系列长篇的第三部，《烽烟图》在情节上与前两部作品有一定的继承关系。作品对冀中平原抗日战争烽烟初起的时代背景、社会风貌、阶级动向和历史进程，做了高度的艺术概括和真实表现，深刻地反映了党领导下的中国农民阶级在民族危亡的严重关头所肩负的历史使命和所起的历史作用。《烽烟图》保持了《红旗谱》雄浑悲壮的审美境界，高屋建瓴地抓住关乎整个国家命运的重大社会冲突，继续塑造和升华了朱老忠、江涛、严萍、运涛等一群英雄形象，在总体风

◎ 1985 年初，梁斌与美籍华人科学家牛满江教授亲切会晤。他们都出生于河北冀中平原

貌上，《烽烟图》仍然显示出一种民族史诗式的气派。

梁斌很巧妙地把整部书剪裁到抗日战争即将全面展开便戛然而止，虽然和整部书所渲染的抗日气氛相比，读起来有意犹未尽的感觉，但作者是尊重了创作规律才做出如此选择的。梁斌本意要写五部，然而在修改稿件的过程中，梁斌感觉到主要人物的性格都已完成。“再往下写，生活是熟悉的，但人物和性格成长不能再有变化，只写故事、写过程，也就没有什么意思了。”如果“再写抗日战争”，应当是“另起炉灶，另写新的人物”。作为一个老作家，长期的创作经验使梁斌做出了这样一个明智的选择。

梁斌视手稿如生命，可他又常说是人民生活给予了他创作的素材，他的手稿是属于人民的。1985 年，一个西班牙收藏家专程到梁家，出价十万美金要买他的这部多灾多难的《烽烟图》手稿。可是梁斌坚决地拒绝了，他说："出多少钱我也不卖，我的手稿属于人民！"西班牙收藏家只好失望地走了。然而当中国现代文学馆成立，向作家们征集手稿时，梁斌把手稿全部捐赠给了现代文学馆！《红旗谱》三部曲的手稿叠放在一起，比他整个人还高。捐赠仪式上，梁斌笑容可掬地和这一人多高的手稿合影留念。分文不取，没有任何惋惜之情，洒脱磊落，豪气震荡，这就是梁斌！

第九章

寄情丹青

1960年，梁斌重拾画笔，初衷是想以书画来放松身心。然而，一提起笔便触动了他自幼喜爱书法与绘画的那根神经，于是，一发而不可收，在书画中“抚今追昔之情刻骨铭心，与日俱增，割舍不掉也欲抛不能，渐渐形成自家独有的情感特色和文化内涵，于是原本不想当书画家的梁斌，在精勤进取中出人意料地胜似许多时尚型的书画家”①，形成了他那“满纸书香”② 的“文人画，一种革命的文人画”③，从而“有着职业画家不可替代的文化意义”④。“梁斌的书画作品也与他的小说《红旗谱》等文学作品一样，以作者宽博的胸襟和深挚的情感投入而具有持久的感染力量。”⑤ “梁斌不愧为当代画坛的一代风流人物！”⑥

①王振德：《革命情·传统意·农家趣·赤子心——观梁斌书画感言》，《梁斌书画论》，天津人民美术出版社2006年版。

②⑤李松：《满纸书香》，《梁斌书画论》，天津人民美术出版社2006年版。

③黄胄：《梁斌画集·序》，天津杨柳青画社1997年版。

④水天中：《作家梁斌的水墨画》，《梁斌书画论》，天津人民美术出版社2006年版。

⑥白金：《生命之作 魂魄所在》，《梁斌书画论》，天津人民美术出版社2006年版。

一、翰墨情缘

梁斌自幼喜好书画，七岁读村塾时，开始写大仿。考入县立高小，开始临摹铅笔画，画静物及景物。即使高小毕业后在家服侍母亲的一年里也没有停止书画练习。在保定第二师范读书时，他特别喜欢美术课，勤学苦练、废寝忘食却其乐融融。他还跟随图画老师王朝仁学习了油画。保二师学潮斗争中，梁斌和同学们一起到工厂、铁路画宣传画，写大标语，进行革命斗争宣传。

以后，几十年征战和写作使他暂且搁置了书画追求，直到 1957 年，因劳致疾，出现了神经衰弱、高血压、失眠等病症，几年中住遍了京津各大医院。1960 年从天津二五九医院出院，带病延年。神经科主任说："写大字吧，画画儿，休息脑筋。"① 于是，梁斌接受医生的建议，开始以画画、写大字来放松身心，休养创作时高度紧张的神经。"出院后，与亢之、方纪两同志结为病友……每天逛古籍门市部，看碑帖、逛画店、看书画。有时也到北京住几天逛和平画店、荣宝斋、庆云堂、宝古斋，看字画，买碑帖、石头、笔砚。每到北京，必到故宫绘画馆、展览馆，浏览古今各家书画。"②当梁斌全身心投入到书画的海洋里时，他那

①②梁斌：《我和画》，《梁斌文集》第七卷，人民文学出版社 2005 年版。

埋藏已久的书画艺术细胞竟不知不觉被激活了，梁斌又回到了学生时代。他尽情地寻找自己喜爱的书画，买来欣赏、临摹进而创作，“几年中临摹了欧阳询的《九成宫》、《张迁碑》、《郑文公碑》及《汉武梁碑》，也习过岳武穆前、后《出师表》，伊秉绶、吴昌硕各家行书”。他喜欢扬州八家，还喜欢石涛和八大山人，“尤其石涛及八大山人两家，其性格之纵横，笔墨之豪放，使我倾倒”①。因此，他不仅逛画店，也爱买字画，收藏古品。每遇心仪之作，梁斌便毫不犹豫地买下。有一次他从天津荣宝斋张茂如先生的手里一次购得三幅吴昌硕的杰作，一大幅梅林，一幅墨荷，一幅山桃。价格不菲，可他非常高兴，如获至宝，“悬之壁间，日夜玩味”。虽然梁斌自己常说“……明至余年，也不想当书画家了，消遣而已”②。可是，从那时起，梁斌对书画的执著追求直至生命的最后一刻也从未停止过，一画又是三十年。说到书画，梁斌总不免怀念做学生时学习书法、绘画对自己以后进行文学创作潜在的作用。据一位熟悉梁斌的记者回忆：

> 梁斌谈起爱画、绘画对文学创作的启示时，他从书橱里拿出一本齐白石的精装画册，一页一页翻给我看，上面有齐白石画的栩栩如生的蜻蜓、蜘蛛、枫叶等，用以说明齐白石画画儿的细致处，他说：“中国画用墨讲究疏密浓淡，齐白石的画，有时很细致，有时又大笔一挥，这在文艺创作上同样适用。我写《红旗谱》这一长篇，就从齐白石的画中悟到有疏有密的创作方法。”③

1989年举办了“梁斌画展”。据那时常为梁斌与孙其峰教授合作而

①梁斌：《话说书画》，《梁斌文集》第七卷，人民文学出版社2005年版。
②梁斌：《我和画》，《梁斌文集》第七卷，人民文学出版社2005年版。
③杨中华：《古稀艳阳——访梁斌》，《今晚报》，1987年11月6日。

◎《梁斌画集》

传送画幅的王振德教授回忆：

> 画展之后的梁斌，完全彻底地为书画拼上老命了。他以挥毫泼墨的形式，深情地忆念过去，表达情怀，寄托友谊，品味童年。他曾对我说："功成身退、解甲归田，此人生至乐境界。我现已达此境，平生无憾了。但旧情往事，难能忘怀。我常常会情不自禁地怀念战友、怀念父母、怀念童年田园生活，画上几笔，写上几句，感到一种满足，感到是对种种怀念的补偿。"因此，他越怀念旧情往事，越是挥笔泼墨。有时黎明即起，先是一通写写画画，折腾痛快之后，才去洗漱饮食……我深深感到，这位高龄老人在对革命情怀、现代文艺与传统文化综合思考中，正以无声的笔墨建造暮年生

命驿站，有如血红夕阳般辉煌灿烂、壮烈感人。[1]

据不完全统计，梁斌的书画创作有八千多幅。这么多的画作都基于他自己独有的艺术主张：“写字也好，画画儿也好，我有个认识：‘你画你的，我画我的，我画得不好，还是我家笔墨。’这和写文章是一样，写不出自己的风格，也就没有意思了。”[2] 梁斌的画先学齐白石，进而学吴昌硕，后来又喜欢上扬州画派，最后他又爱上金冬心画梅的笔法。梁斌常说自己画画没有固定的老师，画到哪里算哪里。梁斌曾为自己写过一副对联：“富于笔墨窘于事，老在须眉壮在心。”以表明自己热衷书画的愿望。他热爱书画，用笔勤奋，而且肯下苦工夫。他曾用两年多的时间专心临摹《爨宝子碑》，在书房里悬挂着伊秉绶写的楹联“文章奏金石，才调凌云烟”，以此砥砺自己在艺术上追求高远的境界。

①王振德：《革命情·传统意·农家趣·赤子心》，《梁斌书画论》，天津人民美术出版社 2006 年版。

②梁斌：《我和画》，《梁斌文集》第七卷，人民文学出版社 2005 年版。

二、与黄胄兄弟重逢

1959年，人民文学出版社要出版《红旗谱》高级精装本参加瑞典的国际书展，就谁来做插图一事征求梁斌的意见，梁斌说："请黄胄！"黄胄在中国画界以擅长画人物、毛驴著称，据说国画界曾流传有四绝的说法：齐白石的虾、徐悲鸿的马、李可染的牛、黄胄的驴。黄胄所作《欢腾的草原》、《牧马图》、《听琴图》等被悬挂在人民大会堂、中南海、钓鱼台国宾馆等重要场所，他还几次为中国领导人出访、国际友好互访作画当做国礼赠送外宾。

梁斌是黄胄的堂兄。请黄胄画插图不仅是请名家为名作增辉，而且是因为他俩有着同宗兄弟的亲密血缘关系，相信黄胄的画更有家乡味。黄胄原名梁淦堂，字映斋，河北蠡县梁庄人。按家族排辈分，梁斌是黄胄的亲堂兄。在八岁的时候，黄胄随父母到陕西，后来一直在西北一带生活。后黄胄拜赵望云为师学画，在西北女子师范学校任教，后来成为中国军人国画家。20世纪60年代后梁斌重操画笔，知道画界有一位叫黄胄的名画家，当他听说黄胄是大百尺一带的口音时，就推测黄胄可能就是家族当中非常有天分的那个堂弟梁淦堂。

1961年6月，梁斌到王府井和平画店看画。经理许麟卢先生告诉梁斌："黄胄在等着你，他说你和他是本家！"许先生给黄胄打了电话，不一会儿，黄胄急匆匆赶来。黄胄一露面，梁斌就看出来了，不禁脱口而出："你是老傻！"黄胄上来紧紧握住他的手喊道："六哥！"两人分别几十年，但说话依然乡音浓重，回叙往事，倍感亲切。之后，梁斌夫妇一起到黄胄家做客，见到了黄胄的母亲，梁斌亲切地称她"老婶子"。临别之际，黄胄拿了金冬心的梅花册赠送梁斌。

梁斌与黄胄重逢，哥俩不仅续上了手足情，还续起了丹青缘。从此，梁斌经常向他请教一些绘画技法，而黄胄也经常与梁斌切磋文法，两人还时常有合作，梁斌画花卉，黄胄画虫、鸟。其实，要说他们的书画艺术底蕴是有历史渊源的，河北蠡县在清初曾出过李明性、李塨（刚主）父子。李刚主是理学家，还能画一笔好画。另外还有书法家蒋式芬、画家陈嘉楷等，在蠡县，这些名家的故事一直流传至今。现在这两位兄弟秉承了久远深厚的民族艺术传承，发扬光大了祖先燕赵风骨的精髓，成为新一代艺术家。

黄胄的夫人郑闻慧女士回忆 20 世纪 60 年代初参加几次文艺界联欢会的情况时说：有一次联欢会上，宣传部部长周扬把在场的黄胄介绍给周总理，说这个年轻人是梁黄胄，画中国画的，他就是梁斌的弟弟。周总理说："噢，我知道你叫黄胄，你怎么姓梁，叫梁黄胄呢？"黄胄说："我是姓梁，名字叫黄胄，梁斌是我的堂兄。"周总理说："你们一家子里出了两个大文化人，很不容易。"周扬说："的确很不容易，梁斌《红旗谱》的语言非常简练生动，可以和前一个时代的小说《红楼梦》相比，一样有特点。听说黄胄在为梁斌绘制《红旗谱》的插图，这套图也会很有特点的。"周总理听了点头表示赞许①。

①郑闻慧：《炎黄赤子——回忆我的丈夫黄胄》，中国青年出版社 2001 年版。

◎ 梁斌与黄胄合作的《竹鸡图》，梁斌画竹，黄胄补画鸡

黄胄接受了人民文学出版社为《红旗谱》作插画的委托后，曾到高阳、蠡县一带深入生活，回家乡梁庄住了一段时间。为了再现《红旗谱》的民风、乡俗，捕捉人物的精神风貌，黄胄天天一大早就到滹沱河堤写生，每天都安排时间和亲人、老乡促膝相谈，搜集资料。然后，黄胄住在保定完成了《红旗谱》的部分插图：《朱老忠》、《严志和》、《严运涛》、《春兰》、《江涛》、《严萍》等人物插图以及《胜利归来》、《朱老忠巧遇严志和》等。其中最为人称道的是《胜利归来》和《春兰》。前一幅画作体现了黄胄长于构画复杂、宏伟的画面，而《春兰》则体现出黄胄一贯抓住人物主体特征作画的创作技法。梁斌非常高兴，曾著文说："他笔下的人物是家乡的人物，笔下的事物是家乡的事物，完全是小说生活的补充，使作品中的人物形象更为丰满。小说中的人物春兰那幅画，在俏丽的外形下洋溢着冀中儿女的纯朴感情和青春气息，与其说它是从属于小说的插图，毋宁说是卓越的肖像描写。这部《红旗谱》配上黄胄的插图更好看了。"①

友人曾保留有一幅珍贵的画作：黄胄画春兰给运涛绣鸟笼罩，邓拓为之题画：

北国平原秋旖旎
好鸟田间栖止
靛颏生来美脯红
更惹人欢喜

不绣鸳鸯偏秀你
仿佛运涛并倚

①梁斌：《话黄胄》，《梁斌文集》第七卷，人民文学出版社 2005 年版。

◎黄胄为《红旗谱》所作插图《春兰》

一缕情丝系春兰

心事终无二①

这幅画凝聚了文学、书法、绘画之珍，体现了源远流长的中国艺术的精髓。梁、黄二人的交往也成了文艺界令人羡慕和称道的佳话。

①再生：《运涛和春兰——谈〈红旗谱〉里的爱情的描写》，《内蒙古日报》，1980 年 9 月 14 日。

三、《梁斌画集》出版

在“文革”初期，梁斌能书善画就已为身边的人所熟知。那时，梁斌被河北农业专科学校“造反”的学生们抓到，他们对这个所谓的走资派更多的是好奇，因为是写《红旗谱》的大作家，难得一见，于是就围着梁斌问这问那。有个学生问梁斌说：“还听说你写字写得不错?”

“倒是能写，写得不怎么样。”梁斌谦虚地回答。

“你给咱们写两张怎么样?”学生们试探地问。

“有纸、有笔就行呗。”梁斌痛快地答应了。纸笔拿来了，梁斌在学生的包围中，做了表演。学生们禁不住交口称赞：“还真行，大悬肘。”

“我看你别当黑作家了，将来卖字画吧。”

若干年后，还真应了学生们的话，梁斌开始卖字画了。梁斌常到天津艺林阁裱书画，管书画的余叔英师傅甚是赞赏他的字画，就建议梁斌把满意的字画放在艺林阁由他们代卖。

几十年来写作和书画并驰，梁斌不但为后人留下了二百多万字的文学作品，而且还有上千幅书法和绘画作品。从 1979 年开始，梁斌先后在天津市艺术馆、北京民族文化馆、湖北襄樊市展览馆、河北省博物馆等处举办了个人书画展。

◎ 1990 年 5 月，梁斌与时任中共中央政治局常委的李瑞环在“梁庄二梁兄弟画展——梁斌、黄胄画展”开幕式上

1979 年，梁斌和作家、金石家辛一夫及作家冯骥才在天津市艺术馆举办了“三作家金石书画展”，这次展览展出了梁斌的绘画三十五幅。通过卖画、办画展，人们对于梁斌又多了一层认识，那就是他不仅是名作家，而且是一位画家。

1990 年 5 月 12 日在北京民族文化宫举行梁斌和黄胄画展，题目定为“梁庄二梁兄弟画展——梁斌、黄胄画展”。画展由时任中央政治局

◎ 1989 年梁斌夫妇与黄胄夫妇合影

常委的李瑞环亲自剪彩。

梁氏家族的两位艺术家尽管其画作风格迥异，却都洋溢着光明磊落、表里如一、热情奔放、燕赵侠士般的人格魅力和博大胸怀，因此吸引了众多的观众。开幕前，偌大的前厅里站满了京津冀的记者和画家、作家。黄胄在夫人陪同下给宾客和记者签名赠送画册。画展开幕时，李瑞环挽着梁斌、黄胄的手步入会场。画展历时一周，展出十分成功。美术界、出版界、新闻界、文学界都给予了很高的评价。中央一些部门的领导和文艺界知名人士都前来参观。展厅里还来了一些引人注目的特殊观众——穿着朴素的二梁故乡蠡县梁庄的农民，他们是特意赶来参观展览的。梁庄书画会的乡亲特意写了“乡”字送到展厅，以表达对二梁赤诚故乡情谊的赞叹。细雨霏霏中，仍有很多观众不断赶来，直到闭幕后还不断有人要求进场。

梁斌晚年和很多画家成为至交，并经常一起作画，合作最多的是天津美术学院的孙其峰教授。据孙其峰教授回忆：

我与梁斌兄相识近三十年……我们经常在一起喝茶、作画、谈天说地，在我们多年交往中经常合作国画，互相切磋观摩。……大约在上世纪80年代，那时候我突出的感觉就是他画画儿的瘾头特别大。我们好多专业画家还没那么大的瘾头。我们之间的合作有两种情况。一种是在一起商量，商量好构思一起画，这种情况比较少。另一种情况是在他家里画一半，然后找人拿来给我，我补另一半，或者我画一半，他补另一半。我们很默契，他画个荷花我补个小鸟；他若画个菊花，我就补石头、竹子。梁斌兄画起来那劲头真大，有时候一次就拿来好多张。梁斌兄的艺术构思很特别，一般画画儿的人不敢画，或者很少往那去考虑。我记得有一次他画了一个大太阳，红彤彤的大太阳，画的是一个早晨，太阳升起来了，非常有生气，也非常有气势。但给我出了一个难题。很少有人画这个题材，补什么呢？我想了半天，后来补了一个农村小景。画面非常和谐，我们在中国画艺术上是沟通的。那时候有个说法，叫津门画坛八老，有孙克刚、赵松涛、王重禹、王学仲、穆仲芹、刘止庸，还有警备区的副司令周自为，我们和梁斌兄经常在一起切磋画艺。梁斌兄的画是不折不扣的新文人画。①

天津美术学院的王振德教授回忆说：

有时候去拜访梁斌先生，他就让我帮助给孙其峰教授带过去他刚画完的作品，请孙先生补另一半。当将孙先生补笔的原作送还

---

①孙其峰：《推陈出新 滋含丰富》，《梁斌书画论》，天津人民美术出版社2006年版。

时，他总会挂到墙上，反复品味，自言自语“补得好，补得好，我要再画一幅”。说是再画一幅，画上瘾来，往往是三幅、四幅、五幅，直到吁吁喘气、累得不能再画为止。这就是晚年耕耘在画案边的梁斌，像个不知疲倦的任性儿童，锲而不舍，放怀尽情，展开想象的翅膀，渗透轻松裕如的游戏精神，营建多姿多彩的艺术氛围。①

1997年，梁斌逝世一周年之际，天津杨柳青画社出版了《梁斌画集》。这本画集是在1989年杨柳青画社出版的《梁斌画选》的基础上的增补、精装本。这本画集收录梁斌画作166幅，书法作品14幅。黄胄在《梁斌画集·序》中指出：

能书善画是我国文人特有的优秀传统，形成独树一帜的文人画。……梁斌的画，是文人画，一种革命的文人画。但他的画却没有青藤、八大和扬州画派那种高古荒寒，那种因愤懑不平和怀才不遇所形成的指天说地、牢骚满纸。梁斌的画和文学创作一样，充满激情、希望和生机。在这本画集中，可以感受到散发着新时代的书卷气，意象凝重朴厚。梁斌说，他的画比我的好。虽然是玩笑，但就这一点说，我是同意的。

黄胄的这一评价，得到了书画界很多画家、学者的认同。原天津画院院长白金在他的《生命之作 魂魄所在——拜读〈梁斌画集〉有感》一文中认为：“梁斌同志为文为画，极为首要的是在努力表现自己的艺术生命。……所以，才有了《红旗谱》、《播火记》、《烽烟图》等近两百万字的文学作品留存华夏熠熠生辉，成为中国人民的宝贵财富，同时呈现出这部《梁斌画集》，作为他生命之光的另一种显现。”为了探索梁

①王振德：《革命情·传统意·农家趣·赤子心》，《梁斌书画论》，天津人民美术出版社2006年版。

◎梁斌与孙其峰教授合作的画作《芙蓉芦苇》

斌画作的魂魄所在，寻觅出生活沃土与他的艺术品格所存在的血脉关系，白金先生对《梁斌画集》所收集的绘画作品专门进行了如下分类统计：画集共收入绘画作品 166 幅。其中：追忆既往战斗生活的作品 23 幅；歌赞祖国大好河山的作品 30 幅；以松竹梅吟咏品格的作品 23 幅；描绘万物蓬勃生机的作品 54 幅；吟咏荷花表达信仰的作品 36 幅。①

虽然以上只是大概的区分，很多作品内容交相融合，非以类别能够说清，但是却让我们对《梁斌画集》的全貌有了一个初步的把握。

2005 年 6 月 20 日梁斌书画艺术展暨学术研讨会在天津美术馆举行。此次画展共展出梁斌各个时期的山水、花卉、书法作品约一百三十余幅。书画展开幕仪式结束后，京津两地文化界六十多位专家就梁斌的书画艺术进行了研讨。

时隔不到一年，2006 年 5 月 20 日“梁斌大地之子文学艺术展”在北京炎黄艺术馆拉开了帷幕。此次展览是对梁斌文学艺术道路的一个综合概括。展览分为三部分：革命生涯、文学贡献和书画艺术，分别展示了梁斌革命战斗的人生历程、文学创作成就、书画作品及目前的研究状况。展品、展牌布满了炎黄艺术馆两层展厅的展位，规模空前。每个展牌前都站满了聚精会神欣赏的读者，展厅里人头攒动。“梁斌书画研讨会”在炎黄艺术馆一层的会议厅同期举行，研讨会气氛热烈，专家的评论热切而中肯。有对梁斌书画的内容做评述的，有对其创作技法做研究的，更多的是对其主题意蕴的阐发和肯定。

梁斌的书画走进了更多普通读者的视野，驻足在研究者的心目中，不断出现在新闻媒体的报道里。周扬看到梁斌画的《春夜雨潇潇》后，连说：“不多见，不多见。”1979 年周扬率中国作家代表团访日，曾把

---

①白金：《生命之作　魂魄所在》，《梁斌书画论》，天津人民美术出版社 2006 年版。

梁斌画的《牡丹花开时节》作为礼物赠送给藤川先生。梁斌及其文学艺术成就在当代中国铸造了一道亮丽的风景，这道风景中既有中国传统文人的风骚情趣，又充满新中国革命者的豪情壮志。

四、“自家笔墨”

《梁斌画集》的出版以及梁斌书画展的不断举行，使梁斌的书法、绘画艺术得到社会关注的程度越来越高，很多著名的书画家、评论家发表文章，对梁斌的书画进行赏评。下面从梁斌书画的精神和艺术形式这两方面，把各家评论作一简要的介绍。

（一）梁斌书画的精神①

以“为真理而战，为真善美而战”的信仰和与国家民族同欢乐、共命运的思想境界构成的大“我”，是梁斌画作独特的精神所在。有关的评论如：

国画大家黄胄称梁斌的画是革命文人画，我以为这是众多评论中最贴切的评论，好个“革命文人画”，文学家梁斌、画家梁斌是与战胜日本帝国主义侵略，缔造新中国、建设新中国的革命家梁斌一起成长、一起辉煌的。……解读梁斌的书画作品，会给我们无尽的启迪。……《柿子树下》是画家初读《在延安文艺座谈会上的讲

①注：本小节所引用的文章段落，除已经注明出处的以外，其他未注明出处的均引自宋安娜主编的《梁斌书画论》（天津人民美术出版社 2006 年版）。有一些文章段落亦根据在引用前对作者做采访时的补充意见做了一些修正，跟原文略有不同。

话》心境的形象表现，难忘啊！因为文学家梁斌的文学名著《红旗谱》就是从此诞生的。……全幅仅用红、黑两色完成，它们互为依托、互相帮衬，可谓匠心经营的独到处。在《杏花春雨江南》中，再次感受到这一手段的风采……前者是画家喜读《讲话》之境，后者是画家与同是革命家的散帼英女杰喜结良缘的初恋之境。选取红色作为表象符号，在画家梁斌的作品中，那意蕴是再明确不过的了。

——《文藻丹青竞相辉》叶毓中（中央美术学院教授、国画家、美术教育家、理论家，原《美术》杂志主编、中央美术学院副院长）

梁斌的山水画作品笔简而韵长，无论是名山大川的层峦叠嶂，还是乡村家园的一角一隅，他信手挥毫，只求记录特定的自然对他个人的特殊情味和关系，而不拘前人习规。石涛说：“尺幅管天地山川而心淡若无者，愚去智生，俗除清至也。”梁斌的画似乎是对石涛艺术思想的印证，愚去智生、俗除清至的前提是作者独立自由的人格。……在梁斌笔下，这些花木与传统花鸟画中的风神有所不同。它们粗壮、坚挺，没有丝毫的柔弱和娇媚，似乎是在艰难环境中争取生存权利的勇士。黄胄所说的“希望与生机”，正是表现在画家对待自然万象的态度上，例如他常画的枝头果实，垄上杂花，总是劲健丰实而含野逸之趣。中国传统绘画中常见的青竹、幽兰、寒梅，被梁斌赋予“粗服乱头”的韵致，俨然“淡扫蛾眉”而不失高雅的韵致。像老农观望田畴作物般的心态，观望花木的欣欣向荣。

……人们是在他的诗文基础上理解他的绘画，将人格、气节、诗文、书画视为整体生命的多角度显示。正是在这一点上，梁斌的绘画有着职业画家不可替代的文化意义。

——《作家梁斌的水墨画》水天中（中国艺术研究院研究员）

有人统计，梁斌一生画了八千多幅画，有三千多幅毁于“文革”，也有不少赠送给了友人。……他的画面貌不一，有的水墨淋漓，设色淡雅；有的则用枯笔焦墨画山画树，再以浓艳的红色画花果、画太阳，形成十分强烈的对比效果。他作画多是饱含激情，放笔直扫，气势很大，令人如面对《红旗谱》中的朱老忠，高大突兀，慷慨磊落，燕赵侠风扑面而来，而又常能于细微处作精心描写，画得异常认真，也都是画家不同心境的自然流露。……

然而就整体而论，他不属于传统的文人画一路，他的画中精神内涵与他作为革命者的一生，与作为革命文学家的创作经验当作一体看。

——《满纸书香》李松（中国美术家协会编审，理论委员会委员，原《美术》杂志主编）

梁斌的作品《香雪海》，则给人一种强大的视觉冲击和心理震撼，其奇特夸张的咏梅形式，仿佛使观赏者进入了一种赏梅却忘梅的意境之中。画面将老干节疤绘于画面中心，以新奇夸张的“满天星”的手法凸显出梅花盛开之势，恰似寒冬里的风雪铺天盖地地漫天飞舞。这种手法，完全不同于传统绘画中多以“少梅”来赋意的格式化形式，从而寓意出他的豪情、他的精神。难能可贵的是，他咏梅时的奇特夸张手法，尽在合情合理之中。他在画面上虽然突出梅花盛开之景观，但却不去细绘，而是用淡墨细线仿佛随意、随情地去圈勾，洋洋洒洒地点活了千万朵梅花，展示出梅之繁盛的图画。那枝上、枝下、新枝老干之中，弥漫着层层叠叠的梅花，如同无数个天使冲破寒门，争先恐后地向大地飞来报春。那千万朵梅花，又仿佛是无数个音符，在梁斌的指挥下高奏着生命的交响曲，使观赏者在自觉的“观梅”之中，不自觉地进入了“故不知何者为我，何者为物”的审美境界之中。

——《文学·绘画·精神——当代文学家、国画家梁斌绘画的艺术品格》陈世宁（南京艺术学院教授）

另有一些评论认为，梁斌的书画艺术品格最值得赞赏的是他对艺术的一片真情，晶莹剔透、发自内心，无一丝一毫的功利因素，完全是作为修身养性的初衷，进而达到寄托未酬壮志的情感慰藉：

梁斌先生的书画是文学家的书画，是他文学思绪的延续……他不仅关注着生活，而且用他的画笔纯真无华地感激着生活，记录着生活，抒发着生活，绝无功利目的。为此，他用他法，他画他画，他抒他情。技无程法，笔随心动，留迹纸上，点点滴滴都是真。小巧易得，本真难求，去饰求朴，返璞归真乃大美矣，当世难见。

——王振锁（天津画院，国家一级美术师）

梁斌常常感叹地说：“永远不忘冀中农民，吃了他们多少小米！永远不忘白洋淀的渔民，坐了他们多少次渔船！”在这样的感情下，20 世纪 60 年代，他画出了《朝雾蒙蒙图》，80 年代画出了《映日荷花别样红》和《千年难忘的白洋淀》……

——《梁斌的画》方明

梁斌对荷花的吟咏占其书画的比例相当大，他对荷花的偏爱难以掩抑，这里有他对自己生命家园的寻觅和创建，也有他不刻意摹古、不刻意追寻的艺术追求。对此，各家的评论也很多。如：

《千年难忘的白洋淀》一画，描绘的是白洋淀的荷花，借物寄情，一扫文人笔下的残花败叶，把叶茂花浓的白洋淀荷塘描绘得淋

◎ 梁斌画作《千年难忘的白洋淀》

漓尽致、生机盎然。尤其是右侧一只挺拔直立的花苞，似乎就是李霜泗顶天立地的化身。……这类作品可以概括为梁老怀念革命友情之作。

——《浓墨铸豪情 雄浑逸精神》孙贵璞（天津美术学院教授）

他用同是“荷”的题材，却能表现出不同的主题思想，用同一“荷”之符号，竟能表现出荷的千姿百态。其中不仅有着自北宋周敦颐赞美荷花“出淤泥而不染”之后而形成传统主题的意味，更有梁斌赋予荷花的丰富的当代内涵。他将自我融进“信仰”之中，将自我融进祖国所经历的不同历史时期的大环境之中，去审视生命的价值。如：从1962年的《朝露》荷、1972年的《雨露》荷、1978年的《丰年》荷、1979年的《艳阳》荷，到1987年《接天莲叶无穷碧》荷、1989年《千年难忘的白洋淀》荷、1992年《西风叶》荷，乃至1980年《南柯梦改革开放》荷。其中，既有荷与《朝露》、《雨露》、《雨雾》、《艳阳天》的大自然环境的关联性，也有隐藏于《千年难忘的白洋淀》、《西风叶》之中的“战时”与“战后”两种“自然”环境与荷之审美。同时在《接天莲叶无穷碧》、《南柯梦改革开放》中，更是凸显出当下市场经济改革的大环境与“荷”之喜悦之情、高洁之志。在不同环境中所表现出的各异荷姿，无不彰显出梁斌将“小我”融入与祖国和人民同生息共命运、同生存共欢乐的“大我”之中。

……从而打破了传统画荷习惯于定格在荷之清静、花之幽雅洁美，乃至以“出淤泥而不染”为不变主题这一千篇一律的审美方式。梁斌丰富创新了传统水墨的表现手法，凸显了荷与环境的相互关系。虽然没有花之娇美，却能感受到荷之生命在朝露中的生机盎然的律动，乃至天人合一的深刻内涵。

——《文学·绘画·精神——当代文学家、国画家梁斌绘画的艺术品格》陈世宁（南京艺术学院教授）

（二）梁斌书画的艺术形式

梁斌书画的艺术形式是很有特色的，他自己曾用“自家笔墨”来概括，这里也选取部分评论简要介绍。

1. “生”

梁斌的画最可贵的是这个“生”字，并不是高度熟练度的那个“熟”。“生”在这里不是个贬义词，它是一种风格，而且比“熟”还高一个境界。“生”就是他很含蓄，他没有把自己全部的东西，用技巧表述无遗，因此有了这个“生”的气质。他的画给我的突出的感觉就是，真正看到了现代的文人画。

◎ 梁斌画作《纪念五一反扫荡五十一周年》

——《推陈出新 滋含丰富》孙其峰（天津美术学院教授、天津美协名誉主席）

在梁斌的山水画中，有一个值得称道的绘画特色，即郑板桥的著名论断："画到生时是熟时"，体现在画面上，也就是我们通常所说的"拙味"，这是一个需要修炼才能获得的艺术的高境界。其实，大凡艺术大家在其艺术的鼎盛期，往往都选择了这样的艺术取向。他于1990年画的《牛棚村小景》（此图见本书第五章第三节），其稚拙的房屋的表现手法，巨大的南瓜和瓜藤以及树木的描绘，鲜明地透露出他的艺术追求和高品位的情趣。同年所画的《纪念延安文艺座谈会讲话》（此图见本书第五章第三节），其新颖的构图和浓郁的拙味，均给人以极大的视觉冲击和深刻的印象。他1993年的《纪念五一反扫荡五十一周年》，更是以浓重的笔墨、强烈的色彩和拙意的手法，与众不同地绘就了一幅浓烈的风景画，崎岖的田埂、饱满的莲子、满塘的荷叶、茂密的芦荡、弯垂的树木，所有的景物都统一在稚拙的造型语汇之中，令人叹为观止。

——《文学·绘画·精神——当代文学家、国画家梁斌绘画的艺术品格》陈世宁（南京艺术学院教授）

2. "点"的用法

他（梁斌）自己创造了表现雨雾濛濛的画法，1972年11月13日，梁斌到北京小住，"晨见案上有黄胄弟画荷，兴发涂上数笔于其上"，于是画面上出现密密麻麻的小墨点，题曰"雨雾濛濛图"，算是二人合作，那时两人都还未摆脱"文革"的厄运，人们从画中会感到作者一种难以排遣的忧郁心境。不过这种画法并不自此始，从上世纪60年代初到90年代，他曾用自己创造的画法画过多幅作

◎ 梁斌画作《雨雾濛濛图》

品，有荷花，有芭蕉，或是晨露，或是夜雨，或是雪中，不一而足。

——《满纸书香》李松（中国美术家协会编审，理论委员会委员，原《美术》杂志主编）

梁斌在笔法上一个显著特点是“点”的使用。他的点在内容上有三种方式：一是点的象征性；二是由点组成的图形；三是点在画面上起到烘托气氛的作用。许多画家将点用于形式意图的较多，如苔点、树点和各山形的皴点等，而梁斌赋予了点以内容，点化成他表现思想的内容形象。如象征性的点可以成为雨点或大米、小米，如《听雨》；也可以成为象征阳光普照的光芒，如《归鸦噪晓》；用点组成画面，无论山、树一律用点来完成，使点有了生命的意义，如《滹沱河畔》。点在画面中还起到了烘托气氛的作用，强化了画面的视觉效果，致使画面的意境更加壮怀激烈、通体完美。

——李志强（天津财经大学艺术学院院长、教授，天津美术家协会理事）

3．画中书款

画中书款的出现是中国画的一个特征，它不仅在画中表明作者的姓氏，还点明了画中或画外的意义和形式上的美感。梁斌的书法有两种形式：一是独立的书法形式，大多为隶书和篆书，风格多是雄浑、壮美一类；另一形式就是他绘画中的题款，这是他书画艺术极为重要的组成部分。

梁斌的画中题款众多，有长有短，形式不一。不仅绘画作品有题款，即使独立的书法作品中的题款也随处可见。从这一特殊现象我们可以看到梁斌确确实实把书画作为又一个工具，继续表达他未尽的革命情怀，表达他那民族自豪感。梁斌写不动长篇的时候，写短篇；拿不动冲

◎ 梁斌画作《滹沱河畔》

锋枪的时候，拿起画笔，梁斌变换着表达方式来述说战争往事，表露心中抑制不住的生活激情。可以说，梁斌的书画是他用另一种形式体现的生命价值。作为梁斌书画的这一特色有专家这样评论道：

> 题画，可说是中国画不可缺少的组成部分。画家梁斌和文学家梁斌同台起舞，必然会产生巨大的震撼力。《阜平大黑山》（此图见本书第五章第三节）题画句，记载着1943年在太行山与日寇恶战的史实。画中用焦墨勾染的山峦，仿佛我们也与画家同在大黑山临战。当画家画到无画可画时，就格外悲哀。“画为我的工具，我为画的工具”，这个看似无聊的命题，却让画家必须时时回答。画家有画不完的画，是因为他有历史的经历和历史的情怀。
>
> ——《文藻丹青竞相辉》叶毓中（中央美术学院教授、国画家、美术教育家、理论家，原《美术》杂志主编、中央美术学院副院长）
>
> 梁斌的题款不拘泥于形式，也不照搬古人方式，完全根据自己的情绪来调动书款，有偏有正、有长有短，使题款自然地成为画中一部分，形成了画中之画，美感之中有了情和意，使画家的思想和画面整合后，用题款方式提神达意。他的书款多用魏碑体写成，奇正方圆、古朴拙雅，与画中笔墨构成一体，相映生辉。
>
> 梁斌的题款在内容上有多种的精神指向，而在形式上也有独特的美学特征。一是平衡画面，使画在奇中求和谐。二是装饰，增加画面的美感。三是书与画的笔情韵意的相通相贯，共同营造画面气氛。梁斌在画面布局中有许多奇特的章法。如《三友图》、《冬心笔意》若没有书法的支撑和平衡，画面也很难和谐，有了书法，画面不但稳定还能造出勃勃生机。
>
> ——《生命之光——梁斌书画研究》李志强（天津财经大学艺术学院院长、教授，天津美术家协会理事）

在梁斌的书画中有的题款很长，甚至长达百字，用以说明他作此画的心情、意境以及画面意犹未尽的部分。比如《秋色宜人·纪念五一反扫荡51周年》、《今日陈庄》、《大柿树下——纪念毛主席在延安文艺座谈会上的讲话》……有的长跋占画面的三分之一，极为壮观，如《南柯梦改革开放》简短概括了他战斗的一生，是他追忆往事的感慨之作：

昔日曾游泮水旁，少年泮上走玉莲。白发做完南柯梦，改革开放又一程。余十二岁考入县立高小，隔壁是孔庙，课余之暇，翻过红坨墙，古庙一座，正殿大成至圣先师之位。后院有池，水中有睡莲游鱼，甚有生机。正置（值）大革命时期，即加入共青团到大街示威游行。写标语，撒传单，检查英国货、日本货，高呼打倒英帝国主义、日本帝国主义，为上海工人领袖顾正红复仇！十六岁参加反割头（税）运动，十八岁参加二师学潮，“九·一八”后参加抗日救国运动，十九岁参加二师“七·六”学潮，到北京参加“左联”，在京津各报纸发表文章，廿岁被捕，释放回家探父，尤其看我的母校孔庙和泮池。当我跑了十八里路到孔庙后门（看泮池旁都是女孩子），我打问教育局长宋卜舟、高小校长蒋贯五、师范校长刘振曾，都不在了。拆了圣庙盖女子高小……自此，抗日战争、南下新区剿匪、反霸、土改复查，又干了一程《长江日报》，又写了几部书，干（赶）了一程“文化大革命”，匆匆六十年革命生涯，如大梦初醒，当前的一程是改革开放。

梁斌的书法作品也常常有题款，比如《月圆》写道：“一九六五年中秋之夜，读毛主席《论持久战》并为《天津日报》撰文一篇，步自中庭，仰观月圆。”《源泉》则记曰：“毛泽东同志说‘生活是创作的唯一源泉’。甲子初冬于津门。”

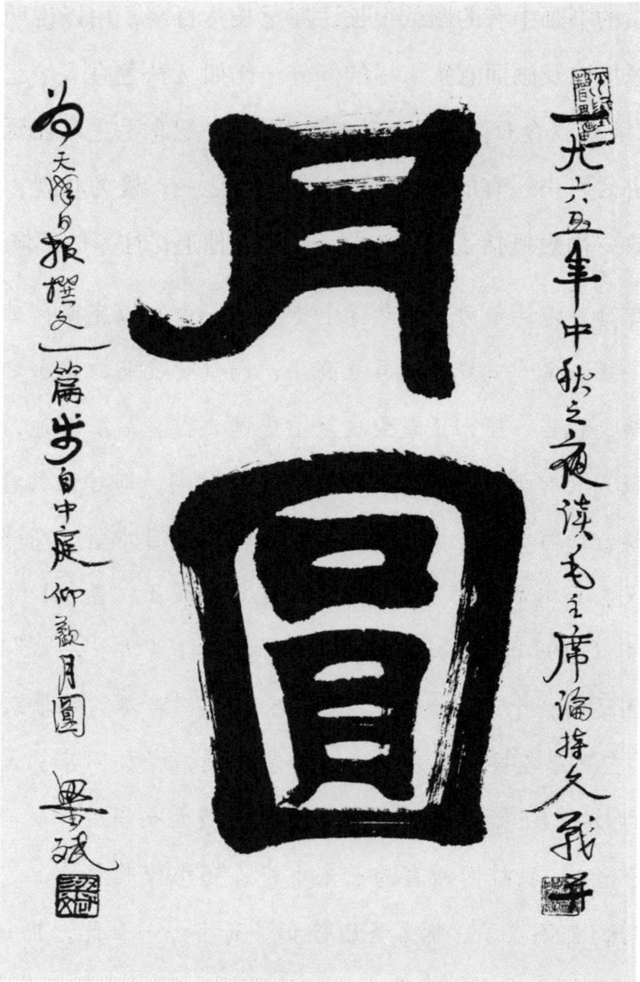

◎ 梁斌书法作品，题款曰：“一九六五年中秋之夜，读毛主席论持久战并为天津日报撰文一篇，步自中庭，仰观月圆。”

这种题款为观摩、研究者提供了作者的主旨、意趣，甚至作者的文人身份也因此而表露无遗。

五、豪气长存

梁斌生前，在他二楼的书房兼画室里，经常挂着两根绳子，一根挂在靠北墙的书橱上，另一根挂在西墙上，每天画的画都会被他挂在绳子上，既便于自己观赏，又方便了来往朋友们的交流。友人每向他求画，他总是指着挂满画室的画说："你自己挑，喜欢哪幅就拿哪幅。"梁斌对友人是慷慨大方的，在笔者采访中发现，和他接触过的人那么多，很多人手中都有他送的书画，他们都很自豪地拿出来给我看。还有这样一件事：天津作家于小惠曾委托我替她了却一桩心愿，她对我说："我丈夫孙力生病时，襄军来看他，当听说那个医生喜欢字画时，襄军就回家跟父亲梁斌提起这事，当时，梁斌马上找出两幅非常得意之作让儿子给我们送来，我知道那画是很值钱的。感激的话来不及说梁斌先生就去世了。而且至今我也没有机会表达我对梁斌他们父子的感激之情，希望你能替我告诉世人还有这样一件感人之事……"

梁斌有很心仪的书画朋友王亢之、方纪，偶得佳作他便与友人共同欣赏、品评。有一次梁斌偶然在黄家花园委托店寻得两对青花盖碗，是明代遗物，价值不菲。因为机会难得，梁斌当即买下。但是家中已有一对青花盖碗，梁斌便毫不吝啬地把这对新的、品质更好的青花盖碗送给

◎ 1995 年在家中给儿子散襄军、女婿潘渊清讲画

了王亢之。梁斌从北京庆云堂购得一块长方砚，回家后洗去沉积的墨泥，发现是块稀有的龙尾歙石砚。一天梁斌正在磨着墨想写两张字。这时，王亢之开门进来，默不作声，眯眯笑着走到梁斌的跟前，抬起左手提起梁斌研墨的手，右手把龙尾砚一抽，回转头来就走。于是，梁斌右手拿着那段墨哑然无声地走到楼梯口，哈哈大笑着送王亢之走出门去。

“送人玫瑰，手有余香。”梁斌从不吝啬手中物品，还总说：“送就要送好的。”梁斌因身体不好，长期住院，医院便为他设置了一间画室。身体状况允许，兴之所至，梁斌就会运笔作画，所作之画大多都送给新老朋友了。夫人散帼英曾劝他说：“你身体不好，所作画作有限了，都把好的送人了，想作点纪念，以后搞研究都不好找。你应该留几幅有代表性的。”梁斌很不高兴，跟她耍起了孩子脾气，生气地说：“送人就要送最好的，不好还送人家干吗？”梁斌一生创作了八千多幅作品，其中大约三千八百幅毁于“文革”，自家现存的有一千多幅，其余将近三千多幅的作品全都送给了朋友。对于友人，梁斌总是慷慨大方的，这种性格，梁斌终其一生都保持着。

1994 年，梁庄村的支书来津看望梁斌，他们谈到了梁庄的未来发展。村支书说：“这不，村民代表商议要为村里的孩子们盖一座教学楼……”梁斌听了非常高兴，他把大手一挥说：“盖吧，为孩子们盖一所高标准教学楼，钱不够，我帮着想办法。”话是说出去了，可到哪里筹钱呢？村支书走了之后，梁斌陷入了沉思。

《红旗谱》出版之时，正赶上高稿费政策。20 世纪 50 年代初，我国处处效法苏联，稿费也学苏联，采取基本稿酬加印数稿酬的方式，标准定得很高。那时，书的品种少，每本书的印量却较大，往往一本书就可以拿到五六万元的稿酬。当时中国青年出版社给梁斌定的出版合同是：“1000 字 18 元，3 万册一个定额。”《红旗谱》出版后，中青社一下子支付了梁斌四万块钱的稿费。而当时北京一个小四合院，房价不过几千元，至多上万元，所以当时许多作家都买了属于自己的房子。梁斌当时住在天津贵州路，一楼四间阴暗潮湿的房子，窗外古老、破旧不堪的围墙几乎与天津同龄，书房没有阳光，都无法进行工作，梁斌很不满意，可他并没有动用这笔钱为自己买栋舒适的住宅。梁斌把稿费交由夫人散帼英保管。当时曾有人说：“有一万人想着梁斌的钱。”这话虽有些夸张，可是却也说明向梁斌伸手的人确实太多了。自己的孩子一大家子人要养活，兄弟姐妹们需要照顾，故亲旧友伸出手来，梁斌也从不驳回。需要照顾的人多，居心不良想敲竹杠的也不是没有。为此，梁斌立了个原则：在一块儿工作的老朋友们有所求，一般给二百元，最多的不超过三百元，最少的也有一百元。老家的亲戚照顾到侄儿辈，因为孙子辈的人太多，实在照顾不过来。

梁斌心存大爱，乐善好施，他的稿费是挣了不少，可是所剩无几。亲戚朋友要照顾，就是一个村子的乡亲，只要向梁斌张口，梁斌也总是慷慨解囊。有一次，两位乡亲到天津看病，找到梁斌，他不仅管吃管住，陪着跑医院，而且乡亲回家了，他还惦记着买了好几次药，给他们寄回去。

在梁庄采访时，我们亲眼看见已经变得旧了的“二梁阅览室”，那是20世纪80年代时，大家都还不富裕，为了让乡亲们了解外面的世界，梁斌买了一台新电视送给梁庄村委会，还约请自己的老兄弟黄胄一起给村民们办起了“二梁阅览室”，进口大彩电、大录音机、上千册图书，让梁庄村民着实骄傲。在二梁的支持下，村支部还办起了书画会，丰富村民们的生活，承继二梁的精神……

二梁使梁庄村民们感到骄傲，二梁的帮助也让他们获益良多。几十年来，慕名到梁庄造访的人很多。现在的梁庄整个村庄都是用红砖墁地，不仅仅是大街，所有的小巷、胡同，甚至村民家门口的空地都是红砖墁地，高门大院，整齐、干净而气派。才有着二百多户人家的梁庄，却培养了两位在新中国文艺史上影响深远的大家，确实是与众不同的。不知是因为梁庄特别的土壤培养了二梁，还是因有了二梁才使得梁庄这个小村落显得与众不同，或者二者兼而有之。

梁斌为了让梁庄的孩子们能够上学，他毅然卖了字画盖教学楼，这在梁庄不仅成为一道特别的风景，而且被传为佳话。一进梁庄，就能看到矗立在村口漂亮、气派的学校。这所学校是两进院落。第一层院落是较具规模的幼儿园。院子里有儿童游乐场，里面有滑梯、秋千，围墙上画着米老鼠、唐老鸭等孩子们喜爱的动画形象。第二层院落是小学。围墙整齐，教学楼高大气派。两层教学楼，一层八间共十六间，梁斌手书的“梁庄小学教学楼”被烧制成瓷砖镶嵌在二楼的顶部，遒劲有力。

◎ 梁庄希望小学

这座小学就是由梁斌资助盖起来的。梁斌用一张张收藏多年的字画、一件件珍贵的文物，换得五十万巨资捐给了乡亲们，为孩子们盖了一座两层的高标准教学楼。梁斌是一个翰墨之人，他懂得这些字画的艺术魅力，他也知道这些字画的价值，可是他更懂得这些字画只有贡献于人民才能焕发出永久的光辉。散帼英回忆说：当时看他往画店跑得勤，也不知道他在干什么，只看见好多字画拿走了，不见了，问他干什么用，他只是说有用，让我们别管。梁斌把卖字画换得的五十万巨资给了乡亲们盖小学，家里人并不知道，他也一直没给任何人提起。这桩义举一直到2004 年春天，天津电视台到梁庄拍摄纪录片时才从老乡那里听说。

1996 年 6 月 6 日，应乡亲们之邀，梁斌兴致勃勃挥毫题写了匾额——梁庄小学教学楼。可是，十四天之后，梁斌就离开了人世。

第十章 大地之子

为红旗作著、为忠魂作祭的信念一经建立，就再也不能断念。六十年来，他把文字当魂，把创作看得高于一切，甚至高过自己的生命、家人的全部存在。即使进入暮年之际，仍笔耕不辍，且再度辉煌。正是这种执著、这种韧性感天地、泣鬼神，托出了梁斌的伟岸精神。

以象征春荣、夏华、秋实、冬莹的四幅画和“满天星斗日，一华落地来”的条幅作绝笔，正是他一生不竭的讴歌。梁斌——在中国这块充满生机和律动的沃土上，走到了他想去的地方，攀登上了他想达到的高峰！他是这片大地的儿子……

一、出访日本

1979 年 5 月，中国作家协会组织中国作家代表团出访日本，由作家协会副主席周扬带队。这是“文革”后，中国作家协会第一次出访，随行作家有梁斌、姚雪垠、杨沫、欧阳山、冯牧、柯岩等人。

访日之行，使梁斌最为感动的是日本文艺界对《红旗谱》的厚爱，以及因此而产生的对他的关心与注目。

中国作家访日代表团到了东京，翻译家松井博光和出版商福井肇立即前来拜访梁斌。翻译家是作家的知音，他是最懂得作者的语言和感情的。但是从《红旗谱》1963 年第一个译本在日本出版到 1979 年整整十七年间，翻译家和作者都还不曾谋面，在“文革”时期连通信都中断了。一见面，松井先生就急切地问道：“‘四人帮’把你关起来了?”梁斌回答说：“没有关起来，只是把我困在农场里种了几年菜!”松井又关切地说：“我们几年听不到你的消息！……”①

虽然是第一次见面，虽然问候很简短，双方的感觉却像是故友重逢。梁斌感受到了日本友人直爽热情的关心和友谊。令梁斌惊讶的是，

①梁斌：《和翻译家、出版家在一起》，《梁斌文集》第六卷，人民文学出版社 2005 年版。

◎ 梁斌和《红旗谱》的日文翻译家、出版家在一起

松井先生向他出示了《翻身记事》一书。当时，《翻身记事》由人民文学出版社出版还不到一年时间，在日本东京竟然这么快就买到了原版书。松井告诉梁斌，日本有三个书店可以买到中国的原版书，反映新民主主义社会的书在日本是很受欢迎的，而反映社会主义的书却有些受限制，但是梁斌的《红旗谱》和新著《翻身记事》在日本都能买到。梁斌亲身感受到了日本读者对他的崇敬和喜爱。中国作家代表团在日本访问的短短十几天，松井和福井肇就三次拜访梁斌，详细询问梁斌的经历，因为这不但是他们所关心的，也是日本读者所关注的，他们是想得到翔实的资料以转告读者的。梁斌一再感谢松井和福井肇在中日邦交尚未恢复、人民友好交往尚有很大阻力的时候，就翻译出版了他的作品。临别之际，松井和福井肇共同签名，把一部日文版《红旗谱》赠给了梁斌，并表示还要重新翻译他的修订本。梁斌回赠给福井肇一幅自己画的木

◎ 梁斌 1979 年春随中国作家代表团访问日本时，在岚山诗碑前与周扬、欧阳山、姚雪垠、冯牧、柯岩等中国作家和日本作家的合影

芙蓉。

过了几天，中国作家代表团在东京下榻的大谷饭店又迎来了几位特意从大阪赶来的热情的日本读者。气贺礼一先生是从天津归国的日侨。他多年来一直在天津一家医院当医生，直到 1966 年“文革”前夕才携妻带子回到日本。出于对《红旗谱》及梁斌的热爱和崇敬，又因为“天津老乡”的情缘，听到电台、电视台的新闻报道后，夫妇两人特意邀请了几位读过《红旗谱》的朋友，从大阪赶到东京来探望梁斌，有位读者还特意把日文版的《红旗谱》带来，请梁斌签名留念。读者们的爱戴，异国他乡的友谊，让梁斌非常感动。

日本友人的热情好客，他们的热切关注，以及处于温带海洋气候中的日本山城都给梁斌留下了美好而深刻的印象。访日归来，梁斌即写了一组访日散记。诸如《和翻译家、出版家在一起》、《日本的“茶道”》、《访问日本讲谈社》、《和日本读者在一起》、《琵琶湖游记》等，这组散文均收录在他的散文集《笔耕余录》中。

访日途中周扬说到中国作协要改组，想邀请梁斌到中国作协工作，梁斌因正在准备继续完成《烽烟图》的创作而婉言谢绝了。梁斌的一切都是为了创作，包括几次工作的调动。他常说：“文章是心之花，要用心血浇灌。”他所追求的是慕名趋利者所不能理解的，他所从事的正是“不假良史之辞，不托飞驰之势，而声名自传于后”① 的事业。

①曹丕：《典论·论文》。

二、笔耕不辍　再度辉煌

1977 年春天，中国青年出版社给梁斌写信商量《红旗谱》再版的事，这将是《红旗谱》第四次出版。梁斌回信表示不忙出版，他要对作品再次进行修改。每次再版，梁斌都会认真地做一些修改，包括一些小的细节。他是一位对字句锤炼很严格的作家。在第四版后记中，梁斌说道："艺术是没有止境的。我把这本书在第三个版本的基础上又作了一些修改，也可能还是不够的。"梁斌改书有一个特点，他习惯在上一版书上直接改动。一有机会梁斌就会拿出作品仔细端详，字斟句酌。王昌定曾回忆说，他任《新港》杂志编辑时负责《红旗谱》的单章刊发，曾多次接到梁斌要求作个别文字增删、改动的信。事隔多年，他仍然为梁斌严谨的文风而感动。梁斌自己也多次讲：与其相信自己的才华，不如相信自己的笨工夫，作品不是写出来的，而是修出来、改出来的。他主张文章写出来后要搁一搁，放一放。《播火记》里修改少的地方，有七八次，修改多的地方，达到了十几次甚至二十次。梁斌在 1963 年给读者的回信中曾说道："一部书在初稿中完成的工作，至多有三分之二，还有一部分工作在修改中完成。……不只写得不好的地方需要修改，写得得意的地方也需要修改。得意的地方，往往写得快，错落之处可能多。”[①] 古人云：“文章不厌千回改。”梁斌认为好文章是改出来的。1977 年 10 月，梁斌在天津寓所为《红旗谱》第四版作了后记。

“文革”结束，国家加大力度拨乱反正，梁斌的创作激情再度昂扬起来。1978 年，梁斌在香港的《文汇报》上撰文《壮志未酬老不休》，以极大的热情诉说了自己献身社会主义建设的愿望。文中写道：“我虽花甲之年，身体尚称矫健，精力充沛，心情舒畅。我决不辜负党和广大读者的期望，以最大的韧性，继续完成《烽烟图》。……对于我来说，壮志未酬老不休，我一定要把这些酝酿已久的可歌可泣的英雄业绩，再现于文学作品之中。”

1980 年 1 月，梁斌当选为河北省政协副主席。同年 4 月，出席河北省文学艺术工作者第四次代表大会，从 4 月 25 日开始，历时十天。在闭幕式上，梁斌致闭幕词时提出“文艺工作者要解放思想，提高创作技巧”，要注意作品的社会效果，要无愧于“人类灵魂的工程师”这个光荣称号，要努力使自己的作品在丰富人们的精神生活，培育人们的共产主义思想品质、道德风尚，培养教育青年一代等方面发挥积极的作用，鼓舞和激励人们更好地投入四化建设的伟大斗争。梁斌充满激情地说道：“让我们进一步振奋精神，放开手脚，勤勤恳恳，努力协作，要在我们这次大会以后，出现一个文艺创作的新高潮：创造出无愧于我们伟大时代的作品，在四化的征途上做出我们应有的贡献。”河北省第四次文代会之后，梁斌身体力行，勤于笔耕，创作了大量散文、随笔和回忆录。

1980 年，上海文艺出版社出版了梁斌的第一个散文集《春潮集》。这本集子收录了他写作中的一些随笔和感想，主要以谈论创作经验为

①梁斌：《复读者来信》，《梁斌文集》第六卷，人民文学出版社 2005 年版。

主。十年“文革”结束，祖国大地迎来明媚的春天，各行各业涌现出欣欣向荣的景象。梁斌由衷地为祖国感到高兴，因此为集子取名为“春潮”。他希望自己的作品能为祖国的春天增光添彩。

20 世纪 80 年代前后，当代文坛对于梁斌的研究出现了新的高潮。1979 年，河北师范大学的唐文斌老师为进行《中国当代文学研究资料丛书·梁斌研究专集》的研究工作，多次拜访梁斌，当他了解到由于年代久远和兵荒马乱的战争，梁斌对早年的作品已经记不清了，现在也没有任何记载这一情况后，作为作家梁斌的研究者，他立即根据谈话中的线索，专程到北京图书馆一本一本、一页一页地翻阅，经过连续数日的查找，终于找到了十三篇署名“梁斌”的杂文和小品文。梁斌得知这一喜讯后又勾起了他一些新的回忆，他记得还曾写过一篇小说，题目好像是《芒种》。根据老作家的新线索，唐文斌再次查找，又找到了一些作品。梁斌看到自己早年的作品被发现，十分激动，再三表示感谢，说：“过去曾经有许多人向我问起早期创作的情况，但都不了了之。只有你切切实实地帮我做了一件好事啊！”以后，梁斌还专门写了《关于早期的几篇作品》一文，翔实地记述了这件事，以表示对唐文斌的感激。通过唐文斌的采访，梁斌不仅回忆了早期的作品，而且对自己的整个经历也做了一次较为系统的回忆。作为晚辈，唐文斌听了很受感动，如果老作家能把自己光辉而坎坷的一生记录下来，那将是多么宝贵的财富啊！感动之余他忍不住向梁斌提出了这个期望和恳求，可说完以后他又觉得梁斌已经六十五岁了，提出这样的请求未免让他太辛苦了。所以，在 1985 年唐文斌去中国社会科学院进修时，与周海涛一起写了《梁斌评传》的初稿（在 1992 年出版）。自唐文斌以后，又有一些同行和朋友向梁斌提出了类似的期望。对于研究者和读者的期望，梁斌一向是看重的。他每当回忆起自己的亲身经历就会感到往事如烟，一桩桩一件件，人来人去，在脑海中不断闪现。可以说这已经是孕育了一生的故事了，怎么能不愿意写出来呢？正在此时，《新文学史料》开始连续刊载茅盾先生的回忆录，在内部发行，并于1980年将其集结成书出版。这在中国现当代文学史上也是一件罕见之事。因为，自“五四”以来，中国名作家数以千计，但是个人写回忆录以存世传世的却不多见，特别是以后政治运动之多，很多人更是望而生畏。茅盾开了中国新文学史料之先河。该杂志社希望其他老作家也能从中得到一些启示和勇气。而后，编辑部向梁斌约稿时，得到了梁斌的痛快应允。

当时，梁斌正在修改《烽烟图》，当此作完稿，于1983年出版后不久，梁斌右臂开始失灵，写东西很困难，自感体力不支。梁斌曾想，自此就不再创作长篇，只是写写随笔、杂记之类。话虽如此，但他哪里能停得下来呢？完成了《烽烟图》之后，马上又开了回忆录的撰写。1983年《新文学史料》第一期刊载了梁斌的《童年——回忆录之一》，从此，一直到1987年《新文学史料》第四期刊出《三十而立——回忆录之二十》，梁斌的回忆录连载到这一章结笔，前后历时近五年的写作时间。与此同时，《笔耕余录》于1984年2月由中国青年出版社出版，收入了《两走白洋淀》等六十三篇文章。

1984年，梁斌从河北省回到天津，工作关系也随之调到天津。梁斌受到时任天津市市长李瑞环的热情接待。根据中央的有关政策，梁斌应该享受正部级待遇，但是梁斌拒绝了组织的照顾，坚持不要房子、不要车子、不配秘书，不要实职，连全国政协委员也不要，只任天津文联名誉主席。本来那时像梁斌这样的老革命还可以继续担任有关职务，可他却几次说：我都将近七十岁的人了。做不了实际工作，不如把工作岗位让给年轻人。全国政协委员我也要退，不退休不安心。梁斌的人生信仰中有着儒家“穷则独善其身，达则兼济天下”的理念，在其位就要谋其政，挂着名而不尽心尽力，于情于理他都难以接受。因此他坚决要求离休。1985年，梁斌正式办理了离休手续。

国家按正部级待遇，要给他配车子、秘书，他不要。不仅如此，就在他晚年多病需要照顾的时候，他也从没有向组织提过要求。有一次梁斌生病不舒服，女儿说向单位要辆车吧。梁斌摆了摆手："能动弹，就别麻烦组织了。"最后女儿用自行车把他推到了医院。梁斌革命了一生，写作了一辈子，光明磊落，襟怀坦荡。

梁斌七十二周岁时，心脏波动厉害，心电图T波倒置，医生不让他外出，只能在房前屋后走动，就这样，他还坚持每天画两张画，写两页稿子。梁斌的青壮年时期因创作而致病，到了中年就不得不为创作而养病，介入老年人行列时他没有像一般人那样颐养天年，而是极力延长创作年龄，多写文章，多出作品。

对于工作与休息、年龄与经历的关系，梁斌有一套科学的说法："搞创作，写文章，不眠不休，会把身体搞坏。必须保持身体健康，精力充沛。我就有这样的体会，精神旺盛的时候写出来的文章才会丰满。精神疲倦的时候，写出来的文章也是萎萎缩缩的。文章是精神的产物。古人说'精神到处文章老'，是有道理的。作家的年纪越大，生活经历越多，文章越容易写得老练精粹，年龄和经历是宝贵的精神财富，白石老人的画，就是一例。如果他在六十岁逝世，在世界上，这位大师的艺术成就，就不会有这么大的影响。"

梁斌晚年的生活非常有规律：每天早晨五点起床，六点钟到复兴公园，做三十三势立功，打两套太极拳，每套四十分钟，中间休息十分钟。晨练完回家吃早饭，上午看书、写作或画画到十二点，中午休息一会儿。下午起床后，从南海路永康里的家出发步行到附近民园体育场一个老朋友家，两人一块儿喝一杯茶，梁斌就回家。去半个小时，回来半个小时。回到家，还常常看会儿书，或者翻翻报纸、杂志。晚上常看电视，或者听京戏、河北梆子。轻松自在，井井有条。安定有序的生活，使梁斌无论在写作上，还是在绘画上都游刃有余，并且获得了丰硕的成果。

从1988年开始，梁斌重新整理已经发表的回忆录，并增添了“四十而不惑”一章，共计三十九万多字，于1991年出版了长篇自传《一个小说家的自述》。

1991年10月14日，《一个小说家的自述》首发式在人民大会堂举行，时任全国人大常委会副委员长雷洁琼、团中央第一书记宋德福、全国青联主席刘延东前来探望了梁斌。梁斌的老首长吕正操也派人慰问，老作家姚雪垠、管桦等到会祝贺，各大报纸、杂志都争相进行了报道。

梁斌认为《一个小说家的自述》是他的最后一本大书。从第一部长篇《红旗谱》出版后的好评如潮到最后《一个小说家的自述》的出版，梁斌善始善终，在文学这块园地里辛勤耕耘，结下了累累硕果。梁斌终于可以笑着向广大文学爱好者谢幕了。《一个小说家的自述》在天津最大的书店发售，梁斌搞了一生中唯一的一次“签名售书”，群众购书非常踊跃，场面热闹非凡。天津电视台拍了新闻，连续播放。著名文艺评论家冯健男在1993年5月的《光明日报》上撰文说：“这部《自述》，也是有个性、有风格的。就语言来说，近似自述者的小说的语言，不过较少修饰和润色。而其中每见文采，令人想见其人。自述者写此书时，已是古稀老人。读此书，得见其满树硕果，临风摇曳之姿。正是：江山如此多娇，风展红旗如画。”

看到这些评论，梁斌欣喜而感叹地说：“我这部书写了四年，没白费劲，作者能博得读者的好评，是最得意不过的，可惜我老了，有病，下半部写不了了。”

◎ 邓颖超同志与梁斌亲切交谈

是的，梁斌的身体再也不能超负荷运转了。《一个小说家的自述》的部分章节就是在医院病室中修改完成的，1992 年的春节梁斌也是在医院度过的，因此《一个小说家的自述》只写到“四十而不惑”，梁斌再也没有精力写出下半部书了。这对梁斌自己、对读者来说，都是一个很大的遗憾。

1994 年梁斌八十周岁。这年 3 月，中国青年出版社出版了梁斌的最后一部文集《集外集》。这本集子收录了梁斌 1985 年以后写的散文、随笔、文艺论文共二十六篇。集子中有梁斌从事革命活动和文学创作的回忆，有对青年文艺工作者的培养，还有对改革开放后新生活、新事物的歌颂，这些作品表现出梁斌在新时期的崭新精神风貌。《我的文学观》、《我和画》、《北方昆曲的崎岖道路》总结了梁斌一生的文学艺术追求。与梁斌交往三十多年的中国青年出版社老编辑王维玲在《集外集·跋》

中对梁斌的《一个小说家的自述》和《集外集》给予了很高的评价：“梁老年近八旬，行动虽然迟缓了，但睿智的头脑中储藏的阅历、知识、修养、经验、学问却越来越丰富、越成熟、越风趣、越幽默、越有味道了。梁斌几十年笔耕不息，精益求精，他是勤奋、刻苦的，又是天才的、成绩显著的一代文学大师。”《集外集》出版时，适逢梁斌八十大寿，因此《集外集》的出版具有了双重的意义，既是祝贺他的生日，又是献给他六十年文学创作生涯的一份珍贵礼物。

可以说从 1977 年到此时，老作家梁斌进入了一个创作的再辉煌期，首先是《红旗谱》、《播火记》的第四版再版，而后连续出版了《翻身记事》（1978）、《春潮集》（1980）、《烽烟图》（1983）、《笔耕余录》（1984）、《一个小说家的自述》（1991）、《集外集》（1994）。可见，古今中外的伟大作家无不是以心血为文，用生命张弛的。

梁斌晚年特别想再到第二故乡襄樊看看。1990 年 10 月，梁斌如愿以偿，在湖北襄樊举办了“梁斌书画展”，画展结束后，梁斌和夫人散帼英在工作人员的陪同下来到了他们曾经工作过的襄阳，来到了他在土改中冲锋陷阵的刘爷庙。看到自己一手经营的村庄如今风景如画，村民安居乐业，面貌全新，梁斌由衷地感到高兴。当年的贫农乡亲看到梁斌部长，高兴地快步向前，双手紧紧相握：“梁部长，可把您盼来啦！您还好吧？四十年啦！我们都老啦，可日子却一天比一天好哇！感谢您，感谢共产党！”

“我还好，乡亲们好！见到你们我真高兴，老乡们生活不错，我更高兴！都得感谢党呀！”虽然年事已高，梁斌仍然坚持走遍了每一处他曾经工作过的地方，还为青年学生做了多场专题讲座。

1991 年 5 月，梁斌终于实现了自己的又一个夙愿——以一个画家的身份走进热爱他的读者心中，在故乡的土地上举办个人画展。画展在石家庄最大的展览馆河北省博物馆举办，开幕式上，他的第一句话就是："朝思暮想河北人民，没有河北的父老乡亲，就没有我梁斌。"话音一落立即引来热烈的掌声，一些老朋友眼中闪动着泪光，每一位在场的人心底都涌起层层热浪，为梁斌的真情所感动。这又让人想起他在从事文学六十周年研讨会上致答辞时的四个"不能忘记"。梁斌对故土的深情，不只是叶落归根的眷顾，还有与生俱来的质朴、纯真的赤子情怀。梁斌在文学作品、书画作品中运用了很多富有乡土气息的人物、场景、风景、物象来体现他的故乡情结。

三、梁斌文学奖

梁斌的晚年，出于自己曾经作为文学青年在北平时渴望有人指点的心情来理解当代青年学子，拿出相当大的精力投入到对青少年的培育和指导上来。

《红旗谱》出版后他曾多次到学校、工厂，给学生、工人们谈创作体会，指导业余作家创作。1978 年文艺界还没有完全解冻，梁斌就大声疾呼文艺工作者要摆脱历史的阴影，锐意进取，努力写出更多更好的作品。梁斌的声音鼓舞了成千上万的文学青年。那时，梁斌协助天津市南开区文化局恢复了南开文学社，并应邀担任文学社顾问。在梁斌的倡议下，南开区文化局又创办了天津南开文学讲习班。梁斌帮助组织者制订讲课计划，亲自讲课传授创作经验，以提高文学青年的政治、文化、道德等方面的修养和艺术水平。十几年中，参加南开文学讲习班的学习者达三万九千人次，有的已在全国产生影响。梁斌用自己辛勤的汗水为天津市培养出一批年轻有为的作家，文学青年撰文称赞梁斌“皓首赤心育苗新”。

1984 年 11 月 30 日，一封署名“塘沽海鸥青年文学社全体社员”的信，被邮递员送到梁斌的手上。素不相识，没有任何交往，但是梁斌从

◎ 为培养青年作家，梁斌经常到工人、农民中

忙碌中腾出时间，立即给他们回信。在这年年底他还约请这个文学社的社员到家中座谈，梁斌的真挚和纯朴使这些文学青年们无比感动。1986年1月25日，梁斌得知海鸥青年文学社自筹资金举办塘沽首届文学讲习班的消息后，放下《一个小说家的自述》的写作，寄去了《漫谈〈红旗谱〉的创作》一文的手稿讲义，并附信一封。

1994年4月15日，经梁斌南开文学讲习班上的学生、他后半生的挚友、天津南开区文化局的作家宋乃谦等多方筹划，经天津市委批准，“梁斌文学研究会”成立，时任天津市政协副主席肖元兼任会长。梁斌非常高兴，他对研究会的理事们说：“‘梁斌文学研究会’，要像左联那样，要办成天津社会主义文艺的绿洲。”在梁斌八十华诞之时，恰逢梁斌从事文学活动六十周年，梁斌文学研究会成立庆典也选在这一天。天津市文联、天津市作家协会、天津解放区文学研究会、天津延安精神研究会、梁斌文学研究会联合在天津乐园宾馆为梁斌举行庆祝大会。

宾馆的大厅摆满了祝贺的花篮，一条醒目的横幅“庆祝梁斌同志文学活动六十年”高悬在上，两侧立柱上，右边写的是“豪气文章红旗谱”，左边写的是“乡情书画白洋淀”。走进二楼会场，林默涵、贺敬之、魏巍、陈涌、李希凡、郑伯农、程代熙、张炯、徐光耀、袁静、杨润身、韩映山、曾镇南等北京、天津、河北的近二百名文艺家、评论家和梁斌的亲朋好友济济一堂，欢聚津门。主席台上挂满了画家、书法家送给梁斌的画轴和条幅，足有百幅之多。一幅幅精品佳作，十分引人注目；一首首饱含真情的贺联，更让人赞叹，感奋不已。

老战友刘光人、路一、傅铎、史立德等满怀激情地回顾了他们与梁斌在白色恐怖和战争年代共同走过的战斗历程，介绍了梁斌文品与人品的一致。

林默涵在简短的发言中指出，文学是人学，革命作家的任务是根据客观生活，塑造多种能反映时代特征的典型人物，通过他们的行为推动历史的前进。《红旗谱》中新型的革命农民形象，在中国新文学史上是新出现的典型人物，他们跟鲁迅笔下出现的农民和农村姑娘是有联系，但又完全不同的。

李希凡的发言中讲道，梁斌真正继承了鲁迅的文学传统。鲁迅在黑暗的旧中国，着重揭露中国国民性中的弱点，“哀其不幸，怒其不争”。梁斌在《红旗谱》中，反映了中国农民在党的领导下，走向觉醒、英勇斗争的崭新精神风貌，这正是鲁迅当年热切企盼的“战斗的文学”、新人的典型。

会场气氛非常热烈。梁斌坐在主席台上，红光满面，目光炯炯，依

◎ 在梁斌从事文学活动六十周年庆祝会上，梁斌与林默涵、李建国在主席台上

旧是那么朴实、善良，身上似乎还带着冀中平原的乡土气。

梁斌向来喜欢穿中山装，无论是出访日本，还是接待美国、日本的来访客人，都是中山装。这是多年革命工作留下来的衣着习惯。平时居家写作，梁斌总是衬衫、坎肩，布衣布鞋，朴素之极。他认为只要能食果腹、衣蔽体就已经足够了，讲究那么多会消耗人的精力，没有用。今天却有些例外，梁斌穿上了西装，还打了一条颜色比较鲜艳的红色领带。几重喜事集于一天，梁斌心想倔了一辈子，这次就听夫人、孩子们一次吧，没想到，梁斌经过这么一“打扮”，还真是显得年轻了许多。

在致答谢辞时，他用宽厚洪亮的嗓音，满怀深情地说：“我永远也忘不了农民父老在几十年战斗生活中对我的影响和教育。不能忘记八年抗日战争和解放战争中广大农民父老不怕牺牲他们的身家性命，贡献出他们的一切；不能忘记战争年代我吃过多少他们的小米饭，不能忘记坐了他们多少次渔船，不能忘记睡过他们多少热炕头；更不能忘记领导人民浴血奋战的八路军将士。没有他们，肯定就没有我这个梁斌。”凝重深沉的讲话，没有讲稿，冲口而出，全都发自梁斌的肺腑！

梁斌炽热真诚、气度恢宏的讲话，让与会者心潮澎湃，热血沸腾。从战争年代走过来的老同志们似乎又被梁斌的话带回了遥远的过去，有不少人擦拭眼泪。战火纷飞的岁月，带给人们以苦难，却也练就了人们纯真的感情和珍贵的同志友爱。他们想起了几次“过路”时对战友关怀备至的年轻战士梁斌，想起了冀中新世纪剧社时期雷厉风行的梁斌社长，想起了豪爽热情喜欢大嗓门唱黑头花脸的梁斌，想起《红旗谱》出版了梁斌却倒在了病床上……战争年月，他是一位有胆识的英勇战士；和平时期，他是农民的忠诚儿子，家乡的山山水水，家乡的父老乡亲、兄弟姐妹，永在他的思念之中……梁斌对祖国、对人民、对家乡、对他追求奋斗的事业的激情和深情，似汹涌的海涛涌进了每一个与会者的心田！

在晚年的一些字画中，梁斌常常落款“八十叟梁斌”，朴实无华，去绝了任何的光环，回归了他天性的质朴。

梁斌多次强调“自古英雄出少年”，要求梁斌文学研究会为青少年的成长创造条件。梁斌文学研究会成立伊始做的第一件事，就是联合十三个文化教育单位举办了“梁斌杯”校园文学国庆征文大赛，梁斌用自己的画作酬谢赞助单位。在发奖大会上，梁斌语重心长地作了《致青少年作者的讲话》，殷切希望小作者“要成为促进中国社会全面进步的参与者”。一位获奖小作者给梁斌写信说，听了梁爷爷的话使他认识到“文学是崇高的严肃的事业，是和人民血肉相连的”。

1995年，由梁斌文学研究会和解放区文学研究会共同举办了为纪念抗日战争胜利五十周年全国校园纪实文学征文活动。1996年春节之后，活动结束，组委会商议要在天津举行发奖大会，梁斌当时病重已在天津市总医院住院很长时间了。家人极力劝说梁斌不要再关心社会上的事务，但是梁斌仍坚持带病出席了这次颁奖大会。

3月19日梁斌从总医院的病房出来坐车直奔大会现场。来自全国各地的三百多名优秀小作者们见到了渴盼已久的大作家梁斌，看到了主席台上拄着拐杖、笑呵呵地向大家挥手致意的梁爷爷。当小作者们听到梁爷爷凭着顽强的毅力、忍受着病痛的折磨坚持出席这次大会的介绍时，全场报以雷鸣般的掌声。一个著作等身的大作家，一位已经八十二岁高龄的病中老人，即使不参与此事也不会有人苛责于他，可是梁斌却把这件事放在最重要的位置，身体力行，关心祖国下一代。他多次对梁斌文学研究会的工作人员说道："要多在青少年中做工作，一定要加强对青少年的思想教育，二十一世纪的希望在他们身上……"这次颁奖会上，梁斌作了题为"学好理论，指导实践"的讲话，话语铿锵，掷地有声。梁斌向小作者们讲述了自己青少年时代艰苦的读书生活，语重心长地鼓励小作者们认真读书，读好书，学科学、学历史。他还以自己青少年时期参加革命的经历鼓励青少年读者树立爱祖国、爱人民的思想，学好科学做祖国的栋梁……

能够出席这次大会，本是医生的特许，梁斌在台上真挚地讲了一个多小时，台下的梁夫人却急得不得了，几次催促工作人员传话给梁斌少讲一点儿，可是他执意不肯。关注青少年文学爱好者的成长，关心他们的身心健康，是梁斌生前最关心的大事之一。他曾经担任岳阳道小学的校外辅导员，经常到校或者将孩子们请到家中，循循善诱，呵护备至。

2001年在纪念梁斌逝世五周年纪念会上，时任梁斌文学研究会会长肖元提议设立“梁斌文学奖”，旨在弘扬梁斌的创作精神，鼓励青少年要树立自幼为繁荣建设先进文化做贡献的理想。这个建议得到梁斌文学研究会、中国青年出版社、《中国少年报》、《作文报》、《天津教育报》、《今晚报》、《中学生报》、《天津日报》、《北斗星杂志》等单位和报刊的响应，并得到全国文联主席周巍峙等领导同志的关怀。“梁斌文学奖”在是日由梁斌文学研究会和中国青年出版社共同设立而成。

“梁斌文学奖”为喜爱文学的青少年搭起了一个施展才智的舞台，创造了一个文学新苗破土而出的良好氛围和机遇。“梁斌文学奖”每两年举办一届，到目前已经举办了三届，获奖作品也已结集出版。首届“梁斌文学奖”于2002年6月在南开大学伯苓楼会堂举行颁奖大会，获奖作品汇集为《心语》，由中国青年出版社出版。第二届“梁斌文学奖”的优秀作品结集为《心华集》，也由中国青年出版社出版。

第三届“梁斌文学奖”以“关注农村、农民、农业”为主题在2005年6月启动。梁斌是农民的儿子，他的革命生涯是在农村度过的，他的作品再现了中华民族寻求解放过程中农民的觉醒，塑造了党领导下的新一代农民形象。进城以后，虽然他离开了农村这块土地，但是他的心灵却始终没有脱离过对于家乡、对于农民、对于农村的关怀，他和农民们的交往一直持续到他生命的前夕。对于中国农村的关注，在当代作家中梁斌是最为突出的。因此第三届“梁斌文学奖”以“三农”为主题征文正是对梁斌心愿的继承和发扬，这次征文活动也使得“梁斌文学奖”突破了前两届只在青少年中展开活动的局限，打开了新的局面，扩大了“梁斌文学奖”的影响，使其成为中国当代文学史上一个影响比较大的文学奖项。2006年5月，在“梁斌大地之子文学书画艺术展”开幕式上，给三位获奖作者举行了颁奖仪式，获奖作者发表了生动的感言。来自全国各地的文艺工作者又再次见证了“梁斌文学奖”的巨大影响。

◎ 1986 年 10 月梁斌会见来访的美国作家

“梁斌文学奖”现已被收入美国纽约名门出版社出版的《世界华文文学奖》一书，“梁斌文学奖”已走出国门，走向了世界。

四、满天星斗日　一华落地来

1996年春节前夕，梁斌的手有些哆嗦了，可他还是想画画。在医院为他布置的画室中，梁斌一挥而就，画了四幅象征春荣、夏华、秋实、冬莹的八尺条屏：《富贵花开》、《相思》、《秋实》、《梅韵》以及"满天星斗日，一华落地来"条幅。盛开的梅花、牡丹象征着祖国的繁荣昌盛，枇杷、樱桃象征改革开放的硕果累累，满天星斗象征人民光辉的未来。黄胄说："梁斌的画，是革命的文人画。他的画没有青藤、八大和扬州画派那种高古荒寒，那种因愤懑不平和怀才不遇所形成的指天说地，牢骚满纸。他的画和文学创作一样，充满激情、希望与生机。"梁斌在生病的时候，没有只想着自己，他仍然在用他的笔讴歌，仍然用他的笔憧憬着未来。他的画作、他的条幅没有一幅在哀鸣，他对未来仍然寄予了深厚的希望！

就在这年春节，老战友柳溪和时任天津市作协的秘书长张少敏一块儿到医院看望梁斌。见到老同志，梁斌情绪特别高，兴奋地说："我能活一百二十岁！"为了证明他的体格健壮，他又握起柳溪的手，像掰腕子似的用劲儿握着，那力气还真大，完全不像一个八十二岁高龄的老人。接着他从沙发椅上站起身，唱了一段京剧黑头的选段。他浑身用力，洪亮的声音直冲屋顶。唱完了这段，又唱了一段《大登殿》的河北梆子腔。梁斌那份见了老同志的热诚和那种老年人的天真气质，令在场的每一个人为之感动。

参加了第二届“梁斌文学奖”全国征文大赛颁奖典礼的大会之后，梁斌回到医院，累得心脏病复发，经过半个月的治疗才得以恢复。就在他的身体刚刚有所恢复时，老战友路一的夫人孟昭芳来津拜访他，并请他为路一的新书作序。梁斌的身体已经不允许他再有任何情绪的波动，但是为战友的书作序，义不容辞。梁斌拖着病体，回首战斗岁月，牵动情愫，心潮激荡。他说：“我和路一自小在一起，路一的底细我是知道的。”“20 世纪 30 年代我们在北平做‘左联’工作，路一那时很得力，很活跃。那时他已经是小有名气的青年作家了。”简短地谈了两三次，孟女士发现梁斌身体情况不好，就安慰他好好休息，这次就不谈了。梁斌说：“看来，我写不了序言了……告诉路一，叫他自己在后边写一个‘跋’吧。”孟昭芳走后，他又被累倒了，以至于休克。

亲朋们来看望，只能隔着门玻璃远远地看上一眼，梁斌插着氧气导管在病床上一躺就是一个月。可是等梁斌清醒过来后，马上风趣地说：“我走了一回，又回来了。有个大书法家送我一句话说：‘你这次是有惊无险。’”梁斌向来是乐观的。

6 月初，梁斌又犯了一次病。情况略有好转，他就打电话给老战友刘光人，希望他能到天津聊聊。长期住院，太闷了。刘光人来了，在医院的单人病房里聊了一天加半夜，从早年参加革命说起，两个人有说不完的话。

6 月 5 日下午，梁斌从病房给路一打了电话，说：“我好咧……你放心吧!”他问路一书的“跋”写好了没有。路一告诉他，写了一篇“前言”。这时梁斌顾不得听路一说话，一而再、再而三地在电话里喊：“路

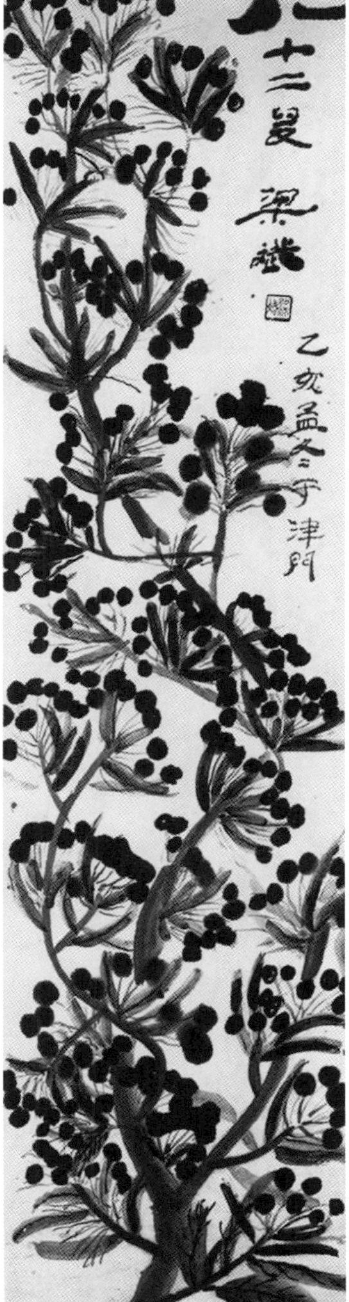

◎ 梁斌画作《相思》

◎ 梁斌画作《富贵花开》

◎梁斌画作《秋实》

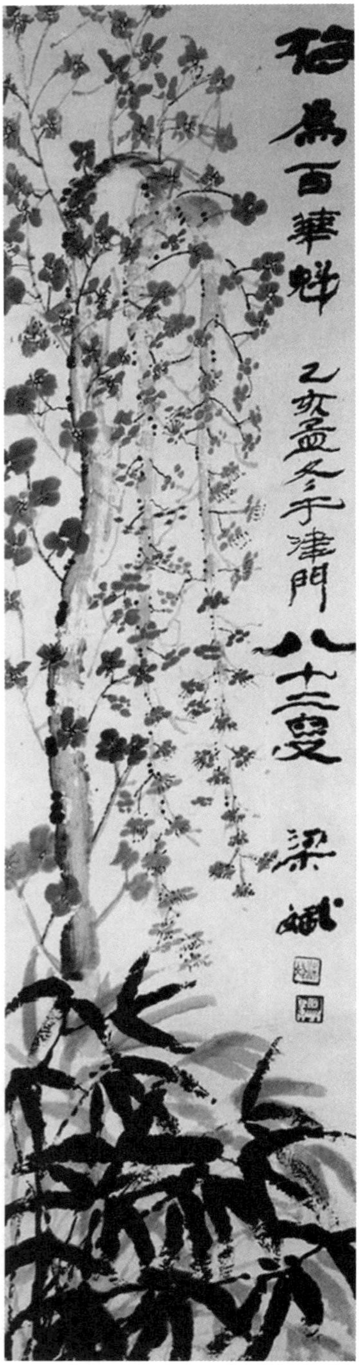

◎梁斌画作《梅韵》

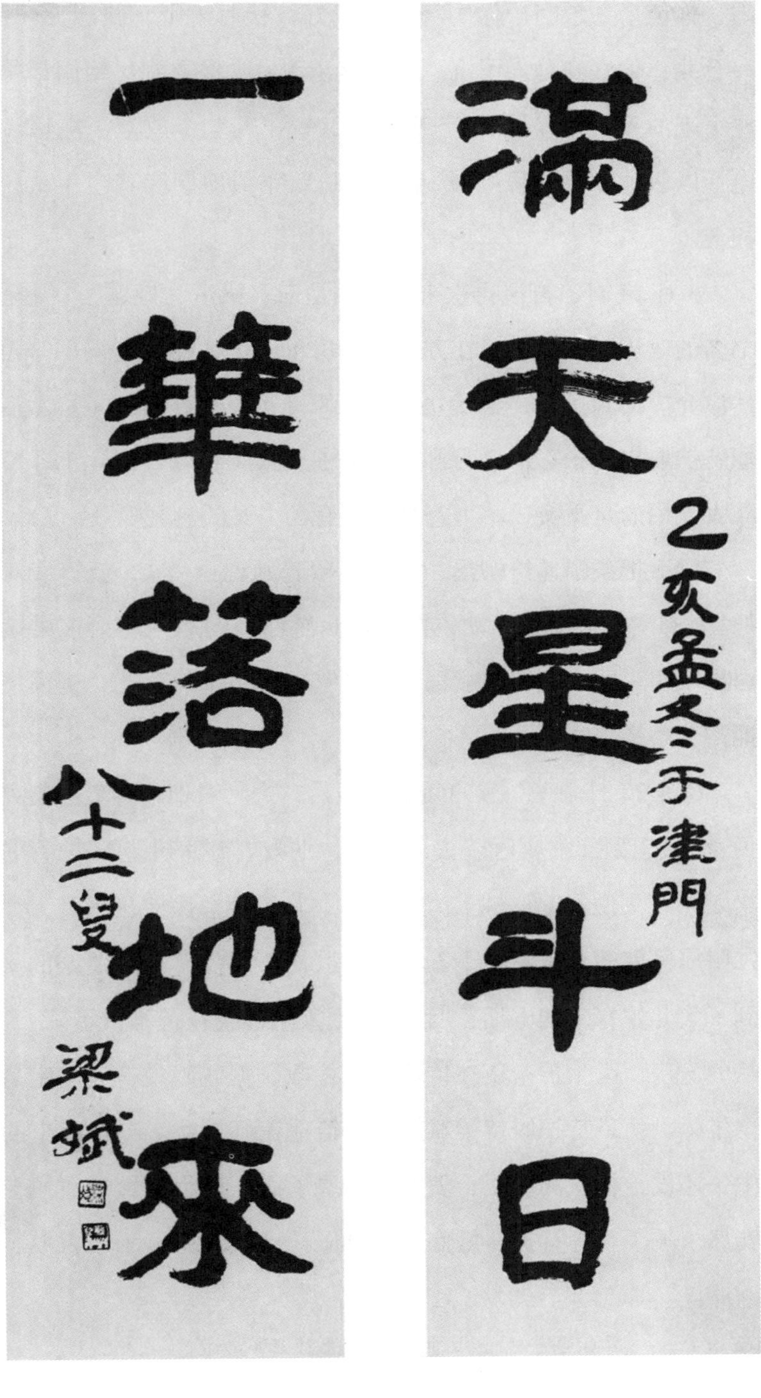

◎梁斌书法作品：『满天星斗日　一华落地来』，落款为『八十二叟梁斌』

一，你该来一趟啊！你的身体比我好，秋后来吧，我想你……”静默了一会儿，他好像陷入了沉思，又接着说：“保重啊！咱们都是筛子眼儿漏下来的人，不容易啊！”后来他又说了几句，放下了电话。路一接到电话以后也异常激动：“像小孩子盼新年似地期待着今年秋后弟兄们的相会。……”①

6月14日，柳溪再次来访，她是来求梁斌为她题写《战争启示录》书名的。当时，梁斌正在方纪的病房里聊天，得知柳溪的来意，梁斌慨然应允。回到病房，梁斌立刻泼墨挥毫，很快就写好了。然后他又让专职特护取出一张宣纸，为柳溪写下了一张“花好月圆”的条幅。字写得斗大，用的是篆文，笔力苍劲，既有功力又颇具气魄。

梁斌把条幅递给柳溪，真挚地望着她说：“这，就算我对你的祝福吧！”柳溪心里十分感动，再三表示感谢。随后她还请求梁斌为协会的司机小明写两个字，梁斌也欣然命笔。又坐了一会儿，柳溪便高高兴兴地捧着条幅回家了。

6月20日中午，梁斌用完午饭后，夫人看他精神气色挺好，就对他说：“我想到二附属医院去看望一位朋友，让大儿媳守护着你，行吧？”梁斌点点头说：“你去吧，没事儿。”从天津总医院出来到天津医科大学二附属医院驱车也不过十五分钟，散帼英还没有走到朋友的病房，就接到了大儿媳打来的电话：“快点儿回来吧，我爸爸不行了。”等她赶到梁斌的病房，医生护士正在忙着进行抢救。据儿媳说，婆婆走后，梁斌说要午睡，值班特护服侍梁斌躺好，给他盖好被褥。特护要走的时候想到中午还没给梁斌测血压，随即转身取了血压计为梁斌量血压。梁斌好像安然入睡了。等特护一量血压，血压计上竟没有显示，再摸脉搏，已经

①路一：《漫漫征程·后记》，河北人民出版社1996年版。

没有了脉息，医院遂紧急全力抢救。下午二时四十五分，梁斌因心力衰竭，无疾而终。行前无任何预兆，无一丝痛苦。

病床上梁斌如午睡般闭目眠去，面容宁静。窗外楼下，夏日炎风中，白杨萧萧，为梁斌送别……

这一天，正是农历五月初五，中华民族传统的端午节。这个节日传说是为了纪念伟大的诗人屈原。梁斌生前对屈原是非常崇拜和敬仰的。有一次他根据宋人杨万里《晓出净慈寺送林子方》中的诗句“接天莲叶无穷碧，映日荷花别样红”，画了一幅《映日红荷》的画，并情不自禁地吟诵起屈原《离骚》中的名句：

制芰荷以为衣兮，
集芙蓉以为裳。
不吾知其亦已兮，
苟余情其信芳。

高余冠之岌岌兮，
长余佩之陆离。
芳与泽其杂糅兮，
唯昭质其犹未亏。

他边吟诵边说：“屈原以荷言志，咏荷喻己，行芳高洁，节亮风高，堪为世人楷模，永垂青史。”在梁斌的文学、绘画、书法等艺术创作中无不继承、渗透、发扬着两千三百多年前伟大诗人屈原的爱国主义精神，不屈不挠、宁折不弯的斗争精神和志洁行廉的高尚人格。梁斌逝世和屈原沉江同为农历五月五日，这是历史的巧合，还是上天的有意安排？

寄身于翰墨，见意于篇籍，宠辱不惊，自始至终。

“满天星斗日，一华落地来。”中华大地是他的来，亦是他的去，是他八十二载生命跃动的逝，亦是他六十载文学艺术创作的圆满。他来自农民，最终用不朽之作《红旗谱》又将自己的全部奉献给人民。

梁斌精神永驻人间。

后　记

经过三年多的时间终于完成了《梁斌传》的写作。回想起来可能我并不是写此书的最佳人选，因为从未见过梁斌本人。我是在实地调查、资料搜集和大量采访过程中，确立传主形象并对其产生越来越多的敬仰之情的。能够走近梁斌，审视一位文学大师的足迹，汲取对后人有益的人生启迪，真是一件难得的幸事，倍觉光荣。

梁斌属于那种以一部长篇就确立了自己文学史地位的作家，在他的小说、散文、传记文学等众多文学创作中，系列长篇小说《红旗谱》从20世纪50年代出版以来，一直被认为是中国当代革命历史题材小说中，立于潮头并标志着潮头高度的少数代表作之一，在当代文坛上具有无可替代的地位。随着时代的发展，文学史家、学者在论及同类题材文学作品时，仍以《红旗谱》作参照，如许子东评论《白鹿原》时说："在某种意义上，《白鹿原》就是以《灵旗》、《大年》方式所写的《红旗谱》。"从对《红旗谱》新的解读不断涌现来看，梁斌对中国文学的贡献和影响是不可低估的。

本书对梁斌的革命生涯与文学风格的形成过程做了较翔实的描述和分析。梁斌十二岁在蠡县高小开始接触革命文学，十三岁加入共青团，在保定第二师范学校因参加学潮运动，受到通缉，而流亡北平。十九岁参加“左联”，在北平图书馆一边大量阅读中外文学、哲学、政治、经济方面的书籍，一边发表小说、杂文创作，走过了一个从有意学“洋”却又刻意转“土”的过程。抗战期间，他担任冀中新世纪剧社社长，一手秉笔、一手持枪，创造了适合大众接受的民族化戏剧语言，使新世纪剧社在冀中独树一帜，也使梁斌在20世纪40年代的华北一带颇有名气。而后，他随军南下襄阳担任重要领导职务。中华人民共和国成立以后，为了完成历经数十载已经孕育成熟的《红旗谱》，他多次舍弃高官厚禄，不顾一切地投入到文学创作之中。可以说，《红旗谱》凝结着梁斌那奋斗一生的经历和追求。

在《梁斌传》的采访、调查、写作过程中，让人最感动的莫过于梁斌的著书精神。所以，本书除描绘了梁斌富有传奇色彩的一生之外，还对《红旗谱》系列长篇成书的前前后后进行了真实的记述，从文学、文化的视角透析了梁斌成为当代文学巨匠的原因。

作为文学家的梁斌已经为人所熟知，可是作为书画家的梁斌却鲜为人知。从文学家和书画家这两方面介绍梁斌是本书的又一特点。从20世纪60年代开始，梁斌重续儿时翰墨情缘，寄情丹青，创作了几千幅书画作品，使他成为用两种艺术形式表达思想的伟大艺术家。梁斌在书画中“抚今追昔之情刻骨铭心，与日俱增，割舍不掉也欲抛不能，渐渐形成自家独有的情感特色和文化内涵，于是原本不想当书画家的梁斌，在精勤进取中出人意料地胜似许多时尚型的书画家”（王振德），形成了他那“满纸书香”（李松）的“文人画，一种革命的文人画”（黄胄），从而“有着职业画家不可替代的文化意义”（水天中）。“梁斌的书画作品也与他的小说《红旗谱》等文学作品一样，以作者宽博的胸襟和深挚的情感投入而具有持久的感染力量。”（李松）

本着“求真贵实”的原则，本书的形成基于大量的调查、采访和资料的收集。比如：写梁斌1938年到1942年期间领导新世纪剧社这段重要的经历，我专门对新世纪剧社的演员们进行了采访。他们分布在北京、天津、石家庄、上海、广州等地，他们中年龄最小的八十二岁，最大的已九十多岁。他们中有军级领导，有总政和空政文工团的领导，还有著名艺术家和新闻工作者等。当我面对这些一谈起抗战时期新世纪剧社的艰苦生活和充满炮火硝烟的演剧活动就焕发出青春激情的矍铄老人时，我被他们的真诚和热情震撼了，我理解了梁斌对革命的无私无畏和为创作《红旗谱》所付出的一切。他确实写出了那个年代的人的风貌，不仅是农民，更多的是这些在农村大地上成长起来的知识分子！我为有这样的前辈而自豪！

在此，我应该特别感谢刘光人先生（前北京市公安局副局长）。在连续半年多的时间里，他不厌其烦地接受了我前后多次的采访，为我提供了新世纪剧社及有关人员的联系方式，使我的调查采访工作能顺利进行。另外，我还得到了新世纪剧社成员的家属、子女们的支持与热情帮助。梁斌生前的好友傅铎已经去世，他的儿子——北京师范大学的傅占武老师十分热情地将傅铎的《往事沧桑》一书和一张光盘（他把家里保存的有关梁斌的各种资料和照片刻成光盘）提供给我；梁斌生前好友路一的妻子——河北省文化厅的孟昭芳女士及女儿也给我提供了各种与梁斌有关的资料、照片和路一的回忆录《漫漫征程》一书；梁斌生前好友刘纪的妻子、南开大学的王瑞珍老师，也多次帮助我查找和提供有关资料和各种信息。像他们这样给我热情帮助的知情人真是数不胜数，我不能一一述说，却都成为我写作此书潜在的动力。我的工作给他们添了很多麻烦，却不能给他们什么回报，每当我对此表示歉疚时，他们竟都说：“可别说这些，我们都还得感谢你做了一件很有意义的事情……”

他们的无私感动了我，让我看到梁斌在人们心中的地位和人们对他的景仰之情，他们是希望我把《梁斌传》写得好一些。他们不仅用资料和事实讲述了梁斌的不平凡经历，而且用情感和行动感染着为梁斌作传的我，使我由开始阶段为完成一项科研课题而应该做，变成为使“文以传人”而必须做，这个“人”是包括以梁斌为代表的所有那些值得尊敬的人们。尽管自己的水平有限，但一定要在梁斌著书精神的感染下写出真实的梁斌。

为了证实和了解《红旗谱》出版后被译成八种文字的情况以及在国内外的影响，由天津外国语大学的田英宣老师组织该校不同语种的老师和研究生（俄文：钟晓雯，日文：赵冬茜，越南文：［越］阮垂玲、［越］张阮映娥，英文：刘英梅，法文：刘靓，西班牙文：任雅倩，朝鲜文：［朝］崔花、于秒），进行了专门的调查，他们从国内外不同级别的图书馆和大学图书馆里进行查找，从网上搜寻，终于搜集到了《红旗谱》的八种译本，并对译者及翻译情况进行了初步的考察和描述。在此，对他们表示衷心感谢。

20世纪80年代时，河北师范大学的唐文斌老师写了《梁斌评传》。那时，梁斌先生还健在，唐老师曾多次和梁斌先生见面交谈，并且在北京图书馆的藏书及有关刊物上查找到了梁斌先生的部分早期作品。去唐老师家拜访他时，唐老师把他早年写《梁斌评传》时搜集整理的资料全都拿出来：十几封书信、梁斌给他的字画，还有他多次采访梁斌整理的一本采访记录。正是有了这些人的支持和帮助，才有《梁斌传》的今天。本传也只有在前人研究的基础上，才能顺利完成。

感谢梁斌的夫人散帼英女士及其子女的慷慨帮助。他们不仅提供了很重要的文献资料、采访线索，并不断地接受采访。同时，感谢河北省蠡县各级领导和有关人员的支持与帮助。感谢梁斌文学艺术研究会前会长宋乃谦、现会长罗世龙的大力支持。特别要感谢南开大学的张学正先生、郑天刚先生和天津社会科学院的王之望先生，在我撰写书稿的过程中提出了宝贵的指导意见。另外，对周轶洲等人给予的资料整理方面的帮助，在此也一并表示感谢。正是这些热心的师友、热爱关注梁斌的读者让我们切身感受到梁斌及其文学的魅力，衷心希望本传传达了这种真意，不负广大爱好者的期望。

《梁斌传》的写作，虽然一开始就致力于进行资料收集、实地考察、采访等工作，可及至全书结稿之际，仍然感到占有的资料是很有限的，而对这些有限资料的消化吸收和在书中的运用就更觉得不尽如人意。现在看来，如果此项工作能早几年动手，起码在传主健在时完成资料的搜集整理工作，就更好了。在《梁斌传》的写作过程中，我们深深体会到，对梁斌和《红旗谱》的研究还有待继续开掘和拓展。

本传既遵从传统，又企图有所创新，但因水平和时间有限，在观点、资料、叙述方式等方面仍有许多不妥之处，谨请方家时贤见教。

作　者

2007 年 7 月